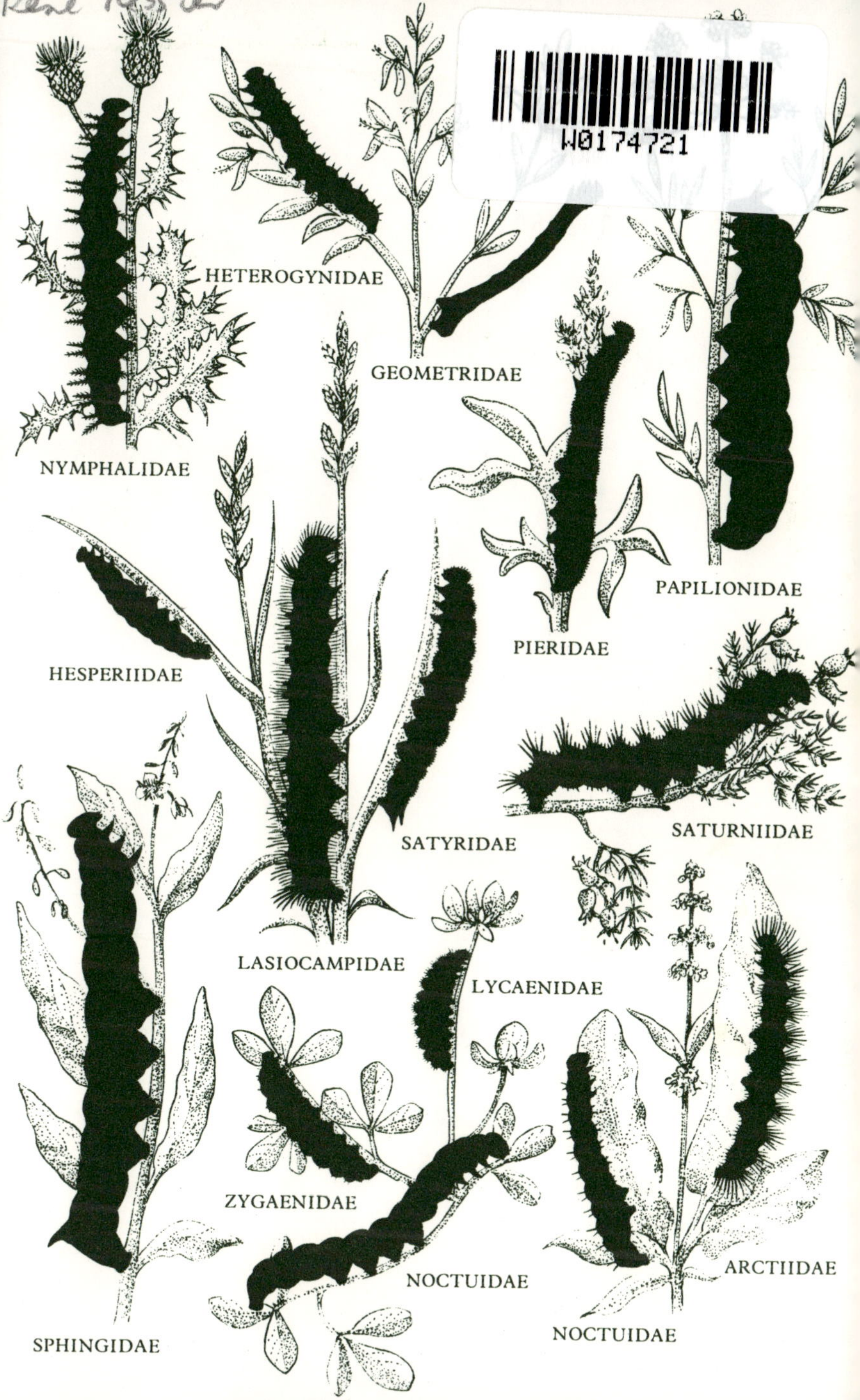
HETEROGYNIDAE
GEOMETRIDAE
NYMPHALIDAE
PAPILIONIDAE
PIERIDAE
HESPERIIDAE
SATURNIIDAE
SATYRIDAE
LASIOCAMPIDAE
LYCAENIDAE
ZYGAENIDAE
NOCTUIDAE
ARCTIIDAE
SPHINGIDAE
NOCTUIDAE

FAM. RESSLER
KARL-TIETZ-STR. 10
15537 ERKNER
☎ 03362/501701

Raupen und Schmetterlinge Europas
und ihre Futterpflanzen

Raupen und Schmetterlinge Europas und ihre Futterpflanzen

Von David J. Carter
Illustriert von Brian Hargreaves

Übersetzt und bearbeitet von
Dipl.-Biol. Alexander Pelzer
Ruhr-Universität Bochum

Mit 875 farbigen Abbildungen auf 72 Tafeln
und 30 einfarbigen Abbildungen auf den Vorsatzblättern

Verlag Paul Parey · Hamburg und Berlin

Die Originalausgabe erschien unter dem Titel
„A Field Guide to Caterpillars
of Butterflies and Moths in Britain and Europe“
im Verlag William Collins Sons & Co. Ltd., London

CIP-Kurztitelaufnahme der Deutschen Bibliothek

Carter, David J.:
Raupen und Schmetterlinge Europas und ihre Futterpflanzen / von David J. Carter. Ill. von Brian Hargreaves. Übers. u. bearb. von Alexander Pelzer. – Hamburg ; Berlin : Parey, 1987.
Einheitssacht.: A field guide to caterpillars of butterflies and moths in Britain and Europe ⟨dt.⟩
ISBN 3-490-13918-6

NE: Pelzer, Alexander [Bearb.]

ISBN 3-490-13918-6

Anschriften: Spitalerstr. 12, D-2000 Hamburg 1; Lindenstr. 44–47, D-1000 Berlin 61.
Satz: R. Hurler GmbH, D-7311 Notzingen. Lithographie: Alpha Reprographics Ltd, Harefield, Middlesex (GB). Printed in Germany by Oscar Brandstetter Druckerei GmbH & Co. KG, D-6200 Wiesbaden; Druck der Farbtafeln: Hazell Watson and Viney Limited, Aylesbury, Buckinghamshire (GB). Binderei: Hunke & Schröder, D-5860 Iserlohn. Einbandgestaltung: Jan Buchholz und Reni Hinsch, Hamburg, unter Verwendung des Umschlages der englischen Originalausgabe.

Vorwort

Dieses Buch möchte einerseits beim Bestimmen von Raupen, die man mit einiger Wahrscheinlichkeit in Gärten, Parks und der freien Landschaft findet, eine Hilfe sein. Andererseits soll es aber auch als nützliches Nachschlagewerk für alle diejenigen dienen, die an Insekten-Pflanzen-Beziehungen interessiert sind. Unter den zahlreichen Büchern über europäische Tag- und Nachtfalter sind nur sehr wenige, die sich speziell mit Raupen befassen; die meisten von ihnen sind lange vergriffen.

Wer sich mit Schmetterlingen befaßt, merkt bald, daß sie sehr eng mit ihren Futterpflanzen verbunden sind, so wird aus einem guten Lepidopterologen ein guter Botaniker. Wir bilden deshalb die Raupen auf ihren Futterpflanzen in einer Anordnung ähnlich einer Flora ab und hoffen, damit gleichermaßen Entomologen und Botaniker wie auch Gärtner, Landwirte, Forstwirte und Biologielehrer anzusprechen.

Raupen sind meist als das „Aschenputtel"-Stadium der Schmetterlinge behandelt worden. Häufig werden sie als eklig oder abstoßend empfunden. Wir wünschen uns, daß die Farbtafeln in diesem Buch die Aufmerksamkeit auf die Schönheit vieler dieser faszinierenden Wesen lenken und das Interesse an ihrer Beobachtung fördern. Es gibt noch viel zu lernen, selbst über die Lebensläufe der häufigeren europäischen Schmetterlinge. Für einen ernsthaften Amateur gibt es genügend Möglichkeiten, neue Entdeckungen zu machen.

Wir möchten den Trustees des British Museum of Natural History für die Erlaubnis danken, ihre umfangreichen Sammlungen und anderen Quellen zu benutzen. Wir danken dem Keeper of Entomology, Dr. L. A. Mound, für seine Hilfe und seine Anregungen. Besonderer Dank gilt Brenda Carter, der Frau des Autors, für die Durchsicht des größten Teils des Manuskripts und Joyce Hargreaves, der Frau des Illustrators, für die Erstellung der Indices.

Januar 1986 David Carter und Brian Hargreaves

Vorwort des Übersetzers

Auf ein Buch wie dieses haben wir lange warten müssen. Die Gründe dafür sind zahlreich. Einer davon ist sicherlich, daß lange Zeit vor allem der Falter, der ausgewachsene Schmetterling, das vorrangige Objekt der Forschung war. Zwar hatten sich schon die Entomologen der vergangenen Jahrhunderte recht eingehend mit den „frühen Ständen“ beschäftigt, aber erst als auf dem Gebiet der Systematik etwas Ruhe eingekehrt war, trat das Interesse am lebendigen Tier, an seiner Lebensweise und seiner Entwicklung allgemein stärker in den Vordergrund.

Die Vielfalt an Formen und Farben ist bei den Raupen womöglich noch größer und damit verwirrender als bei den Faltern. Außerdem sind sie nur mit Mühe in das System zu fassen, das für die Falter erarbeitet worden ist. Dies gilt besonders dann, wenn man das zu bestimmende Tier nicht zerlegen will.

Der Ausweg aus dem Dilemma, Raupen einzuordnen, den die Autoren gefunden haben, scheint mir sehr gut gangbar zu sein. Die Nahrungspflanzen-Palette, die eine Raupe akzeptiert, stellt ein Merkmal von gleichem Gewicht dar wie etwa die Borstenfärbung oder das Fehlen von Längsstreifen. Und in der Regel wird es keine Probleme bereiten, die Pflanze zu bestimmen, an der eine Raupe gerade frißt.

Die Übersetzung hält sich im allgemeinen eng an die Vorlage. Allerdings habe ich die Angaben zu Biologie und Futterpflanzen der Familie Sphingidae (Schwärmer) stärker überarbeitet und einige kleine Fehler bei anderen Gruppen beseitigt. Die Farbtafeln sind aus Gründen der Benutzerfreundlichkeit von ihrem Platz in der Mitte des Buches an das Ende des systematischen Teils gerückt.

Dies ist ein Buch für die Praxis. Möge es also seinen Platz in zahlreichen Wandertaschen und Rucksäcken neben einem Vogelbuch oder vielleicht sogar an dessen Stelle finden. Letztlich wird in einer Zeit, in der viele Falter bereits vom Aussterben bedroht sind, nur die Verbreitung und Vertiefung des Wissens ihr endgültiges Verschwinden aufhalten können.

Februar 1987

Alexander Pelzer

Inhalt

Über dieses Buch

In Europa gibt es über 5000 verschiedene Schmetterlingsarten, und bei vielen von ihnen werden zahlreiche Unterarten und Rassen unterschieden. Die Lebensgeschichten vieler dieser Arten sind noch wenig bekannt, und manche Raupen sind äußerlich so ähnlich, daß man zum Erkennen der Unterschiede zwischen ihnen ein Mikroskop benötigt. Ganz offensichtlich kann ein Buch dieser Größe nicht die gesamte europäische Raupenfauna behandeln. Wir haben daher 500 Tag- und Nachtfalterarten ausgewählt, deren Raupen wir beschreiben und abbilden. Der Schwerpunkt liegt dabei auf Arten, die entweder häufig oder von besonderem Interesse sind.

Die Raupen stellen das Haupt-Freß-Stadium im Lebenslauf eines Schmetterlings dar, und sie sind gewöhnlich auf ihren Futterpflanzen zu finden. Im allgemeinen sind sie mit einer bestimmten Gruppe von Futterpflanzen vergesellschaftet, die oft untereinander nahe verwandt sind. Diese Verwandtschaft ist so auffällig, daß man lange Zeit vermutete, die Schmetterlinge hätten den Höhepunkt ihrer Entwicklungsgeschichte zur gleichen Zeit wie die Blütenpflanzen erlebt. Sie hätten sich also mit ihnen parallel entwickelt, ein faszinierender Fall von Koevolution. Jüngere Studien lassen allerdings vermuten, daß dies nicht ganz stimmt; Raupen wählen ihre Futterpflanzen vielmehr nach deren chemischer Zusammensetzung aus. Es scheint, daß viele Raupen zwischen nahe verwandten organischen Chemikalien unterscheiden können, die sie entweder zum Fressen anregen oder abschreckend wirken.

Was immer die Gründe sein mögen, jedenfalls können Raupen oft nach ihren Futterpflanzen gruppiert werden. Dies ist der rote Faden für das Arrangement der Farbtafeln in diesem Buch. Jede Tafel zeigt Raupen, die auf einer bestimmten Pflanzengruppe fressen, wobei die Pflanzen etwa in der Reihenfolge aufgeführt sind wie in „The Wild Flowers of Britain and Northern Europe" von Fitter, Fitter und Blamey (3. Auflage). Am Rand der Textseite gegenüber jeder Tafel findet sich eine Reihe farbiger Darstellungen von den dazugehörigen Tag- und Nachtfaltern. Sie repräsentieren soweit wie möglich einen Querschnitt durch die Familien und die Formtypen, die auf dieser Tafel vorkommen. Die Farbabbildungen unten auf diesen Textseiten zeigen ein Detail aus dem Lebenslauf einer der abgebildeten Arten.

Die Raupen auf einer Pflanze sind im annähernd gleichen Maßstab dargestellt; die Pflanze ist dagegen in der Regel nicht maßstäblich abgebildet. Im Text wird die Länge der Raupen angegeben, man sollte aber bedenken, daß sich diese Angabe nur auf voll ausgewachsene Exemplare bezieht. Um das Erkennen der Futterpflanzen zu erleichtern, sind sie meistens mit ihren Blüten abgebildet. Dies bedeutet nicht notwendigerweise, daß die Raupen zur Blütezeit auf den Pflanzen zu finden wären. Die Erscheinungszeiten der Raupen werden aber im Text genannt.

Der Text ist systematisch geordnet, und zwar gemäß der Reihenfolge der revidierten „Check List of British Insects" von Kloet und Hincks, mit Ergänzungen nach der „Liste Systématique et Synonymique des Lépidoptères de France, Belgique et Corse" von Leraut. Die Tagfalter-Nomenklatur folgt Higgins' und Hargreaves' „Butterflies of Britain and Europe". Auf die Erfindung von deutschen Kunstnamen für solche Arten, die keinen eingebürgerten deutschen Namen haben, wurde bewußt verzichtet. Die Zahl rechts neben den Artnamen (bzw. den Pflanzennamen in der Futterplanzenliste) ist die Nummer der Tafel, auf der die jeweilige Raupe (bzw. Pflanze) abgebildet ist. Nach dem Bundesnaturschutzgesetz (Fassung vom 10. 12. 1986) besonders geschützte Arten sind durch ein § am Ende des Abschnitts „Biologie" gekennzeichnet. Weiteres zum Thema Naturschutz auf Seite 22.

Die Liste der Futterpflanzen im Text ist sicher nicht vollständig. Es ist gut möglich, daß z. B. eine Raupe im Mittelmeerraum weitere Pflanzenarten frißt, die etwa in Nordeuropa gar nicht vorkommen und die sie daher dort auch nicht fressen kann. Die wissenschaftlichen Pflanzennamen stehen in Klammern hinter den deutschen Namen.

Sofern nichts anderes vermerkt ist, beziehen sich Angaben zur Biologie in der Regel auf Mitteleuropa. Es wäre aus Platzgründen nicht möglich, lokale Abweichungen in der Biologie quer durch Europa anzugeben, selbst wenn sie bekannt wären. Als Regel kann aber gelten, daß eine Art in nördlichen Gebieten weniger Generationen pro Jahr hat, die zudem später im Jahr auftreten. In südlichen Gegenden gibt es dagegen eine Tendenz zu mehr Generationen, die entsprechend früher beginnen. Die Biologie wird auch beeinflußt durch Faktoren wie Höhenlage, verfügbare Futtermenge und örtliche Temperaturschwankungen. Alpine Rassen haben oft eine ähnliche Biologie wie nordische Rassen. Man sollte auch beachten, daß Raupen in Gefangenschaft sich oft anders verhalten als Freilandtiere.

Wir hoffen, daß die Anordnung und die Abbildungen auf den Tafeln die Bestimmung erleichtern. Andererseits wäre eine vollständige Darstellung aller Raupen-Futterpflanzen-Beziehungen nur mit zahlreichen Wiederholungen möglich gewesen. Falls also eine Raupe nicht auf ihrer aktuellen Futterpflanze abgebildet ist, sollte man zuerst die benachbarten Tafeln durchsehen. Führt dies zu keinem Ergebnis, konsultiere man den Futterpflanzen-Index, desgleichen die Liste der wichtigeren Futterpflanzen im Anhang. Diese Liste schließt die polyphagen Arten ein, die auf einer breiten Palette von Pflanzen fressen, und sie sollte immer beachtet werden. Nach einiger Zeit wird man in der Lage sein, die häufigen polyphagen Arten zu erkennen, und diese werden dann keine Probleme beim Bestimmen mehr bereiten.

Viele Schmetterlingsarten haben variable Raupen, wobei einige ein sehr breites Spektrum verschiedener Farbformen vorführen. Es hat sich als nicht praktikabel erwiesen, sie alle abzubilden. Der Text beschreibt solche Farbvariationen und gibt Hinweise darauf, daß gelegentlich frühe Raupenstadien ganz anders als späte aussehen. Einige der auffälligeren Beispiele solcher früher Raupenstadien sind auf den Tafeln abgebildet.

Wenn ihre Futterpflanzen abgefressen sind, wandern Raupen gelegentlich auch auf andere Pflanzen ab, und diese bereiten dann immer wieder Bestimmungsprobleme. Das passiert auch recht häufig bei baumbewohnenden Arten, die ins Unterholz abstürzen können. Wenn man Raupen unter solchen Gegebenheiten findet, sollte man auch einen Blick auf die Bäume werfen, die darüber wachsen.

Einleitung

Anatomie der Raupen

Da eine Raupe primär eine Freßmaschine ist, kann sie vergleichweise einfach gebaut sein. Sie hat einen Kopf und 13 Körpersegmente. Die ersten 3 Segmente bilden den Thorax oder Brustbereich und die übrigen das Abdomen oder Hinterleib, aber bei den Beschreibungen in diesem Buch werden sie der Einfachheit halber alle nur als „Körpersegmente 1 bis 13" bezeichnet.

Der Kopf ist in einer harten, sklerotisierten Kapsel eingeschlossen, die eine Anzahl wichtiger Anhänge und Sinnesorgane trägt. Sie ist mit einem Paar kräftiger Oberkiefer (Mandibeln) bewehrt, die gewöhnlich gezähnt sind, aber gelegentlich zu stumpfen Reibplatten abgewandelt werden. Die „Lippen" ober- und unterhalb der Mandibeln werden Labrum bzw. Labium genannt. Das Labrum ist eine einfache Platte mit einigen sensorischen Haaren, wogegen das Labium von wesentlich komplizierterer Struktur ist und die Spinnröhre trägt. Die Spinnröhre ist der Ausfuhrkanal der seidenbildenden Drüsen. Die Seide wird als Flüssigkeit durch die Öffnung an der Spitze der Spinnröhre gedrückt und erstarrt an der Luft, wobei sie feine, aber feste Fäden bildet. Diese Seide dient einer Reihe von wichtigen Funktionen: mit ihr werden Blätter zu Schutzhüllen und Nestern verbunden und Häutungspolster gesponnen, die Raupe kann sich auf der Flucht an ihr abseilen und schließlich wird der Kokon für die Puppe aus ihr gebaut. – An der Seite des Labiums finden sich die Maxillarpalpen, ein Satz sensorischer Organe, mit deren Hilfe die Futterqualität geprüft und das Futter zum Mund geleitet wird. Ein weiteres Paar Sinnesorgane, die Antennen oder Fühler, sitzen seitlich der Mandibeln, und hinter diesen befinden sich die Punktaugen oder Stemmata. Gewöhnlich sind jederseits 6 von ihnen vorhanden. Sie sind etwa auf einem Kreis angeordnet.

Die drei Brustsegmente tragen je ein Paar gegliederte Brust- oder Thorakalbeine, die in einfache Krallen auslaufen. Diese Beine sind in der Regel wichtiger dafür, das Futter festzuhalten, als damit zu laufen. Die Abdominalsegmente tragen keine „echten" (= gegliederten) Beine. Im Normalfall besitzen die Abdominalsegmente 6 bis 9 und 13 stattdessen je ein Paar einfache, saugnapfartige, „unechte" Beine, sogenannte Bauchbeine. In bestimmten Gruppen, besonders bei den Spannerraupen der Familie Geometridae, ist die Anzahl der Bauchbeine reduziert. Die Bauchbeine tragen Ringe oder Bänder kleiner Haken, die ihnen einen festen Halt auf der Unterlage ermöglichen. Sie sind so wirksam, daß es in einigen Fällen praktisch unmöglich ist, eine Raupe von ihrer Futterpflanze zu entfernen, ohne die Bauchfüße ernsthaft zu verletzen.

Blattwespenlarven, die Schmetterlingsraupen sehr ähnlich sehen, können immer daran erkannt werden, daß sie mehr als 5 Paar Bauchbeine haben. Manche dieser sogenannten Afterraupen scheinen tatsächlich über die gesamte Körperlänge mit Beinen besetzt.

Die Bauchbeine auf Segment 13 werden oft als Afterfüße oder Nachschieber bezeichnet. Bei manchen Arten sind sie zu langen Schwänzen umgewandelt, ein gutes Beispiel hierfür ist der Gabelschwanz (*Cerura vinula*).

Längs der Körperseiten befindet sich eine Reihe runder oder ovaler Stigmen, die die äußeren Öffnungen eines verzweigten inneren Netzwerks aus Röhren (Tracheen) sind. Diese Röhren leiten den Sauerstoff durch den ganzen Körper. Stigmen finden sich auf allen Körpersegmenten außer 2, 3, 12 und 13. Die Größe, Form und Farbe der Stigmen geben oft gute Bestimmungsmerkmale ab. Oft läuft eine farbige Linie an der Körperseite die Stigmen entlang, die dann folgerichtig Stigmatallinie oder kurz Stigmatale genannt wird.

Jedes Segment hat seinen eigenen Satz Haare, die oft auf kleinen Plättchen (Pinnacula) sitzen. Manche Raupen sind dicht behaart, wobei die Haare entweder gleichmäßig verteilt oder in Büschel aufgeteilt sind, die ihrerseits zuweilen auf erhöhten Warzen sitzen. Diese Haare haben hauptsächlich sensorische Funktionen, können aber auch dem Schutz vor Parasiten und Freßfeinden dienen. Andererseits sind die Haare mancher Raupen so klein, daß sie mit bloßem Auge kaum sichtbar sind. Wieder andere Haare sind lang und vielleicht gefiedert oder mit Haken versehen. Einige tragen sogar Giftstoffe. Der Haartyp und seine Anordnung ist bei bestimmten Schmetterlingsgruppen sehr charakteristisch, und ihr Studium spielt eine wichtige Rolle bei der Klassifizierung.

Auf dem Rücken der Segmente 1 und 13 finden sich gewöhnlich verstärkte Platten (Nackenschild bzw. Afterklappe), und die Ausbildung und Färbung dieser Strukturen bieten oft gute Bestimmungsmerkmale.

Viele Raupen besitzen spezialisierte Drüsen. Manche haben eine Kehldrüse unter und hinter dem Kopf, aus der sie in einigen Fällen eine aggressive Flüssigkeit, wie etwa Ameisensäure, spritzen können. Andere haben eine Nackendrüse über und hinter dem Kopf, Osmeterium genannt, die starkriechende Substanzen absondert und Freßfeinde abschrecken soll. Raupen der Familie Lymantriidae haben kleine, erhöhte Drüsen auf dem Rücken, die wahrscheinlich giftige Verteidigungsstoffe ausscheiden, während Raupen der Tagfalterfamilie Lycaenidae Rückendrüsen haben, die einen süßen, flüssigen „Honigtau“ absondern, um Ameisen anzulocken.

Lebenszyklus

(s. S. 190 und 191)

Der Lebenslauf der Schmetterlinge ist in vier klar getrennte Phasen unterteilt: Ei, Raupe, Puppe und Falter (Imago). In jeder Phase tritt ein anderer Aspekt der Insektenentwicklung hervor. Im Eistadium entwickelt sich der Embryo zu einer kleinen Raupe, die sich schließlich ihren Weg in die Welt durch die Eischale beißt. Die Raupe stellt die Freß- und Wachstumsphase dar und häutet sich mehrere Male, damit der Körper an Volumen zunehmen kann. Die frisch geschlüpfte Raupe wird auch erstes Stadium genannt, nach der ersten Häutung heißt sie zweites Stadium usw. Sie durchläuft also ein Stadium mehr, als sie Häutungen durchmacht. Die meisten Raupen haben zwischen vier und sechs Stadien. Die Puppe stellt eine weitere Entwicklungsphase dar, in der die Körpersubstanz weitgehend umgebaut wird. Schließlich schlüpft der fertige Schmetterling aus der Puppenhülle, breitet seine Flügel aus und fliegt davon. Das Wort „Puppe“ kommt aus dem Lateinischen und bezieht sich auf die Art, wie die sich entwickelnden Flügel und die anderen Anhänge in einer mumienartigen Hülle stecken. Der Falter (die Imago) repräsentiert die Fortpflanzungsphase und ist die mobilste der vier Erscheinungsformen. Er ist somit in der Lage, einen Geschlechtspartner zu suchen und die Art auszubreiten.

Nach dem Schlupf fressen viele Raupen zuerst die Eischale, bevor sie nach ihrer Futterpflanze suchen. Diese Mahlzeit verleiht ihnen genügend Energie, um eine gewisse Strecke auf der Suche nach Futter zurückzulegen. Einige überwintern offenbar, ohne weitere Nahrung aufzunehmen.

Die Häutung ist ein wichtiger Vorgang. Da Raupen in diesem Zustand besonders verletzlich sind, ziehen sie sich gewöhnlich in einen verborgenen Winkel zurück. Dort spinnen sie kleine Seidenmatten, an denen sie sich mit den Bauchfüßen festklammern. Die Häutung beginnt damit, daß die Raupe den vorderen Körperabschnitt aufbläht, um die Haut zu sprengen. Danach kriecht sie langsam vorwärts aus der alten Haut heraus, die an dem Seidenpolster haften bleibt. In ähnlicher Weise spaltet sich die alte Kopfkapsel, die anschließend abgestreift wird. Bis die neue Haut ausgehärtet ist, bleibt die Raupe still sitzen; anschließend beginnt sie wieder zu fressen.

Die voll ausgewachsene Raupe wird unruhig und wandert umher, um einen geeigneten Verpuppungsplatz zu finden, der sich in einer beträchtlichen Entfernung von der Futterpflanze befinden kann. In dieser Phase kann sich ihre Farbe ändern, um sich dem neuen Hintergrund anzupassen. Kurz vor der Verpuppung schrumpfen viele Raupen etwas zusammen.

Die meisten Nachtfalterraupen produzieren ein Schutzgespinst, in dem sie sich verpuppen. Einige spinnen einfach einige Blätter zu einem groben Schutzdach zusammen. Andere dagegen verfertigen sehr kunstvolle Kokons, in die Blätter, Rindenstücke oder Erdpartikel eingearbeitet werden. Diejenigen, die sich unterirdisch verpuppen, fertigen meist eine Erdhöhle, die sie mit Seide auskleiden. Solche Kokons bieten einen gewissen Schutz gegen Parasiten und Freßfeinde, besonders wenn giftige Raupenhaare darin verwoben sind. Außerdem helfen sie, die Luftfeuchte im Inneren zu stabilisieren, so daß es weder zu naß noch zu trocken wird.

Puppen von Tagfaltern (außer Dickkopffaltern) liegen nicht in Kokons, sondern hängen meist an Blättern oder Stengeln. Die Raupe spinnt dafür ein kleines Seidenpolster, an dem sie sich mit den Nachschiebern festklammert. Die Haut platzt am Kopf, und die Puppe windet sich nach und nach heraus, wobei die Haut zum Hinterende geschoben wird. In der kritischen Schlußphase zieht sie ihr Hinterende aus der alten Raupenhaut und befestigt es mit einer mit Haken versehenen Struktur, dem Kremaster, direkt am Seidenpolster. Die Raupenhaut fällt anschließend meist herunter. Einige Arten spinnen einen zusätzlichen Seidengürtel um die Körpermitte, der ebenfalls am Blatt oder dem Stengel befestigt wird.

Da die meisten Tagfalterpuppen nicht in Kokons verborgen sind, sind sie oft durch ihre Form und Farbe getarnt. Puppen des Kleinen Kohlweißlings (*Pieris rapae*) sind auf der Futterpflanze grün, aber grau oder braun, wenn sie sich auf Zäunen oder ähnlichen Oberflächen befinden. Die goldene Färbung einiger Puppen hat zu der heute unüblichen Bezeichnung „Chrysalide“ geführt, nach dem griechischer Wort für Gold. Viele Puppen ähneln abgestorbenen Blättern oder sogar Vogelkot.

Die Farbe der Puppe wird dunkler, kurz bevor der ausgewachsene Falter schlüpft. Oft kann man auch das Flügelmuster durch die Puppenhaut erkennen. Mit dem Aufreißen der Hülle beginnt der Schmetterling zu schlüpfen und schluckt Luft, um damit sein Volumen zu vergrößern und die Hülle weiter zu sprengen. Allmählich befreit er seine Gliedmaßen und kriecht zu einem Platz, an dem er seine Flügel durch Hineinpumpen von Blut ausbreiten kann. Eine Reihe von Nachtfalterweibchen haben keine funktionsfähigen Flügel, und bei einigen Arten verläßt das Weibchen nicht einmal seinen Kokon. Paarung und Eiablage erfolgen dort, wo es schlüpfte.

Die Dauer der einzelnen Abschnitte des Zyklus ist sehr unterschiedlich. Sie hängt von der jeweiligen Art ab und unter Umständen auch von Bedingungen, unter denen sie lebt. An der Nordgrenze ihrer Verbreitung haben viele Tagfalter nur eine Generation, wogegen sie im Süden vielleicht drei oder mehr Generationen ausbilden. Die Eier schlüpfen oft nach 1 bis 4 Wochen, andere dagegen überwintern und entlassen die Räupchen erst im Frühjahr, wenn große Mengen frisches Laub zur Verfügung stehen. Ebenso wachsen manche Raupen sehr rasch heran und verpuppen sich innerhalb weniger Wochen, während andere überwintern, bevor sie ihre Entwicklung abschließen. Wieder andere, besonders solche, die in Holz oder auf anderen nährstoffarmen Futtersorten leben, benötigen zwei oder mehr Jahre, bis sie erwachsen sind. Selbst nach dem Anfertigen des Kokons liegen manche Raupen noch etliche Wochen oder sogar Monate, bevor sie sich tatsächlich verpuppen. Die Dauer des Puppenstadiums ist mit einigen Tagen bis etlichen Jahren sogar noch variabler. Manchmal teilen sich die Generationen, indem einige Falter schon nach wenigen Wochen, die übrigen aber erst im kommenden Jahr schlüpfen. Einige haben eine ausgedehnte Schlupfzeit, sodaß Imagines über eine Zeitraum von mehreren Monaten erscheinen. Die meisten ausgewachsenen Falter leben nicht viel länger als ein paar Wochen. Einige überwintern jedoch, und Paarung und Eiablage erfolgen erst im nächsten Jahr, daher leben Schmetterlinge wie der Zitronenfalter (*Gonepteryx rhamni*) bis zu zehn Monaten. Diese erstaunliche Flexibilität im Lebenslauf ist sicher einer der wesentlichen Gründe für den Erfolg der Schmetterlinge als Ganzes und erlaubt ihnen, unter den verschiedensten Umgebungsbedingungen zu überleben.

Feinde der Raupen

(s. Tafel 35 auf S. 260)

Raupen fallen einem breiten Spektrum von Freßfeinden und Parasiten zum Opfer und leiden unter einer Reihe von teilweise verheerenden Krankheiten. Die Palette der Feinde reicht von Spinnen, Milben und verschiedenen räuberischen Insekten wie Käfern, Wanzen, Wespen, Ameisen, Ohrwürmern und Florfliegenlarven bis zu Reptilien, Amphibien, Vögeln und Säugetieren. Bekanntlich verfüttern Kleinvögel wie etwa Blaumeisen riesige Mengen Raupen an ihre Jungen. Daher hängen Waldbauern Nistkästen auf, um Vögel zu unterstützen, die ihrerseits eine Reihe von Schadinsekten kurz halten sollen. Selbst von großen Vögeln wie Eulen ist bekannt, daß sie ihren Speiseplan mit Raupen anreichern. Desgleichen sind Mäuse und Spitzmäuse wohlbekannte Raupenjäger. Eine neuere Untersuchung ergab, daß Erdraupen selbst für Füchse einen wichtigen Ernährungsposten bedeuten.

Eine Vielzahl unterschiedlicher Parasiten lebt von Raupen, und jeder, der Schmetterlinge zu züchten versucht hat, hat sie schon zu Gesicht bekommen. Parasitische Wespen werden meist einfach als Schlupfwespen bezeichnet, gehören aber zu einer ganzen Reihe verschiedener Familien. Viele haben einen Legestachel am Körperende, mit dem sie die Haut einer Raupe durchstechen und die Eier in ihr Körperinneres legen können. Die daraus schlüpfenden Maden fressen zuerst die weniger wichtigen Organe der Raupe, sodaß diese eine Zeitlang weiterfrißt und -wächst. Wenn die Maden ausgewachsen sind, bohren sie sich gewöhnlich durch die Raupenhaut nach draußen, wo sie sich verpuppen. Einer der bekanntesten dieser Sorte von Parasiten ist *Apanteles glomeratus* Linnaeus aus der Familie der Erzwespen (*Braconidae*). Er ist ein wichtiger Parasit des Großen Kohlweißlings (*Pieris brassicae*) und oft die Ursache für den Zusammenbruch von Massenvermehrungen dieses Schädlings. Die Maden spinnen nach dem Herausbohren einen charakteristischen Kokonhaufen an der sterbenden Raupe.

Einige der kleinen parasitischen Wespen können die Haut der Raupen nicht durchbohren und wenden daher andere Strategien an, um in sie hineinzugelangen. Sie legen ihre Eier in die der Falter oder auf die Futterpflanze, wo sie von den Raupen beim Fressen mitgeschluckt werden. Wieder andere legen die Eier den Raupen auf die

Haut, und die geschlüpften Maden bohren sich durch die weichen Membranen zwischen den Segmenten. Einige bleiben auch als Außenparasiten an der Körperwand angeheftet.

Eine weitere Parasitengruppe sind die Fliegen der Familie Tachinidae. Sie wenden ähnliche Methoden an wie die Schlupfwespen, um Raupen zu parasitieren; die gebräuchlichste ist hier jedoch, die Eier auf die Haut zu legen und die Maden sich einbohren zu lassen. Ausgewachsen bohren sie sich aus der sterbenden Raupe wieder heraus und bilden ihre charakteristischen, glatten, ovalen Puparien.

Pilze, vor allem Schimmelpilze, stellen eine ernste Bedrohung für Eier, Raupen und Puppen dar. Eine der interessantesten Gruppen ist die Gattung *Cordyceps*. Diese Pilze befallen Erdraupen, vor allem während der Überwinterung. Die Pilzmyzelien breiten sich durch den gesamten Körper der Raupe aus, die abstirbt und quasi ‚mumifiziert' wird. Aus dem reifen Pilz wächst ein langer Stiel mit einem oberirdischen Fruchtkörper. Die so entstandenen „pflanzlichen Raupen" sind in vielen Teilen der Welt sehr gesucht, um aus ihnen eine anregende Droge herzustellen, wie z. B. in China.

Raupenkrankheiten kann man in zwei Kategorien einteilen, nämlich in die, welche durch Bakterien verursacht werden und die, die von Viren hervorgerufen werden. Mit Bakterien infizierte Raupen werden apathisch, fressen nicht mehr und geben aus beiden Körperenden bräunliche Flüssigkeit ab. Der Körperinhalt wird zu einer stinkenden Flüssigkeit, die Raupe wird schwarz und geht schließlich ein. Viruserkrankte Raupen zeigen andere Symptome. Die Haut wird nicht schwarz und die sterbende Raupe hängt schlaff an der Futterpflanze. Raupen, die an Virusinfektionen eingegangen sind, haben keinen starken Geruch. Ein bestimmter Virustyp ruft die Abgabe charakteristisch weiß gefärbter Kotballen hervor.

Insektenkrankheiten, die durch Bakterien und Viren verursacht werden, sind Gegenstand eingehender Untersuchungen. Man hofft, sie im Zuge der biologischen Schädlingsbekämpfung einsetzen zu können. Bei der Bekämpfung vor allem baumbewohnender Schadraupen wurden auch schon Erfolge erzielt, indem man sowohl Bakterien als auch Viren per Flugzeug ausbrachte. Der Vorteil dieser Art von biologischer Kriegführung ist, daß sie im Gegensatz zu anderen Insektiziden ziemlich artspezifisch ist und andere Insekten weitgehend unbehelligt bleiben. Dennoch ist noch Forschungsarbeit nötig, bevor man den großflächigen Einsatz derartiger Mittel als völlig unbedenklich betrachten kann.

Wie Raupen sich verteidigen

Da es die primäre Funktion einer Raupe ist, zu fressen und zu wachsen, ist sie nicht so mobil wie der Falter. Sie kann ihren Feinden also nicht leicht entkommen und muß andere Verteidigungsstrategien anwenden. Am besten zu Fuß sind wohl die Bärenraupen (Familie Arctiidae). Selbst diese stellen sich aber bei Bedrohung erst einmal tot und versuchen erst später zu entkommen. Eine andere Fluchtmethode ist, sich von der Futterpflanze in den Unterwuchs fallen zu lassen und erst wieder zurückzukriechen, wenn die Gefahr vorüber ist. Einige Raupen haben diese Methode verbessert, indem sie sich an einem Seidenfaden fallen lassen und so lange an ihm hängen bleiben, bis es sicher erscheint, wieder hinaufzuklettern. Während sie an dem Faden frei hängen, drehen sie sich manchmal so rasch, daß sie beinahe unsichtbar werden.

Die wohl effektivste und am weitesten verbreitete Verteidigungsweise ist Tarnung.

Raupen, die auf Blättern sitzen, sind grün, während die, die mehr auf Stämmen sitzen, braun sind. Manche Raupen werden sogar von der Farbe ihres Futters beeinflußt, vor allem, wenn es sich um Blütenblätter handelt. Junge Raupen des Kleinen Nachtpfauenauges (*Saturnia pavonia*) sind schwarz und ruhen auf Heidekrautstämmchen, wo sie schwer zu entdecken sind. Ausgewachsene Raupen dieser Art sind so groß, daß sie sich auf den Stämmchen nicht mehr tarnen können. Sie werden grün mit schwarzen Bändern, womit sich ihr Umriß auflöst und sie zwischen den Blättern wieder schwer zu sehen sind.

Viele Raupen sind auf der Rückenseite dunkler und auf der Bauchseite heller. Diese Gegenschattierung hebt den Schattenwurf des rundlichen Raupenkörpers auf und läßt ihn flach erscheinen. Ein anderes Mittel zur Reduzierung von Schatten ist ein Saum von Haaren längs um den Körper, der gegen das Blatt oder den Zweig gedrückt wird, auf dem die Raupe sitzt. Bei der Kupferglucke (*Gastropacha quercifolia*) und ihren Verwandten ist diese Methode noch dadurch vervollkommnet worden, daß sie eine Reihe großer, fleischiger Lappen an den Seiten tragen.

Grasfresser und Koniferennadelfresser sind meist grün und weiß oder gelb längsgestreift, um sich den schmalen Blättern ihrer Futterpflanzen anzupassen. Viele Kiefernfresser haben rötlich-braune Köpfe, die kleinen Knospen ähneln.

Bei den Spannerraupen (Familie Geometridae) sind die Bauchbeine bis auf zwei Paar reduziert. Dadurch ähneln diese meist langgestreckten und schlanken Raupen Zweigen und Stengeln. Um den Effekt zu erhöhen, haben viele Arten Schwellungen und Zeichnungen auf dem Körper, die an Knospen und Blattnarben erinnern. Die zweigartige Erscheinung wird dadurch weiter verstärkt, daß die Raupe in Ruhehaltung ihren Körper in einem Winkel zu ihrer Sitzunterlage hält. Raupen des Smaragdspanners (*Thetidia smaragdaria*) verbessern ihre Tarnung, indem sie kleine Stücke ihrer Futterpflanze an ihren Körpern befestigen.

Viele Raupenzeichnungen sollen ihren Umriß verschleiern und sie weniger auffällig machen. Einige Arten sind aber ungenießbar und tun sich umgekehrt durch möglichst auffällige Muster hervor. Die Raupen des Blutbären (*Tyria jacobaeae*), die für die meisten Vögel ungenießbar sind, haben leuchtend orangefarbene und gelbe Bänder. Außerdem leben sie in Gruppen, so daß sie leicht zu erkennen sind und nicht versehentlich gefressen werden. Widderchenraupen (*Zygaena*) sind markant schwarz und gelb gezeichnet und zeigen so an, daß sie Blausäureverbindungen enthalten und sehr giftig sind.

Der Gabelschwanzraupe (*Cerura vinula*) steht eine ganze Palette von Strategien zur Verfügung. Ihr großer, grüner Körper wird durch einen schwärzlichen Rücken-„sattel" wirksam aufgelöst und ist so gut getarnt. Bei Bedrohung hebt sie dagegen die vordere Körperhälfte und stellt einen roten Ring um den Kopf mit zwei schwarzen „Augenflecken" zur Schau. Gleichzeitig läßt sie aus ihren zwei Schwänzen lange, peitschenartige, rote Filamente hervortreten. Zusätzlich kann sie aus einer Kehldrüse Ameisensäure spritzen.

Die Raupe des Mittleren Weinschwärmers (*Deilephila elpenor*) besitzt keine offensiven Waffen und vertraut für gewöhnlich auf ihre Tarnung. Wird sie jedoch gestört, zieht sie den Kopf in den Körper zurück, so daß der Vorderteil anschwillt und zwei große Augenflecken sichtbar werden. Wenn sie nun den Vorderkörper erhebt, entsteht durchaus der Eindruck einer kleinen Schlange. Das Schwanzhorn ist bei dieser Art, im Gegensatz zu den meisten anderen Schwärmerarten, weitgehend reduziert. Dieses Horn erfüllt bei anderen Arten wohl Verteidigungsaufgaben, besonders in den frühen Stadien, bei denen es relativ zum Körper viel größer ist.

Der Schwalbenschwanz (*Papilio machaon*) und viele seiner Verwandten besitzen eine Nackendrüse (Osmeterium), die starkriechende Substanzen ausscheidet und offenbar einige Feinde abschreckt.

Dichter Haarbesatz oder lange Dornen auf Kopf und Körper sind ein weiterer Schutzmechanismus. Sie vergrößern das zu schluckende Volumen, und kleine Vögel mögen somit Schwierigkeiten bekommen. Verschiedene größere Vögel, vor allem Kuckucke, fressen aber sehr wohl auch starkbehaarte Raupen. Möglicherweise schützen Haare auch in gewissen Grenzen vor den Angriffen von Parasiten, dennoch werden aber auch solche Raupen parasitiert.

Haare können rein mechanisch Schutz bieten. Bei vielen Arten sind sie aber auch noch giftig. Eine Reihe solcher Arten lebt in Gruppen; Raupen der Prozessionsspinner (*Thaumetopoea*) z. B. wandern in langen Ketten umher und werden sicher selten aus Versehen angegriffen und gefressen. Die Haare der Goldafterraupe (*Euproctis chrysorrhoea*) schützen das Insekt sogar während seines ganzen Lebens. Sie werden in den Puppenkokon eingearbeitet, und das Weibchen nimmt nach dem Schlupf einige von ihnen mit der Abdomenspitze auf und bedeckt damit das Eigelege.

Eine Reihe von Arten bauen große, gemeinsame Seidennester, die sie nur verlassen, wenn sie nachts fressen. Andere, wie etwa viele Dickkopffalter, leben einzeln in zusammengerollten oder gefalteten Blättern. Viele Raupen ohne derartige Verstecke fressen nachts und verbergen sich tagsüber in der Bodenstreu in Rindenritzen oder einfach unter Blättern. Viele Eulenraupen (Familie Noctuidae) bleiben tagsüber unter der Erdoberfläche und kommen gegen Abend heraus, um an den bodennahen Teilen ihrer Futterpflanzen zu fressen.

Eine interessante Variante des Themas Tarnung stellen jene Arten dar, die Vogelkot nachahmen. Die Raupen des Weißen C (*Polygonia c-album*) sind hier ein hervorragendes Beispiel. Sie ruhen sogar gekrümmt auf Blättern, um die Ähnlichkeit noch zu erhöhen. Junge Raupen der Erleneule (*Acronicta alni*) sind ebenfalls vorzügliche Vogelkotimitatoren. Im letzten Stadium geben sie diese Tarnung jedoch auf, legen sich eine kontrastreiche schwarz-gelbe Zeichnung zu und bekommen lange, paddelförmige Haare. Dieses Muster läßt vermuten, daß die Raupen ungenießbar sind. Offenbar wäre in früheren Stadien eine Warnzeichnung weniger günstig als eine Tarnfärbung.

Eine besonders faszinierende Strategie verfolgen zahlreiche Bläulingsraupen (Familie Lycaenidae). Sie haben enge Beziehungen zu Ameisen aufgenommen, indem sie aus verschiedenen Rückendrüsen eine zuckerhaltige Flüssigkeit absondern. Diese Absonderungen sind für Ameisen äußerst attraktiv, und sie „melken" die Raupen in ähnlicher Weise wie Blattläuse. Zur „Belohnung" greifen sie die Raupen nicht an und schützen sie durch ihre Anwesenheit vor Verfolgern. Beim Bläuling *Maculinea arion* geht die Beziehung noch einer Stufe weiter. Hier werden die Raupen von den Ameisen aufgenommen und ins Nest gebracht, wo sie sich als Parasiten erweisen und von Ameisenlarven ernähren.

Wie man Raupen findet

Oft sieht man Raupen auf Blättern sitzen oder über Wege kriechen, aber die weitaus meisten bleiben verborgen und werden kaum je bemerkt. Durch sorgfältiges Suchen kann man sie aber durchaus finden. Wenn man das Laubwerk von Bäumen und Sträuchern absucht, sollte man besonders auf die Unterseite der Blätter und auf solche Blätter achten, die Fraßspuren zeigen. Große Raupen, wie etwa die von Schwärmern, verraten ihre Gegenwart oft durch Kotballen auf dem Boden unter der Futterpflanze. Mit Seide zusammengesponnene Blätter sollte man ebenfalls untersuchen, wenn ihre Bewohner auch oft Kleinschmetterlingsraupen sein werden, die hier nicht behandelt werden. Nichtsdestoweniger sind auch sie faszinierende Studienobjekte und lohnen die Zucht!

Meist ist es weniger ergebnisreich, das Laub niedriger Pflanzen abzusuchen. Auch hier empfiehlt es sich, Blattunterseiten und den Boden darunter zu durchforsten. Die beste Zeit, um unter horstbildenden Kräutern wie Thymian (*Thymus*) oder Sonnenröschen (*Helianthemum*) zu stöbern, ist im Herbst und Winter, wenn viele Raupen in der Blattstreu überwintern.

„Raupenleuchten", die Suche des Nachts mit einer Taschenlampe oder Laterne, kann sehr erfolgreich sein, weil viele Arten nachtaktiv sind und dann beim Fressen gesehen werden können.

Ein einfaches Mittel, um an recht große Mengen von Raupen zu kommen, ist der Klopfschirm. Dies kann ein speziell angefertigtes Werkzeug sein, etwa aus Nesselstoff, der über einen Holzrahmen gespannt wird. Ein umgestülpter Regenschirm oder ein Stück Tuch, das man unter den Zweigen eines Baumes oder Strauchs ausbreitet, tut es aber auch. Die Zweige werden dann kurz(!) und kräftig mit einem Stock angeschlagen, sodaß die Raupen ihren Halt verlieren und in den Schirm fallen. Es nützt wenig, ausdauernd auf einen Busch einzudreschen. Man würde so lediglich das Laub beschädigen und viele Raupen verletzen, die sich nur um so fester anzuklammern versuchen. Einige große Raupen, wie die der Schwärmer, lassen sich selten „klopfen" und müssen gesucht werden, wie oben beschrieben. Bei Wind ist das Klopfen meist wenig ertragreich, weil sich die Raupen sowieso schon besonders festhalten. Bei Regenwetter wird der Klopfschirm sicher rasch durchnäßt sein – vom Sammler ganz zu schweigen. Nach dem Klopfen empfiehlt es sich, den Schirm sehr gründlich zu durchsuchen, wobei vor allem an die zahlreichen hervorragenden Zweignachahmer erinnert sei. Wenn man einige Augenblicke abwarten kann, sollte man den Tieren die Chance bieten, aus ihrer Verteidigungsstarre „aufzuwachen" und loszukriechen. Es ist ganz erstaunlich, wieviele Raupen man beim ersten Durchmustern übersehen kann.

Raupen auf niedrigen Kräutern kann man mit einem Streifkäscher fangen. Dies ist ein Netz mit einem kräftigen Metallrahmen, den man durch das Blattwerk zieht, um die dort fressenden Raupen abzustreifen. Der Hauptnachteil dieser Methode ist, daß man oft durch verschiedene Pflanzenarten streift und es schwierig werden kann, einer bestimmten Raupe die korrekte Futterpflanze zuzuordnen. Besonders erfolgreich ist das Streifen gegen Abend auf Wiesen, wenn die Raupen gerade aufsteigen.

Ein faszinierender Aspekt des Klopfens und Streifens ist, daß man viele unterschiedliche Insekten und Spinnen zu Gesicht bekommt. Der Sammler erhält auf diese Weise Einblick in die erstaunlich vielfältigen Faunen verschiedener Pflanzengesellschaften. Es ist wichtig, sich daran zu erinnern, daß man alle nicht benötigten Tiere unversehrt wieder auf ihre Futterpflanzen setzen soll.

Raupen mit spezialisierten Freßgewohnheiten wird man gesondert suchen müssen. Wurzelfresser findet man, wenn man Pflanzen sorgfältig ausgräbt, die welk sind oder andere Fraßspuren zeigen. Man sollte sich aber gegebenenfalls erst mit dem Besitzer einigen und auch nicht vergessen, daß es in machen Gegenden, z. B. in Naturschutzgebieten, generell verboten ist, Pflanzen auszugraben. Holzbohrer sind schwerer zu finden und zu züchten. Löcher in Baumstämmen und Ästen mit Holzteilchen und Kotballen sind ein sicheres Zeichen für ihre Gegenwart. Gelegentlich kann man sie in frisch gefällten Bäumen finden, sollte aber wiederum erst Erlaubnis einholen, bevor man Äste absägt.

Beim Sammeln sollte man allen haarigen Raupen mit Respekt begegnen und Kinder davor warnen, sie überhaupt in die Hand zu nehmen. Die Raupen von Goldafter (*Euproctis chrysorrhoea*) und Prozessionsspinnern (*Thaumetopoea*) können auf empfindlicher Haut schmerzhafte Entzündungen hervorrufen und Sehstörungen verursachen, wenn Haare in die Augen gelangen. Andere Raupen mit reizenden Haaren sind der Schwan (*Euproctis similis*), der Bürstenspinner (*Orgyia antiqua*) und der Brombeerspinner (*Macrothylacia rubi*). Selbst die Haare der scheinbar harmlosen, „wolligen“ Raupen des Braunen Bären (*Arctia caja*) enthalten Giftstoffe, auch wenn nur wenige Menschen empfindlich auf sie reagieren. In den Tropen können Raupen der Asselspinner (Familie Limacodidae) äußerst schmerzhafte Entzündungen verursachen, und Raupen des Nachtpfauenauges *Lonomia achelous* (Familie Saturniidae) rufen gefährliche Schleimhautblutungen hervor.

Wie man Raupen züchtet

Die eingesammelten Raupen müssen in geeigneten Behältern aufbewahrt werden und ausreichend Futter haben. Solche Behälter können z. B. Glas- oder Plastikröhrchen oder -schachteln sein oder auch Tabaksbüchsen. Die wichtigsten Punkte, die man unbedingt beachten muß, sind: man vermeide Überbelegung, Überhitzung, Kondenswasser und Kannibalismus. Eine Glas- oder Plastikschachtel, die auch nur kurzfristig direkt der Sonnenstrahlung ausgesetzt wird, heizt sich stark auf, sodaß die Insassen bald eingehen. Enthält der Behälter nicht ein paar Stückchen Filterpapier oder anderes absorbierendes Material, besteht die Gefahr, daß sich Kondenswassertropfen bilden, in denen kleine Raupen leicht ertrinken. Überbelegung führt oft zum Ausbruch von Krankheiten oder Kannibalismus, besonders wenn das Futter knapp bemessen ist. Im Frühjahr sollte man besonders sorgfältig nach den Raupen der Mondraupeneule (*Cosmia trapezina*) Ausschau halten. Sie sind nicht nur Kannibalen, sondern töten und verzehren auch beliebige andere Raupen. Sie sollten entsprechend einzeln und separat gehalten werden. Junge Raupen vieler Bläulinge (Familie Lycaenidae) zeigen gleichfalls kannibalistische Neigungen, wenn sie zu eng gehalten werden, und ähnliches gilt auch für Raupen des Aurorafalters (*Anthocharis cardamines*).

Beim Raupensammeln ist es wichtig, sich sorgfältige Notizen über ihre Futterpflanzen zu machen. Günstig ist es, gleich einen Vorrat für die ersten Tage mitzunehmen. Größere Mengen werden aber bald welken und unbrauchbar werden. Man sollte sich also vergewissern, daß man ausreichende Pflanzenbestände zur Verfügung hat, bevor man Raupen von bestimmten Pflanzen sammelt. Erfahrene Züchter ziehen daher schwer erreichbare Pflanzen in Gewächshäusern oder im Garten. Die häufigeren Pflanzen wird man aber meist auf Brachland oder an Waldrändern finden können. Wenn möglich, vermeide man es, Pflanzen direkt vom Straßenrand zu sammeln. Gleiches gilt für Pflanzen, die möglicherweise mit Herbiziden oder Insektiziden behandelt worden sind, etwa in der Nähe von Nutzgärten. Bestehen Zweifel, wasche man die Pflanzen gründlich und lasse sie gut abtrocknen.

Ist die Original-Futterpflanze nicht zu bekommen, kann man oft Alternativen anbieten. Am besten beginnt man mit den nächsten Verwandten dieser Pflanze. Ist auch das nicht möglich, reiche man eine Mischung verschiedener Blätter ähnlicher Größe und Struktur und achte darauf, welche gefressen werden. Ist die Raupenart bekannt, kann man sich über das normale Futterpflanzenspektrum in diesem Buch informieren. Die Zeitpunkte, zu denen es erfahrungsgemäß am leichtesten ist, eine Raupe „umzustellen“, sind direkt nach dem Schlupf oder unmittelbar nach einer

Häutung. Nach ein paar Tagen Hungern fressen einige Raupen eine ganze Reihe Ersatzpflanzen, aber dieses Verfahren kann nicht empfohlen werden, zumal es auch nur selten wirklich zum Erfolg führt. Selbst wenn ein Ersatzfutter bereitwillig angenommen wird, heißt das noch lange nicht, daß die Raupe ihre Entwicklung auf ihm auch abschließen kann. Wann immer möglich, sollte man die „richtigen" Pflanzen verwenden.

Nützliche Universal-Futterpflanzen für alle die Raupen, die auf den sogenannten „niederen Pflanzen" leben, sind Ampfer (*Rumex*), Löwenzahn (*Taraxacum*) und Knöterich (*Polygonum*). Salat (*Lactuca*) wird auch oft als Ersatzfutter verwendet, hat aber einen sehr hohen Wassergehalt und ruft daher häufig Durchfall hervor. Dagegen sind angewelkte Salatblätter erfolgreich als Futter für Raupen verwendet worden, die normalerweise Flechten und Algen fressen. Raupen, die an Weide (*Salix*) fressen, können manchmal überredet werden, Apfelblätter (*Malus*) zu akzeptieren, die auch als Ersatz für einige andere Laubbäume dienen können. Stiefmütterchen werden im allgemeinen von den Raupen angenommen, die sonst wilde Veilchenarten (*Viola*) fressen. Wenn gegen Ende des Jahres Blattwerk rar wird, bleiben Brombeere (*Rubus*) oder Liguster (*Ligustrum*) als letzte Auswege.

Raupenzüchten ist nicht nur eine interessante und lohnende Beschäftigung, sondern erfordert auch keine kostspielige Ausrüstung. Kleine Raupen können schon mit Erfolg in mit Fließpapier ausgelegten Plastik-Butterbrotdosen gezogen werden. In regelmäßigen Abständen müssen Futterreste und Kot entfernt und Deckel und Wände vom Kondenswasser gesäubert werden. Beim Hantieren mit den Raupen ist Vorsicht am Platze. Es ist meist am besten, sie selbst auf das neue Futter überkriechen zu lassen. Kleinste Raupen kann man auch mit einem weichen Pinsel übertragen. Versuche, größere Raupen gewaltsam von ihrer Unterlage abzunehmen, führen oft zu tödlichen Verletzungen. Raupen, die sich zu einer Häutung festgesetzt haben, sollten grundsätzlich möglichst wenig gestört werden. Sie sind gewöhnlich daran zu erkennen, daß sie fast unbeweglich sind und der Kopf sich winklig vom Körper absetzt.

Eier bewahrt man am besten in klar durchsichtigen Gefäßen auf, um die Entwicklung verfolgen zu können. Frisch geschlüpften Raupen sollte man die Gelegenheit geben, ihre Eischale zu vertilgen, bevor man sie in Gefäße mit Futter umsetzt. Futter direkt in das Behältnis mit den Eiern zu geben, empfiehlt sich nicht, da sie dann leicht schimmeln.

Große Raupen in Plastikschachteln zu halten, ist oft schwierig, obwohl es bei entsprechender Größe und geringer Besatzdichte durchaus geht. Praktischer ist ein regelrechter Zuchtkäfig. Dies kann ein kommerziell erhältlicher Plexiglaszylinder mit einem Gazedeckel sein oder ein selbstgebautes Holzrahmengestell mit Seiten aus Glas und Fliegengaze. In derartige Gefäße kann man ganze Futterpflanzensträuße in Wasserflaschen einstellen. Es ist wichtig, den Hals solcher Flaschen gut abzudichten, damit keine Raupen in sie eindringen und ertrinken. Alternativ dazu kann man auch Stengel von Futterpflanzen in poröse Kunststoffblöcke stecken, wie sie Floristen zum Blumenarrangieren verwenden. Stehen eingetopfte Futterpflanzen zur Verfügung, nähert man sich schon dem Idealzustand, allerdings haben größere Raupen einen nicht zu unterschätzenden Appetit! Einige Raupen gedeihen auf gewässertem Futter nicht gut, und für sie ist diese letzte Methode besonders geeignet.

Eine weiteres Verfahren, Raupen mit frischem Futter zu versorgen, ist das „Ausbinden". Dazu stülpt man einen Zylinder aus feinem Gazestoff über einen Zweig und bindet die Enden zu. Nachteile dieser Methode sind, daß die Stoffbeutel im Garten nicht sonderlich gut aussehen und die Raupen im Inneren nicht klar zu erkennen sind. Sobald das Laub verzehrt ist, muß man die Raupen auf einen frischen Zweig umsetzen. Dieses Verfahren sieht umständlich aus, wird aber auch von kommerziellen Schmetterlingszüchtern seit Jahren erfolgreich angewendet. In ähnlicher Weise kann man auch Sträucher mit einem Drahtgerüst umgeben, über das man dann Stoff zieht. Am besten gräbt man die Pflanzen vorher aus und pflanzt sie in entsprechende Töpfe oder Wannen. Der größte Nachteil ist, daß man aus solchen „Hauben" Spinnen und andere kleine Räuber praktisch nicht heraushalten kann.

Welche Zuchtmethode man auch wählt, das oberste Gebot ist Sauberkeit. Futterreste und Kot beginnen rasch zu schimmeln, zum Schaden der Tiere. Viren und Bakterien bringen die Raupen eigentlich immer mit, aber bemerkbar machen sie sich erst, wenn die Raupen zusätzlichem Streß ausgesetzt sind. Die Natur solcher Belastungen ist nicht völlig bekannt, aber Krankheitskandidaten sind alle Raupen, die zu eng gehalten werden, hungern oder in Behältern mit zuviel Kondenswasser und Schmutz sitzen. Der einzig erfolgversprechende Schutz gegen Krankheiten ist Vorbeugung, denn erkrankte Raupen erholen sich nur selten. Bei den ersten Krankheitsymptomen sollte man die befallenen Tiere entfernen und den Rest in einen sauberen Käfig und auf frisches Futter setzen. Raupen vor der Häutung und vor der Verpuppung sollten nicht mit kranken Raupen verwechselt werden. Die Anzeichen einer bevorstehenden Häutung wurden oben bereits geschildert; verpuppungsreife Raupen durchlaufen eine längere Phase rastloser Aktivität, verfärben sich oft und entfernen sich in der Regel vom Fraßort, bevor sie etwas schrumpfen und sich zur Puppe häuten.

Nach Gebrauch sollte man alle Zuchtgefäße gründlich desinfizieren. Glas- und Plastikbehälter kann man mit üblichen Desinfektionsmitteln behandeln, Holzkäfige mit Seifenlauge ausscheuern.

Verpuppungsreifen Raupen muß man die Gelegenheit geben, sich ordnungsgemäß verpuppen zu können. Tagfalterraupen brauchen zum Beispiel geeignete Stengel und Blätter, um sich daran anzuspinnen. Nachtfalterraupen, die sich unterirdisch verpuppen, benötigen Schachteln mit einer dicken Schicht leicht angefeuchteten Torfs auf dem Boden. Andere Raupen brauchen, je nach ihren Bedürfnissen, Laub, Rinde oder weichen Kork als Substrat. Frühjahrs- oder Frühsommerpuppen schlüpfen meist innerhalb weniger Wochen und können bis dahin im Verpuppungsgefäß bleiben. Dagegen überwintern die meisten Herbstpuppen, und dabei sind sie zahlreichen Gefahren ausgesetzt, vor allem dem Vertrocknen und dem Verschimmeln. Sie werden am besten aus dem Zuchtbehälter entnommen und zwischen Torflagen in verschlossenen Dosen kühl, aber frostfrei bis zum Frühjahr aufbewahrt. Im Frühling werden sie dann in einen Schlupfkäfig überführt. Dies kann ein normaler Zuchtkäfig sein mit einer Lage Torf oder Vermiculit auf dem Boden, den man vorsichtig über die Puppen streut. Alternativ kann man die Puppen auch in die Kuhlen von Wellpappe legen. Die Puppen kann man gelegentlich leicht mit einer Sprühflasche übersprühen. Es ist weder notwendig noch sinnvoll, sie zu durchnässen; sie benötigen lediglich eine feuchte Atmosphäre. Schlüpfende Falter brauchen geeignete Zweige und Ästchen, um an ihnen emporzuklettern und die Flügel aufzuspannen. Haben sie sie nicht zur Verfügung, werden viele Falter verkrüppeln.

Es ist vielleicht keine schlechte Idee, die ersten Zuchtversuche im Frühjahr zu machen, weil dann die meisten Falter noch im Sommer schlüpfen und nicht überwintert zu werden brauchen. Mit zunehmender Erfahrung wird man auch die „schwierigen" Arten erfolgreich züchten.

Sammeln, Zucht und Naturschutz

Der Gewinn, den man aus dem Sammeln und Züchten von Raupen ziehen wird, ist viel größer als der, den das Sammeln ausgewachsener Falter bringt. Das Züchten steht daneben sicher eher im Einklang mit den gegenwärtigen Naturschutzbestrebungen. Jeder weibliche Falter legt hundert oder mehr Eier, von denen zur Erhaltung der Population im Endeffekt nur ein Paar überleben muß. Ein sehr hoher Prozentsatz wird Freßfeinden oder Krankheiten zum Opfer fallen. Zieht man dagegen solch ein Gelege in Gefangenschaft, kann man eine große Anzahl Falter erzielen. Indem man bestimmte Arten züchtet und die Imagines in geeigneten Biotopen aussetzt, hat man nicht nur die Freude, diese wundervollen Geschöpfe sich entwickeln zu sehen, sondern kann außerdem die bodenständige Population verstärken. Bevor man solche Unternehmen startet, ist es aber unumgänglich, sich mit einigen wichtigen Verhaltensrichtlinien zu befassen. Vor allem dürfen gezogene Schmetterlinge nur in dem Biotop ausgesetzt werden, aus dem die Eier oder Raupen ursprünglich stammten, es sei denn, ein erfahrener Fachmann etwa aus einer Naturschutzbehörde schlägt einen anderen Platz vor. Falls zu viele Tiere gezüchtet und freigelassen werden, kann es passieren, daß die Anzahl der vorhandenen Futterpflanzen dem Ansturm der Raupen nicht gewachsen ist und die bodenständige Population sogar geschädigt wird. Das planlose Freisetzen gezogener Tag- und Nachtfalter sollte unterbleiben, da sie sich selten erfolgreich fortpflanzen und höchstens in den Faunenlisten lokaler Naturkundler für Verwirrung sorgen.

Ein weiterer Weg, die Beschäftigung mit der Zucht zu vertiefen, besteht darin, schriftliche Notizen über jede interessante Beobachtung zu machen. Es ist erstaunlich, wie wenig wir über etliche relativ häufige Schmetterlinge wissen. Es lohnt sich auf jeden Fall, Anmerkungen zum Verhalten, Anzahl der Raupenstadien, ungewöhnliche Futterpflanzen, Freßzeiten, Verpuppungszeiten und Schlupfzeiten und anderes festzuhalten. Selbst Berichte über Parasiten oder Krankheiten sind z. B. für den angewandten Naturschutz sehr wichtig. Man sollte es sich auch einmal überlegen, ob man nicht einer örtlichen oder landesweiten naturkundlichen Vereinigung beitreten könnte, um seine Ideen und Erfahrungen mit Gleichgesinnten auszutauschen. Einige dieser Vereinigungen veröffentlichen eigene Zeitschriften und nehmen dort gern kurze Notizen über verschiedene Aspekte der Biologie von Faltern auf.

Das Anlegen einer Sammlung präparierter Raupen wird nicht empfohlen. Solche weichhäutigen Wesen in lebensnaher Erhaltung zu konservieren, ist ohne teures und kompliziertes Gerät nicht möglich. Selbst dann sind die Resultate nicht immer zufriedenstellend. Ein anderes Verfahren wäre es, die lebende Raupe in ihren verschiedenen Entwicklungsstadien zu fotografieren. Dazu muß man zwar die Schwierigkeiten der Nahfotografie meistern, aber die Ergebnisse werden die Mühe mehr als wettmachen. Mit den modernen Spiegelreflexkameras kann der Amateur heute Resultate erzielen, die noch vor wenigen Jahren nur dem Profifotografen möglich waren.

Es ist schon darauf hingewiesen worden, daß man Biotope schonen und Pflanzen nicht ohne Erlaubnis ausgraben sollte. In Naturschutzgebieten ist jedes Sammeln oder sonstige Störung grundsätzlich untersagt. In vielen Ländern ist das Sammeln von Insekten generell unter Strafe gestellt worden. Wenn die Zielrichtung und die Wirksamkeit solcher Bestimmungen auch nicht immer einsichtig sein mögen, so sind sie doch Teil der Bemühungen, unsere Landschaft zu schützen und sollten entsprechend respektiert werden.

Systematischer Teil

Hepialidae Wurzelbohrer

Diese Familie umfaßt die Hopfenmotte und ihre Verwandten. Die Raupen bohren vor allem in Wurzeln, kappen aber auch gelegentlich Pflanzenstengel, ähnlich wie manche Eulenraupen (Familie Noctuidae). Sie sind recht schlank, schmutzigweiß gefärbt, und Nacken- und Afterschild sind oft glänzend braun. Sie fressen an verschiedenen niedrigwachsenden Pflanzen.

Hepialus humuli Linnaeus *Hopfenmotte* **29**

VERBREITUNG: Im nördlichen und zentralen Europa weit verbreitet.

BESCHREIBUNG: Länge bis 40 mm; Körper glänzend weiß oder grauweiß mit deutlichen, graubraunen Flecken; Nackenschild rotbraun mit schräger, schwarzer Zeichnung jederseits; Kopf glänzend rötlichbraun.

HABITAT: Wiesen, Brachland, Gärten und andere Plätze, wo die Futterpflanzen wachsen.

FUTTERPFLANZEN: Eine Vielzahl Gräser und krautiger Pflanzen, sowohl Wild- wie auch Kulturformen.

BIOLOGIE: Eine Generation im Jahr. Die Eier werden im Juli abgelegt. Das Weibchen streut sie im Flug wahllos in den Unterwuchs. Die Raupen schlüpfen nach etwa 14 Tagen und fressen bis zum Mai des folgenden Jahres unterirdisch an Wurzeln und Knollen verschiedener Pflanzen. Manche Raupen benötigen zwei oder mehr Jahre zu ihrer Entwicklung. Verpuppung im Mai am Freßplatz. Schlupf im darauffolgenden Monat.

Hepialus lupulinus Linnaeus *Kleiner Hopfenspinner* **27**

VERBREITUNG: In Europa weit verbreitet.

BESCHREIBUNG: Länge bis 38 mm; lang und schlank; Körper glänzend gelblichweiß mit undeutlichen, blaß gelbbraunen Flecken; Nacken- und Afterschild gelbbraun; Kopf glänzend rötlichbraun.

HABITAT: Wiesen, Kulturland, Gärten und andere Plätze, wo die Futterpflanzen wachsen.

FUTTERPFLANZEN: Eine Vielzahl Gräser und krautiger Pflanzen, sowohl Wild- wie Kulturformen. U. U. schädlich.

BIOLOGIE: Eine Generation im Jahr. Die Eier werden im Mai oder Juni abgelegt. Das Weibchen verstreut sie während des Fluges. Die Raupen schlüpfen nach etwa 14 Tagen und fressen unterirdisch an Wurzeln. Sie sind im nächsten Frühjahr erwachsen und verpuppen sich am Fraßort. Die Falter schlüpfen im Mai und Juni. (Die Raupe auf Tafel 27 ist nicht in typischer Freßhaltung abgebildet.)

Cossidae Holzbohrer

In diese Familie gehören der Weidenbohrer (*Cossus cossus*) und das Blausieb (*Zeuzera pyrina*). Die meisten Arten bohren in Holz, der Rohrbohrer (*Phragmataecia castaneae*) dagegen in Schilfstengeln. Sie sind kräftig und glatt, ohne markante Farbmuster.

Phragmataecia castaneae Hübner *Rohrbohrer* 30

VERBREITUNG: In Zentraleuropa weit verbreitet, aber lokal.

BESCHREIBUNG: Länge bis 45 mm; Haut faltig und glänzend; Körper schmutzig gelblichweiß mit zwei blaßpurpurnen Linien auf dem Rücken; Nackenschild groß, gelblichbraun und gezähnt; Kopf abgeflacht, gelblichbraun.

HABITAT: Schilfbestände.

FUTTERPFLANZEN: Schilfrohr (*Phragmites communis*).

BIOLOGIE: Eine Generation im Jahr. Die Eier werden im Juli gruppenweise auf Schilf abgelegt und schlüpfen im folgenden Monat. Die Raupen fressen in Bodennähe in den Stengeln. Sie überwintern zweimal und sind im Mai des dritten Jahres ausgewachsen. Die Verpuppung erfolgt in den Stengeln. Schlupf der Falter im Juni.

Zeuzera pyrina Linnaeus *Blausieb* 16

VERBREITUNG: In Europa weit verbreitet.

BESCHREIBUNG: Länge bis 50 mm; Körper gelblichweiß mit schwarzbraunen Flecken; Nacken- und Afterschild schwarzbraun; Kopf keilförmig, dunkelbraun oder schwarz, glänzend.

HABITAT: Waldgebiete, Gärten, Parks und Obstplantagen.

FUTTERPFLANZEN: Ein breites Spektrum von Laubbäumen und -sträuchern, darunter auch Zier- und Obstbäume.

BIOLOGIE: Eine Generation im Jahr. Die Eier werden im Juni einzeln oder in Gruppen in Rindenritzen gelegt und schlüpfen nach etwa drei Wochen. Anfangs fressen die Raupen in jungen Trieben oder unterhalb der Rinde, gehen dann aber tiefer ins Holz. Sie brauchen zu ihrer Entwicklung zwei oder drei Jahre. Verpuppung im Mai in Kokons aus Seide und Holzstückchen innerhalb der Fraßröhren. Die Falter schlüpfen im folgenden Monat.

Cossus cossus Linnaeus *Weidenbohrer* 8

VERBREITUNG: In Europa weit verbreitet.

BESCHREIBUNG: Länge bis 65 mm; Körper gelblichweiß, rosa angehaucht, mit einem breiten, dunkel purpurroten Rückenstreifen; Nackenschild schwarz; Kopf glänzend schwarz, teilweise in den Körper zurückgezogen. Die Raupen riechen deutlich ziegenartig.

HABITAT: Aulandschaften, Waldgebiete, Obst- und Hausgärten.

FUTTERPFLANZEN: Eine breite Palette von Laubbäumen, darunter auch Obstbäume.

BIOLOGIE: Eine Generation im Jahr. Die Eier werden im Juni in kurzen Reihen oder kleinen Gruppen in Rindenritzen gelegt. Die Raupen schlüpfen im folgenden Monat und bohren zuerst zwischen Rinde und Holz. Später gehen sie ins Kernholz, wo sie 2 bis 4 Jahre bleiben, bis sie erwachsen sind. Im April verpuppen sie sich in Kokons aus Seide und Holzstücken, die entweder in den Fraßgängen oder am Erdboden angelegt werden. Die Falter schlüpfen im Juni.

Zygaenidae Widderchen

Diese Familie umfaßt die Grünen und die Roten Widderchen. Die Raupen sind kurz und kräftig, verjüngen sich nach beiden Enden und tragen auf kleinen, erhabenen Warzen Büschel kurzer Haare. In Ruhe wird der Kopf in den Körper zurückgezogen. Raupen der Gattung *Zygaena* sind kräftig grün, gelb und schwarz gezeichnet;

von vielen ist bekannt, daß sie Zyanidverbindungen enthalten. Sie fressen das Laub niedriger Pflanzen, vor allem von Klee (*Trifolium*) und Hornklee (*Lotus*). Viele spinnen spindelförmige, papierartige Kokons.

Adscita statices Linnaeus *Gemeines Grünwidderchen* 10

Verbreitung: In Europa weit verbreitet.

Beschreibung: Länge bis 12 mm; Körper matt ockerfarben, fein schwarz gefleckt, mit kleinen Haarbüscheln auf bräunlichen oder rosa Wärzchen längs des Rückens und der Seiten; Kopf sehr klein, dunkelbraun, in den Körper zurückgezogen.

Habitat: Wiesen, Niederungen in Kalkgebieten, Meeresklippen, Heiden und Waldränder.

Futterpflanzen: Großer Ampfer (*Rumex acetosa*) und Kleiner Ampfer (*Rumex acetosella*).

Biologie: Eine Generation im Jahr. Die Eier werden im Juni in kurzen Reihen auf die Blätter gelegt. Die Raupen fressen vom Juli bis zum Herbst, überwintern und sind im Frühjahr ausgewachsen. Ende April verpuppen sie sich in Seidenkokons unter Blättern oder an Stengeln der Futterpflanze. Die Falter schlüpfen im Juni. §

Zygaena exulans Hohenwarth 25

Verbreitung: In Nordeuropa und den Gebirgen Zentraleuropas.

Beschreibung: Länge bis 20 mm; kurz und kräftig, an beiden Enden abrupt verjüngt; Körper dunkel grüngrau mit einer Reihe gelber Flecken oben an jeder Seite; Kopf schwarz, in den Körper zurückgezogen.

Habitat: Moorgebiete.

Futterpflanzen: Vor allem Krähenbeere (*Empetrum nigrum*), aber auch Heidelbeere (*Vaccinium myrtillus*) und Preiselbeere (*V. vitis-idaea*).

Biologie: Eine Generation im Jahr. Die Eier werden im Juli abgelegt. Die Raupen fressen im Spätsommer bis zur Überwinterung. Im Frühjahr beginnen sie wieder mit der Nahrungsaufnahme und sind entweder bis Juni ausgewachsen oder überwintern ein zweites Mal. Verpuppung in rundlichen, silbergrauen Kokons, die in der niedrigen Vegetation oder zwischen Steinen angesponnen werden. Die Falter schlüpfen im Juni oder Juli. §

Zygaena filipendulae Linnaeus *Gemeines Blutströpfchen* 21

Verbreitung: In Europa weit verbreitet und häufig.

Beschreibung: Länge bis 22 mm; kurz und dick, an beiden Enden abrupt verjüngt; Körper grüngelb mit einer Doppelreihe schwarzer Flecke auf dem Rücken, die jederseits von einer Reihe gelber Zeichnungen begleitet ist; gewöhnlich mit einer weiteren Reihe schwarzer Zeichnungen an den Seiten des Körpers, die aber bei blassen Formen fehlt; gelegentlich die schwarzen Elemente stark vergrößert, sodaß die Raupe praktisch schwarz ist; Kopf schwarz, in den Körper zurückgezogen.

Habitat: Niederungen, Wiesen, Klippen, Brachland und Waldränder.

Futterpflanzen: Hornklee (*Lotus corniculatus*).

Biologie: Eine Generation im Jahr. Die Eier werden im Juli oder August auf die Futterpflanze abgelegt. Die Raupen fressen bis in den Herbst, überwintern und sind etwa Ende Mai ausgewachsen. Einige überwintern ein zweites Mal. Verpuppung in kräftigen, länglichen, blaß strohfarbenen, glänzenden Kokons an Grashalmen. Die Falter schlüpfen im Juni oder Juli. §

Zygaena trifolii Esper *Kleewidderchen* **21**

VERBREITUNG: In Europa weit verbreitet.

BESCHREIBUNG: Länge bis 22 mm; sehr ähnlich *Z. filipendulae*, aber Körper mehr blaugrün; weniger variabel, ohne extrem helle und dunkle Formen.

HABITAT: Feuchte Wiesen, Marschen und Niederungen in Kalkgebieten.

FUTTERPFLANZEN: Gemeiner Hornklee (*Lotus corniculatus*) und Sumpfhornklee (*L. uliginosus*).

BIOLOGIE: Eine Generation im Jahr. Die Eier werden im Juni oder Juli in kleinen Gruppen auf die Futterpflanze gelegt. Die Raupen überwintern und sind gewöhnlich Ende Mai oder Juni erwachsen; einige überwintern ein zweites Mal. Verpuppung in länglichen, glänzenden, gelblichen oder weißlichen Kokons an Grashalmen oder zwischen Unterwuchs. Die Falter schlüpfen, je nach Population, von Mai bis Juli. §

Zygaena lonicerae Scheven **21**

VERBREITUNG: In Europa weit verbreitet.

BESCHREIBUNG: Länge bis 22 mm; kurz und dick, sehr ähnlich *Z. filipendulae* und *trifolii*, aber blauer und mit deutlich längeren Haaren, die als schwarzer „Schleier" um den Körper erscheinen.

HABITAT: Niederungen, grasige Hänge, Waldränder, Marschen und Brachland.

FUTTERPFLANZEN: Klee (*Trifolium*), Hornklee (*Lotus*) und Wicken (*Vicia*).

BIOLOGIE: Eine Generation im Jahr. Die Eier werden im Juli auf die Blätter gelegt. Die Raupen fressen im Spätsommer bis zur Überwinterung, danach wieder vom Frühjahr an. Sie sind entweder Ende Mai ausgewachsen oder überwintern noch einmal. Verpuppung in länglichen, glänzenden, gelblichen oder weißlichen Kokons an Grashalmen. Die Falter schlüpfen im Juni oder Juli. §

Zygaena purpuralis Brünnich **26**

VERBREITUNG: In Europa weit verbreitet.

BESCHREIBUNG: Länge bis 20 mm; kurz und kräftig, an beiden Enden abrupt verschmälert; Körper matt gelbgrün, oberseits mit olivgrün; auf dem Rücken zwei Reihen schwarzer Flecken, seitlich davon je eine Reihe großer, gelber Flecken; Kopf schwarzbraun, in den Körper zurückgezogen.

HABITAT: Grasbestandene Hänge, wo die Futterpflanzen wachsen.

FUTTERPFLANZEN: Thymian (*Thymus serpyllum*).

BIOLOGIE: Eine Generation im Jahr. Die Eier werden im Juni abgelegt. Die Raupen fressen vor der Überwinterung und im folgenden Frühjahr. Ende Mai sind sie ausgewachsen; einige überwintern zweimal. Verpuppung in rundlichen, silbergrauen Seidenkokons am Boden oder an Steinen. Die Falter schlüpfen im Juni. §

Zygaena transalpina Esper **19**

VERBREITUNG: In Südeuropa weit verbreitet.

BESCHREIBUNG: Länge bis 20 mm; kurz und dick, an den Enden abrupt verjüngt; Körper grüngelb mit einer Reihe großer, schwarzer Flecken auf der Rückenmitte, auf jeder Seite davon eine Reihe ziemlich unklarer, gelber Zeichnungen; eine weitere Reihe schwarzer Zeichnungen an den Seiten; Kopf schwarz, in den Körper zurückgezogen.

HABITAT: Trockene, warme Graslandschaften und Gebüsche.

FUTTERPFLANZEN: Bunte Kronwicke (*Coronilla varia*) und andere *Coronilla*-Arten,

Hufeisenklee (*Hippocrepis comosa*), Hornklee (*Lotus corniculatus*) und Tragant (*Astragalus*).

BIOLOGIE: Eine Generation im Jahr. Die Eier werden im Juli abgelegt. Die Raupen schlüpfen im August. Nach der Überwinterung fressen sie im Frühjahr weiter und verpuppen sich entweder im Juni oder überwintern noch ein zweites Mal. Die Falter schlüpfen im Juni oder Juli. §

Limacodidae Asselspinner

Diese im wesentlichen tropische Familie hat nur wenige europäische Vertreter, darunter die Große Schildmotte (*Apoda limacodes*) und die Kleine Schildmotte (*Heterogenea asella*). Die Raupen ähneln Nacktschnecken und bis zu einem gewissen Grad denen der Bläulinge (Familie Lycaenidae). Sie haben keine voll entwickelten Bauchfüße. Sie fressen Laub an Bäumen. Tropische Arten besitzen oft nesselnde Brennhaare.

Apoda limacodes Hufnagel *Große Schildmotte* 6

VERBREITUNG: In Zentral- und Südeuropa weit verbreitet.

BESCHREIBUNG: Länge bis 15 mm; stark abgeflacht, glatt; Körper grün mit undeutlichen weißlichen Flecken und zwei erhabenen, gelblichen Längsgraten; längs der Grate Reihen leuchtend rosafarbener Zeichnungen; Körperrand gelegentlich gleichfalls gelb gesäumt, besonders über dem Kopf, der in den Körper zurückgezogen und gewöhnlich nicht sichtbar ist.

HABITAT: Wälder.

FUTTERPFLANZEN: Eiche (*Quercus*), Buche (*Fagus sylvatica*) und andere Laubbäume.

BIOLOGIE: Eine Generation im Jahr. Die Eier werden im Juni oder Juli abgelegt. Die Raupen fressen von August bis Oktober. Die ausgewachsenen Raupen spinnen im Herbst ihre Kokons auf Blätter, in denen sie sich erst im Frühjahr verpuppen. Die Falter schlüpfen im Juni.

Heterogenea asella Denis & Schiffermüller *Kleine Schildmotte* 7

VERBREITUNG: In Zentraleuropa weit verbreitet, aber selten.

BESCHREIBUNG: Länge bis 12 mm; nacktschneckenartig; Körper blaß gelblichgrün mit einem großen, braunen, sattelförmigen Fleck auf dem Rücken; Kopf in den Körper zurückgezogen.

HABITAT: Wälder.

FUTTERPFLANZEN: Eiche (*Quercus*), Buche (*Fagus sylvatica*) und Pappel (*Populus*).

BIOLOGIE: Eine Generation im Jahr. Die Eier werden im Juli einzeln abgelegt. Die Raupen fressen von August bis Oktober. Die ausgewachsenen Raupen spinnen im Herbst ihre dunkelbraunen, gallenartigen Kokons auf Blätter und Zweige, in denen sie überwintern und sich erst im Frühjahr verpuppen. Die Falter schlüpfen im Juni oder Juli.

Heterogynidae

Falter dieser Familie haben mittelgroße, glänzende Raupen, die oberflächlich denen der Widderchen (Familie Zygaenidae) ähneln, aber keine Borstenbüschel haben. Von anderen Raupen unterscheiden sie sich durch den Besitz kleiner, kronenförmiger

Ringe von sehr kleinen Stacheln zwischen den gewöhnlichen Haaren. Sie fertigen charakteristische, offene Netzkokons. Sie fressen die Blätter verschiedener Pflanzen aus der Familie Leguminosae.

Heterogynis penella Hübner 19

VERBREITUNG: In Südeuropa weit verbreitet.

BESCHREIBUNG: Länge bis 20 mm; Körper glänzend schwarz, mit blaßgelben Bändern am Rücken und den Seiten; Haare ziemlich lang und dünn, gelblichweiß; Kopf glänzendschwarz, oft teilweise in den Körper zurückgezogen.

HABITAT: Offene Landschaft und Hügelflanken, wo die Futterpflanzen wachsen.

FUTTERPFLANZEN: Färberginster (*Genista tinctoria*) und andere *Genista*-Arten; auch an Besenginster (*Cytisus scoparius*).

BIOLOGIE: Eine Generation im Jahr. Die Weibchen dieser Art sind flügellos; sie paaren sich und legen ihre Eier, ohne den Kokon zu verlassen. Die jungen Raupen bleiben im Kokon und verzehren den Körper des toten Weibchens, bevor sie im Mai und Juni auf die Futterpflanzen wechseln. Verpuppung in lockeren, durchscheinenden Kokons, die am Bewuchs befestigt werden. Die Falter sind im Juli und August anzutreffen.

Sesiidae Glasflügler

Die Flügel von Schmetterlingen aus dieser Familie sind weitgehend schuppenfrei. Die kleinen bis mittelgroßen Raupen bohren in Ästen und Zweigen sowie in Wurzeln. Sie sind meist weißlich gefärbt; der Körper ist gewöhnlich hinter dem Kopf leicht verdickt.

Synanthedon tipuliformis Clerck *Johannisbeerglasflügler* 22

VERBREITUNG: In Europa weit verbreitet.

BESCHREIBUNG: Länge bis 18 mm; Körper gelblichweiß mit glänzenden, gelblichweißen Flecken, auf denen kurze, rotbraune Haare stehen; Nacken- und Afterschild gelbbraun; Stigmen klein, mit rotbraunen Rändern; Kopf rotbraun.

HABITAT: Gärten, Parzellen und andere Plätze, wo die Futterpflanzen wachsen.

FUTTERPFLANZEN: Rote Johannisbeere (*Ribes rubrum*), Schwarze Johannisbeere (*R. nigrum*) und Stachelbeere (*R. uva-crispa*).

BIOLOGIE: Eine Generation im Jahr. Die Eier werden im Juni einzeln in Rindenritzen gelegt und schlüpfen nach etwa 14 Tagen. Die Raupen fressen im Mark der Stengel, so daß die Blätter welken. Sie überwintern in den Stengeln und verpuppen sich im Mai. Einige überwintern zwei Mal. Die Falter schlüpfen im Juni.

Synanthedon myopaeformis Borkhausen *Apfelbaumglasflügler* 16

VERBREITUNG: In Süd- und Zentraleuropa weit verbreitet, nördlich bis Südskandinavien.

BESCHREIBUNG: Länge bis 20 mm; Körper ziemlich dick, hinter dem Kopf gewöhnlich leicht angeschwollen, weiß mit unauffälligen, blaßgelben Flecken; Nacken- und Afterschild blaß gelblichbraun; Kopf rötlichbraun, gewöhnlich teilweise in den Körper zurückgezogen.

HABITAT: Obstplantagen, Gärten und lockere Wälder.

FUTTERPFLANZEN: Apfel (*Malus*), Birne (*Pyrus*), Eberesche (*Sorbus aucuparia*), Weißdorn (*Crataegus*) und verschiedene Obst- und Zierbäume.

BIOLOGIE: Eine Generation im Jahr. Die Eier werden im Juni oder Juli in Rindenritzen gelegt. Die Raupen schlüpfen innerhalb eines Monats. Sie fressen zwei Jahre im Bast (zwischen Rinde und Holz) und überwintern zweimal, bevor sie sich im Mai oder Juni verpuppen. Die Kokons aus Seide und Holzstückchen werden innerhalb der Gänge angelegt, nahe an einer Öffnung nach außen, die nur von einer dünnen Rindenschicht bedeckt bleibt. Die Falter schlüpfen nach etwa 14 Tagen.

Bembecia scopigera Scopoli **20**

VERBREITUNG: In Europa weit verbreitet, aber lokal.

BESCHREIBUNG: Länge bis 13 mm; Körper hinter dem Kopf leicht angeschwollen, allmählich zum Hinterende verschmälert; weißlich, manchmal etwas gelblich-rosa angehaucht; Kopf blaßbraun mit heller Fleckung.

HABITAT: Niederungen, Felder, Kalksteinbrüche, Kiesgruben und Klippen.

FUTTERPFLANZEN: Wundklee (*Anthyllis vulneraria*), Hornklee (*Lotus corniculatus*) und Hufeisenklee (*Hippocrepis comosa*).

BIOLOGIE: Eine Generation im Jahr. Die Eier werden im Juli auf Blätter, Stengel oder freiliegende Wurzeln der Futterpflanze gelegt. Die Raupen schlüpfen im Juli oder August und fressen bis zum Juni des folgenden Jahres in den Wurzeln. Ende Juni verpuppen sie sich am Fraßort und schlüpfen im folgenden Monat.

Bembecia chrysidiformis Esper **10**

VERBREITUNG: In Zentral- und Südeuropa.

BESCHREIBUNG: Länge bis 20 mm; Körper ziemlich dick, hinter dem Kopf leicht angeschwollen, glänzend bräunlichweiß; Nacken- und Afterschild blaß gelblichbraun; Kopf leicht abgeflacht, rötlichbraun.

HABITAT: Kalkhänge, Felder und Waldlichtungen.

FUTTERPFLANZEN: Ampfer (*Rumex*), Beifuß (*Artemisia*) und verwandte Pflanzen.

BIOLOGIE: Eine Generation im Jahr. Die Eier werden im Juli in die Nähe der Wurzeln der Futterpflanze gelegt. Die Raupen bohren sich in die Wurzelstöcke, in denen sie bis zum Mai des folgenden Jahres fressen. Verpuppung am mit Seide ausgekleideten Fraßplatz. Einige Raupen überwintern zwei Mal. Schlupf der Falter im Juni.

Hesperiidae Dickkopffalter

Die Tagfalter aus dieser Familie werden Dickköpfe genannt. Die ziemlich kleinen Raupen können leicht daran erkannt werden, daß sie sehr große Köpfe und schmale Nackenpartien haben. Ihr Körper ist mit sehr kurzen, feinen Haaren bedeckt. Im Gegensatz zu den meisten anderen Tagfalterraupen leben sie im Schutz zusammengefalteter und -gesponnener Blätter und verpuppen sich in leichten Kokons.

Carterocephalus palaemon Pallas **32**

VERBREITUNG: In vielen Teilen Zentral- und Nordeuropas weit verbreitet, aber lokal.

BESCHREIBUNG: Länge bis 23 mm; Körper dunkelgrün mit dunkelgrünen und weißen Linien, die vor der Überwinterung blaß gelb werden; nach der Überwinterung blaß bräunlichweiß mit rosabraunen und weißen Linien am Rücken und den Seiten; Kopf groß, grün, wird blaßbraun.

HABITAT: Offene Wälder und Wiesengelände mit Gebüsch.

FUTTERPFLANZEN: Waldzwenke (*Brachypodium sylvaticum*) und Pfeifengras (*Molinia coerulea*), auch Trespen (*Bromus*) und andere Gräser.

BIOLOGIE: Eine Generation im Jahr. Die Eier werden im Juni einzeln auf Grasblätter gelegt und schlüpfen nach etwa 10 Tagen. Die Raupen leben im Schutz eines röhrenförmig zusammengesponnen Blattes, aus dem sie nur zum Fressen herauskommen. Ende September ausgewachsen, überwintern sie in einem Blattgespinst. Im März kommen sie hervor und ruhen eine zeitlang auf dem Gras, ohne zu fressen. Verpuppung in einem Kokon aus trockenen Grasblättern. Schlupf der Falter im späten Mai.

Thymelicus flavus Brünnich **31**

VERBREITUNG: In Europa weit verbreitet, nicht im äußersten Norden.

BESCHREIBUNG: Länge bis 21 mm; Körper ziemlich kräftig, an den Enden verjüngt; grün mit dunkelgrünen, blaßgelb gerandeten Rückenlinie, auf jeder Seite davon ein weißgelbes Band; ein weiteres gelblichweißes Band auf den Seiten unterhalb der Stigmen; Kopf groß, rundlich, grün.

HABITAT: Wiesen und andere Plätze, wo die Futterpflanzen wachsen.

FUTTERPFLANZEN: Wolliges Honiggras (*Holcus lanatus*), Wiesen-Lieschgras (*Phleum pratense*) und andere Gräser.

BIOLOGIE: Eine Generation im Jahr. Die Eier werden im Juli in Reihen in Grasscheiden gelegt und schlüpfen nach etwa 3 Wochen. Nach dem Verzehr der Eischale verspinnt die junge Raupe ihre Blattscheide zu einem Schutzgehäuse, in dem sie überwintert. Im April wird sie wieder aktiv und beginnt, am jungen Blatt zu fressen. Sie ruht in einem gefalteten Blatt. Verpuppung im Juni in einem groben, offenen Kokon an einem Grasstengel. Der Falter schlüpft nach etwa drei Wochen.

Thymelicus acteon Rottemburg **32**

VERBREITUNG: Lokal in Zentral- und Südeuropa.

BESCHREIBUNG: Länge bis 24 mm; an den Enden verjüngt; Körper grün mit einer dunkelgrünen, blaß gerandeten Rückenlinie, jederseits davon eine blaß grünlichgelbe Linie; eine blaß grünlichgelbe Linie durch die Stigmen, darunter ein gelblichweißes Band; Kopf groß, blaß grünlichbraun.

HABITAT: Wiesen, grasige Böschungen und Klippen.

FUTTERPFLANZEN: Fiederzwenke (*Brachypodium pinnatum*).

BIOLOGIE: Eine Generation im Jahr. Die Eier werden im Juli oder August in Reihen in Grasscheiden gelegt und schlüpfen nach etwa 3 Wochen. Die junge Raupe frißt nicht, sondern baut sich ein seidenes Schutzgehäuse innerhalb der Grasscheide, wo sie überwintert. Im April beginnt sie, nachts an frischem, zartem Blattwerk zu fressen. Tagsüber verbirgt sie sich in einem gefalteten Grasblatt. Verpuppung im Juli in einem lockeren Kokon, der am Boden zwischen den Futterpflanzen angelegt wird. Der Falter schlüpft nach etwa zwei Wochen.

Hesperia comma Linnaeus *Kommafalter* **31**

VERBREITUNG: In Europa weit verbreitet, aber lokal.

BESCHREIBUNG: Länge bis 26 mm; Haut rauh; Körper ziemlich kräftig, nach vorn verjüngt; matt olivgrün mit einem schwarzen „Kragen“ hinter dem Kopf. Kopf groß, schwarz mit brauner Zeichnung.

HABITAT: Niederungen und Wiesen auf kalkhaltigen Böden.

FUTTERPFLANZEN: Schafschwingel (*Festuca ovina*).

BIOLOGIE: Eine Generation im Jahr. Die Eier werden im August einzeln in Bodennähe auf Grasblätter gelegt, schlüpfen aber nicht vor März oder April. Die Raupe lebt in einem zeltartigen Refugium aus Grasblättern tief unten an der Futterpflanze, das sie nachts zum Fressen verläßt. Verpuppung im Juli in einem festen Kokon zwischen Grasstengeln. Der Falter schlüpft nach etwa 10 Tagen.

Ochlodes venata Bremer & Gray 32

VERBREITUNG: In Europa weit verbreitet.

BESCHREIBUNG: Länge bis 28 mm; ziemlich kräftig, an den Enden verschmälert; Körper bläulichgrün mit einer dunklen Rückenlinie und einer gelblichen Stigmatallinie; Kopf groß, schwarz, leicht braun gezeichnet.

HABITAT: Wiesen, Waldränder, Hecken, Brachland und andere Plätze, wo die Futterpflanzen wachsen.

FUTTERPFLANZEN: Knäuelgras (*Dactylis glomerata*), Waldzwenke (*Brachypodium sylvaticum*) und andere Gräser.

BIOLOGIE: Eine Generation im Jahr. Die Eier werden im Juni einzeln auf Grasblätter gelegt und schlüpfen in zwei bis drei Wochen. Die Raupen leben in zusammengefalteten Grasblättern. Sie frißt bis September, überwintert zwischen versponnenen Grasblättern und frißt danach wieder bis Ende Mai. Verpuppung in einem Seidenkokon zwischen den Blättern. Schlupf der Falter nach etwa drei Wochen.

Erynnis tages Linnaeus 21

VERBREITUNG: In Zentral- und Südeuropa und den südlichen Teilen Nordeuropas weit verbreitet.

BESCHREIBUNG: Länge bis 18 mm; ziemlich kräftig, an den Enden verschmälert; Körper grün, zuweilen mit etwas blaßbraun, mit einer dunkelgrünen Rückenlinie; Kopf schwarzpurpurn.

HABITAT: Niederungen, Wiesen, Heiden, Waldränder und andere Plätze, wo die Futterpflanzen wachsen.

FUTTERPFLANZEN: Hornklee (*Lotus corniculatus*), Kronwicke (*Coronilla*), Mannstreu (*Eryngium*) und andere Pflanzen.

BIOLOGIE: Eine Generation im Jahr. Die Eier werden im Mai einzeln auf die Oberseite der Blätter gelegt und schlüpfen nach etwa 14 Tagen. Die Raupen leben in versponnenen Blättern, die sie nachts zum Fressen verlassen. Anfang August sind sie ausgewachsen und fertigen ein großes Schutzgespinst aus Blättern, in dem sie überwintern und sich im Frühjahr ohne weitere Nahrungsaufnahme verpuppen. Der Falter schlüpft im Mai.

Carcharodus alceae Esper *Malvendickkopf* 22

VERBREITUNG: In Zentral- und Südeuropa weit verbreitet.

BESCHREIBUNG: Länge bis 23 mm; ziemlich kräftig, nach den Enden verschmälert; Körper graugrün, gemischt mit blau; „Kragen" hinter dem Kopf auffällig, schwarz und gelb gebändert; Stigmen gelb mit schwarzen Rändern; Kopf groß, schwarz.

HABITAT: Hügel, an denen die Futterpflanzen wachsen.

FUTTERPFLANZEN: Malven (*Malva* und *Althaea*), *Hibiscus* und verwandte Pflanzen.

BIOLOGIE: Eine bis drei Generationen in Jahr, je nach Landstrich. Die Raupen leben in Röhren aus versponnenen, gefalteten Blättern. Die der letzten Generation überwintern. Die Falter der ersten Generation fliegen im April und Mai, die der späteren Generationen den ganzen Sommer hindurch. §

Pyrgus malvae Linnaeus **15**

VERBREITUNG: In Europa weit verbreitet, außer im äußersten Norden.

BESCHREIBUNG: Länge bis 19 mm; Haut rauh; Körper grün, am Rücken gemischt mit blaßbraun; Rücken mit dunkler olivbraunen Streifen; Kopf groß, schwarz.

HABITAT: Niederungen, Waldränder und andere grasbestandene Flächen.

FUTTERPFLANZEN: Fingerkraut (*Potentilla*), Walderdbeere (*Fragaria vesca*), Brombeere (*Rubus fruticosus*) und Himbeere (*R. idaeus*).

BIOLOGIE: Eine, gelegentlich zwei Generationen im Jahr. Die Eier werden im Mai einzeln abgelegt und schlüpfen nach etwa 10 Tagen. Die junge Raupe lebt zunächst unter einem flächigen Gespinst an einem Blatt, danach in einem gefalteten Blatt. Mitte Juli ist sie ausgewachsen und verpuppt sich in einem lockeren Kokon zwischen den Stengeln am Grund der Futterpflanze. Die Falter schlüpfen gewöhnlich im folgenden April, aber in günstigen Jahren kann ein Teil auch schon im August schlüpfen, mit einer zweiten Raupengeneration im Herbst. §

Papilionidae Ritterfalter

Diese Familie umfaßt die Schwalbenschwänze, Osterluzeifalter und Apollos, die jeweils ganz unterschiedliche Raupentypen haben. Apollo-Raupen sind haarig und vorwiegend schwarz mit roten oder gelben Flecken. Schwalbenschwanz-Raupen sind glatt und meist grün gefärbt, mit roten und schwarzen Zeichnungen. Osterluzeifalter-Raupen zeichnen sich durch große, nach hinten gerichtete Rückendornen aus. Ein gemeinsames Merkmal ist das Osmeterium, eine gabelförmige Drüse im Nacken, die bei Gefahr ausgestülpt wird. Sie fressen an verschiedenen Kräutern.

Parnassius apollo Linnaeus *Apollo* **13**

VERBREITUNG: In gebirgigen Gegenden Zentral- und Südeuropas. In Fennoskandien in tieferen Lagen. Nicht auf den Britischen Inseln.

BESCHREIBUNG: Länge bis 50 mm; Körper samtig schwarz, mit kurzen schwarzen Haaren, die auf kleinen, erhöhten Warzen stehen; eine Reihe großer und kleiner, rundlicher, orangeroter Flecken an den Seiten oberhalb der Stigmen; Kopf schwarz.

HABITAT: Berghänge, Hügel und andere felsige Landstriche.

FUTTERPFLANZEN: Fetthenne (*Sedum*) und Hauswurz (*Sempervivum*).

BIOLOGIE: Eine Generation im Jahr. Die Eier werden im Sommer einzeln nahe der Futterpflanze abgelegt. Einige schlüpfen bereits im Herbst, der Rest überwintert und schlüpft erst im Frühjahr. Die Raupen fressen nur bei Sonnenschein und verbergen sich sonst unter Steinen. Sie sind im Juni ausgewachsen. Bei Störungen strecken sie wie der Schwalbenschwanz ihr Osmeterium vor. Verpuppung in einem lockeren Kokon unter Steinen und Moos. Die Falter schlüpfen nach 2 bis 4 Wochen, je nach Wetterbedingungen. §

Parnassius phoebus Fabricius *Alpenapollo* **14**

VERBREITUNG: Auf die Alpen beschränkt.

BESCHREIBUNG: Länge bis 48 mm; samtig schwarz, mit kurzen schwarzen Haaren, die auf kleinen, erhöhten Warzen stehen; mit einer Reihe großer und kleiner roter Flecken an den Seiten oberhalb der Stigmen; der Apollo-Raupe sehr ähnlich, aber kleiner, die kleinen Flecken einheitlicher in der Größe und röter.

HABITAT: Berghänge; an sehr feuchten Stellen.
FUTTERPFLANZEN: Fetthennen-Steinbrech (*Saxifraga aizoides*) und Berg-Hauswurz (*Sempervivum montanum*).
BIOLOGIE: Eine Generation im Jahr. Die Raupen überwintern sehr klein zwischen Wurzeln und beginnen im Mai mit der Nahrungsaufnahme. Die Puppen ertragen es, längere Zeit untergetaucht zu sein. Die Falter fliegen im Juli und August. §

Parnassius memosyne Linnaeus *Schwarzer Apollo* **12**

VERBREITUNG: In Europa weit verbreitet, nicht auf der Iberischen Halbinsel und den Britischen Inseln.
BESCHREIBUNG: Länge bis 42 mm; Körper samtig schwarz, bedeckt mit schwarzen Haaren, die auf kleinen schwarzen Warzen stehen; mit einer Reihe orangeroter Flecken auf jeder Seite oberhalb der Stigmen; ähnlich der Apollo-Raupe, aber kleiner, die Flecken mehr dreieckig.
HABITAT: Feuchte, offene Gebüsche und Wiesen, wo die Futterpflanzen wachsen.
FUTTERPFLANZEN: Lerchensporn (*Corydalis*).
BIOLOGIE: Eine Generation im Jahr. Die Eier werden im Juni einzeln, oft auf welke Pflanzen gelegt. Die Raupen schlüpfen nicht vor dem folgenden April. Sie fressen nur im Sonnenlicht und verbergen sich sonst unter Blättern und Steinen. Bei Störung strecken sie ihr Osmeterium aus. Sie sind im Mai ausgewachsen und verpuppen sich in Kokons zwischen Blättern. Die Falter fliegen vom späten Mai bis Juli. §

Archon apollinus Herbst **9**

VERBREITUNG: In Südosteuropa und den Ländern des östlichen Mittelmeerraumes.
BESCHREIBUNG: Länge bis 40 mm; Körper samtig schwarz, mit zwei Reihen rundlicher, roter Flecken auf dem Rücken und einer Reihe roter Flecken an der Seite; gelegentlich auch noch blaßgelb oder weiß gefleckt; Kopf schwarz.
HABITAT: Brachland, Felder, Weiden und andere Plätze, wo die Futterpflanzen wachsen.
FUTTERPFLANZEN: Osterluzei (*Aristolochia*).
BIOLOGIE: Eine Generation im Jahr. Die Raupen fressen anfangs gern in den Blüten. Größere Raupen spinnen Tüten aus zusammengerollten Blättern. Die Puppen überwintern, die Falter fliegen im März und April. §

Zerynthia polyxena Denis & Schiffermüller *Osterluzeifalter* **9**

VERBREITUNG: Lokal in Südeuropa. Nicht auf der Iberischen Halbinsel, wo stattdessen *Z. rumina* vorkommt, die eine ähnliche Raupe hat.
BESCHREIBUNG: Länge bis 35 mm; Körper blaßbraun oder weißlich, braun gemustert und schwarz gefleckt; mit zwei Reihen auffälliger, rückwärts gerichteter, rosa oder rötlicher, schwarzspitziger Dornen; Kopf bräunlich, zuweilen in den Körper zurückgezogen.
HABITAT: Felsige Gebiete, wo die Futterpflanzen wachsen.
FUTTERPFLANZEN: Osterluzei (*Aristolochia*).
BIOLOGIE: Eine Generation im Jahr. Die Eier werden im Mai einzeln oder in kleinen Gruppen auf die Unterseite der Blätter gelegt und schlüpfen nach etwa einer Woche. Die Raupen sind in 4 bis 5 Wochen ausgewachsen. Die Puppen überwintern, die Falter schlüpfen im folgenden April oder Mai. §

Papilio alexanor Esper 24

VERBREITUNG: Lokal im Südosten Europas. Auch in Südfrankreich.

BESCHREIBUNG: Länge bis 65 mm; kräftig, nach vorn verjüngt; Körper grün mit schwarzen Querstreifen auf dem Rücken, die durch orangefarbene Flecken unterbrochen werden; Kopf schwarz.

HABITAT: Berglandschaften.

FUTTERPFLANZEN: *Trinia vulgaris, Seseli montanum, Ptychotis heterophylla* und andere Umbelliferen.

BIOLOGIE: Eine Generation im Jahr. Die Raupen fressen im Juli. Bei Störungen stülpen sie ihr Osmeterium aus wie der Schwalbenschwanz. Die Puppen überwintern, die Falter fliegen von April bis Juli. §

Papilio machaon Linnaeus *Schwalbenschwanz* 24

VERBREITUNG: In Europa weit verbreitet.

BESCHREIBUNG: Länge bis 41 mm; dick; Körper grün mit schwarzen Querbändern, das mittlere Band auf jedem Segment durch eine Reihe roter Flecken aufgebrochen; Kopf grün mit schwarzer Zeichnung. Junge Raupen sind schwarz mit einem weißen Rückenfleck.

HABITAT: Offene Landschaften, sandige oder auch moorige Plätze, wo die Futterpflanzen wachsen.

FUTTERPFLANZEN: Wilde Möhre (*Daucus carota*), Fenchel (*Foeniculum*), Engelwurz (*Angelica*), Sumpf-Haarstrang (*Peucedanum palustre*) und verwandte Pflanzen.

BIOLOGIE: Eine oder zwei Generationen im Jahr. Die Eier werden im Mai einzeln auf Blättchen der Futterpflanze gelegt, ggf. noch einmal im Spätsommer. Die Raupen schlüpfen nach etwa einer Woche und sind nach etwa einem Monat ausgewachsen. Sie sind tagaktiv. Bei Störung stülpen sie ein Paar orangefarbene, hornartige Duftdrüsen (Osmeterium) aus einer Nackenfalte aus. Diese verströmen einen starken Geruch, der Feinde abschrecken soll. Die Puppen werden an Pflanzenstengeln befestigt und schlüpfen entweder innerhalb von drei Wochen oder überwintern. Die Falter schlüpfen in diesem Fall im Mai oder Juni. Die Puppen ertragen es, längere Zeit untergetaucht zu werden (wichtig für Moorpopulationen). §

Iphiclides podalirius Scopoli *Segelfalter* 18

VERBREITUNG: In Zentral- und Südeuropa weit verbreitet.

BESCHREIBUNG: Länge bis 40 mm; sehr dick, zu den Enden verjüngt; Körper grün mit einer gelblichen Linie in der Rückenmitte, jederseits davon eine Reihe schräger, gelber Linien, darin kleine, erhabene, rote oder gelbe Flecken; Kopf grün, oft in den Körper zurückgezogen.

HABITAT: Lockere Wälder, Hecken und Obstgärten.

FUTTERPFLANZEN: Schlehe (*Prunus spinosa*), Weißdorn (*Crataegus*), Kirsche (*Prunus cerasus*) und andere Obstbäume.

BIOLOGIE: Eine oder zwei Generationen im Jahr. Die Eier werden einzeln auf die Unterseite der Blätter gelegt. Raupen werden von Mai bis September gefunden. Sie benötigen 1 bis 2 Monate für ihre Entwicklung. Sommerpuppen sind grün und entlassen den Falter nach etwa 4 Wochen, Herbstpuppen sind braun und überwintern. Der Falter schlüpft im nächsten Frühjahr. §

Pieridae Weißlinge

Zu dieser Familie gehören die Weißlinge, Gelblinge, Zitronenfalter und andere. Die Raupen sind dicht mit kurzen Haaren bedeckt, die oft auf kleinen, erhabenen Basen stehen. Die vorherrschende Farbe ist grün, oft mit gelben Längsbändern auf dem Rücken und an den Seiten. Sie fressen an Bäumen, Sträuchern und vielen krautigen Pflanzen. Die eigentlichen „Weißlinge" fressen vor allem Kreuzblütler (Familie Cruciferae).

Leptidea sinapis Linnaeus *Senfweißling* 20

VERBREITUNG: In Europa weit verbreitet.

BESCHREIBUNG: Länge bis 18 mm; Körper grün mit einer dunklen Rückenlinie und einer gelben, oben dunkelgrün gerandeten Stigmatallinie; Kopf grün.

HABITAT: Wälder und baumbestandene Freiflächen.

FUTTERPFLANZEN: Ranken-Platterbse (*Lathyrus aphaca*), Berg-Platterbse (*L. montanus*), Knollen-Platterbse (*L. tuberosus*), Hornklee (*Lotus corniculatus*) und verwandte Pflanzen.

BIOLOGIE: Eine Generation im Jahr, manchmal zwei. Die Eier werden im Mai oder Juni einzeln auf die Blattunterseiten gelegt und schlüpfen in etwa einer Woche. Die Raupen fressen im wesentlichen tagsüber und sind Ende Juli ausgewachsen. Verpuppung im Juli oder August an Pflanzenstengeln. Die Falter schlüpfen gewöhnlich im folgenden Mai, gelegentlich aber auch schon im selben August (partielle zweite Generation). §

Colias palaeno Linnaeus *Hochmoorgelbling* **25**

VERBREITUNG: In Nord- und Teilen Zentraleuropas verbreitet.

BESCHREIBUNG: Länge bis 35 mm; Körper grün, fein schwarz gefleckt, mit einer gelben Stigmatallinie; Kopf grün.

HABITAT: Hochmoore, auch im Gebirge.

FUTTERPFLANZEN: Heidelbeere (*Vaccinium myrtillus*) und Rauschbeere (*V. uliginosus*).

BIOLOGIE: Eine Generation im Jahr. Die Eier werden einzeln auf Blätter der Futterpflanzen gelegt und schlüpfen entweder bereits nach einer Woche oder überwintern. Die Raupen sind im Mai oder Juni ausgewachsen. Die Puppen sind an niedrigen Pflanzen befestigt, die Falter schlüpfen nach etwa 14 Tagen. §

Colias hyale Linnaeus *Goldene Acht* **21**

VERBREITUNG: In Süd- und Zentraleuropa weit verbreitet, wandert regelmäßig weiter nördlich.

BESCHREIBUNG: Länge bis 32 mm; Körper grün, fein schwarz gefleckt; jederseits eine weiße Längslinie, mit roten und orangefarbenen Strichen jederseits der Stigmen; Kopf grün.

HABITAT: Wiesen, besonders Luzernefelder.

FUTTERPFLANZEN: Luzerne (*Medicago sativa*), Wicke (*Vicia*), Kronwicke (*Coronilla*) und verwandte Pflanzen.

BIOLOGIE: In Südeuropa zwei Generationen im Jahr. Die Eier werden einzeln auf Blätter gelegt und schlüpfen nach etwa 10 Tagen. Die Raupen der ersten Generation sind in etwa einem Monat erwachsen, die der zweiten dagegen überwintern und beenden ihre Entwicklung erst im nächsten Frühjahr. Die Puppe wird an einem Pflanzenstengel befestigt. Die Falter fliegen von Mai bis Juni und von August bis September. §

Colias australis Vertiy 19

VERBREITUNG: In Zentral- und Südeuropa weit verbreitet, wandert gelegentlich weiter nördlich.

BESCHREIBUNG: Länge bis 32 mm; Körper grün, fein schwarz gefleckt; eine gelbe Rückenlinie, jederseits mit einer Reihe rechteckiger, schwarzer Flecke; eine ähnliche gelbe Linie längs der Stigmen, darunter kleinere, schwarze Flecken; Kopf grün.

HABITAT: Niederungen und Grasflächen.

FUTTERPFLANZEN: Bunte Kronwicke (*Coronilla varia*) und Hufeisenklee (*Hippocrepis comosa*).

BIOLOGIE: In Südeuropa zwei oder drei Generationen im Jahr. Die Eier werden einzeln auf Blätter der Futterpflanze gelegt. Die Raupen der letzten Generation überwintern und vollenden ihre Entwicklung im Frühjahr. Die Falter fliegen von Mai bis Juni und von August bis September. §

Colias croceus Geoffroy *Postillon* 20

VERBREITUNG: In Süd- und Zentraleuropa weit verbreitet, wandert regelmäßig weiter nordwärts.

BESCHREIBUNG: Länge bis 33 mm; Körper grün, fein schwarz gefleckt; eine gelblichweiße Stigmatallinie; an den Stigmen jederseits rote und orangefarbene Striche; unter dieser Linie auf jedem Segment je ein kleiner, schwarzer Fleck; Kopf grün. Sehr ähnlich *C. australis*, die feinen Haare aber weißlich.

HABITAT: Niederungen, Wiesen, grasbestandene Flächen.

FUTTERPFLANZEN: Klee (*Trifolium*), Luzerne (*Medicago sativa*), verschiedene Wicken und verwandte Pflanzen.

BIOLOGIE: In Südeuropa drei oder vier Generationen im Jahr. Die Eier werden einzeln auf die Oberseiten von Blättern gelegt und schlüpfen nach etwa einer Woche. Die Raupen der Sommergenerationen sind in etwa einem Monat ausgewachsen, die der letzten Generation überwintern. Nördlich der Alpen können sie den Winter anscheinend nicht überstehen. Die Puppen sind an Stengeln befestigt und entlassen den Falter nach 2 bis 3 Wochen. §

Colias phicomone Esper *Grünlicher Heufalter* 20

VERBREITUNG: In den Pyrenäen, Nordspanien (Asturias) und den Alpen.

BESCHREIBUNG: Länge bis 36 mm; Körper bläulichgrün, mit kurzen schwarzen Haaren und einem blaßgelben Streifen an der Seite; Kopf bläulichgrün.

HABITAT: Grasbestandene Berghänge, oft in größer Höhe.

FUTTERPFLANZEN: Wicken (*Vicia*), Luzerne (*Medicago sativa*) und verwandte Pflanzen.

BIOLOGIE: Eine Generation im Jahr. Die Eier werden einzeln auf die Blätter der Futterpflanze gelegt. Die Raupen überwintern nach ihrer zweiten Häutung. Im Mai oder Juni sind sie ausgewachsen. Die Falter fliegen, je nach Höhenlage, von Juni bis August. §

Gonepteryx rhamni Linnaeus *Zitronenfalter* 22

VERBREITUNG: In Europa weit verbreitet, außer im äußersten Norden.

BESCHREIBUNG: Länge bis 33 mm; Körper grün, fein schwarz gefleckt, über der weißen Stigmatallinie bläulichgrün; unterhalb der Stigmatale gelblichgrün; Kopf grün, fein schwarz gefleckt.

HABITAT: Lockere, feuchte Wälder und Gebüsche, vor allem auf kalkhaltigem Boden.

FUTTERPFLANZEN: Kreuzdorn (*Rhamnus catharticus*) und Faulbaum (*Frangula alnus*).

BIOLOGIE: Eine Generation im Jahr. Die Eier werden im Mai einzeln auf Blätter oder junge Triebe gelegt und schlüpfen nach etwa zehn Tagen. Die Raupe frißt etwa einen Monat lang. Sie ruht an der Mittelrippe des Blattes, wo sie schwer zu erkennen ist. Verpuppung im Juli. Die Puppen sind an Zweigen der Futterpflanze befestigt, die Falter schlüpfen nach etwa vierzehn Tagen. Paarung und Eiablage erfolgen erst im nächsten Frühjahr.

Aporia crataegi Linnaeus *Baumweißling* 17

VERBREITUNG: In Europa weit verbreitet. Seit 1925 auf den Britischen Inseln ausgestorben.

BESCHREIBUNG: Länge bis 35 mm; Körper haarig, grau mit einer breiten schwarzen Rückenlinie, daneben zwei breite orangebraune Linien; Stigmen schwarz; Haare auf dem Rücken rötlichbraun, an den Seiten blaßgrau; Kopf schwarz, haarig.

HABITAT: Hecken, Obstgärten und freie Landschaft.

FUTTERPFLANZEN: Weißdorn (*Crataegus*), Schlehe (*Prunus spinosa*), Pflaume (*P. domestica*), Apfel (*Malus*) und andere Obstbäume.

BIOLOGIE: Eine Generation im Jahr. Die Eier werden im Mai in größeren Gelegen abgesetzt und schlüpfen nach etwa 3 Wochen. Die Raupen leben in einem gemeinsamen Gespinst, in dem sie auch überwintern. Im Frühjahr kommen sie zum Fressen heraus und nehmen auch auf dem Gespinst Sonnenbäder. Später teilen sie sich in kleinere Gruppen. Im Mai sind sie ausgewachsen und verpuppen sich an Ästen und Zweigen. Die Falter schlüpfen nach gut zwei Wochen.

Pieris brassicae Linnaeus *Großer Kohlweißling* 13

VERBREITUNG: In Europa weit verbreitet.

BESCHREIBUNG: Länge bis 40 mm; Körper blaßgrün, auf dem Rücken sehr stark, an den Seiten weniger stark schwarz gefleckt; eine gelbe Rückenlinie und blaßgelbe Stigmatallinien; Kopf graugrün, schwarz gezeichnet.

HABITAT: Felder, Brachland, Gärten und andere Plätze, wo geeignete Futterpflanzen wachsen.

FUTTERPFLANZEN: Kohl (*Brassica oleracea*), Kapuzinerkresse (*Tropolaeum*), Reseda (*Reseda lutea*) und verwandte Pflanzen, sowohl Wild- wie Kulturformen.

BIOLOGIE: Zwei Generationen im Jahr. Die Eier werden im Mai und im Juli in Gelegen abgesetzt. Die Raupen schlüpfen nach einer Woche und bleiben zusammen. Oft skelettieren sie die Blätter. Sie haben einen unangenehmen Geruch, und ihre auffällige Zeichnung warnt vermutlich Freßfeinde, daß sie ungenießbar sind. Die Verpuppung erfolgt nach etwa einem Monat auf Zäunen, Wänden, Baumstämmen oder auch auf der Futterpflanze. Die Falter der ersten Generation schlüpfen nach etwa 14 Tagen, die der zweiten erst nach der Überwinterung im Frühjahr.

Pieris rapae Linnaeus *Kleiner Kohlweißling* 13

VERBREITUNG: In Europa weit verbreitet.

BESCHREIBUNG: Länge bis 25 mm; Körper grün, mit feinen, kurzen Haaren bedeckt, fein schwarz gefleckt; mit einer schmalen, gelben Rückenlinie; eine Reihe gelber Zeichnungen längs der weißlichen, schwarzgerandeten Stigmen; Kopf grün.

HABITAT: Felder, Brachland, Gärten und andere Plätze, wo die Futterpflanzen wachsen.

FUTTERPFLANZEN: Kohl (*Brassica oleracea*), Kapuzinerkresse (*Tropolaeum*), Reseda (*Reseda lutea*) und andere verwandte Pflanzen, sowohl Wild- wie Kulturformen.

BIOLOGIE: Zwei Generationen im Jahr. Die Eier werden im April und wieder im Juli einzeln auf die Blattunterseiten gelegt. Sie schlüpfen nach etwa einer Woche. Die Raupen sind Einzelgänger und fressen oft eher in den Kohlköpfen als an den äußeren Blättern. Sie sind innerhalb eines Monats ausgewachsen. Die Puppen sind an der Futterpflanze oder an Zäunen und Wänden angesponnen. Die Falter der ersten Generation schlüpfen nach etwa drei Wochen, die der letzten erst nach der Überwinterung im folgenden Frühjahr. Gelegentlich gibt es eine dritte Generation.

Pieris napi Linnaeus *Rapsweißling* 13

VERBREITUNG: In Europa weit verbreitet.

BESCHREIBUNG: Länge bis 25 mm; ähnlich *P. rapae*, aber ohne gelben Rückenstreifen und mit schwarzen Stigmen, jedes von einem gelben Fleck umrahmt.

HABITAT: Hecken, Waldränder, feuchte Wiesen und andere Plätze, wo die Futterpflanzen wachsen.

FUTTERPFLANZEN: Ackersenf (*Sinapis arvensis*), Knoblauchsrauke (*Alliaria petiolata*), Wiesenschaumkraut (*Cardamine pratensis*), Wegrauke (*Sisybrium officinale*) und verwandte Pflanzen.

BIOLOGIE: Zwei Generationen im Jahr. Die Eier werden im Mai und wieder im Juli oder August einzeln auf die Blattunterseiten gelegt und schlüpfen nach etwa einer Woche. Die Raupen fressen für etwa einen Monat, bevor sie sich an Pflanzenstengeln verpuppen. Die Puppen der ersten Generation schlüpfen bereits nach etwa 14 Tagen, die der zweiten überwintern und entlassen den Falter erst im Frühling.

Pontia daplidice Linnaeus *Resedafalter* 13

VERBREITUNG: In Süd- und Zentraleuropa weit verbreitet, wandert nordwärts.

BESCHREIBUNG: Länge bis 25 mm; Körper bläulichgrün mit erhabenen schwarzen Flecken; zwei gelbe Rückenlinien und eine unterbrochene gelbe Stigmatalinie; Kopf grau, gelb gezeichnet.

HABITAT: Wiesen, Hecken und Brachland, vor allem auf Sandboden.

FUTTERPFLANZEN: Reseda (*Reseda lutea*), Senf (*Sinapis*), Gänsekresse (*Arabis*) und verwandte Pflanzen.

BIOLOGIE: Zwei oder drei Generationen im Jahr. Die Eier werden einzeln auf Blattunterseiten oder Blüten gelegt und schlüpfen in 7 bis 10 Tagen. Die Raupen sind in etwa einem Monat ausgewachsen. Aus Puppen der Sommergenerationen schlüpfen die Falter in etwa 14 Tagen; die der letzten überwintern. Die Falter fliegen von Februar bis September, je nach den örtlichen Gegebenheiten.

Pontia callidice Hübner *Alpenweißling* 12

VERBREITUNG: In den Alpen und den Pyrenäen verbreitet.

BESCHREIBUNG: Länge bis 32 mm; Körper bläulichgrau, mit leicht erhöhten schwarzen Flecken; zwei weiße Rückenlinien, gezeichnet mit einer Reihe gelber Flecken; jederseits eine gelbe Stigmatalinie; Kopf dunkelgrau.

HABITAT: Grasbewachsene Berghänge in größerer Höhe.

FUTTERPFLANZEN: Schweizer Schöterich (*Erysimum helveticum*), Reseda (*Reseda*) und verwandte Pflanzen.

BIOLOGIE: Gewöhnlich eine Generation im Jahr, gelegentlich zwei. Die Falter fliegen im Juni und Juli und gegebenenfalls wieder im August. Raupen werden meist im August und September gefunden. §

Anthocharis cardamines Linnaeus *Aurorafalter* 12

VERBREITUNG: In Europa weit verbreitet, nicht im äußersten Norden.

BESCHREIBUNG: Länge bis 30 mm; Körper blaß bläulich- oder gräulichgrün auf dem Rücken, geht auf den Seiten bis unter Stigmenhöhe in weiß über; Unterseite dunkelgrün; Körper fein schwarz gefleckt; Kopf wie der Körper gefärbt.

HABITAT: Hecken, Waldränder und feuchte Wiesen.

FUTTERPFLANZEN: Knoblauchsrauke (*Alliaria petiolata*), Wegrauke (*Sisymbrium officinale*), Wiesenschaumkraut (*Cardamine pratensis*), Ackersenf (*Sinapis arvensis*) und verwandte Pflanzen.

BIOLOGIE: Eine Generation im Jahr. Die Eier werden im Mai und Juni einzeln an Blütenknospen gelegt und schlüpfen nach etwa einer Woche. Die Raupen fressen im Juni und Juli an den Samenkapseln. Durch ihre Ähnlichkeit mit den Kapseln, an denen sie fressen, sind sie sehr schwer zu entdecken. Verpuppung im Juli. Die Puppen sind an Stengeln und Zweigen, aber selten an der Futterpflanze befestigt. Die Falter schlüpfen nicht vor dem folgenden Mai. §

Anthocharis belia Linnaeus 12

VERBREITUNG: In Südeuropa, vor allem Spanien, Portugal und Südfrankreich; auch in Nordafrika.

BESCHREIBUNG: Länge bis 32 mm; Körper weiß, stark schwarz gefleckt und mit einer breiten, gelben Rückenlinie; Kopf weiß, schwarz gefleckt.

HABITAT: Offene Landstriche und Waldränder, oft in Bergregionen.

FUTTERPFLANZEN: Brillenschötchen (*Biscutella laevigata*) und Wegrauke (*Sisymbrium officinale*); in Gefangenschaft auch Steinkresse (*Alyssum*).

BIOLOGIE: Eine Generation im Jahr. Die Raupen fressen an Blüten und Samenkapseln. Die Puppen überwintern und entlassen die Falter im folgenden Frühjahr. Die Falter fliegen von Mai bis Juli.

Euchloe simplonia Boisduval 13

VERBREITUNG: Im Mittelmeerraum weit verbreitet.

BESCHREIBUNG: Länge bis 28 mm; Körper blaß bläulichgrün, schwarz gefleckt, mit einer dunklen, graugrünen Rückenlinie, die jederseits blaßgelb gerandet ist; die weißliche Stigmatallinie unterhalb gelb gerandet; Kopf blaßgrün mit schwarzen Flecken.

HABITAT: Wiesen und Hügel.

FUTTERPFLANZEN: Schleifenblume (*Iberis*), Brillenschötchen (*Biscutella laevigata*), Hederich (*Raphanus raphanistrum*), Barbenkraut (*Barbarea*) und verwandte Pflanzen.

BIOLOGIE: Zwei Generationen im Jahr. Die Falter fliegen von März bis April und von Mai bis Juni. Die Puppen der zweiten Generation überwintern.

Lycaenidae Bläulinge

Die kleinen Raupen dieser Tagfalterfamilie, zu der auch die Feuerfalter und Zipfelfalter gehören, sind von ziemlich nacktschneckenartigem Aussehen, kurz und dick und manchmal mit einem Buckel in der Mitte. Sie sind meist mit kurzen, feinen Haaren bedeckt. In Ruhe wird der Kopf in den Körper eingezogen. Raupen der „blauen Bläulinge" fressen vor allem auf Pflanzen der Familie Leguminosae (Schmetterlingsblütler), die der Zipfelfalter das Laub von Bäumen und Sträuchern und die der Feuerfalter auf Ampferarten (*Rumex*).

Callophrys rubi Linnaeus *Brombeerzipfelfalter* **19**

VERBREITUNG: In Europa weit verbreitet und häufig.

BESCHREIBUNG: Länge bis 15 mm; Körper ziemlich breit und dick, an den Enden abgeflacht, zwischen den Segmenten stark eingeschnürt; grün mit einer dunklen Rückenlinie, von der eine Reihe schräger, gelblichweißer und dunkelgrüner Zeichnungen ausgehen; eine gelbliche oder weißliche Stigmatallinie; Kopf braun, teilweise in den Körper zurückgezogen.

HABITAT: Hecken, Waldränder, Hügel, Moore und andere Plätze, wo die Futterpflanzen wachsen.

FUTTERPFLANZEN: Stechginster (*Ulex europaeus*), Besenginster (*Cytisus scoparius*), Hornklee (*Lotus corniculatus*) und verwandte Planzen; auch Sonnenröschen (*Helianthemum*), Heidelbeere (*Vaccinium mytillus*) Kreuzdorn (*Rhamnus*), Brombeere (*Rubus*) und andere Pflanzen.

BIOLOGIE: Eine Generation im Jahr. Die Eier werden im Mai oder Juni einzeln auf Blüten oder junge Triebe der Futterpflanzen gelegt und schlüpfen nach etwa einer Woche. Die Raupen fressen an Blüten, unreifen Früchten und jungen Blättern. Verpuppung gegen Ende Juli unter der Blattstreu am Fuß der Futterpflanze. Die Falter schlüpfen im Mai des folgenden Jahres. §

Thecla betulae Linnaeus *Nierenfleck* **18**

VERBREITUNG: In Europa weit verbreitet, im Süden seltener.

BESCHREIBUNG: Länge bis 18 mm; ziemlich breit und dick, an den Enden abgeflacht; zwischen den Segmenten deutlich eingeschnürt; Körper grün mit weißlichen Einschnitten zwischen den Segmenten; zwei gelblichweiße Rückenlinien, die zum Kopf hin auseinanderlaufen; eine Reihe schräger, gelblichweißer Linien an den Seiten; Kopf schwärzlichbraun, in den Körper zurückgezogen.

HABITAT: Hecken, Gebüsche und Waldränder.

FUTTERPFLANZEN: Schlehe (*Prunus spinosa*) und andere *Prunus*-Arten, Birke (*Betula*) und Buche (*Fagus*).

BIOLOGIE: Eine Generation im Jahr. Die Eier werden im Spätsommer einzeln in Knospennähe auf die Zweige gelegt, schlüpfen aber erst im folgenden Frühjahr. Die Raupen fressen von April bis Juni an Blättern. Die Puppen sind unter Blättern befestigt oder in der Bodenstreu am Fuß der Futterpflanze verborgen. Die Falter schlüpfen nach etwa einem Monat. §

Quercusia quercus Linnaeus *Eichenzipfelfalter* **6**

VERBREITUNG: In Europa weit verbreitet.

BESCHREIBUNG: Länge bis 15 mm; breit und kurz, an den Enden abgeflacht; Körper rötlichbraun mit einer dunkel graubraunen Rückenlinie, die beiderseits von einer

Reihe schräger, dunkelbrauner Zeichnungen eingerahmt ist; eine weißliche Linie an den Seiten unterhalb der Stigmen; Kopf klein, dunkelbraun, teilweise in den Körper zurückgezogen.

HABITAT: Eichenwälder.

FUTTERPFLANZEN: Eiche (*Quercus*).

BIOLOGIE: Eine Generation im Jahr. Die Eier werden im Juli oder August einzeln in Knospennähe auf Zweige gelegt, schlüpfen aber erst im folgenden Frühjahr. Die Raupen bohren sich anfangs in die Knospen, fressen aber später frei auf jungen Blättern. Sie ruhen an der Basis sich öffnender Knospen, wo sie den alten Knospenschuppen sehr ähnlich sehen. Verpuppung Ende Mai in Rindenritzen oder zwischen Moos und Laubstreu auf dem Boden. Die Falter schlüpfen nach etwa einem Monat. §

Strymonidia w-album Knoch *Weißes W* **7**

VERBREITUNG: In Europa weit verbreitet.

BESCHREIBUNG: Länge bis 15 mm; Körper ziemlich kurz und breit, an den Enden verschmälert und an den Seiten abgeflacht; gelblichgrün mit einer doppelten, dunkelgrünen Rückenlinie, jederseits davon eine Reihe dunkelgrüner und blaß gelblichgrüner Zeichnungen; einige auch mit rosa am Rücken und an den Seiten; Kopf klein, dunkelbraun, teilweise in den Körper zurückgezogen.

HABITAT: Wälder und Gebüsche.

FUTTERPFLANZEN: Ulmen (*Ulmus glabra, U. procera*), Linde (*Tilia*) und andere Bäume.

BIOLOGIE: Eine Generation im Jahr. Die Eier werden im Juli und August einzeln in Astgabeln gelegt. Die Raupen schlüpfen im März des folgenden Jahres und bohren sich in Blütenknospen. Später fressen sie auch am Laub. Verpuppung im Mai an Blättern oder Stämmen der Futterpflanze. Die Falter schlüpfen nach etwa einem Monat. §

Strymonidia pruni Linnaeus **18**

VERBREITUNG: In Europa weit verbreitet, aber lokal. Fehlt weitgehend in Italien und auf dem größten Teil der Iberischen Halbinsel.

BESCHREIBUNG: Länge bis 15 mm; kurz und breit, an den Enden verschmälert und an den Seiten abgeflacht; Körper grün, mit zwei Reihen kleiner, weißlicher, purpurbraun markierter Buckel auf dem Rücken; eine Reihe blaßgelber, schräger Linien an den Seiten (gelegentlich undeutlich); Kopf blaßbraun, in den Körper zurückgezogen.

HABITAT: Wälder und Gebüsche.

FUTTERPFLANZEN: Schlehe (*Prunus spinosa*).

BIOLOGIE: Eine Generation im Jahr. Die Eier werden im August einzeln in die Gabeln kleiner Zweige gelegt, schlüpfen aber erst im nächsten Frühjahr. Die Raupen fressen erst an sich gerade öffnenden Knospen, später an jungen Blättern. Die schwarz-weißen Puppen erinnern an Vogelkot und werden gegen Ende Mai an Blättern und Zweigen der Futterpflanze angesponnen. Die Falter schlüpfen nach etwa 3 Wochen. §

Lycaena phlaeas Linnaeus *Kleiner Feuerfalter* **10**

VERBREITUNG: In Europa weit verbreitet und häufig.

BESCHREIBUNG: Länge bis 15 mm; kurz und kräftig, an den Enden verschmälert;

Körper grün mit einer rosalila Rückenlinie und ähnlich gefärbten Substigmatallinien; Ausmaß und Intensität der rosa Zeichnungen äußerst variabel; Kopf bräunlichgrün, in den Körper zurückgezogen.
HABITAT: Niederungen, Weiden und andere Plätze, wo die Futterpflanzen wachsen.
FUTTERPFLANZEN: Ampfer (*Rumex*).
BIOLOGIE: Zwei oder drei Generationen im Jahr. Die Eier werden im Mai und Juli, ggf. noch einmal im Herbst, einzeln an die Basis der Blätter gelegt. Die Raupen schlüpfen nach etwa einer Woche und leben und fressen an der Unterseite der Blätter. Sommerraupen sind nach etwa einem Monat ausgewachsen; die der letzten Generation überwintern und vollenden ihre Entwicklung im Frühjahr. Die Puppen sind an der Unterseite von Blättern und Stengeln befestigt, die Falter schlüpfen innerhalb eines Monats. §

Lycaena dispar Haworth *Großer Feuerfalter* 10

VERBREITUNG: In Europa weit verbreitet, aber sehr lokal. Auf den Britischen Inseln seit etwa 1860 ausgestorben.
BESCHREIBUNG: Länge bis 21 mm; dick, an den Enden verschmälert; Körper leuchtend grün, mit kleinen, weißen, erhabenen Flecken bedeckt; Reste einer dunklen Rückenlinie und von dunklen Schrägstreifen an den Seiten; Kopf klein, blaß ockergrün, in Ruhe in den Körper eingezogen.
HABITAT: Moorlandschaften und andere nasse Plätze.
FUTTERPFLANZEN: Flußampfer (*Rumex hydrolapathum*) und andere *Rumex*-Arten.
BIOLOGIE: Eine Generation im Jahr. Die Eier werden im August einzeln auf Blätter der Futterpflanze gelegt und schlüpfen nach etwa 14 Tagen. Nach der ersten Häutung nehmen die Raupen einen rosa Farbton an und überwintern. Während dieser Zeit können sie längere Zeit untergetaucht sein. Im Frühjahr beginnen sie wieder mit der Nahrungsaufnahme und sind im Juni ausgewachsen. Verpuppung auf der Futterpflanze. Die Falter schlüpfen in rund 14 Tagen. §

Cupido minimus Fuessly *Zwergbläuling* 20

VERBREITUNG: In Europa weit verbreitet, nicht in Südspanien und Portugal.
BESCHREIBUNG: Länge bis 10 mm; kurz und kräftig, an den Enden verjüngt; Körper blaß ockerfarben, manchmal gemischt mit grün, oder blaßgelb, mit einer dunklen Rückenlinie und einer weißlichen, manchmal rosa gerandeten Substigmatallinie; Kopf glänzend, schwarz, in Ruhe in den Körper zurückgezogen.
HABITAT: Niederungen und grasige Böschungen.
FUTTERPFLANZEN: Wundklee (*Anthyllis vulneraria*) und verwandte Pflanzen.
BIOLOGIE: Eine Generation im Jahr, in südlichen Gegenden eine partielle zweite Generation. Die Eier werden im Juni einzeln zwischen Blütenknospen gelegt und schlüpfen in ungefähr einer Woche. Die Raupen bohren sich in die Blüten und ernähren sich von den Samenanlagen. Entweder sie überwintern voll ausgewachsen und verpuppen sich erst im Frühjahr (Schlupf der Falter im Mai oder Juni), oder sie verpuppen sich gleich und die Falter schlüpfen noch im Spätsommer. §

Everes argiades Pallas **21**

VERBREITUNG: In Zentral- und Südeuropa weit verbreitet.
BESCHREIBUNG: Länge bis 10 mm; ziemlich kurz und kräftig, an den Enden verjüngt; Körper blaßgrün mit einer dunklen Rückenlinie, jederseits davon eine Reihe blasser Schrägstreifen; Kopf glänzend schwarz, in Ruhe in den Körper zurückgezogen. Überwinternde Raupen sind blaß rosabraun mit rötlichbraunen Zeichnungen.

HABITAT: Wiesen, Heiden und grasbestandene Waldlichtungen.

FUTTERPFLANZEN: Hornklee (*Lotus corniculatus*), Stechginster (*Ulex europaeus*), Schneckenklee (*Medicago*) und verwandte Pflanzen.

BIOLOGIE: Zwei oder mehr Generationen im Jahr. Die Eier werden einzeln an Blattbasen gelegt und schlüpfen nach etwa einer Woche. Die Raupen der ersten Generation(en) sind in 4 bis 5 Wochen ausgewachsen, die der letzten Brut überwintern und verpuppen sich im folgenden Frühjahr. Die Puppen sind an Stengeln der Futterpflanze befestigt, die Falter schlüpfen nach etwa 14 Tagen. Die Falter der ersten Generation fliegen im April, die der späteren den Sommer hindurch. §

Plebejus argus Linnaeus 19

VERBREITUNG: In Europa weit verbreitet, außer im äußersten Norden.

BESCHREIBUNG: Länge bis 13 mm; breit, an den Enden verschmälert und an den Seiten abgeflacht; Körper grün mit einem weißbegrenzten, schwärzlichbraunen Rükkenstreifen und einer weißen Substigmatallinie; an den Seiten manchmal bräunlichgrüne Diagonalstreifen; auch eine rötlichbraune Form mit einem lilafarbenen Rükkenstreifen kommt vor; Kopf schwarz, in den Körper zurückgezogen.

HABITAT: Heiden, Grasflächen auf Kalkboden und Küstendünen.

FUTTERPFLANZEN: Stechginster (*Ulex europaeus*), Hornklee (*Lotus corniculatus*), Besenginster (*Cytisus scoparius*), Glockenheide (*Erica*) und verwandte Pflanzen.

BIOLOGIE: Eine Generation im Jahr. Die Eier werden im Sommer einzeln auf die Blattunterseiten gelegt, schlüpfen aber erst im folgenden Frühjahr. Die Raupen fressen auf Stechginster die Blüten, auf den meisten anderen Pflanzen Blätter. Sie sind tag- und nachtaktiv und innerhalb von drei Wochen ausgewachsen. Verpuppung am Boden an der Basis der Futterpflanze. Die Falter schlüpfen nach etwa drei Wochen. §

Aricia agestis Denis & Schiffermüller 23

VERBREITUNG: In Europa weit verbreitet, bis auf den äußersten Norden.

BESCHREIBUNG: Länge bis 11 mm; ziemlich dick, zu den Enden verschmälert; Körper grün mit einem lilagrünen Rückenstreifen, begleitet jederseits von einer Reihe dunkelgrüner, schräger Linien; die Substigmatallinie lila mit rosa Zentrum; Kopf schwarz, in den Körper zurückgezogen.

HABITAT: Niederungen in Kalkgebieten, Heiden, Küstendünen.

FUTTERPFLANZEN: Sonnenröschen (*Helianthemum nummularium*), Reiherschnabel (*Erodium cicutarium*), Storchschnabel (*Geranium*) und vermutlich weitere, verwandte Pflanzen.

BIOLOGIE: Zwei Generationen im Jahr. Die Eier werden im Mai oder Juni und wieder im August einzeln auf die Unterseiten der Blätter gelegt und schlüpfen in etwa einer Woche. Die Raupen der ersten Generation sind in etwas sechs Wochen ausgewachsen, die der zweiten überwintern halberwachsen und vollenden ihre Entwicklung im Frühjahr. Verpuppung an der Basis der Futterpflanze. Die Falter schlüpfen nach etwa 14 Tagen. §

Aricia artaxerxes Fabricius 23

VERBREITUNG: In Nordeuropa weit verbreitet, auch in den Gebirgen Zentral- und Südeuropas.

BESCHREIBUNG: Länge bis 13 mm; ziemlich dick, an den Enden verschmälert; Körper grün mit einer dunkler bräunlichgrünen Rückenlinie, jederseits davon eine Reihe dunkelgrüner, schräger Streifen; Substigmatallinie weiß, oben rosa gerandet; Kopf schwarz, in den Körper zurückgezogen.

HABITAT: Grasige Hänge, geschützte Moorlagen.

FUTTERPFLANZEN: Gemeines Sonnenröschen (*Helianthemum nummularium*).

BIOLOGIE: Eine Generation im Jahr. Die Eier werden im Juli einzeln auf die Oberseiten der Blätter gelegt und schlüpfen in etwa einer Woche. Die Raupen überwintern halberwachsen und vollenden ihre Entwicklung im folgenden Frühjahr. Verpuppung im Juni an der Basis der Futterpflanze. Die Falter schlüpfen nach etwa drei Wochen. §

Polyommatus icarus Rottemburg *Hauhechelbläuling* **20**

VERBREITUNG: In Europa weit verbreitet und häufig.

BESCHREIBUNG: Länge bis 13 mm; ziemlich dick, nach den Enden verschmälert und an den Seiten abgeflacht; Körper grün mit einer blaßgerandeten, dunkelgrünen Rückenlinie; die Substigmatallinie grünlichweiß; Stigmen weiß; Kopf glänzend schwarz, in den Körper zurückgezogen.

HABITAT: Niederungen, Brachland, Sanddünen und andere grasbestandene Flächen.

FUTTERPFLANZEN: Hornklee (*Lotus corniculatus*), Hauhechel (*Ononis*), Klee (*Trifolium*) und verwandte Pflanzen.

BIOLOGIE: Zwei Generationen im Jahr, manchmal drei. Die Eier werden im Früh- und Spätsommer einzeln auf die Blattoberseiten gelegt und schlüpfen in etwas über einer Woche. Die Raupen der ersten Generation(en) sind in etwa sechs Wochen ausgewachsen, die der letzten überwintern halberwachsen. Verpuppung im Frühjahr und im Sommer an der Basis der Futterpflanze. Die Falter schlüpfen nach etwa 14 Tagen. §

Lysandra coridon Poda **21**

VERBREITUNG: In Zentral- und Südeuropa weit verbreitet.

BESCHREIBUNG: Länge bis 16 mm; ziemlich dick, nach den Enden verschmälert und an den Seiten abgeflacht; Körper grün mit zwei gelben Rückenlinien und einer doppelten gelben Substigmatallinie; Stigmen schwarz; Kopf glänzend schwarz, in den Körper zurückgezogen.

HABITAT: Hügel und Niederungen mit Kalkboden.

FUTTERPFLANZEN: Hufeisenklee (*Hippocrepis comosa*) und verwandte Pflanzen.

BIOLOGIE: Eine Generation im Jahr. Die Eier werden im August einzeln auf Blätter und Stengel gelegt, schlüpfen aber erst im folgenden Frühjahr. Die Raupen fressen Blätter und Blüten und sind in etwa zehn Wochen erwachsen. Verpuppung auf dem Boden an der Basis der Futterpflanze. Die Falter schlüpfen nach etwa einem Monat. §

Lysandra bellargus Rottemburg **21**

VERBREITUNG: In Süd- und Zentraleuropa sowie in den südlichen Teilen Nordeuropas weit verbreitet.

BESCHREIBUNG: Länge bis 16 mm; sehr ähnlich den Raupen von *L. coridon*, aber dunkler grün mit dunkleren Körperhaaren.

HABITAT: Niederungen und Hügel in Kalkgebieten.

FUTTERPFLANZEN: Hufeisenklee (*Hippocrepis comosa*), Kronwicke (*Coronilla*) und verwandte Pflanzen.

BIOLOGIE: Zwei Generationen im Jahr. Die Eier werden im Mai oder Juni und wieder im Spätsommer einzeln auf Blätter und andere Teile der Futterpflanze gelegt und schlüpfen nach 2 bis 3 Wochen. Die Raupen der ersten Generation sind in etwas über einem Monat ausgewachsen, die der zweiten überwintern halberwachsen und vollenden ihre Entwicklung im Frühjahr. Verpuppung an der Erdoberfläche in der Laubstreu. Die Falter schlüpfen nach etwa 3 Wochen. §

Cyaniris semiargus Rottemburg **20**

VERBREITUNG: In Europa weit verbreitet.

BESCHREIBUNG: Länge bis 12 mm; kurz und dick, an den Enden verschmälert und an den Seiten abgeflacht; Körper blaßgrün, manchmal mit ocker gemischt, mit einer dunkelgrünen Rückenlinie und gelegentlich weiteren dunklen Linien auf dem Rükken und an den Seiten; Kopf glänzend schwarz, in Ruhe in den Körper zurückgezogen.

HABITAT: Wiesen, grasige Hänge und andere grasbestandene Flächen.

FUTTERPFLANZEN: Klee (*Trifolium*), Wundklee (*Anthyllis*), Steinklee (*Melilotus*) und verwandte Pflanzen.

BIOLOGIE: Eine Generation im Jahr. Die Eier werden im Sommer auf Blüten gelegt und schlüpfen nach etwa 10 Tagen. Die jungen Raupen bohren sich in Blütenknospen und fressen an den Samenanlagen. Sie gehen gegen Ende des Sommers in Überwinterung und fressen im Frühjahr an jungen Trieben. Verpuppung gegen Ende des Frühlings an Stengeln. Die Falter schlüpfen nach etwa 14 Tagen. §

Celastrina argiolus Linnaeus **8**

VERBREITUNG: In Europa weit verbreitet.

BESCHREIBUNG: Länge bis 13 mm; ziemlich dick, nach den Enden verschmälert; Körper grün oder gelblichgrün mit einer weißlichen Substigmatallinie; manche Formen mit einer Reihe weißlicher, dreieckiger Flecke auf dem Rücken, durch die sich eine Linie lila- oder rosafarbener Zeichnungen zieht; gelegentlich die ganze Raupe lilarosa überhaucht; Kopf schwarz, in den Körper zurückgezogen.

HABITAT: Waldgebiete, Hecken und Gärten.

FUTTERPFLANZEN: Stechpalme (*Ilex aquifolium*), Efeu (*Hedera helix*), Hartriegel (*Cornus sanguinea*), Pfaffenhütchen (*Euonymus*), Faulbaum (*Frangula alnus*), Schneebeere (*Symphoricarpus*) und Stechginster (*Ulex europaeus*).

BIOLOGIE: Zwei Generationen im Jahr. Die Eier werden im Frühjahr einzeln auf Knospen der Stechpalme gelegt, im Sommer auf Knospen vom Efeu, und schlüpfen nach etwa einer Woche. Die Raupen fressen an Knospen, Blüten und reifenden Früchten. Verpuppung an Blättern. Die Falter der ersten Generation schlüpfen bereits nach drei Wochen, die der zweiten erst nach der Überwinterung im folgenden Frühjahr. §

Maculinea arion Linnaeus **26**

VERBREITUNG: In Europa weit verbreitet, nicht im äußersten Norden und in den südlichen Teilen der Iberischen Halbinsel.

BESCHREIBUNG: Länge bis 15 mm; dick, nach hinten allmählich und nach vorn plötzlich verjüngt; Köper ockerweiß, manchmal lilarosa angehaucht; Kopf schwarz, in Ruhe in den Körper zurückgezogen. Junge Raupen sind rosa.

HABITAT: Hügel mit niedrigem Grasbewuchs und Gebüsch.

FUTTERPFLANZEN: Thymian (*Thymus serpyllum*); später Ameisenlarven.

BIOLOGIE: Eine Generation im Jahr. Die Eier werden im Juli einzeln an Thymianknospen gelegt und schlüpfen nach etwa einer Woche. Die jungen Raupen fressen Blüten und reifende Samen bis zur zweiten Häutung, nach der sie sich auf den Boden fallen lassen. Sie werden von Ameisen der Gattung *Myrmica* aufgenommen, die sie mit „Honigtau" aus ihren Rückendrüsen angelockt haben, und in deren Nest gebracht. Dort fressen sie Ameiseneier und -larven, überwintern und sind im Frühjahr ausgewachsen. Die Verpuppung erfolgt im Ameisennest. Die Falter schlüpfen nach etwa drei Wochen, verlassen das Nest und breiten außerhalb ihre Flügel aus. §

Riodinidae

Der einzige europäische Vertreter dieser Familie, die manchmal auch als Nemeobiidae bezeichnet wird, ist der Frühlingsscheckenfalter (*Hamearis lucina*). Seine Raupe sieht recht nacktschneckenartig aus und erinnert an die der Bläulinge (Lycaenidae), ist aber mit ziemlich langen, feinen Haaren bedeckt und frißt am Laub von *Primula*-Arten.

Hamearis lucina Linnaeus *Frühlingsscheckenfalter* **25**

VERBREITUNG: In Europa weit verbreitet, außer im äußersten Norden und in Südspanien.

BESCHREIBUNG: Länge bis 15 mm; kurz, dick und haarig; Körper blaßbraun mit einer lila- oder graubraunen, schwärzlichbraun gefleckten Rückenlinie, beiderseits davon eine weitere Reihe kleiner, schwärzlicher Flecken; Kopf gelblichbraun, teilweise in den Körper zurückgezogen.

HABITAT: Waldlichtungen und grasbewachsene Hänge mit Gebüsch.

FUTTERPFLANZEN: Duftende Schlüsselblume (*Primula veris*) und Stengellose Schlüsselblume (*P. vulgaris*).

BIOLOGIE: Eine Generation im Jahr. Die Eier werden im Mai einzeln oder in kleinen Gruppen auf die Blattunterseiten gelegt und schlüpfen nach etwa 14 Tagen. Die Raupen fressen 5 bis 6 Wochen lang; um zu ruhen, verbergen sie sich in der Laubstreu an der Basis der Futterpflanze. Verpuppung im Juli an der Blattunterseite. Die Falter schlüpfen im Mai des folgenden Jahres. §

Nymphalidae Edelfalter

Zu den Faltern in dieser Familie gehören viele bekannte und häufige Formen, wie Füchse, Distelfalter und Perlmutterfalter. Die Raupen sind mittelgroß bis groß und haben gewöhnlich Stacheln auf Kopf und Körper. Die Arten, die keine Stacheln auf dem Körper besitzen, wie die Schillerfalter (*Apatura*) und der Erdbeerbaumfalter (*Charaxes jasius*), haben besonders gut ausgebildete Kopfhörner. Sie fressen an einem breiten Spektrum von Bäumen, Büschen und niedrigen Pflanzen.

Charaxes jasius Linnaeus *Erdbeerbaumfalter* **25**

VERBREITUNG: An den Mittelmeerküsten weit verbreitet, aber lokal.

BESCHREIBUNG: Länge bis 60 mm; Körper dick, zum zweispitzigen Schwanzende hin stark verjüngt; grün, fein gelblichweiß gefleckt; zwei gelbe Flecken, blau gekernt und schwarz geringt, auf der Rückenmitte; an den Seiten je eine gelbe Linie, die sich bis auf die Schwanzgabel fortsetzt; Kopf groß, grün, gelb gezeichnet, mit vier großen, rückwärts gerichteten Hörnern, die an der Spitze rot gefärbt sind.

HABITAT: Warme Küstengebiete, wo die Futterpflanzen wachsen.

FUTTERPFLANZEN: Erdbeerbaum (*Arbutus unedo*).

BIOLOGIE: Zwei Generationen im Jahr. Die Raupen fressen von Juni bis Juli und vom September bis April. Die Puppen hängen an den Futterpflanzen. Die Falter fliegen von Mai bis Juni und von August bis September. §

Ladoga camilla Linnaeus *Kleiner Eisfalter* 28

VERBREITUNG: In Europa weit verbreitet, nicht auf der Iberischen Halbinsel und in Süditalien.

BESCHREIBUNG: Länge bis 27 mm; Körper grün mit zwei Reihen brauner Rückendornen; Kopf braun, bestachelt.

HABITAT: Waldgebiete.

FUTTERPFLANZEN: Geißblatt (*Lonicera periclymenum*).

BIOLOGIE: Eine Generation im Jahr. Die Eier werden im Juni oder Juli einzeln auf die Oberseite der Blätter gelegt und schlüpfen nach etwa einer Woche. Die Raupen überwintern nach der zweiten Häutung in zusammengerollten und -gesponnenen Blattgehäusen (Hibernaculum). Im Frühjahr beginnen sie wieder mit der Nahrungsaufnahme und sind im Juni ausgewachsen. Die Puppen hängen an Zweigen der Futterpflanze. Die ungewöhnlich geformte, grün und braun gefärbte Puppe erinnert an ein abgestorbenes *Lonicera*-Blatt. Die Falter schlüpfen nach etwa 14 Tagen. §

Limenitis populi Linnaeus *Großer Eisfalter* 3

VERBREITUNG: In Zentral- und Teilen Nordeuropas weit verbreitet.

BESCHREIBUNG: Länge bis 50 mm; Körper grün, am Rücken und den Seiten lilabraun gezeichnet, mit einem unregelmäßigen, ockerfarbenen Band an den Seiten; Segment 2 mit zwei großen, stacheligen Rückenfortsätzen; Segment 3 und die folgenden Segmente mit kleineren Stachelfortsätzen; Kopf braun oder schwärzlich, oben mit zwei stumpfen Stacheln.

HABITAT: Feuchte, lockere Wälder und Waldlichtungen.

FUTTERPFLANZEN: Espen und Pappeln (*Populus*).

BIOLOGIE: Eine Generation im Jahr. Die Eier werden im Juni oder Juli einzeln auf die Oberseite der Blätter gelegt. Die Raupen überwintern in einem frühen Stadium, vollenden ihre Entwicklung im kommenden Frühjahr und sind im Mai oder Juni ausgewachsen. Die Puppen sind an Blättern angesponnen. Die Falter schlüpfen nach 2 bis 4 Wochen. §

Apatura iris Linnaeus *Großer Schillerfalter* 2

VERBREITUNG: In Europa weit verbreitet, aber nicht in Italien, Südspanien und Südfrankreich.

BESCHREIBUNG: Länge bis 42 mm; dick, zu den Enden deutlich verschmälert; Körper grün, fein gelblichweiß gefleckt; mit einer Reihe gelber Diagonalstreifen an den Seiten; Kopf grün, mit zwei langen Hörnern, jedes mit einem gelblichweißen Längsstreifen und roter Spitze.

HABITAT: Waldgebiete.

FUTTERPFLANZEN: Salweide (*Salix caprea*), Grauweide (*S. cinerea*) und andere *Salix*-Arten.

BIOLOGIE: Eine Generation im Jahr. Die Eier werden im August einzeln auf die Blattoberseite gelegt und schlüpfen nach etwa 14 Tagen. Die Raupe geht im Herbst, nach ihrer zweiten Häutung, in Überwinterung. Dabei verbirgt sie sich unter einem toten Blatt oder in einer Astgabel, wo sie sich anspinnt. Sie beginnt im März wieder zu fressen und ist gegen Ende Juni ausgewachsen. Die blattähnliche Puppe wird an einem Zweig angesponnen. Die Falter schlüpfen nach etwa 14 Tagen. §

Apatura ilia Denis & Schiffermüller *Kleiner Schillerfalter* **3**

VERBREITUNG: In Zentral- und Südeuropa weit verbreitet, fehlt in weiten Teilen der Iberischen Halbinsel und auf den Britischen Inseln.

BESCHREIBUNG: Länge bis 50 mm; Körper zum Schwanzende verjüngt, das zwei kleine Hörner trägt, die eine gemeinsame Spitze bilden; grün mit zwei roten und gelben Rückenlinien, die vom Hinterkopf bis zur Körpermitte reichen; hintere Hälfte mit einer Reihe diagonaler, roter und gelber Seitenstreifen; Kopf grün mit zwei langen, braungestreiften Hörnern, die an der Spitze gegabelt sind.

HABITAT: Lockere Wälder, vor allem nasse Partien.

FUTTERPFLANZEN: Espen und Pappeln (*Populus*), Weiden (*Salix*).

BIOLOGIE: Eine Generation im Jahr, im Süden zwei Generationen. Die Raupen schlüpfen im August und überwintern klein. Sie beginnen im Frühjahr wieder zu fressen und sind im Juni ausgewachsen. Die Falter fliegen im Norden im Juli, im Süden von Mai bis Juni und von August bis September. §

Vanessa atalanta Linnaeus *Admiral* **9**

VERBREITUNG: In Europa weit verbreitet. Die Art hat ihr Verbreitungszentrum in Südeuropa und Nordafrika, wandert aber regelmäßig nordwärts durch ganz Europa.

BESCHREIBUNG: Länge bis 35 mm; kommt in zahlreichen Farbvarianten vor; die dunkle Form grauschwarz mit schwarzen, an der Basis rotbraungeringten Stacheln und einer Reihe gelber Flecken an den Seiten; blasse Formen sind graugrün oder ockergelb, verschieden stark schwarz gefleckt, mit blassen Stacheln; Kopf schwarz.

HABITAT: Hecken, Waldränder, Gärten, Brachland und andere Plätze, wo die Futterpflanzen wachsen.

FUTTERPFLANZEN: Brennessel (*Urtica dioica*) und verwandte Pflanzen, manchmal Hopfen (*Humulus lupulus*) und Glaskraut (*Parietaria judaica*).

BIOLOGIE: Eine oder zwei Generationen im Jahr. Nördlich der Alpen überlebt der Falter selten den Winter. Die Eier werden im Juni und ggf. im Spätsommer einzeln abgelegt und schlüpfen nach etwa einer Woche. Die Raupen fressen im Schutz zusammengesponnener Blätter und sind in etwa einem Monat ausgewachsen. Die Puppen werden im Schutzgespinst aufgehängt und entlassen die Falter nach etwa 2 bis 3 Wochen.

Cynthia cardui Linnaeus *Distelfalter* **29**

VERBREITUNG: In Europa weit verbreitet. Die Art hat ihr Verbreitungszentrum in Südeuropa und Nordafrika, wandert aber regelmäßig nordwärts durch ganz Europa.

BESCHREIBUNG: Länge bis 28 mm; Körper schwarz, fein weiß gefleckt, mit gelblichen oder schwarzen Stacheln; eine fast durchgehende, gelbe Substigmatallinie; unterhalb dieser Linie ist der Körper rötlichbraun gezeichnet; Kopf schwarz.

HABITAT: Kräuterreiche Wiesen und andere Plätze, wo die Futterpflanzen wachsen.

Futterpflanzen: Disteln (*Carduus, Cirsium*), Malve (*Malva*), Brennessel (*Urtica*) und wahrscheinlich verwandte Pflanzen, wie Klette (*Arctium*).

Biologie: Eine oder zwei Generationen im Jahr. Die Eier werden im Juni und ggf. wieder im August einzeln abgelegt und schlüpfen nach etwa einer Woche. Die Raupe frißt im Schutz zusammengesponnener Blätter und ist in etwa einem Monat ausgewachsen. Verpuppung im Schutzgespinst. Die Falter schlüpfen nach etwa 2 Wochen.

Aglais urticae Linnaeus *Kleiner Fuchs* 9

Verbreitung: In Europa weit verbreitet.

Beschreibung: Länge bis 22 mm; Körper schwarz, fein weiß gefleckt, mit zwei unterbrochenen, gelben Seitenlinien, darunter der Körper purpurbraun; manchmal mit einer Reihe rötlichbrauner Zeichnungen zwischen den gelben Linien; manche Formen gelb unterlegt; Stacheln auf dem Rücken und an den Seiten schwarz oder gelblich; Kopf schwarz.

Habitat: Hecken, Gärten, Parks, Brachland und andere Plätze, wo die Futterpflanzen wachsen.

Futterpflanze: Brennessel (*Urtica dioica*)

Biologie: Zwei Generationen im Jahr. Die Eier werden im Mai und wieder im Juli in Gruppen auf die Unterseite junger Blätter gelegt und schlüpfen nach etwa zehn Tagen. Die Raupen leben bis zur letzten Häutung zusammen in einem gemeinsamen Gespinst, danach einzeln. Sie sind in etwa einem Monat ausgewachsen und heften ihre Puppen an Pflanzenstengel. Die Falter schlüpfen nach rund 2 Wochen. Die Falter der zweiten Generation überwintern; Paarung und Eiablage finden erst im folgenden Frühjahr statt.

Nymphalis polychloros Linnaeus *Großer Fuchs* 7

Verbreitung: In Europa weit verbreitet.

Beschreibung: Länge bis 45 mm; Körper schwarz, fein weiß gefleckt, mit orangefarbenen Rücken- und Seitenlinien; Stacheln orangebraun; Kopf schwarz.

Habitat: Waldränder und Parklandschaften.

Futterpflanzen: Ulme (*Ulmus*), Weide (*Salix*), Pappeln und Espen (*Populus*), Birke (*Betula*), Kirsche (*Prunus*) und Birne (*Pyrus*).

Biologie: Eine Generation im Jahr. Die Eier werden im April in ringförmigen Gelegen um Zweige gelegt und schlüpfen nach etwa 3 Wochen. Die Raupen leben anfangs in einem gemeinsamen Gespinst, später verlassen sie das Nest, bleiben aber zusammen. Sie sind im Juni ausgewachsen und verpuppen sich an der Futterpflanze hängend. Die Falter schlüpfen nach etwa zwei Wochen. Sie überwintern, bevor sie sich im Frühjahr paaren und Eier ablegen. §

Nymphalis antiopa Linnaeus *Trauermantel* 2

Verbreitung: In Europa weit verbreitet.

Beschreibung: Länge bis 54 mm; Körper schwarz, fein weiß gefleckt, mit einer Reihe rötlichbrauner Flecken auf dem Rücken; Stacheln lang, schwarz; Bauchbeine rötlichbraun; Kopf glänzend schwarz.

Habitat: Lockere Wälder.

Futterpflanzen: Weiden (*Salix*), Birke (*Betula*) und Ulme (*Ulmus*).

Biologie: Eine Generation im Jahr. Die Eier werden im Frühjahr in ringförmigen Gelegen um Zweige gelegt und schlüpfen nach 2 bis 3 Wochen. Die Raupen fressen gemeinsam in einem gemeinsamen Gespinst und bleiben zusammen, bis sie im Juli ausgewachsen sind. Die Puppen hängen an der Futterpflanze und entlassen die Falter nach etwa 3 Wochen. Die Falter überwintern, Paarung und Eiablage finden erst im folgenden Frühjahr statt. §

Inachis io Hübner *Tagpfauenauge* 9

VERBREITUNG: In Europa weit verbreitet.

BESCHREIBUNG: Länge bis 42 mm; Körper schwarz, fein weiß gefleckt, mit langen, schwarzen Rücken- und Seitenstacheln; Bauchbeine gelblichbraun; Kopf glänzend schwarz.

HABITAT: Waldränder, Hecken, Gärten, Parks und andere Plätze, wo die Futterpflanzen wachsen.

FUTTERPFLANZEN: Brennessel (*Urtica dioica*).

BIOLOGIE: Eine Generation im Jahr. Die Eier werden im Mai gruppenweise auf die Blattunterseiten gelegt und schlüpfen nach etwa zwei Wochen. Bis zur letzten Häutung leben die Raupen zusammen in einem gemeinsamen Gespinst, danach verlassen sie es und verstreuen sich. Sie sind in etwa einem Monat ausgewachsen und hängen ihre Puppen an Pflanzenstengel. Die Falter schlüpfen nach 2 bis 3 Wochen. Sie überwintern; Paarung und Eiablage erfolgen im nächsten Frühling.

Polygonia c-album Linnaeus *Weißes C* 9

VERBREITUNG: In Europa weit verbreitet.

BESCHREIBUNG: Länge bis 35 mm; Körper schwarz, kräftig orangebraun gebändert, mit einem großen weißen Fleck auf der hinteren Rückenhälfte, der auch die Stacheln erfaßt; die anderen Stacheln blaß orangebraun; Kopf schwarz, mit zwei stacheligen Buckeln.

HABITAT: Waldränder und Gebüsche.

FUTTERPFLANZEN: Brennessel (*Urtica dioica*), Hopfen (*Humulus lupulus*), Ulme (*Ulmus*) und vielleicht auch andere Bäume, wie Weiden (*Salix*).

BIOLOGIE: Zwei Generationen im Jahr. Die Eier werden im Mai und wieder im Juli oder August einzeln oder in kleinen Gruppen abgelegt und schlüpfen nach 2 oder 3 Wochen. Die Raupen leben nicht in Gruppen, sondern sitzen einzeln unter Blättern. Der große weiße Rückenfleck läßt die Raupe als Vogelklecks erscheinen. Die Raupen sind nach etwa 6 Wochen ausgewachsen. Die Puppen hängen an Stengeln der Futterpflanze. Die Falter schlüpfen nach 2 bis 3 Wochen. Die der zweiten Generation überwintern, Paarung und Eiablage erfolgen erst im Frühjahr. §

Araschnia levana Linnaeus *Landkärtchen* 9

VERBREITUNG: In Zentral- und Teilen Südeuropas weit verbreitet.

BESCHREIBUNG: Länge bis 22 mm; Körper schwarz, fein weiß gefleckt, mit unterbrochenen, gelblichweißen Rücken- und Seitenstreifen; Stacheln schwarz oder orangegelb, an der Basis verdickt; Bauchbeine gelblichbraun; Kopf schwarz, mit zwei stacheligen Spitzen.

HABITAT: Parklandschaften und Waldränder.

FUTTERPFLANZEN: Brennessel (*Urtica dioica*).

BIOLOGIE: Zwei Generationen im Jahr, gelegentlich eine partielle dritte Generation. Die Eier werden in Türmchen zu 6 bis 15 Stück, eins über dem anderen, abgelegt. Unter einem Blatt können sich mehrere Türmchen befinden. Die Raupen leben anfangs zusammen, verstreuen sich aber nach der letzten Häutung. Die Puppen werden an Pflanzenstengel oder Zweige angeheftet. Die der letzten Generation überwintern und entlassen die Falter erst im Frühjahr. Frühjahrs- und Sommergeneration unterscheiden sich deutlich in Farbe und Zeichnung.

Clossiana selene Denis & Schiffermüller 23

VERBREITUNG: In Europa weit verbreitet, nicht in Italien und Südspanien.

BESCHREIBUNG: Länge bis 22 mm; Körper rosabraun, schwarz gezeichnet und mit kleinen weißen Flecken übersät; Stacheln rosagelb, mit feinen schwarzen Haaren; das erste Stachelpaar hinter dem Kopf lang und hornartig; Kopf schwarz.

HABITAT: Waldlichtungen und -ränder, Moorgebiete, Hügel und Klippen.

FUTTERPFLANZEN: Hainveilchen (*Viola riviniana*) und andere *Viola*-Arten, in Gefangenschaft auch Stiefmütterchen. Heidelbeere (*Vaccinium*).

BIOLOGIE: Eine oder zwei Generationen im Jahr. Die Eier werden im Juni abgelegt und schlüpfen nach etwa 10 Tagen. Die Raupen fressen bis Ende August an den Blättern, danach überwintern sie in einem abgestorbenen, zusammengerollten Blatt. Verpuppung im Mai an einem Seidenpolster, das an einem Stengel befestigt ist. Die Falter schlüpfen nach etwa 2 Wochen. §

Clossiana euphrosyne Linnaeus 23

VERBREITUNG: In Europa weit verbreitet, außer im Süden der Iberischen Halbinsel.

BESCHREIBUNG: Länge bis 25 mm; Körper schwarz, mit einer Reihe weißer Flecken längs der Stigmen; die Rückenstacheln variieren von schwarz bis gelb oder weiß; Kopf schwarz.

HABITAT: Waldlichtungen und -ränder, besonders in der Nähe von Flüssen und an anderen feuchten Orten.

FUTTERPFLANZEN: Hainveilchen (*Viola riviniana*) und andere *Viola*-Arten. Frißt in Gefangenschaft auch Stiefmütterchen.

BIOLOGIE: Eine oder zwei Generationen im Jahr. Die Eier werden im Mai oder Juni abgelegt und schlüpfen nach etwa 14 Tagen. Die Raupen fressen am Laub bis Ende Juli; danach überwintern sie in einem zusammengerollten, abgestorbenen Veilchenblatt. Sie sind im Mai ausgewachsen. Verpuppung an einem Stengel oder einem Blatt. Die Falter schlüpfen nach etwa 10 Tagen. §

Clossiana dia Linnaeues 23

VERBREITUNG: Im gemäßigten Europa weit verbreitet. Nicht in Skandinavien, Südspanien und Italien.

BESCHREIBUNG: Länge bis 22 mm; Körper dunkelgrau mit einem unterbrochenen, weißlichen Rückenstreifen und rötlichgelben Seitenstreifen; Stacheln gelblich, an den Spitzen weißlich; Kopf schwarz.

HABITAT: Grasbestandene Waldlichtungen und Hügelflanken.

FUTTERPFLANZEN: Veilchen (*Viola*) und Brombeere (*Rubus*).

BIOLOGIE: Zwei oder drei Generationen im Jahr. Am Laub fressende Raupen sind vom April bis zum September zu finden. Die der letzten Generation überwintern und vollenden ihre Entwicklung im Frühjahr. Die Falter fliegen von April bis Oktober. Dies ist einer der kleinsten europäischen Perlmutterfalter. §

Issoria lathonia Linnaeus *Kleiner Perlmutterfalter* 23

VERBREITUNG: In Europa weit verbreitet.

BESCHREIBUNG: Länge bis 35 mm; Körper schwarz, fein weiß gefleckt und braun gezeichnet; mit einer doppelten, weißen Rückenlinie; Stacheln rötlichbraun; Bauchbeine gelblichbraun; Kopf braun, schwarz gezeichnet.

HABITAT: Brachland, Heidegebiete und andere Plätze, wo die Futterpflanzen wachsen.

FUTTERPFLANZEN: Veilchen (*Viola*) und andere Pflanzen, wie Esparsette (*Onobrychis sativa*), Ochsenzunge (*Anchusa officinalis*) und Brombeere (*Rubus*).

BIOLOGIE: Zwei, gelegentlich drei Generationen im Jahr. Die Eier werden im Mai und August abgelegt und schlüpfen nach etwa einer Woche. Sommerraupen sind in etwa einem Monat ausgewachsen, die der Herbstgeneration überwintern normalerweise. Möglicherweise überwintern einige auch als Puppen. Die Puppen hängen an der Futterpflanze und sollen Vogelkot ähnlich sehen. Die Falter fliegen von Februar bis Oktober. §

Fabriciana adippe Denis & Schiffermüller **23**

VERBREITUNG: In Europa weit verbreitet.

BESCHREIBUNG: Länge bis 38 mm; Körper rötlichbraun oder dunkelbraun mit einer weißen Rückenlinie, die eine Reihe schwarzer dreieckiger Zeichnungen durchschneidet; Stacheln blaß rötlichbraun oder rosa; Kopf rötlichbraun.

HABITAT: Wälder, lockere Gebüsche und Brachland.

FUTTERPFLANZEN: Hainveilchen (*Viola riviniana*) und vermutlich andere *Viola*-Arten.

BIOLOGIE: Eine Generation im Jahr. Die Eier werden im Juli einzeln auf Stengel und Blätter der Futterpflanze, manchmal auch anderer Pflanzen, gelegt, schlüpfen aber erst im folgenden Februar. Die Raupen fressen anfangs oft Blüten, später dann Blätter. Sie fressen tagsüber und verstecken sich nachts zwischen abgestorbenen Blättern unter der Futterpflanze. Sie sind in 2 bis 3 Monaten ausgewachsen und verpuppen sich zwischen leicht versponnenen Blättern, oft in einiger Entfernung von der Futterpflanze. Die Falter schlüpfen innerhalb eines Monats. §

Mesoacidalia aglaja Linnaeus *Großer Perlmutterfalter* **23**

VERBREITUNG: In Europa weit verbreitet.

BESCHREIBUNG: Länge bis 38 mm; Körper samtschwarz, mit schwarzen Stacheln und einer Reihe orangeroter Flecken an den Seiten unterhalb der Stigmen; Kopf glänzend schwarz.

HABITAT: Grasflächen, Moore und lockere Wälder.

FUTTERPFLANZEN: Veilchen (*Viola*).

BIOLOGIE: Eine Generation im Jahr. Die Eier werden einzeln auf Blätter oder Stengel der Futterpflanze gelegt und schlüpfen nach 2 bis 3 Wochen. Die junge Raupe überwintert an der Basis der Futterpflanze, nachdem sie nur ihre Eischale gefressen hat. Im Frühjahr kommt sie wieder hervor und frißt noch bis Juni. Sie ist an Sonnentagen besonders aktiv und ruht versteckt unter der Futterpflanze. Die Puppe hängt in einem zeltartigen Versteck aus versponnenen Blättern. Die Falter schlüpfen nach etwa einem Monat. §

Argynnis paphia Linnaeus *Kaisermantel* **23**

VERBREITUNG: In Europa weit verbreitet. Nicht in Südspanien.

BESCHREIBUNG: Länge bis 38 mm; Körper auf dem Rücken dunkel schwärzlichbraun mit zwei orangegelben Streifen; Seiten blaß rötlich braun, schwärzlichbraun gestrichelt und gefleckt; das erste Paar Stacheln hinter dem Kopf lang, schwarz und nach vorn gerichtet, die übrigen rötlichbraun mit schwarzen Spitzen; Kopf glänzend schwarz.

HABITAT: Wälder und Waldränder.

FUTTERPFLANZEN: Hainveilchen (*Viola riviniana*) und andere *Viola*-Arten.

BIOLOGIE: Eine Generation im Jahr. Die Eier werden im Juli einzeln in der Nähe der Futterpflanze in Rindenritzen gelegt und schlüpfen nach etwa 2 Wochen. Nachdem sie ihre Eischale gefressen hat, überwintert die Raupe auf dem Baumstamm und steigt erst im Frühjahr auf dem Boden hinab, um ihre Futterpflanze zu suchen. Sie frißt tagsüber und ist gegen Ende Mai ausgewachsen. Die Puppe hängt an der Futterpflanze, die Falter schlüpfen innerhalb von 2 bis 3 Wochen. §

Eurodryas aurinia Rottemburg *Goldener Scheckenfalter* 28

VERBREITUNG: In Europa weit verbreitet.

BESCHREIBUNG: Länge bis 27 mm; Körper schwarz, mit Bändern aus weißen Flecken auf dem Rücken und an den Seiten auf Höhe der Stigmen; Bauchbeine rötlichbraun; Stacheln und Kopf schwarz.

HABITAT: Sumpfflächen und Hügelflanken, wo die Futterpflanzen wachsen.

FUTTERPFLANZEN: Teufelsabbiß (*Succisa pratensis*), Acker-Witwenblume (*Knautia arvensis*), Große Flockenblume (*Centaurea scabiosa*), Wegerich (*Plantago*) und andere Pflanzen.

BIOLOGIE: Eine Generation im Jahr. Die Eier werden im Juni gruppenweise auf Blattunterseiten gelegt und schlüpfen nach etwa 3 Wochen. Die jungen Raupen fertigen ein Gespinst auf der Futterpflanze, unter dem sie leben und fressen. Sie überwintern nach der dritten Häutung. An sonnigen Februar- und Märztagen sonnen sie sich auf dem Gespinst. Gegen Ende April sind sie ausgewachsen und verstreuen sich. Die Puppen sind an Stengeln oder Blättern angeheftet. Die Falter schlüpfen nach etwa 2 Wochen. §

Melitaea diamina Lang 27

VERBREITUNG: In Europa weit verbreitet, aber lokal. Nicht in Süditalien, Spanien und auf den Britischen Inseln.

BESCHREIBUNG: Länge bis 35 mm; Körper dunkel graubraun, mit orangegelben Stacheln; Kopf schwärzlichbraun.

HABITAT: Feuchte Wiesen und sumpfiges Gelände.

FUTTERPFLANZEN: Wiesen-Wachtelweizen (*Melampyrum pratense*), Wegerich (*Plantago*), Ehrenpreis (*Veronica*) und andere Pflanzen.

BIOLOGIE: Eine Generation im Jahr, im Süden vielleicht zwei. Die Raupen überwintern halberwachsen. Die Falter fliegen gewöhnlich von Juni bis Juli. §

Melitaea didyma Esper *Feuriger Scheckenfalter* 27

VERBREITUNG: Weit verbreitet in Zentral- und Südeuropa sowie in einigen südlichen Gebieten Nordeuropas.

BESCHREIBUNG: Länge bis 28 mm; Körper weißlich mit schwarzen Linien und zwei Reihen großer, orangerötlicher Flecken auf dem Rücken, die je einen Stachel umgeben; die anderen Stacheln weißlich mit feinen schwarzen Haaren; Kopf rötlichbraun.

HABITAT: Wiesen und Hügelflanken, wo die Futterpflanzen wachsen.

FUTTERPFLANZEN: Wegerich (*Plantago*), Ehrenpreis (*Veronica*), Löwenmäulchen (*Linaria*) und andere Pflanzen.

BIOLOGIE: Eine bis drei Generationen im Jahr. Die Falter fliegen, je nach Gegend und Höhenlage, von Mai bis August. Die Raupen der letzten Generation überwintern und verpuppen sich im Frühjahr. Die Falter schlüpfen nach ca. 2 Wochen. §

Melitaea phoebe Denis & Schiffermüller *Flockenblumen-Scheckenfalter* 29

VERBREITUNG: In Zentral- und Nordeuropa weit verbreitet.

BESCHREIBUNG: Länge bis 30 mm; Körper schwärzlichgrau, mit schwarzen Linien und fein weiß gefleckt; seitlich ein weißes Längsband; Stacheln orangegelb; Kopf schwarz.

HABITAT: Wiesen und blumenreiche Hänge.

FUTTERPFLANZEN: Flockenblume (*Centaurea*) und gelegentlich Wegerich (*Plantago*).

BIOLOGIE: Eine bis drei Generationen im Jahr. Die Falter fliegen von April bis August. Die Raupen der letzten Generation überwintern. §

Melitaea cinxia Linnaeus *Wegerich-Scheckenfalter* 27

VERBREITUNG: In Europa weit verbreitet, nicht im äußersten Norden.

BESCHREIBUNG: Länge bis 25 mm; Körper schwarz, mit Querbändern aus weißen Flecken; Stacheln kurz, schwarz; Bauchbeine und Kopf rötlichbraun.

HABITAT: Feuchte Wiesen, vor allem im Flachland.

FUTTERPFLANZEN: Spitzwegerich (*Plantago lanceolata*), Strandwegerich (*P. maritima*) und andere *Plantago*-Arten; daneben Habichtskraut (*Hieracium*) und Flockenblume (*Centaurea*).

BIOLOGIE: Eine Generation im Jahr. Die Eier werden im Juni gruppenweise auf die Blattunterseiten gelegt und schlüpfen nach etwa 3 Wochen. Die Raupen leben zusammen in einem gemeinsamen Gespinst und überwintern nach der vierten Häutung. Gegen Ende Februar beginnen sie, sich auf dem Gespinst zu sonnen und fangen auch bald wieder an zu fressen. Ende April sind sie ausgewachsen. Die Puppen sind an Pflanzenstengeln befestigt, die Falter schlüpfen nach etwa 3 Wochen. §

Mellicta athalia Rottemburg *Gemeiner Scheckenfalter* 27

VERBREITUNG: In Europa weit verbreitet.

BESCHREIBUNG: Länge bis 24 mm; Körper schwarz, grauweiß gefleckt; Stacheln orangegelb mit weißen Spitzen; Bauchbeine grauweiß; Kopf schwarz, weiß gezeichnet.

HABITAT: Schonungen, Waldlichtungen und -ränder.

FUTTERPFLANZEN: Wiesen-Wachtelweizen (*Melampyrum pratense*), Wegerich (*Plantago*), Fingerhut (*Digitalis purpurea*), Salbeigamander (*Teucrium scorodonia*) und andere Pflanzen.

BIOLOGIE: Eine Generation im Jahr. Die Eier werden im Juli in Gruppen auf die Blattunterseiten gelegt und schlüpfen nach etwa 2 Wochen. Die Raupen leben in Gespinsten auf der Unterseite von Blättern. Ende August gehen sie, verborgen zwischen Fallaub, in die Überwinterungsphase, die bis zum kommenden März dauert. Im Mai sind sie ausgewachsen. Die Puppen sind an Blättern oder Stengeln aufgehängt, die Falter schlüpfen nach rund 2 Wochen. §

Satyridae Bräunlinge

In dieser Familie finden sich die Mohrenfalter, Waldportiers und Ochsenaugen. Die vorherrschende Raupenfarbe ist grün oder braun mit Längslinien und -streifen. Ihr Körper läuft in zwei charakteristische Spitzen aus. Sie fressen nachts an Gräsern.

Pararge aegeria Linnaeus *Waldbrettspiel* **31**

VERBREITUNG: In Europa weit verbreitet. Nicht im äußersten Norden.

BESCHREIBUNG: Länge bis 27 mm; Körper gelblichgrün mit einem weißgerandeten, dunkelgrünen Rückenstreifen und hellen und dunklen Linien an den Seiten; Schwanzgabel weißlich; Kopf rundlich, bläulichgrün.

HABITAT: Waldflächen, Waldränder, Hecken und Gehölze.

FUTTERPFLANZEN: Knäuelgras (*Dactylis glomerata*), Quecke (*Agropyron repens*), Einjähriges Rispengras (*Poa annua*) und andere Gräser.

BIOLOGIE: Zwei Generationen im Jahr, u. U. auch drei. Die Eier werden im April oder Mai und nochmals im Sommer einzeln auf Grasblätter gelegt und schlüpfen nach etwa 10 Tagen. Die Raupen fressen auch tagsüber. Frühsommerraupen sind in einem Monat ausgewachsen. Spätsommerraupen verpuppen sich entweder im Herbst, oder sie überwintern noch klein und vollenden ihre Entwicklung im Frühjahr. Die Puppen hängen an Pflanzenstengeln. Aus denen, die nicht überwintern, schlüpfen die Falter innerhalb eines Monats.

Lasiommata megera Linnaeus *Mauerfuchs* **31**

VERBREITUNG: In Europa weit verbreitet. Nicht im äußersten Norden.

BESCHREIBUNG: Länge bis 25 mm; Körper bläulichgrün, mit weißen Linien längs des Rückens und der Seiten; Schwanzgabel blaßgrün, mit weißen Spitzen; Kopf rundlich, bläulichgrün.

HABITAT: Hecken, Waldränder, Gehölze und freie Grasflächen.

FUTTERPFLANZEN: Ein breites Spektrum von Gräsern.

BIOLOGIE: Zwei Generationen im Jahr. Die Eier werden im Mai oder Juni und nochmals im August einzeln auf Grasblätter oder freiliegende Wurzeln gelegt und schlüpfen nach rund 10 Tagen. Die Raupen fressen zumeist nachts. Die der ersten Generation sind in etwa einem Monat ausgewachsen, die der zweiten überwintern und verpuppen sich im kommenden Frühjahr. Die Puppen sind an Pflanzenstengeln angeheftet. Die Falter schlüpfen nach etwa 2 Wochen. §

Erebia epiphron Knoch **32**

VERBREITUNG: In Bergregionen Europas weit verbreitet. Nicht in Fennoskandien.

BESCHREIBUNG: Länge bis 19 mm; Körper grün mit zwei gelblichweißen Rückenlinien und einer breiteren, gelblichweißen Substigmatallinie; Schwanzgabel blaß mit braunen Spitzen; Kopf rundlich, bläulichgrün.

HABITAT: Hochgelegene Moore und Berghänge.

FUTTERPFLANZEN: Borstgras (*Nardus stricta*) und vermutlich andere Gräser.

BIOLOGIE: Eine Generation im Jahr. Die Eier werden im Juli einzeln nahe der Basis auf Grasstengel gelegt und schlüpfen nach etwa 3 Wochen. Die jungen Raupen gehen Ende August in die Überwinterungsphase und beginnen im folgenden März wieder zu fressen. Anfangs fressen sie ausschließlich nachts, nach der letzten Häutung auch tagsüber. Sie sind im Mai ausgewachsen und verpuppen sich in lockeren Gespinsten auf dem Boden, an der Basis der Futterpflanze. Die Falter schlüpfen nach rund 3 Wochen. §

Erebia aethiops Esper *Mohrenfalter* **31**

VERBREITUNG: In Zentral- und Südosteuropa weit verbreitet.

BESCHREIBUNG: Länge bis 22 mm; Körper locker mit kurzen, kräftigen Borsten bedeckt; ockerfarben, mit zwei dunkelbraunen Rückenlinien und einer weißlichen Substigmatallinie; Kopf rundlich, rötlichbraun.

HABITAT: Feuchtes Grasland, lockere Wälder und Waldränder.

FUTTERPFLANZEN: Pfeifengras (*Molinia coerulea*), Blaugras (*Sesleria caerulea*) und wahrscheinlich weitere Gräser.

BIOLOGIE: Eine Generation im Jahr. Die Eier werden im Juli und August einzeln abgelegt und schlüpfen nach etwa 2 Wochen. Die Raupen fressen bis Oktober und überwintern danach versteckt zwischen den Futterpflanzen. Im März beginnen sie wieder zu fressen. Ende Juni sind sie ausgewachsen. Sie fressen nachts und verstekken sich tagsüber an der Basis der Futterpflanze. Verpuppung in lockerem Gespinst am Boden oder zwischen den Grundblättern. Die Falter schlüpfen nach etwa 2 Wochen. §

Melanargia galathea Linnaeus *Schachbrett* **32**

VERBREITUNG: In Zentral- und Südeuropa weit verbreitet.

BESCHREIBUNG: Länge bis 28 mm; Körper gelblichgrün oder blaßbraun mit zwei dunklen Rückenlinien und einer gelblichen oder weißlichen Linie oberhalb der Stigmen; darunter eine weniger auffällige, blasse Substigmatallinie; Schwanzgabel mit rosabraunen Spitzen; Kopf rötlichbraun.

HABITAT: Niederungen, grasbestandene Hänge und anderes Grasland.

FUTTERPFLANZEN: Lieschgras (*Phleum pratense*), Knäuelgras (*Dactylis glomerata*), Schafschwingel (*Festuca ovina*) und andere Gräser.

BIOLOGIE: Eine Generation im Jahr. Die Eier werden im Juli und August zufällig, oft im Flug, über den Futterpflanzen abgesetzt und schlüpfen nach rund 3 Wochen. Schon bald nach dem Schlüpfen gehen die jungen Raupen in die Überwinterung zwischen abgestorbenen Grasblättern. Sie werden im zeitigen Frühjahr wieder aktiv und fressen bis Mitte Juni. Sie sind tagaktiv. Bei Störungen rollen sie sich zusammen und lassen sich auf den Boden fallen. Verpuppung auf dem Boden unter der Futterpflanze. Die Falter schlüpfen nach etwa 3 Wochen. §

Hipparchia semele Linnaeus *Rostbinde* **32**

VERBREITUNG: In Europa weit verbreitet. Nicht im äußersten Norden.

BESCHREIBUNG: Länge bis 30 mm; nach hinten verjüngt; Körper gelblichweiß, mit einer braunen Rückenlinie und dunkelbraunen Linien oberhalb der Stigmen; eine ockerfarbene Stigmatallinie; Schwanzgabel mit ockerfarbenen Spitzen; Kopf bräunlichweiß.

HABITAT: Niederungen, Heiden, Sanddünen, Klippen und andere trockene Grasflächen.

FUTTERPFLANZEN: Verschiedene Gräser.

BIOLOGIE: Eine Generation im Jahr. Die Eier werden im Juli oder August einzeln auf Grasblätter gelegt und schlüpfen nach etwa 2 bis 3 Wochen. Nach der zweiten Häutung überwintern sie an der Basis der Grasblätter. Bei mildem Wetter fressen sie auch während des Winters. Sie sind nachtaktiv und verbergen sich tagsüber an der Basis der Blätter. Sie sind im Juni ausgewachsen. Verpuppung knapp unter der Erdoberfläche; die Falter schlüpfen im Juli oder August. §

Hipparchia fagi Scopoli *Großer Waldportier* **32**

VERBREITUNG: In Zentral- und Südeuropa weit verbreitet, aber lokal.

BESCHREIBUNG: Länge bis 36 mm; zum Hinterende verschmälert, dieses mit 2 kleinen Spitzen; Körper blaß graubraun oder gelblichbraun, mit dunkler braunen Rücken-

und Seitenlinien; ein schwärzlichbraunes Rückenband; Kopf blaßbraun mit 4 dunklen Streifen.
HABITAT: Lockere Wälder und Gebüsche.
FUTTERPFLANZEN: Verschiedene weiche Gräser, wie Honiggras (*Holcus*), Zwenke (*Brachypodium*) und Schwingel (*Festuca*).
BIOLOGIE: Eine Generation im Jahr. Die Raupen überwintern, beginnen im Frühjahr wieder zu fressen und sind im Mai oder Juni ausgewachsen. Die Falter fliegen im Juli und August. §

Pyronia tithonus Linnaeus *Rostbraunes Ochsenauge* **31**
VERBREITUNG: In Zentral- und Südeuropa sowie in Teilen Nordeuropas verbreitet.
BESCHREIBUNG: Länge bis 23 mm; zum Hinterende hin verjüngt; Körper ockerweiß, manchmal mit grün gemischt, und mit feinen, ockerbraunen Zeichnungen; eine dunkelbraune Rückenlinie und eine dunkel gerandete, weiße Stigmatallinie; Schwanzgabel mit ockerfarbenen Spitzen; Kopf blaßbraun.
HABITAT: Hecken, Waldlichtungen und Waldränder.
FUTTERPFLANZEN: Verschiedene Gräser.
BIOLOGIE: Eine Generation im Jahr. Die Eier werden im Juli und August einzeln auf Grasblätter abgelegt und schlüpfen nach rund 3 Wochen. Die Raupen fressen bis Oktober und gehen dann, an der Basis der Blätter verborgen, in Überwinterung. Sie fressen nachts und verbergen sich tags am Boden zwischen den Halmen. Sie sind im Juni ausgewachsen. Die Puppen sind an Grashalmen angesponnen, die Falter schlüpfen nach etwa 3 Wochen. §

Maniola jurtina Linnaeus *Ochsenauge* **31**
VERBREITUNG: In Europa weit verbreitet.
BESCHREIBUNG: Länge bis 25 mm; nach hinten verschmälert; Körper oben gelblichgrün, unten dunkler grün, mit ziemlich langen, weißen Haaren bedeckt; eine gelblichweiße Substigmatallinie; Schwanzgabel mit weißlichen Spitzen; Kopf rundlich, bläulichgrün.
HABITAT: Wiesen, Niederungen, Heiden, lockere Wälder und andere Grasflächen.
FUTTERPFLANZEN: Verschiedene Gräser, vor allem Rispengräser wie *Poa* und Straußgras (*Agrostis*).
BIOLOGIE: Eine Generation im Jahr. Die Eier werden von Juli bis September einzeln an Grasblätter gelegt und schlüpfen nach rund 3 Wochen. Die Raupen fressen bei mildem Wetter den ganzen Winter hindurch und verbergen sich bei Kälte zwischen den Blättern. Sie sind hauptsächlich nachts aktiv und verstecken sich tagsüber an der Basis der Futterpflanze. Die Puppen werden im Mai an Grashalmen angesponnen und entlassen den Falter nach etwa einem Monat.

Coenonympha pamphilus Linnaeus *Kleiner Heufalter* **31**
VERBREITUNG: In Europa weit verbreitet.
BESCHREIBUNG: Länge bis 18 mm; Körper grün, fein weiß gefleckt, mit einer dunkelgrünen Rückenlinie, beiderseits davon eine dunkel gerandete, weißliche Linie; eine grünlichweiße Substigmatallinie; Schwanzgabel weißlich, mit rosa Spitzen; Kopf rundlich, grün.
HABITAT: Niederungen, Heiden, Moore, Hecken und andere Grasflächen.
FUTTERPFLANZEN: Verschiedene Gräser.
BIOLOGIE: Zwei Generationen im Jahr. Die Eier werden im Sommer und wieder im Herbst einzeln in Bodennähe auf Grasblätter gelegt. Die Raupen der ersten Gene-

ration sind in etwa 5 Wochen ausgewachsen, die der zweiten überwintern und vollenden ihre Entwicklung im Frühjahr. Sie fressen vor allem nachts. Die Puppen hängen an Grashalmen, die Falter schlüpfen nach rund einem Monat. §

Coenonympha tullia Müller *Großer Heufalter* 30

VERBREITUNG: In Zentral- und Nordeuropa weit verbreitet.

BESCHREIBUNG: Länge bis 25 mm; Körper grün mit einer gelblichen oder weißgerandeten, dunkelgrünen Rückenlinie; mit zwei leuchtend weißen Längslinien an jeder Seite; Schwanzgabel weiß mit rosa Spitzen; Kopf rundlich, grün.

HABITAT: Bultige Moore und Marschen.

FUTTERPFLANZEN: Weißes Schnabelried (*Rhynchospora alba*), Seggen (*Carex*), vermutlich Wollgras (*Eriophorum angustifolium*), und verschiedene Gräser.

BIOLOGIE: Eine Generation im Jahr. Die Eier werden im Juli einzeln abgelegt und schlüpfen nach rund 2 Wochen. Die Raupen gehen im September, nach ihrer zweiten Häutung, in die Überwinterungsphase, die bis etwa März dauert. Sie fressen vor allem nachts und sind im Mai ausgewachsen. Die Puppen hängen knapp über dem Boden an Stengeln der Futterpflanze. Die Falter schlüpfen nach etwa 3 Wochen. §

Aphantopus hyperantus Linnaeus *Schornsteinfeger* 31

VERBREITUNG: In Europa weit verbreitet. Nicht in Italien und Teilen Südspaniens.

BESCHREIBUNG: Länge bis 21 mm; ziemlich dick, nach hinten verjüngt; Körper ockerfarben, mit kurzen, dunklen Borsten bedeckt; mit einer dunklen Rückenlinie; eine weiße Substigmatallinie, darunter eine unregelmäßige, schwärzlichbraune Linie; Kopf rötlichbraun.

HABITAT: Waldlichtungen und -wege, Gebüsche und andere relativ feuchte Grasflächen.

FUTTERPFLANZEN: Verschiedene Gräser.

BIOLOGIE: Eine Generation im Jahr. Die Eier werden im Juli und August über Gräsern verstreut und schlüpfen nach 2–3 Wochen. Die Raupen überwintern, wobei sie bei mildem Wetter weiterfressen, und sind im Juni ausgewachsen. Sie sind nachtaktiv und verbergen sich tagsüber an der Basis der Futterpflanze. Verpuppung in lockeren Gespinsten auf dem Boden unter der Futterpflanze. Die Falter schlüpfen nach etwa 2 Wochen.

Lasiocampidae Wollraupenspinner

Zu dieser Familie gehören die Glucken und der Ringelspinner. Die Raupen sind mittelgroß bis groß und auf Kopf und Körper dicht behaart. Die der Kupferglucke (*Gastropacha quercifolia*) und ihrer Verwandten haben unten an den Seiten fleischige, behaarte Fortsätze. Sie fressen an einer breiten Palette von Bäumen, Büschen und Kräutern.

Poecilocampa populi Linnaeus *Kleine Pappelglucke* 3

VERBREITUNG: In Zentral- und Nordeuropa weit verbreitet.

BESCHREIBUNG: Länge bis 50 mm; mit kurzen, feinen, grauen Haaren bedeckt; Körper blaßgrau, dicht mit feinen, dunkelgrauen oder schwarzen Flecken gezeichnet; manchmal mit ocker auf dem Rücken; Nacken- und Afterschild rotbraun gezeichnet; Kopf blaßgrau mit schwarzen Flecken.

Habitat: Wälder und Gebüsche.

Futterpflanzen: Eiche (*Quercus*), Birke (*Betula*), Pappel (*Populus*), Weißdorn (*Crataegus*) und andere Laubbäume und -sträucher.

Biologie: Eine Generation im Jahr. Die Eier werden im Spätherbst oder Winter einzeln oder in kleinen Gruppen auf Rinde gelegt, schlüpfen aber erst im kommenden Frühling. Die Raupen fressen von April bis Juni. In Ruhe strecken sie sich auf Ästen und Stämmen aus und schmiegen sich ihrer Unterlage eng an; sie sind dann sehr gut getarnt. Verpuppung im Juni in dunkelgrauen Kokons unter der Laubstreu oder im Boden. Die Falter schlüpfen im Spätherbst oder im Winter.

Trichiura crataegi Linnaeus *Weißdornspinner* 17

Verbreitung: In Europa weit verbreitet.

Beschreibung: Länge bis 40 mm; Körper schwarz, auf dem Rücken mit kurzen, feinen, rötlichen Haaren und an den Seiten mit gelblichweißen Haaren bedeckt; mit Büscheln längerer, schwarzer Haare; auf dem Rücken und an den Seiten variabel gezeichnet mit rot, weiß und gelb, aber immer mit einer Doppelreihe roter Warzen auf dem Rücken; Kopf glänzend schwarz.

Habitat: Lockere Wälder, Hecken und Heiden.

Futterpflanzen: Schlehe (*Prunus spinosa*), Weißdorn (*Crataegus*), Birke (*Betula*), Weide (*Salix*), Eiche (*Quercus*), Hasel (*Corylus avellana*), Heidelbeere (*Vaccinium myrtillus*), Brombeere (*Rubus fruticosus*) und Heidekraut (*Calluna* und *Erica*).

Biologie: Eine Generation im Jahr. Die Eier werden im September in Reihen zu etwa 10 Stück auf Zweige der Futterpflanze gelegt, schlüpfen aber erst im Frühjahr. Die Raupen fressen von April bis Juni. Verpuppung in Kokons am Boden. Die Falter schlüpfen im August.

Eriogaster lanestris Linnaeus *Wollafter* 17

Verbreitung: In Zentral- und Nordeuropa weit verbreitet.

Beschreibung: Länge bis 45 mm; Körper schwarz, mit langen, blaßgelben Haaren bedeckt; dazu zwei Reihen von Büscheln kurzer, rötlichbrauner Haare auf dem Rücken, eingerahmt von gelblichweißen Linien; Kopf grau mit schwarzen Zeichnungen.

Habitat: Hecken und Gebüsche.

Futterpflanzen: Schlehe (*Prunus spinosa*), Weißdorn (*Crataegus*), Birke (*Betula*) Weide (*Salix*) und andere Laubbäume und -sträucher.

Biologie: Eine Generation im Jahr. Die Eier werden im Februar und März in kleinen Gruppen auf die Zweige der Futterpflanze gelegt. Raupen findet man von April bis Anfang Juli. Sie leben in einem gemeinsamen Gespinst, das sie nachts verlassen, um am Laub zu fressen. Verpuppung im Juli in blaßbraunen Kokons auf dem Boden. Die Falter schlüpfen erst im kommenden Februar oder März, können aber auch für mehrere Jahre im Puppenstadium „überliegen".

Malacosoma neustria Linnaeus *Ringelspinner* 16

Verbreitung: In Europa weit verbreitet.

Beschreibung: Länge bis 45 mm; Körper leuchtend graublau, mit feinen, rötlichbraunen Haaren bedeckt; eine weiße Rückenlinie, flankiert von orangeroten und schwarzen Linien; eine schwarzgerandete, orangerote Substigmatallinie; Kopf bläulichgrau mit zwei großen, schwarzen Flecken.

Habitat: Hecken, lockere Wälder, Gärten und Obstbaumkulturen.

Futterpflanzen: Weißdorn (*Crataegus*), Schlehe (*Prunus spinosa*), Apfel (*Malus*), Weide (*Salix*) und viele andere Laubbäume und -sträucher.

Biologie: Eine Generation im Jahr. Die Eier werden im August als Band ringförmig um einen kleineren Zweig gelegt (Name). Die Raupen schlüpfen im folgenden Frühjahr und fressen von April bis Juni. Sie leben in einem gemeinsamen Gespinst, auf dem sie sich bei gutem Wetter sonnen. Verpuppung im Juli in Seidenkokons zwischen Blättern oder in der Laubstreu. Die Falter schlüpfen in wenigen Wochen.

Lasiocampa trifolii Denis & Schiffermüller *Kleespinner* **21**

Verbreitung: In Europa weit verbreitet.

Beschreibung: Länge bis 60 mm; Körper schwarz, mit rötlichbraunen Haaren auf dem Rücken und grauweißen Haaren an den Seiten; drei Reihen kleiner, bläulichweißer Flecken längs des Rückens; Nacken- und Afterschild orange, schwarz gezeichnet; Kopf schwarz, rötlichbraun gezeichnet.

Habitat: Sandgebiete, Heiden und Brachland.

Futterpflanzen: Ginster (*Cytisus scoparius*), Kriechweide (*Salix repens*), Strandhafer (*Ammophila arenaria*) und andere Gräser, Brombeere (*Rubus fruticosus*), Luzerne (*Medicago sativa*), Vogelfuß (*Ornithopus perpusillus*) und verschiedene verwandte Pflanzen.

Biologie: Eine Generation im Jahr. Die Eier werden im August wahllos auf Blattwerk gelegt, schlüpfen aber erst im kommenden Frühjahr. Die Raupen fressen von März bis Juni. Verpuppung in braunen, ovalen Kokons am Boden zwischen den Futterpflanzen. Die Falter schlüpfen im August.

Lasiocampa quercus Linnaeus *Eichenspinner* **15**

Verbreitung: In Europa weit verbreitet.

Beschreibung: Länge bis 65 mm; Körper dunkelbraun bis schwarz, mit Büscheln bräunlicher Haare bedeckt; jederseits oberhalb der Stigmen eine weißliche Linie, dazu gelegentlich eine Reihe rötlicher Zeichnungen unter den Stigmen; Kopf dunkelbraun.

Habitat: Wälder, Hecken, Niederungen, Heiden und Moore.

Futterpflanzen: Die südliche Unterart *L. q. quercus* Linnaeus frißt auf einem breiten Spektrum von Bäumen und Sträuchern, darunter Brombeere (*Rubus fruticosus*), Eiche (*Quercus*), Weide (*Salix*) und Weißdorn (*Crataegus*); die nordwestliche Unterart *L. q. callunae* Palmer frißt Heidekraut (*Calluna vulgaris*) und Heidelbeere (*Vaccinium myrtillus*).

Biologie: Im Süden eine Generation im Jahr; die nördliche Unterart benötigt zwei Jahre für die Entwicklung. Die Eier werden wahllos im Flug abgesetzt. Die Raupen der südlichen Form schlüpfen im August, überwintern ziemlich klein und sind im nächsten Frühjahr ausgewachsen. Verpuppung im Juli, die Falter schlüpfen im August. Bei der nordwestlichen Form überwintern die Raupen ebenfalls klein, sind aber erst gegen Ende des folgenden Sommers ausgewachsen und überwintern ein zweites Mal im Puppenstadium; die Falter schlüpfen dann im Mai oder Juni. Verpuppung in großen, ovalen Kokons am Boden oder zwischen Zweigen der Futterpflanze.

Macrothylacia rubi Linnaeus *Brombeerspinner* **24**

Verbreitung: In Europa weit verbreitet.

Beschreibung: Länge bis 65 mm; Körper samtig schwarz, mit dichtem, rötlichbraunem Haarbesatz auf dem Rücken und grauen Haaren an den Seiten; Kopf schwarz mit bräunlichen Haaren. Die Haare können einen juckenden Ausschlag verursachen. Junge Raupen sind schwärzlichbraun mit am Rücken gelblichen Zwischensegmenthäuten.

HABITAT: Heiden, Moore, Niederungen und Sandhügel.

FUTTERPFLANZEN: Heidekraut (*Calluna vulgaris*), Glockenheide (*Erica*), Brombeere (*Rubus fruticosus*), Heidelbeere (*Vaccinium myrtillus*) und andere niedrige Pflanzen, darunter auch Kriechweide (*Salix repens*).

BIOLOGIE: Eine Generation im Jahr. Die Eier werden im Juni in Gruppen um Stengel der Futterpflanze gelegt. Die Raupen schlüpfen gegen Ende des Monats. Sie gehen im Herbst voll ausgewachsen in die Überwinterung. Im folgenden Frühjahr werden sie wieder aktiv, sonnen sich, fressen aber nicht mehr. Verpuppung im März oder April in braunen Kokons aus Seide und Raupenhaaren am Boden. Die Falter schlüpfen im Mai.

Dendrolimus pini Linnaeus *Kiefernspinner* 1

VERBREITUNG: In Europa weit verbreitet, nicht in Belgien.

BESCHREIBUNG: Länge bis 75 mm; mit feinen, kurzen, grauen Haaren bedeckt; Körper braun oder graubraun mit einem feinen, gelbbraunen Muster; auf dem Rücken schwarz gezeichnet; zwei Bänder dichter, weißer, schuppenförmiger Haare an den Rückenseiten, die sich auf dem Thorax vereinigen; die Segmente 2 und 3 auf dem Rücken mit bläulichschwarzen Querbändern; Kopf braun mit dunkler Musterung.

HABITAT: Wälder.

FUTTERPFLANZEN: Nadelbäume, wie Kiefer (*Pinus*), Sitkafichte (*Picea sitchensis*), Tanne (*Abies alba*) und Douglasfichte (*Pseudotsuga menziesii*).

BIOLOGIE: Eine Generation im Jahr. Die Eier werden im Juli oder August einzeln oder in kleinen Gruppen auf Nadeln gelegt und schlüpfen in 2 bis 3 Wochen. Die Raupen überwintern am Boden und steigen im Frühjahr wieder auf die Futterpflanzen. In Nordeuropa überwintern manche Raupen zweimal. Sie sind Ende Juni ausgewachsen und verpuppen sich in großen, bräunlichgelben Kokons zwischen Zweigen oder Nadeln. Die Falter schlüpfen nach etwa einem Monat.

Philudoria potatoria Linnaeus *Trinkerin* 32

VERBREITUNG: In Europa weit verbreitet.

BESCHREIBUNG: Länge bis 75 mm; Körper auf dem Rücken bläulichgrau, an den Seiten schwarz, mit blaß rötlichbraunen Haaren bedeckt; eine doppelte Reihe kleiner Büschel von schwarzen Haaren auf dem Rücken; auf der Rückenmitte der Segmente 2 und 11 je ein großes, schwarzes Haarbüschel; an den Seiten oberhalb der Stigmen ein Band aus orangeroten Zeichnungen, unterhalb der Stigmen eine Reihe von Büscheln weißer Haare, dazwischen rote Musterelemente; Kopf schwarz, rotbraun gezeichnet.

HABITAT: Lockere Wälder, Marschen, feuchte Moore.

FUTTERPFLANZEN: Knäuelgras (*Dactylis glomerata*), Quecke (*Agropyron repens*) und verschiedene andere Gräser und Seggen.

BIOLOGIE: Eine Generation im Jahr. Die Eier werden im August in kleinen Gruppen auf Grashalme gelegt. Die Raupen schlüpfen noch im selben Monat. Sie fressen einige Zeit, überwintern und vollenden ihre Entwicklung im Frühjahr. Die Raupen wurden beim Trinken von Tautropfen beobachtet (Name). Verpuppung im Juni in bootförmigen, gelblichweißen Kokons an der Futterpflanze. Die Falter schlüpfen im Juli.

Phyllodesma ilicifolia Linnaeus *Blaubeerglucke* 25

VERBREITUNG: Lokal in Zentral- und Nordeuropa.

BESCHREIBUNG: Länge bis 60 mm; Körper rötlichbraun bis gelblich, mit blaß rötlichbraunen Haaren bedeckt; auf dem Rücken eine Reihe von blaugrauen und schwarzen Querbändern zwischen den Segmenten, die Bänder manchmal zu einer Doppelreihe viereckiger Zeichnungen aufgelöst; an den Seiten oberhalb der Stigmen eine Reihe blaugrauer Zeichnungen; Kopf dunkelgrau.

HABITAT: Moore und lockere Wälder.

FUTTERPFLANZEN: Heidelbeere (*Vaccinium myrtillus*); daneben auch Weide (*Salix*) und andere Bäume.

BIOLOGIE: Eine Generation im Jahr. Die Eier werden im Mai abgelegt, die Raupen fressen von Juni bis Mitte August. Verpuppung Ende August in Seidenkokons zwischen den Blättern der Futterpflanze. Die Falter schlüpfen im folgenden Aril oder Mai. §

Gastropacha quercifolia Linnaeus *Kupferglucke* 17

VERBREITUNG: In Europa weit verbreitet.

BESCHREIBUNG: Länge bis 80 mm; Körper grau, dicht schwarz gefleckt und mit feinen schwärzlichen Haaren bedeckt; die Segmente 2 und 3 mit blauen und schwarzen Querbändern auf dem Rücken; Segment 11 mit einem kleinen, schwarzen Buckel; unten an den Seiten eine Reihe fleischiger, lappenförmiger Anhänge, von langen schwärzlichen Haaren bedeckt; Kopf schwarz mit blaßgrauer Zeichnung.

HABITAT: Wälder, Hecken und Gebüsche; gelegentlich in Obstgärten.

FUTTERPFLANZEN: Schlehe (*Prunus spinosa*), Weißdorn (*Crataegus*), Weide (*Salix*), Apfel (*Malus*) und andere Obstbäume.

BIOLOGIE: Eine Generation im Jahr. Die Eier werden im Juli oder Anfang August in kleinen Gruppen auf Zweige oder Blätter gelegt und schlüpfen nach rund 2 Wochen. Die Raupen fressen einige Wochen und überwintern dann in Bodennähe auf Stämmen der Futterpflanze. Im Mai sind sie ausgewachsen. Verpuppung im Juni in länglichen, graubraunen Kokons aus Spinnseide und Raupenhaaren an bodennahen Teilen der Futterpflanze. Die Falter schlüpfen Ende Juni oder Juli. §

Saturniidae Nachtpfauenaugen

Zu dieser Familie gehören einige der größten europäischen Schmetterlinge. Die Raupen sind dementsprechend recht voluminös. Ihre Borsten stehen oft auf erhöhten Warzen oder Buckeln. Die Nachschieber sind sehr stark entwickelt und kräftig. Sie fressen das Laub verschiedener Bäume, Sträucher und niedriger Pflanzen.

Aglia tau Linnaeus *Nagelfleck* 7

VERBREITUNG: In Europa weit verbreitet, außer in den nördlichen Gebieten und dem größten Teil des südlichen Mittelmeerraumes.

BESCHREIBUNG: Länge bis 50 mm; dick, zwischen den Segmenten deutlich eingeschnürt, nach vorn verjüngt; Körper oberhalb der Stigmen gelblichgrün, darunter bläulichgrün, mit einer Reihe weißer oder blaßgelber Diagonalstreifen; eine weiße Substigmatallinie; an der Seite des Segments 4 eine schwarzkernige, rote Zeichnung; Kopf grün. Junge Raupen tragen auffällige, geweihartige Fortsätze auf dem Rücken.

HABITAT: Wälder.

FUTTERPFLANZEN: Vor allem Buche (*Fagus sylvatica*), aber auch andere Bäume, wie Eiche (*Quercus*), Birke (*Betula*) und Linde (*Tilia*).

BIOLOGIE: Eine Generation im Jahr. Die Raupen fressen von Mai bis August und verpuppen sich in großen, rauhen Kokons aus Seide und Blättern. Die Falter schlüpfen im folgenden oder dem übernächsten Frühjahr. Sie fliegen zu der Zeit, wenn sich die Buchenknospen öffnen. §

Saturnia pavonia Linnaeus *Kleines Nachtpfauenauge* **24**

VERBREITUNG: In Europa weit verbreitet.

BESCHREIBUNG: Länge bis 60 mm; Körper dunkel- oder gelblichgrün mit schwarzen Querbändern; darin erhöhte, gelbe oder lilarosafarbene Warzen, auf denen schwarze Borsten stehen; Stigmen leuchtend orange, schwarz gerandet; Kopf klein, grün. Das Ausmaß der schwarzen Querbänderung ist sehr variabel, manchmal bis auf schwarze Flecken reduziert oder so ausgedehnt, daß sich die Bänder berühren. Junge Raupen sind schwarz mit einer gelblichen Seitenlinie.

HABITAT: Heiden, Moore, Berghänge und lockere Wälder.

FUTTERPFLANZEN: Heidekraut (*Erica* und *Calluna*), Brombeere (*Rubus fruticosus*), Heidelbeere (*Vaccinium myrtillus*), Schlehe (*Prunus spinosa*), Weißdorn (*Crataegus*), Weide (*Salix*), Birke (*Betula*) und wahrscheinlich andere Bäume und Sträucher; daneben Weiderich (*Lythrum salicaria*) und Mädesüß (*Filipendula ulmaria*).

BIOLOGIE: Eine Generation im Jahr. Die Eier werden im Mai in Gruppen um Stämmchen und Zweige der Futterpflanze gelegt. Die Raupen fressen von Mai bis August und sind erstaunlich gut getarnt, vor allem auf Heidekraut. Verpuppung im Frühherbst in großen, flaschenförmigen, faserigen Kokons an der Futterpflanze. Die Falter schlüpfen im folgenden Frühjahr. §

Saturnia pyri Denis & Schiffermüller *Wiener Nachtpfauenauge* **33**

VERBREITUNG: In Südeuropa weit verbreitet, auch im südlichen Zentraleuropa.

BESCHREIBUNG: Länge bis 120 mm; Körper leuchtend gelbgrün, auf dem Rücken und an den Seiten mit Büscheln schwarzer Borsten auf erhöhten, blauen Warzen; eine weißliche Substigmatallinie; Beine braun; Afterklappe braun; Kopf grün mit V-förmiger Zeichnung. Junge Raupen sind schwarz mit roten Warzen.

HABITAT: Lockere Wälder, Gebüsche und Obstgärten.

FUTTERPFLANZEN: Apfel (*Malus*), Birne (*Pyrus*), Weide (*Salix*), Pappel (*Populus*) und verschiedene andere Bäume.

BIOLOGIE: Eine Generation im Jahr. Die Eier werden im Mai oder Juni abgelegt und schlüpfen nach etwa 2 Wochen. Die Raupen fressen bis August und verpuppen sich in großen, braunen, birnenförmigen Kokons, oft in Astgabeln. Die Falter schlüpfen im April oder Mai des folgenden Jahres. §

Graellsia isabellae Graëlls **1**

VERBREITUNG: Lokal in Gebirgsregionen Zentralspaniens, den Pyrenäen und den südlichen Französischen Alpen.

BESCHREIBUNG: Länge bis 80 mm; Körper gelblichgrün, weiß gefleckt und schütter mit langen, dünnen, blaßbraunen Haaren bedeckt; eine breite, rötlichbraune, weißgerandete Rückenlinie; auf den Segmenten 4 bis 11 rötlichbraune Querbänder, die durch weiße Längslinien ober- und unterhalb der Stigmen durchbrochen werden; Nackenschild schwarz; Kopf braun, schwarz gemustert.

HABITAT: Kiefern-Hochwälder.

Futterpflanzen: Kiefern (*Pinus laricio* und *P. sylvestris*).

Biologie: Eine Generation im Jahr. Die Eier werden im Frühjahr abgelegt und schlüpfen nach rund 2 Wochen. Die Raupen fressen etwa 2 Monate lang. Verpuppung am Boden in lockeren Seidenkokons, in die auch Kiefernnadeln verwebt werden. Die Falter schlüpfen im März des folgenden Jahres. Im größten Teil ihres Verbreitungsgebietes steht diese Art unter gesetzlichem Schutz. §

Brahmaeidae

Die Raupe des einzigen europäischen Vertreters dieser Familie ist sehr groß und besitzt lange Rückenfilamente. Sie behält diese Filamente, im Gegensatz zu anderen Angehörigen der Familie, auch nach der letzten Häutung. Sie soll an Eschen leben.

Acanthobrahmaea europaea Hartig 8

Verbreitung: Kommt nur in einem bestimmten Gebiet in der Provinz Lucania (Italien) vor. Steht unter gesetzlichem Schutz.

Beschreibung: Länge bis 80 mm; Körper glänzend schwarz, mit weißen Flecken und Linien auf dem Rücken und an den Seiten oberhalb der Stigmen, außer auf den Segmenten 1 bis 3, die kräftig gelb gezeichnet sind; unter den Stigmen eine Reihe diagonaler, gelber Zeichnungen; auf dem Rücken der Segmente 2 und 3 je ein Paar langer, kräftiger Filamente; Segment 11 mit einem ähnlichen, kürzeren Rückenfilament; Kopf glänzend schwarz.

Habitat: Wälder an den Ufern eines vulkanischen Sees in 250–300 m Höhe.

Futterpflanzen: Esche (*Fraxinus*); frißt in Gefangenschaft auch Liguster (*Ligustrum*).

Biologie: Eine Generation im Jahr. Die Eier schlüpfen in Gefangenschaft nach rund 2 Wochen; die Raupen sind in 3 bis 5 Wochen ausgewachsen. Die Falter fliegen Ende März und Anfang April. §

Endromidae

Diese Familie hat ebenfalls nur einen Vertreter in Europa. Seine Raupe ist durch einen fast hornartigen Buckel am Hinterende und die charakteristische Ruhehaltung mit erhobenem Vorderkörper leicht kenntlich. Sie frißt an Birke (*Betula*) und anderen Bäumen.

Endromis versicolora Linnaeus *Birkenspinner* 4

Verbreitung: In Europa weit verbreitet, aber lokal.

Beschreibung: Länge bis 63 mm; Körper sehr dick, nach vorn stark verschmälert; auf dem Rücken von Segment 11 ein hornartiger Buckel; Körper grün, auf dem Rücken weißlich, an den Seiten dicht schwarz gefleckt; eine dunkelgrüne Rückenlinie, flankiert von einer Reihe weißer Schräglinien; ein gelblichweißes Band an der Seite der ersten 3 Segmente; Kopf grün mit gelbweißen Bändern.

Habitat: Lockere Wälder und bewaldete Moorgebiete.

Futterpflanzen: Birke (*Betula*) und gelegentlich Erle (*Alnus glutinosa*); wahrscheinlich auch andere Laubbäume.

Biologie: Eine Generation im Jahr. Die Eier werden im April in Reihen, meist in Doppelreihen, auf Zweige gelegt. Die Raupen fressen von Mai bis Juli. Jung sind sie gesellig und sitzen zusammen auf Zweigen oder Blättern. Dabei erheben sie den Vorderkörper in charakteristischer Weise. Verpuppung in großen, braunen Kokons an oder knapp unter der Erdoberfläche. Die Falter schlüpfen erst im folgenden Frühjahr. §

Drepanidae Sichelspinner

Die kleinen Falter haben ihren Namen nach den sichelförmig vorgezogenen Vorderflügelspitzen. Ihre Raupen sind nach hinten stark verjüngt und haben reduzierte Nachschieber. Sie ruhen in charakteristischer Weise mit erhobenem Vorder- und Hinterköprer. Sie fressen auf Bäumen und Sträuchern.

Falcaria lacertinaria Linnaeus *Eidechsensichler* 4

Verbreitung: In Europa weit verbreitet.

Beschreibung: Länge bis 20 mm; ziemlich schlank, zum spitzen Schwanzende verschmälert; Körper braun, manchmal gemischt mit lila; gelegentlich eine Doppelreihe dunkelbrauner, dreieckiger Rückenzeichnungen; auf dem Rücken der Segmente 2 und 3 je ein Paar spitzer Warzen; Kopf lilabraun mit weißlichen Zeichnungen, leicht eingekerbt.

Habitat: Wälder und Heiden.

Futterpflanzen: Birke (*Betula*).

Biologie: Zwei Generationen im Jahr. Die Eier werden im Mai und August in kleinen Gruppen gelegt. Die Raupen fressen von Juni bis Juli und von August bis September. Angeblich ähneln sie jungen Eidechsen (*Lacerta*), daher der Name *lacertinaria*. Verpuppung in Kokons zwischen gefalteten Blättern. Die Falter schlüpfen im August bzw. Mai; im Norden oft auch nur eine Generation, deren Falter im späten Mai und Juni fliegen.

Drepana binaria Hufnagel 6

Verbreitung: In Zentral- und Südeuropa weit verbreitet.

Beschreibung: Länge bis 24 mm; ziemlich schlank, zum spitzen Schwanzende verschmälert; Körper blaßbraun mit einem feinen Netzwerk dunkelbrauner oder schwärzlicher Linien; Segmente 5 bis 10 mit einer gelblichen, sattelförmigen Rükkenzeichnung; Segment 3 mit einer großen, zweispitzigen Rückenwarze; Kopf blaßbraun mit dunklerer Fleckung, eingekerbt.

Habitat: Wälder.

Futterpflanzen: Eiche (*Quercus*), daneben andere Laubbäume wie Buche (*Fagus*) und Erle (*Alnus*).

Biologie: Zwei Generationen im Jahr. Die Eier werden im Juni und August auf Blattkanten gelegt und schlüpfen nach rund 10 Tagen. Die Raupen fressen von Juni bis Juli und im September. Verpuppung im Juli und im Oktober in Kokons zwischen gefalteten Blättern. Die Falter schlüpfen im August bzw. Mai.

Drepana cultraria Fabricius 7

Verbreitung: In Zentral- und Teilen Südeuropas verbreitet.

Beschreibung: Länge bis 20 mm; ziemlich schlank, zum spitzen Schwanzende verschmälert; Körper rötlichbraun mit einer bräunlichweißen, sattelförmigen Rückenzeichnung auf den Segmenten 5 bis 10; Segment 3 mit einer zweispitzigen Rückenwarze; Unterseite gelblichweiß; Kopf blaß rötlichbraun mit dunklerem Muster, eingekerbt.

HABITAT: Wälder.

FUTTERPFLANZEN: Buche (*Fagus sylvatica*).

BIOLOGIE: Zwei Generationen im Jahr. Die Eier werden im Mai und August gelegt, die Raupen fressen von Juni bis Juli und im September. Verpuppung im Juli und Oktober in Kokons zwischen gefalteten Blättern. Die Falter schlüpfen im August bzw. Mai.

Drepana falcataria Linnaeus *Sichelspinner* **4**

VERBREITUNG: In Europa weit verbreitet.

BESCHREIBUNG: Länge bis 25 mm; ziemlich dick, zum spitzen Schwanzende stark verschmälert; Körper leuchtend grün bis blaugrün, mit einem breiten, gelblichbraunen oder lilabraunen, nach vorn blasser werdendem Rückenband; auf den Segmenten 2, 3 und 5 je ein Paar erhöhte Warzen; Kopf braun mit blasser Zeichnung, eingekerbt.

HABITAT: Wälder und Heiden.

FUTTERPFLANZEN: Birke (*Betula*) und Erle (*Alnus glutinosa*).

BIOLOGIE: Zwei Generationen im Jahr, im Norden oft nur eine. Die Eier werden im Mai und August in kurzen Reihen abgelegt. Die Raupen fressen von Juni bis Juli und im September. Sie fressen frei auf dem Laub, ähneln aber kleinen, verschrumpelten Blättern und sind so gut getarnt. Verpuppung im Juli und September in Kokons zwischen gefalteten Blättern. Die Falter schlüpfen im August bzw. Mai.

Sabra harpagula Esper **8**

VERBREITUNG: In Teilen Zentral- und Nordeuropas verbreitet.

BESCHREIBUNG: Länge bis 25 mm; ziemlich schlank, zum spitzen Schwanzende verschmälert; Körper auf dem Rücken gelb, an den Seiten z. T. ebenso, an den ersten drei Segmenten jedoch lilabraun gemischt; Rest des Körpers rötlichbraun oder lilabraun; Segment 3 mit zwei spitzen Rückenwarzen; Kopf rosafarben mit dunkelbraunen Mustern, eingekerbt.

HABITAT: Wälder.

FUTTERPFLANZEN: Winterlinde (*Tilia cordata*) und andere Laubbäume.

BIOLOGIE: Eine Generation im Jahr. Die Eier werden im Juni an die Blattkanten gelegt und schlüpfen nach rund 10 Tagen. Die Raupen fressen bis September und verpuppen sich im Herbst in braunen Kokons zwischen gefalteten Blättern. Die Falter schlüpfen im folgenden Juni.

Cilix glaucata Scopoli *Silberspinner* **17**

VERBREITUNG: In Zentral- und Südeuropa weit verbreitet.

BESCHREIBUNG: Länge bis 12 mm; in der Mitte ziemlich dick, nach vorn plötzlich und zum spitzen Schwanzende allmählich verschmälert; Körper rötlichbraun, fein gemustert mit einem Netzwerk aus dunkelbraunen oder schwärzlichen Linien; eine dunkelbraune Rückenlinie; Segmente 2 und 3 verdickt, mit je einem Paar kleiner, spitzer Rückenwarzen; Kopf blaßbraun mit schwärzlicher Fleckung.

HABITAT: Hecken und Waldränder.

FUTTERPFLANZEN: Weißdorn (*Crataegus*), Schlehe (*Prunus spinosa*), Pflaume (*P. domestica*), gelegentlich Apfel (*Malus*), Birne (*Pyrus*), Eberesche (*Sorbus aucuparia*) und Brombeere (*Rubus fruticosus*).

BIOLOGIE: Zwei Generationen im Jahr. Die Eier werden im Mai und August abgelegt, die Raupen fressen von Juni bis Juli und von September bis Oktober. Anfangs fressen sie nur die oberen Blattschichten, wobei sie charakteristische, durchscheinende Löcher hinterlassen. Später fressen sie in der üblichen Weise. Verpuppung im August und Oktober in kräftigen, braunen Kokons zwischen Blättern oder unter loser Rinde. Die Falter schlüpfen im August bzw. Mai.

Thyatiridae Eulenspinner

Zu dieser Familie gehören die Rosen- und die Achat„eule". Die glatten Raupen ähneln durchaus denen der Eulenfalter (Noctuidae), sind aber oft nach hinten verjüngt und besitzen markante Zeichnungen. Sie fressen vorzugsweise nachts an Bäumen und Sträuchern.

Thyatira batis Linnaeus *Roseneule* **15**

VERBREITUNG: In Europa weit verbreitet. Nicht im äußersten Norden.

BESCHREIBUNG: Länge bis 35 mm; Körper hinter dem Kopf wie aufgeblasen, Segment 2 mit einem auffälligen, vorwärts gerichteten Buckel; von oben gesehen, zwischen den Segmenten stark eingeschnürt; rötlichbraun oder lilabraun gefärbt, mit einer Reihe blasser, dreieckiger Rückenzeichnungen; auf dem Rücken der Segmente 5 bis 9 und 11 je ein kleiner Buckel; Kopf blaßbraun mit dunklerer Zeichnung, leicht eingekerbt.

HABITAT: Wälder.

FUTTERPFLANZEN: Brombeere (*Rubus fruticosus*).

BIOLOGIE: Eine Generation im Jahr. Die Eier werden im Juni oder Juli in kleinen Gruppen an die Kanten von Brombeerblättern gelegt. Die Raupen fressen von Juli bis September. Sie ruhen gekrümmt und frei sichtbar auf den Blättern. Verpuppung im Herbst in Kokons zwischen Blättern. Die Falter schlüpfen erst im folgenden Mai oder Juni.

Habrosyne pyritoides Hufnagel *Achateule* **15**

VERBREITUNG: In Europa weit verbreitet. Nicht im äußersten Norden.

BESCHREIBUNG: Länge bis 40 mm; Körper kastanienbraun mit einem feinen Netzwerk schwarzbrauner Linien; Zwischensegmenthäute schwärzlich; eine schwarze Rückenlinie; an den Seiten des Segments 4 oberhalb der Stigmen ein großer, weißer Fleck; Kopf rötlichbraun.

HABITAT: Lockere Wälder, Lichtungen.

FUTTERPFLANZEN: Brombeere (*Rubus fruticosus*).

BIOLOGIE: Eine Generation im Jahr. Die Eier werden im Juli in kleinen Gruppen abgelegt. Die Raupen fressen von August bis Oktober. Sie sind nachtaktiv und verbergen sich tagsüber in der Laubstreu. Verpuppung im Herbst in unterirdischen Kokons. Die Falter schlüpfen im kommenden Juni oder Juli.

Tethea ocularis Linnaeus **3**

VERBREITUNG: In Europa weit verbreitet.

BESCHREIBUNG: Länge bis 37 mm; Körper blaßgelb gemischt mit grüngrau; eine reingelbe Stigmatallinie; Nackenschild glänzend grau; Segmente 1, 2, 3 und 11 mit schwarzen Flecken an den Seiten; Kopf gelblichbraun, vorn schwarz gezeichnet.

HABITAT: Wälder und Parklandschaften.
FUTTERPFLANZEN: Espen und Pappeln (*Populus*).
BIOLOGIE: Eine Generation im Jahr. Die Eier werden im Juli abgelegt und schlüpfen noch im gleichen Monat. Die Raupen fressen bis Ende August oder September. Sie verbergen sich tagsüber zwischen versponnenen Blättern oder in einem aufgerollten, abgestorbenen Blatt. Verpuppung im September in Kokons zwischen Blättern, die später abfallen. Die Falter schlüpfen im folgenden Mai oder Juni.

Tethea or Denis & Schiffermüller *Wollrückenspinner* **3**

VERBREITUNG: In Europa weit verbreitet.
BESCHREIBUNG: Länge bis 20 mm; Körper blaß bläulichgrün oder gelblich; mit einer weißlichen Stigmatallinie; oberhalb der Stigmen manchmal eine Reihe schwarzer Flecken mit blassen Zentren; Kopf blaß bräunlichgelb, vorn schwarz gezeichnet.
HABITAT: Wälder und Parklandschaften.
FUTTERPFLANZEN: Espe (*Populus tremula*) und Schwarzpappel (*P. nigra*), anscheinend auch Weide (*Salix*).
BIOLOGIE: Eine Generation im Jahr. Die Eier werden im Juli abgelegt. Die Raupen fressen bis in den Herbst. Tagsüber verbergen sie sich zwischen versponnenen Blättern. Verpuppung im Herbst in braunen Kokons zwischen Blättern. Die Falter schlüpfen im kommenden Juni oder Juli.

Ochropacha duplaris Linnaeus **5**

VERBREITUNG: In Zentral- und Nordeuropa weit verbreitet.
BESCHREIBUNG: Länge bis 22 mm; Körper grünlich oder grauweiß, mit einem breiten, dunkelgrünen oder graugrünen Rückenband; Nackenschild glänzend schwarz; unterhalb der Stigmen eine Reihe dunkelgrüner oder schwarzer Flecken; Kopf gelblichbraun.
HABITAT: Wälder.
FUTTERPFLANZEN: Birke (*Betula*), Erle (*Alnus glutinosa*), Eiche (*Quercus*), vermutlich auch Hasel (*Corylus avellana*) und Pappel (*Populus*).
BIOLOGIE: Eine Generation im Jahr. Die Eier werden im Juli abgelegt. Die Raupen findet man von August bis Anfang Oktober. Sie verbergen sich tagsüber zwischen versponnenen Blättern und fressen nachts. Verpuppung im Oktober in lockeren Kokons zwischen Blättern der Futterpflanze. Die Falter schlüpfen im Juni oder Juli des folgenden Jahres.

Achlya flavicornis Linnaeus *Wollbeinspinner* **4**

VERBREITUNG: In Europa weit verbreitet.
BESCHREIBUNG: Länge bis 33 mm; Körper blaß graugrün bis weiß, manchmal auf dem Rücken dunkel graugrün schattiert; eine Reihe schwarzer und weißer Flecken über Rücken und Seiten; Nackenschild schwärzlich, durch eine weiße Linie halbiert; Kopf gelblich- bis rötlichbraun, zuweilen vorn schwarz verdunkelt.
HABITAT: Wälder, Heiden und Moore.
FUTTERPFLANZEN: Birke (*Betula*).
BIOLOGIE: Eine Generation im Jahr. Die Eier werden im März oder April in kleinen Gruppen in Knospennähe auf Zweige gelegt. Die Raupen fressen von Ende Mai bis Juli. Sie verbergen sich tagsüber zwischen versponnenen Blättern. Verpuppung im Juli in schütteren Kokons zwischen Fallaub. Die Falter schlüpfen erst im folgenden Frühjahr, überliegen aber auch gelegentlich für ein weiteres Jahr.

Polyploca ridens Fabricius **6**

Verbreitung: In Zentral- und Südeuropa weit verbreitet.

Beschreibung: Länge bis 33 mm; Körper blaßgelb, in wechselndem Ausmaß grüngrau unterlegt, oft in Form unterbrochener Linien; Rückenflecken weißlich, unvollständig schwarz geringt; eine reingelbe Stigmatallinie; Kopf blaß rötlichbraun.

Habitat: Wälder.

Futterpflanzen: Eiche (*Quercus*).

Biologie: Eine Generation im Jahr. Die Eier werden im April oder Mai einzeln in Knospennähe auf Zweige gelegt. Die Raupen fressen von Mai bis Mitte Juli. Sie sind nachtaktiv und verbergen sich tagsüber zwischen versponnenen Blättern. Verpuppung Ende Juli in Kokons zwischen Blättern, die später abfallen können. Die Falter schlüpfen entweder schon im folgenden Frühling oder auch erst ein oder zwei Jahre später.

Geometridae Spanner

Die Raupen dieser Familie sind wegen ihrer eigenartigen, „spannenden" Fortbewegungsweise recht bekannt. Schon der Name „Geometra" ist von dem lateinischen Wort für Landvermesser abgeleitet, und auch in anderen Sprachen bezieht sich der volkstümliche Name auf diese Eigenart. Sie haben nur zwei Paare funktionsfähiger Bauchbeine, sind meist langgestreckt und schlank, und viele sind hervorragende Zweigimitatoren. Sie fressen an Bäumen, Sträuchern und niedrigen Pflanzen. Die Raupen bestimmter Gruppen, besonders der Gattung *Eupithecia*, fressen an Blüten und Samen verschiedener Kräuter.

Archiearis notha Hübner *Jungfernkind* **3**

Verbreitung: In Zentraleuropa weit verbreitet.

Beschreibung: Länge bis 28 mm; meist grün mit schwarzen Längsstreifen und einer gelblichweißen Stigmatallinie; Kopf und erstes Thoraxsegment stark schwarz gefleckt. Es gibt auch eine schmutzig olivbraune Form mit blaß rosagrauen Längsstreifen. Im Gegensatz zu den meisten anderen Spannerraupen besitzt diese Art 5 Paar Bauchbeine (inklusive Nachschieber), von denen die ersten beiden allerdings schwach entwickelt sind. Die Raupe läuft nach typischer „Spanner"-Manier.

Habitat: Lockere Wälder und Plätze mit einzelnen Espen.

Futterpflanzen: Espe (*Populus tremula*).

Biologie: Eine Generation im Jahr. Die Eier werden im April abgelegt und schlüpfen im Mai. Die Raupen fressen an Blättern, die sie zusammenspinnen. Bei Störung lassen sie sich an einem Seidenfaden fallen und bleiben an ihm hängen, bis die Gefahr vorüber ist. Zur Verpuppung bohrt sie sich eine Höhlung in Rinde oder verrottendes Holz. Verpuppung im Juli; die Falter schlüpfen gewöhnlich im folgenden April, zuweilen dauert die Puppenphase aber auch 2 bis 3 Jahre. §

Alsophila aescularia Denis & Schiffermüller *Kreuzflügel* **16**

Verbreitung: In Europa weit verbreitet und häufig.

Beschreibung: Länge bis 26 mm; leuchtend grün mit einer dunkelgrünen Rückenlinie und gelblichweißen Seitenlinien. Unterscheidet sich von anderen Spannerraupen durch ein zusätzliches, rudimentäres Bauchbeinpaar auf Segment 8.

Habitat: Hecken, Wälder, Gärten und Obstbaumkulturen.

Futterpflanzen: Apfel (*Malus*), Pflaume und Kirsche (*Prunus*), Weißdorn (*Crataegus*), Rose (*Rosa*) und viele andere Laubbäume und -sträucher. Auch an Liguster (*Ligustrum*).

Biologie: Eine Generation im Jahr. Die Eier werden im April wie ein Armband um einen Zweig gelegt. Sie sind mit Schuppen vom Hinterleib des Weibchens bedeckt. Die Raupen fressen nachts von April bis Juni. Verpuppung unterirdisch an der Basis der Futterpflanze in Kokons aus Spinnseide und Erde. Die Falter schlüpfen im März des folgenden Jahres. Die Weibchen sind flügellos.

Pseudoterpna pruinata Hufnagel **19**

Verbreitung: In Zentral- und Südosteuropa weit verbreitet.

Beschreibung: Länge bis 26 mm; Körper grün mit einer dunkelgrünen, auf beiden Seiten weiß gerandeten Rückenlinie; eine breite, rosaweiße Substigmatallinie; Kopf stark eingekerbt, so daß er in 2 Spitzen ausläuft; das erste Körpersegment mit 2 roten Spitzen, ähnlich wie der Kopf.

Habitat: Heiden, Moore und lockere Wälder.

Futterpflanzen: Stechginster (*Ulex europaeus*), Besenginster (*Cytisus scoparius*) und Englischer Ginster (*Genista anglica*). Frißt in Gefangenschaft auch Goldregen (*Laburnum*).

Biologie: Eine Generation im Jahr. Die Eier werden im Juli abgelegt und schlüpfen nach rund 15 Tagen. Die jungen Raupen gehen bald nach dem Schlüpfen in die Überwinterungsphase, während der sie auf der Futterpflanze bleiben. Im Mai und Juni des folgenden Jahres beginnen sie wieder zu fressen; in dieser Zeit werden sie meist gefunden. Sie fressen nachts und ruhen tagsüber wie ein Ästchen abgewinkelt auf der Futterpflanze. Verpuppung Ende Juni in dünnen Kokons zwischen Fallaub auf dem Boden. Die Falter schlüpfen im folgenden Monat.

Geometra papilionaria Linnaeus *Grünes Blatt* **4**

Verbreitung: In Zentral- und Nordeuropa weit verbreitet.

Beschreibung: Länge bis 29 mm; Haut rauh; Körper gelblichgrün, mit einer Reihe großer rötlichbrauner Rückenwarzen; Kopf eingekerbt, grün, gemischt mit rötlichbraun. Junge Raupen sind braun, nach der Überwinterung aber grün.

Habitat: Wälder, Heiden, Moore und Marschen.

Futterpflanzen: Birke (*Betula*), Buche (*Fagus sylvatica*), Erle (*Alnus glutinosa*), Hasel (*Corylus avellana*) und Ginster (*Cytisus scoparius*).

Biologie: Eine Generation im Jahr. Die Eier werden im Juli gewöhnlich einzeln abgelegt und schlüpfen nach 1 bis 2 Wochen. Die Raupe frißt, bis im Herbst das Laub fällt, überwintert neben einer Knospe angesponnen. Im Frühjahr frißt sie nochmals bis Juni. Verpuppung in einem losen Gespinst zwischen Fallaub oder im Moos auf einem Baumstamm. Die Falter schlüpfen innerhalb eines Monats.

Thetidia smaragdaria Fabricius *Smaragdspanner* **28**

Verbreitung: In Zentral-, Süd- und Osteuropa weit verbreitet, aber lokal.

Beschreibung: Länge bie 23 mm; Körper grau mit dunkleren Längslinien; Haut sehr rauh, mit Blattstücken besetzt; Kopf eingekerbt, braun.

Habitat: Warme Hänge, Waldränder, Salzmarschen.

Futterpflanzen: Beifuß (*Artemisia*), Schafgarbe (*Achillea millefolium*), Kreuzkraut (*Senecio*) und Rainfarn (*Tanacetum vulgare*).

Biologie: Im Norden eine Generation im Jahr, im Süden zwei. Die Eier werden im Juli auf Blätter und Stengel gelegt, meist hoch oben an der Futterpflanze, und schlüpfen nach rund 14 Tagen. Die junge Raupe befestigt sofort Blattstücke an ihrem Körper. Sie frißt nachts. Sie hält es aus, an der Küste bei Flut überspült zu werden. Sie ist Ende Mai des folgenden Jahres ausgewachsen. Verpuppung in einem weitmaschigen Kokon, der mit Blattstücken besetzt und an der Futterpflanze angesponnen ist. Die Falter schlüpfen im Juni. §

Hemithea aestivaria Hübner **14**

Verbreitung: In Europa weit verbreitet.

Beschreibung: Länge bis 23 mm; lang und dünn; Körper rauh, gelblichgrün mit rötlichbraunen Mustern; mit V-förmigen Rückenzeichnungen; erstes Thoraxsegment mit einem Paar kegelförmiger Zapfen ähnlich denen auf dem stark gekerbten Kopf. Daneben auch eine braune Form mit weißlicher Rückenzeichnung.

Habitat: Hecken und Waldränder.

Futterpflanzen: Vor der Überwinterung: Beifuß (*Artemisia vulgaris*), Ampfer (*Rumex*), Fingerkraut (*Potentilla*) und andere niedrige Pflanzen. Nach der Überwinterung: Eiche (*Quercus*), Birke (*Betula*), Rose (*Rosa*), Weißdorn (*Crataegus*), Schlehe (*Prunus spinosa*) und andere Laubbäume und -sträucher.

Biologie: Eine Generation im Jahr. Die Eier werden im Juli abgelegt und schlüpfen im August. Die Raupen fressen nachts; tagsüber ruhen sie von ihrer Unterlage weggestreckt, Beine und Kopf zusammengepreßt. Im Mai oder Juni sind sie ausgewachsen. Verpuppung in einem lockeren Kokon zwischen Blättern. Die Falter schlüpfen im Juni.

Hemistola chrysoprasaria Esper **12**

Verbreitung: In Zentral- und Südeuropa weit verbreitet. Nicht auf der Iberischen Halbinsel.

Beschreibung: Länge bis 25 mm; Haut körnig; Körper grün mit feinen weißen Flekken; eine kielartige Hautfalte an den Seiten; erstes Körpersegment mit einem Paar konischer Zapfen, ähnlich denen auf dem tief eingekerbten Kopf, aber länger; Kopf lilabraun. Überwinternde Raupen sind braun, werden aber grün, wenn sich im Frühjahr die Knospen öffnen.

Habitat: Wälder und Waldränder in Kalkgebieten, wo die Futterpflanzen wachsen.

Futterpflanzen: Waldrebe (*Clematis vitalba*).

Biologie: Eine Generation im Jahr. Die Eier werden im Juli in Haufen zu 12 oder noch mehr an die Stengel gelegt und schlüpfen nach wenigen Tagen. Nach kurzer Zeit gehen die Raupen in die Überwinterung. Gegen Ende Juni des nächsten Jahres sind sie dann ausgewachsen. Verpuppung zwischen versponnenen Blättern. Die Falter schlüpfen im Juli.

Jodis lactearia Linnaeus **4**

Verbreitung: In Zentral- und Südeuropa weit verbreitet.

Beschreibung: Länge bis 21 mm; Körper lang und sehr dünn, leuchtend grün, zwischen den Segmenten blasser, mit rötlichen Rückenflecken; erstes Thoraxsegment mit 2 konischen Zapfen, ähnlich denen auf dem stark gekerbten Kopf.

Habitat: Waldränder, Lichtungen und Hecken.

Futterpflanzen: Eiche (*Quercus*), Birke (*Betula*), Erle (*Alnus*), Schlehe (*Prunus spinosa*), Weißdorn (*Crataegus*) und Heidelbeere (*Vaccinium myrtillus*).

BIOLOGIE: Eine Generation im Jahr. Die Eier werden im Juli abgelegt und schlüpfen im August. Die Raupen fressen im August und September. Verpuppung im Oktober in einem lockeren Gespinst zwischen Blättern. Die Falter schlüpfen im folgenden Juni.

Cyclophora annulata Schulze 8

VERBREITUNG: In Zentral- und Südeuropa weit verbreitet.

BESCHREIBUNG: Länge bis 23 mm; Körper dunkel samtiggrün, zwischen den Segmenten blasser gelblichgrün; eine gelbe Rückenlinie, beiderseits davon eine wellige gelbe Linie; Kopf braun mit blasserer Zeichnung. Daneben auch eine blasse Form.

HABITAT: Wälder, besonders Buchenwälder mit Ahorn, Hecken und Hügel auf Kalkböden.

FUTTERPFLANZEN: Feldahorn (*Acer campestre*), Bergahorn (*A. pseudoplatanus*); auch Birke (*Betula*) und Hainbuche (*Carpinus betulus*).

BIOLOGIE: Eine oder zwei Generationen im Jahr. Die Eier der ersten Generation werden im Mai abgelegt und schlüpfen im Juni. Die Raupen sind im Juli ausgewachsen und verpuppen sich auf der Blattunterseite oder im Moos. Wo eine zweite Generation vorkommt, schlüpfen die Falter im Juli und legen im August ihre Eier. Die Raupen der zweiten Generation sind bis Ende September ausgewachsen und verpuppen sich im Oktober; die Falter schlüpfen im kommenden Mai.

Cyclophora albipunctata Hufnagel 4

VERBREITUNG: In Europa weit verbreitet.

BESCHREIBUNG: Länge bis 23 mm; Körper rötlichbraun bis graulila, mit blaßgrauen Längslinien, oder leuchtend grün mit gelblichen Linien; Kopf braun.

HABITAT: Lockere Wälder und bewaldete Heideflächen, auf denen Birkenbüsche häufig sind.

FUTTERPFLANZEN: Birke (*Betula*). Frißt in Gefangenschaft auch Erle (*Alnus*) und Eiche (*Quercus*).

BIOLOGIE: Eine oder zwei Generationen im Jahr. Die Eier der ersten Generation werden im Mai abgelegt und schlüpfen im Juni. In Ruhestellung hängen junge Raupen spiralig eingerollt an Blattkanten oder unter Blättern. Sie sind Anfang Juli ausgewachsen und verpuppen sich, mit Seide befestigt, unter Blättern. Wo eine zweite Generation vorkommt, schlüpfen die Falter im August. Ihre Nachkommen sind Ende September ausgewachsen und verpuppen sich im Oktober; die Falter schlüpfen im Mai des folgenden Jahres.

Timandra griseata Petersen 10

VERBREITUNG: In Europa weit verbreitet.

BESCHREIBUNG: Länge bis 23 mm; Körper rötlichbraun bis grau mit dunklen Winkelzeichnungen auf dem Rücken; Körper hinter dem Kopf verdickt, sodaß sich bei der ruhenden Raupe ein schlangenartiges Aussehen ergibt; Kopf braun.

HABITAT: Üppige Wiesen, feuchte Brachländer, Hecken und Gräben.

FUTTERPFLANZEN: Ampfer (*Rumex*), Vogelknöterich (*Polygonum aviculare*), Miere (*Stellaria media*) und Melde (*Atriplex patula*).

BIOLOGIE: Eine oder zwei Generationen im Jahr. Die Eier werden im Juli abgelegt und schlüpfen nach rund 10 Tagen. Die Raupen wachsen zuweilen rasch heran und ergeben bereits im Spätsommer Falter, sind aber gewöhnlich erst im Mai des folgenden Jahres ausgewachsen. Verpuppung in einem leichten Kokon auf dem Boden. Die Falter schlüpfen im Juni.

Scopula nigropunctata Hufnagel 12

VERBREITUNG: In Zentral- und Südeuropa weit verbreitet.

BESCHREIBUNG: Länge bis 30 mm; Körper schlank, nach vorn leicht verjüngt; Haut quer gebändert, grünlichgrau mit kleinen, schwarzen Rückenzeichnungen; Unterseite blaßgrau mit einem sehr blassen Zentralstreifen; Kopf grau, braun gemustert.

HABITAT: Hecken und andere Plätze, wo die Futterpflanzen wachsen.

FUTTERPFLANZEN: Gewöhnlich Waldrebe (*Clematis vitalba*), aber auch Dost (*Origanum vulgare*), Ziest (*Stachys*) und Wegerich (*Plantago*). Frißt in Gefangenschaft auch angewelkte Blätter von Knöterich (*Polygonum*) und Löwenzahn (*Taraxacum*).

BIOLOGIE: Eine Generation im Jahr. Die Eier werden im Juli abgelegt und schlüpfen nach etwa 11 Tagen. Die Raupen fressen vom August bis in den Herbst, überwintern und sind im folgenden Juni ausgewachsen. Verpuppung in Kokons an der Basis der Futterpflanze. Die Falter schlüpfen im Juni und Juli.

Scopula rubiginata Hufnagel 21

VERBREITUNG: In Europa weit verbreitet. Nicht im äußersten Norden.

BESCHREIBUNG: Länge bis 24 mm; Körper schlank, nach vorn verjüngt; Haut quergebändert, grau oder blaßbraun, gelegentlich mit grün gemischt; mit 3 dunklen Rükkenlinien und manchmal einer Reihe von 5 dunklen, rautenförmigen Zeichnungen.

HABITAT: Trockene, verkrautete Felder, Hügel und Heiden.

FUTTERPFLANZEN: Klee (*Trifolium*), Hornklee (*Lotus*), Thymian (*Thymus*), Knöterich (*Polygonum*) und verschiedene andere niedrige Pflanzen, vor allem aus der Familie Leguminosae (Schmetterlingsblütler).

BIOLOGIE: Eine oder zwei Generationen im Jahr. Die Eier werden im Juli abgelegt und schlüpfen nach etwa einer Woche. Die Raupen überwintern und sind im Mai des folgenden Jahres ausgewachsen. Bei Störung rollen sie sich zu einer charakteristischen Doppelspirale zusammen. Verpuppung im Juni in Kokons auf dem Boden, oft unter Moos. Die Falter schlüpfen im gleichen Monat. Gelegentlich finden sich im Juni und Juli Raupen einer zweiten Generation.

Idaea biselata Hufnagel 15

VERBREITUNG: In Zentral- und Südeuropa verbreitet.

BESCHREIBUNG: Länge bis 22 mm; schlank, nach vorn leicht verjüngt; quergebändert, grau oder graubraun mit dunkleren, V-förmigen Rückenzeichnungen; Kopf eingekerbt. Daneben auch eine blaß gelbbraune Form mit ähnlicher Zeichnung.

HABITAT: Waldränder und Hecken.

FUTTERPFLANZEN: Brombeere (*Rubus fruticosus*), Knöterich (*Polygonum*) und Löwenzahn (*Taraxacum*).

BIOLOGIE: Eine Generation im Jahr. Die Eier werden im Juli abgelegt und schlüpfen im August. Die Raupen fressen bei mildem Wetter den ganzen Winter hindurch und sind gegen Ende April ausgewachsen. Sie scheinen welke und zerfallende Blätter zu bevorzugen. Bei Störung lassen sie sich fallen und verharren eine Zeitlang in einer hakenartigen Haltung. Verpuppung im Mai unter der Erdoberfläche. Die Falter schlüpfen im Juni.

Idaea dimidiata Hufnagel 24

VERBREITUNG: In Europa weit verbreitet.

BESCHREIBUNG: Länge bis 20 mm; mit Querrillen; blaßbraun mit einer doppelten, schwärzlichen Rückenlinie, die nach hinten zu einer Linie zusammenläuft; jederseits davon eine Reihe von schrägen Linien, die zuweilen den Eindruck von Pfeilen hervorrufen; die Stigmen sitzen in einer weißlichen Linie, unter der eine Reihe von schwarzen Zeichnungen liegt; Kopf grau, leicht eingekerbt.

HABITAT: Waldränder, Hecken, Feldraine und Gärten, oft an feuchten Stellen.

FUTTERPFLANZEN: Wiesenkerbel (*Anthriscus sylvestris*), Hundskerbel (*A. caucalis*), Bibernelle (*Pimpinella saxifraga*) und Gemeines Labkraut (*Galium mollugo*). Frißt in Gefangenschaft auch welke Löwenzahnblätter (*Taraxacum*) und Knöterich (*Polygonum*).

BIOLOGIE: Eine Generation im Jahr. Die Eier werden im Juli abgelegt und schlüpfen noch im gleichen Monat. Die Raupen fressen von August bis zum Mai des folgenden Jahres. Sie ruhen auf Blüten oder Blättern in charakteristischer Weise mit herabgebogenem Vorderkörper und zurückgelegtem Kopf. Verpuppung im Juni in lockerem Gespinst auf dem Boden. Die Falter schlüpfen im selben Monat.

Idaea contiguaria Hübner 25

VERBREITUNG: Lokal in Zentral- und Südeuropa.

BESCHREIBUNG: Länge bis 23 mm; blaßbraun mit unregelmäßigen dunkelbraunen Rückenlinien, diese zuweilen in Rauten aufgelöst; ein breites, dunkelbraunes Substigmatalband.

HABITAT: Heidebewachsene Bergregionen.

FUTTERPFLANZEN: Krähenbeere (*Empetrum nigrum*), Heidekraut (*Calluna vulgaris*) und *Umbilicus rupestris*. In Gefangenschaft auch Knöterich (*Polygonum*), Vogelmiere (*Stellaria media*) und verschiedene Arten der Gattung *Erica*.

BIOLOGIE: Eine Generation im Jahr, in Gefangenschaft auch eine zweite Generation erzielbar. Die Eier werden im Juli abgelegt, die Raupen fressen von September bis Mai. Verpuppung im Juni in einem lockeren Erdkokon. Die Falter schlüpfen nach rund 2 Wochen.

Idaea aversata Linnaeus 16

VERBREITUNG: In Europa weit verbreitet. Nicht im äußersten Norden.

BESCHREIBUNG: Länge bis 25 mm; Körper sehr runzelig, nach vorn verjüngt, graubraun, nach hinten mehr ockerfarben; eine Reihe dunkelbrauner, V-förmiger Rükkenzeichnungen; ein wellenförmiges, blaßgelbes Band ganz unten an den Seiten; gelegentlich ein deutlicher, weißer Rückenfleck auf Segment 8; Kopf grau mit schwarzer Zeichnung.

HABITAT: Hecken, Waldränder und Gärten.

FUTTERPFLANZEN: Löwenzahn (*Taraxacum*), Primel (*Primula*), Knöterich (*Polygonum*), Echtes Labkraut (*Galium verum*), Echte Nelkenwurz (*Geum urbanum*), Bach-Nelkenwurz (*G. rivale*), Vogelmiere (*Stellaria media*) und Ampfer (*Rumex*).

BIOLOGIE: Eine Generation im Jahr. Die Eier werden im Juli abgelegt und schlüpfen im August. Die Raupen überwintern, wenn sie etwa 1/3 ihrer Maximalgröße erreicht haben. Sie sind sehr träge und stellen sich bei Störung tot. Verpuppung im Mai an der Erdoberfläche. Die Falter schlüpfen noch im gleichen Monat.

Idaea straminata Borkhausen 15

VERBREITUNG: In Europa weit verbreitet.

BESCHREIBUNG: Länge bis 22 mm; Körper sehr runzelig und fein geringelt; blaß rosabraun, am Rücken gemischt mit grau, unterhalb der Stigmen grünlichgrau; eine

Reihe von 4 X-förmigen Rückenzeichnungen, dahinter ein kurzes, graues Band; Kopf rosabraun, grau gezeichnet.

HABITAT: Sandflächen in Waldnähe oder in Heidegebieten.

FUTTERPFLANZEN: Ampfer (*Rumex*), Löwenzahn (*Taraxacum*), Vogelmiere (*Stellaria media*), Veilchen (*Viola*), Labkraut (*Galium*), Gilbweiderich (*Lysimachia*), Brombeere (*Rubus*), Heidelbeere (*Vaccinium myrtillus*) und viele andere niedrige Pflanzen.

BIOLOGIE: Eine Generation im Jahr. Die Eier werden im Juli in Bändern zu 6 bis 20 Stück, sich jeweils gerade berührend, abgelegt. Die Raupen fressen (mit Überwinterungspause) von August bis Juni. Verpuppung im Juni in einem leichten Gespinst zwischen Blättern der Futterpflanze. Die Falter schlüpfen im Juli.

Rhodometra sacraria Linnaeus 9

VERBREITUNG: In Südeuropa häufig; wandert nach Zentral- und Nordeuropa.

BESCHREIBUNG: Länge bis 25 mm; ziemlich lang und dünn; Körper blaßbraun oder grün, auf der Unterseite weißlich; gelegentlich zwischen den Segmenten blaß gelblichbraune Ringe; grüne Formen meist mit einem breiten, blaßbraunen Rückenband; eine innen weiße, dunkelbraune Rückenlinie, die zum Hinterende hin kräftiger wird; Kopf blaß rötlichbraun.

HABITAT: Felder, Brachland und steinige Hügelflanken.

FUTTERPFLANZEN: Knöterich (*Polygonum*) und Hundskamille (*Anthemis*). Frißt in Gefangenschaft auch Ampfer (*Rumex*).

BIOLOGIE: Eine Reihe von Generationen im Jahr. Die Raupen wachsen bei warmem Wetter sehr rasch heran, und der ganze Entwicklungszyklus kann innerhalb eines Monats abgeschlossen sein. Verpuppung in einem feinen Netzkokon aus gelber Seide, der an Stengel der Futterpflanze angeheftet wird.

Orthonama obstipata Fabricius 9

VERBREITUNG: In Zentral- und Südeuropa weit verbreitet.

BESCHREIBUNG: Länge bis 23 mm; eine sehr variable Art; die Grundfarbe reicht von graubraun bis leuchtend grün mit kleinen, weißen Flecken; gelegentlich am Rücken stark rötlichbraun oder schwärzlichbraun gemustert oder mit rötlichbraunen Bändern zwischen den Segmenten; bei dunklen Exemplaren gewöhnlich ein auffälliger, blasser Fleck mit X-förmigen Zeichnungen auf dem hinteren Rücken; andere Zeichnungen sehr variabel, aber meist mit einem braunen oder schwärzlichen Streifen längs der Bauchbeine; Kopf blaßbraun oder grün mit dunkler braunen Mustern.

HABITAT: Hecken, Gebüsche und sumpfige Tallagen.

FUTTERPFLANZEN: Vogelknöterich (*Polygonum aviculare*), Flohknöterich (*P. persicaria*), Gemeines Kreuzkraut (*Senecio vulgaris*), Jacobskreuzkraut (*S. jacobaea*), Wasserdost (*Eupatorium cannabinum*), Ampfer (*Rumex*), Ackerwinde (*Convolvulus arvensis*) und andere krautige Pflanzen.

BIOLOGIE: Eine Reihe von Generationen im Jahr. Die Raupen sind gewöhnlich in einem Monat ausgewachsen, u. U. aber auch schon nach 2 Wochen. Die Eier werden vom Sommer bis zum Herbst abgelegt und schlüpfen nach 5 Tagen bis 3 Wochen. Die Raupen fressen nachts und sitzen tagsüber auf Stengeln oder unter Blättern. Verpuppung in Erdkokons auf dem Boden. Die Falter schlüpfen nach rund 2 Wochen.

Xanthorhoe munitata Hübner 14

VERBREITUNG: In Zentral- und Nordeuropa verbreitet.

BESCHREIBUNG: Länge bis 25 mm; Körper runzelig, blaßgrün mit helleren, orangebraunen Bändern zwischen den Segmenten; eine dunkelgrüne Rücken- und eine ebensolche Stigmatallinie, die sich bis auf die Nachschieber erstreckt; Kopf blaßgrün mit dunkelgrünem Muster. Bei einer anderen Form ist die gesamte Färbung lilabraun unterlegt.

HABITAT: Berge, steinige Hänge, Moore, Sümpfe und Marschen.

FUTTERPFLANZEN: Gemeiner Frauenmantel (*Alchemilla vulgaris*), Alpen-Frauenmantel (*A. alpina*), Fetthennen-Steinbrech (*Saxifraga aizoides*), Vogelmiere (*Stellaria media*), Kreuzkraut (*Senecio vulgaris*) und Gänseblümchen (*Bellis perennis*).

BIOLOGIE: Eine Generation im Jahr. Die Eier werden im August abgelegt und schlüpfen im September. Die Raupen fressen bei milder Witterung anscheinend den ganzen Winter hindurch und sind im Mai ausgewachsen. Verpuppung im Juni auf dem Boden. Die Falter schlüpfen im folgenden Monat.

Xanthorhoe fluctuata Linnaeus 13

VERBREITUNG: In Europa weit verbreitet.

BESCHREIBUNG: Länge bis 25 mm; Färbung sehr variabel, von grau über braun bis grün, unterhalb der Stigmen blasser, zuweilen rosa; eine Reihe blasser Rückenflekken, manchmal rosa oder blaßorange gemischt; Kopf blaß, schwarz gefleckt.

HABITAT: Gärten, Brachland, Hecken und Wälder im Flachland.

FUTTERPFLANZEN: Kohl (*Brassica oleracea*), Raps (*B. napus*), Meerrettich (*Armoracia rusticana*), Lack (*Cheiranthus cheiri*), Wegrauke (*Sisymbrium officinale*) und verwandte Pflanzen (Cruciferae).

BIOLOGIE: Zwei oder mehr Generationen im Jahr. Eier werden von April bis September gelegt, und Raupen findet man von Mai bis Oktober. Die Raupen fressen nachts. Verpuppung in unterirdischen Kokons. Die Puppen der zweiten Generation überwintern meist und entlassen die Falter im folgenden Frühjahr. Die Falter fliegen von April bis Oktober.

Scotopteryx bipunctaria Denis & Schiffermüller 21

VERBREITUNG: In Zentral- und Südeuropa verbreitet.

BESCHREIBUNG: Länge bis 25 mm; Körper blaß gelblichgrau, manchmal gemischt mit grün oder rosa, oberhalb der Stigmen dunkler; auf dem Rücken und an den Seiten eine Anzahl dunkelgrauer Linien; Kopf blaß gelblichbraun mit dunkelbrauner Zeichnung.

HABITAT: Niederungen und Hügel auf Kalkböden.

FUTTERPFLANZEN: Klee (*Trifolium*), Hornklee (*Lotus corniculatus*) und verwandte Pflanzen.

BIOLOGIE: Eine Generation im Jahr. Die Eier werden im August abgelegt und schlüpfen im folgenden Monat. Die Raupen überwintern ziemlich klein und sind im folgenden Juni ausgewachsen. Sie sind nachtaktiv und verbergen sich tagsüber zwischen Wurzeln. Verpuppung an der Basis der Futterpflanze. Die Falter schlüpfen im Juli.

Scotopteryx chenopodiata Linnaeus 20

VERBREITUNG: In Europa weit verbreitet.

BESCHREIBUNG: Länge bis 25 mm; Körper rosagrau, zuweilen mit bläulichgrau gemischt, mit einer dunkelgrauen Rückenlinie, jederseits davon eine blaßgelbe, braungerandete Linie; Unterseite blaßgrau; Flecken und Stigmen schwarz; Kopf rosagrau, leicht eingekerbt.

HABITAT: Niederungen, Sandhügel, Brachland und andere Plätze, wo die Futterpflanzen wachsen.

FUTTERPFLANZEN: Klee (*Trifolium*), Wicken (*Vicia*), Gräser und andere Pflanzen.

BIOLOGIE: Eine Generation im Jahr. Die Eier werden im August abgelegt, die Raupen schlüpfen im folgenden Monat. Sie überwintern und sind im nächsten Juni ausgewachsen. Sie fressen nachts. Die Falter schlüpfen im Juli.

Scotopteryx mucronata Scopoli 19

VERBREITUNG: In Europa weit verbreitet.

BESCHREIBUNG: Länge bis 25 mm; Körper runzelig und ziemlich dick, blaßockerfarben, variabel gebändert mit graubraunen oder grün angehauchten Linien oberhalb der Stigmen; 2 dunkle Bänder auf der Unterseite; Kopf leicht eingekerbt, blaßokkerfarbig, dunkelgrau gemustert. Die nördlichen Raupenformen sind offenbar dunkler.

HABITAT: Heiden, Moore und lockere Wälder.

FUTTERPFLANZEN: Ginster (*Cytisus scoparius*) und Stechginster (*Ulex europaeus*).

BIOLOGIE: Eine Generation im Jahr. Die Eier werden im Juli abgelegt und schlüpfen im August. Die Raupen gehen vermutlich voll ausgewachsen in die Überwinterung und verpuppen sich danach ohne weitere Nahrungsaufnahme. Verpuppung im Mai auf dem Boden zwischen Fallaub. Die Falter schlüpfen im Juni.

Epirrhoe galiata Denis & Schiffermüller 26

VERBREITUNG: In Europa weit verbreitet.

BESCHREIBUNG: Länge bis 25 mm; lang und schlank; Körper blaßbraun, schwarz gepunktet; eine dunkle Rückenlinie und ein dunkelbraunes Seitenband; zuweilen mit dunklen, V-förmigen Zeichnungen auf dem Rücken der letzten 6 Segmente; Unterseite mit einer Reihe dunkler Streifen; Kopf hellbraun mit einer dunklen V-förmigen Zeichnung.

HABITAT: Vor allem in Kalkgebieten.

FUTTERPFLANZEN: Echtes Labkraut (*Galium verum*), Felsenlabkraut (*G. saxatile*) und Gemeines Labkraut (*G. mollugo*).

BIOLOGIE: Im Norden nur eine, sonst zwei Generationen im Jahr. Die Eier werden im Juni und August abgelegt und schlüpfen nach 7 bis 10 Tagen. Die Raupen der ersten Generation wachsen rasch heran und verpuppen sich im Juli; die Falter schlüpfen im August. Die der zweiten Generation verpuppen sich im Oktober; die Falter schlüpfen erst im folgenden Juni. Verpuppung in einem unterirdischen Kokon.

Camptogramma bilineata Linnaeus 10

VERBREITUNG: In Europa weit verbreitet.

BESCHREIBUNG: Länge bis 24 mm; Färbung sehr variabel, von grün über rötlichbraun bis grau, zwischen den Segmenten rosa oder gelb gebändert; eine dunkle und zwei blasse Rückenlinien; ein breites, blasses Substigmatalband; Kopf blaßgrün, braun oder grau mit dunklerem Muster.

HABITAT: Beinahe überall, besonders häufig in Hecken, Wiesen und Gärten.

Futterpflanzen: Vogelmiere (*Stellaria media*), Ampfer (*Rumex*), Löwenzahn (*Taraxacum*), Hauhechel (*Ononis repens*), Erdbeere (*Fragaria vesca*), Gräser und andere, niedrige Pflanzen.

Biologie: Eine Generation im Jahr im Norden, im Süden teilweise zwei. Die Eier werden im August locker über dem Laub verteilt und schlüpfen im September. Die Raupen fressen nachts und verbergen sich tagsüber an der Basis der Futterpflanze oder unter Steinen. Sie ruhen oft in einer charakteristischen „Fragezeichen"-Haltung. Verpuppung im Mai knapp unter der Erdoberfläche. Die Falter schlüpfen im Juni.

Entephria flavicinctata Hübner 14

Verbreitung: In Nord- und Zentraleuropa sowie in den Bergregionen Südeuropas verbreitet.

Beschreibung: Länge bis 23 mm; Färbung variabel von grün über olivgrün, lilagrau bis braun; eine Reihe auffälliger, weißlicher oder rosafarbener, dreieckiger Rückenzeichnungen, getrennt durch rötlichbraune Rauten; Kopf blaßbraun mit dunklerer Zeichnung.

Habitat: Steinige Plätze im Gebirge, im Hügelland oder in Mooren.

Futterpflanzen: Fetthennen-Steinbrech (*Saxifraga aizoides*), Moos-Steinbrech (*S. hypnoides*), Knöllchen-Steinbrech (*S. granulata*), Roter Steinbrech (*S. oppositifolia*) und Mauerpfeffer (*Sedum acre*).

Biologie: Eine Generation im Jahr. Die Eier werden im Juli abgelegt und schlüpfen im August. Die Raupen überwintern und sind Ende Mai ausgewachsen. Sie fressen besonders gern an den Blüten der Futterpflanzen. Verpuppung im Juni in Erdkokons. Die Falter schlüpfen im Juli.

Larentia clavaria Haworth 22

Verbreitung: In Europa weit verbreitet, außer im extremen Norden und Süden.

Beschreibung: Länge bis 32 mm; grün, gelegentlich zwischen den Segmenten gelblich, mit weißlichen Punkten und schwarzen Stigmen; eine braune oder rosa Rükkenlinie und eine dunkle Seitenlinie; Kopf weißlich mit graugrünen Zeichnungen.

Habitat: Hecken, Brachland, Dünen und andere Plätze, wo die Futterpflanzen wachsen.

Futterpflanzen: Wilde Malve (*Malva sylvestris*) und Sigmarskraut (*Alcea rosea*).

Biologie: Eine Generation im Jahr. Die Eier werden im Oktober abgelegt und überwintern. Die Raupen schlüpfen im März oder April und sind im Juni ausgewachsen. Bei Störung lassen sie sich fallen und rollen sich zusammen, sodaß sie Malvensamen ähneln. Verpuppung im Boden, nahe der Futterpflanze. Die Falter schlüpfen im September.

Anticlea badiata Denis & Schiffermüller 14

Verbreitung: In Europa weit verbreitet.

Beschreibung: Länge bis 26 mm; die Färbung variiert von gelblichgrün bis rosa, mit einem breiten, dunkelgrünen oder lilaschwarzen Rückenband; Flecken weiß, aber unter den Stigmen eine Reihe schwarzer Punkte; grüne Formen sind zwischen den Segmenten gelblich; Kopf rund, rötlichbraun, oft jederseits mit einem großen, schwarzen Fleck.

Habitat: Hecken und Waldränder.

Futterpflanzen: Hundsrose (*Rosa canina*) und Dünenrose (*R. pimpinellifolia*).

Biologie: Eine Generation im Jahr. Die Eier werden im April auf Knospen und Stengel gelegt und schlüpfen nach rund 10 Tagen. Die Raupen fressen nachts und sind Ende Juni ausgewachsen. Verpuppung Anfang Juli in erdbedeckten Kokons knapp unter der Oberfläche. Die Puppen überwintern, die Falter schlüpfen im März des folgenden Jahres.

Anticlea derivata Denis & Schiffermüller **14**

Verbreitung: In Europa weit verbreitet.

Beschreibung: Länge bis 26 mm; Körper leuchtend grün mit schmalen, gelben Ringen zwischen den Segmenten; ein unterbrochener, lilaroter oder brauner Rückenstreifen, der sich mit einem Querstreifen gleicher Farbe zu einem T vereinigt; Kopf lilarot, grün gemischt.

Habitat: Hecken und Waldränder.

Futterpflanzen: Hundsrose (*Rosa canina*) und Geißblatt (*Lonicera periclymenum*).

Biologie: Eine Generation im Jahr. Die Eier werden im April auf Knospen und Stengel gelegt und schlüpfen im Mai. Die Raupen fressen zumeist an Blüten. Ende Juni verpuppen sie sich im Boden. Die Falter schlüpfen im folgenden April.

Mesoleuca albicillata Hübner **15**

Verbreitung: In Europa weit verbreitet.

Beschreibung: Länge bis 25 mm; Körper grün mit einer weißgerandeten, rötlichbraunen Seitenlinie auf dem Thorax und den letzten 5 Körpersegmenten; eine Reihe weiß- oder rosakerniger, roter, trapezförmiger Rückenzeichnungen; Kopf grün, braun gemustert.

Habitat: Lockere Wälder und Waldränder.

Futterpflanzen: Brombeere (*Rubus fruticosus*), Kratzbeere (*R. caesius*), Himbeere (*R. idaeus*) und Erdbeere (*Fragaria vesca*).

Biologie: Eine Generation im Jahr. Die Eier werden im Juli abgelegt und schlüpfen noch im gleichen Monat. Die Raupen fressen nachts und ruhen tagsüber unter der Mittelrippe eines Blattes. Bei Störung rollen sie die ersten Segmente spiralförmig ein. Sie sind Ende September ausgewachsen und verpuppen sich unterirdisch. Die Falter schlüpfen im folgenden Juni.

Pelurga comitata Linnaeus **11**

Verbreitung: Im gemäßigten Europa weit verbreitet.

Beschreibung: Länge bis 23 mm; Körper ziemlich dick, mit rauher Haut, blaßokker, gelegentlich rosa gemischt, oberhalb der Stigmen stark grauschwarz gemustert; an jeder Seite eine auffällige, blasse Zickzacklinie; eine Reihe dunkler Rautenzeichnungen auf dem Rücken; Kopf weißlich, dunkelbraun gezeichnet.

Habitat: Hecken, Gärten, Brachland, sandige Plätze in Küstenregionen.

Futterpflanzen: Stinkender Gänsefuß (*Chenopodium vulvaria*), Weißer Gänsefuß (*Ch. album*), Guter Heinrich (*Ch. bonus-henricus*) und Gemeine Melde (*Atriplex patula*).

Biologie: Eine Generation im Jahr. Die Eier werden im Juli abgelegt und schlüpfen im August. Die Raupen fressen nachts an Blüten und Früchten. Sie sitzen tagsüber gekrümmt wie die Zahl 2 in den Früchten. Sie sind Ende September ausgewachsen, steigen auf den Boden herunter und verpuppen sich in einem leichten Gespinst in lockerer, trockener Erde an einem geschützten Platz. Die Puppen überwintern, die Falter schlüpfen im folgenden Juli.

Eulithis populata Linnaeus **25**

Verbreitung: In Europa weit verbreitet.

Beschreibung: Länge bis 26 mm; Färbung sehr variabel, von blaßbraun über grau oder rötlichbraun bis gelblichgrün, zuweilen zwischen den Segmenten rötlichbraun gebändert; eine Reihe dreieckiger oder X-förmiger, rosaweiß gekernter, rötlichbrauner oder dunkelbrauner Rückenzeichnungen; Kopf rötlichbraun oder dunkelbraun.

Habitat: Vor allem in Heiden und Hochmooren der Hochlagen, gelegentlich auch in tiefergelegenen Heide- oder Marschgebieten.

Futterpflanzen: Heidelbeere (*Vaccinium myrtillus*), Preiselbeere (*V. vitis-idaea*), Grauweide (*Salix cinerea*), Salweide (*S. caprea*); in Gefangenschaft auch andere *Salix*-Arten.

Biologie: Eine Generation im Jahr. Die Eier werden im August abgelegt, schlüpfen aber erst im April des folgenden Jahres. Die Raupen fressen nachts und ruhen tagsüber steif ausgestreckt auf der Futterpflanze. Sie sind meist gegen Ende Mai ausgewachsen und verpuppen sich zwischen versponnenen Blättern der Futterpflanze. Die Falter schlüpfen im Juli.

Ecliptopera silaceata Denis & Schiffermüller **23**

Verbreitung: In Europa weit verbreitet.

Beschreibung: Länge bis 29 mm; lang und schlank; Körper leuchtend grün mit schmalen, gelben Bändern zwischen den Segmenten; eine unterbrochene, rötlichbraune Rückenlinie, am Kopf- und am Schwanzende kräftiger; an den Seiten einige wenige rötlichbraune Flecken; Beine rötlichbraun; Nachschieber mit einem weißen Streifen; Kopf eingekerbt, grün, oben stark dunkel rötlichbraun gefleckt.

Habitat: Hecken, sumpfige Wälder und Waldränder, Brachland und Hügelflanken, wo die Futterpflanzen wachsen.

Futterpflanzen: Schmalblättriges Weidenröschen (*Epilobium angustifolium*), Berg-Weidenröschen (*E. montanum*), und Gemeines Hexenkraut (*Circaea lutetiana*).

Biologie: Im Norden eine, im Süden zwei Generationen im Jahr. Die Eier werden im Mai abgelegt; die Raupen wachsen rasch heran, sodaß die Falter der nächsten Generation schon im Juli erscheinen. Deren Raupen schlüpfen im Juli und sind Ende September ausgewachsen. Die Puppen überwintern, und die Falter schlüpfen im folgenden Mai. Die Raupen fressen vor allem nachts und sitzen tags steif ausgestreckt auf der Futterpflanze, wo sie Samenkapseln ähneln. Verpuppung in kleinen, lockeren Kokons zwischen Blattstreu auf dem Boden.

Chloroclysta citrata Linnaeus **25**

Verbreitung: In Zentral- und Nordeuropa weit verbreitet und häufig.

Beschreibung: Länge bis 27 mm; grün mit sehr schmalen, gelblich-grünen Ringen zwischen den Segmenten; eine dunkelgrüne Rückenlinie; manchmal mit einer weißen Stigmatallinie; Kopf bräunlichgrün.

Habitat: Wälder, Moore, Hügelland und Gebirge.

Futterpflanzen: Erdbeere (*Fragaria vesca*), Heidelbeere (*Vaccinium myrtillus*), Alpen-Frauenmantel (*Alchemilla alpina*), Heidekraut (*Calluna vulgaris*), Hängebirke (*Betula pendula*) und Weide (*Salix*).

Biologie: Eine Generation im Jahr, in manchen Teilen Europas auch zwei. Die Eier werden im August abgelegt, schlüpfen aber erst im März des folgenden Jahres. Die

Raupen sind Ende Juni ausgewachsen und verpuppen sich zwischen vesponnenen Blättern. Die Falter schlüpfen im folgenden Monat.

Chloroclysta truncata Hufnagel 25

Verbreitung: In Europa weit verbreitet und häufig.

Beschreibung: Länge bis 24 mm; grün mit gelben Bändern zwischen den Segmenten, zuweilen mit einem breiten, rötlichen Band oder roten Streifen unter den Stigmen. Zeichnungslose Raupen ähneln sehr denen von *C. citrata*, sind aber schlanker und haben am Schwanzende ein Paar Spitzen.

Habitat: Hecken und Wälder.

Futterpflanzen: Hängebirke (*Betula pendula*), Heidelbeere (*Vaccinium myrtillus*), Weide (*Salix*), Weißdorn (*Crataegus*), Heidekraut (*Calluna vulgaris*) und Erdbeere (*Fragaria vesca*).

Biologie: Zwei Generationen im Jahr. Die aus im Juni abgelegten Eiern schlüpfenden Raupen wachsen sehr rasch heran und verpuppen sich Ende Juli; die Falter schlüpfen im August. Diese legen ihre Eier noch im August, die Raupen schlüpfen im September. Sie überwintern und verpuppen sich im folgenden Mai. Die Falter schlüpfen im gleichen Monat. Verpuppung zwischen versponnenen Blättern.

Cidaria fulvata Forster *Rosenspanner* 14

Verbreitung: Im gemäßigten Europa weit verbreitet.

Beschreibung: Länge bis 19 mm; bläulichgrün oder gelblichgrün mit gelben Bändern zwischen den Segmenten; eine dunkelgrüne und jederseits davon eine blasse, weißliche Rückenlinie; gelegentlich eine Reihe auffälliger, rötlichbrauner Flecken an den Seiten; Kopf grün, oben leicht eingekerbt.

Habitat: Hecken, Felder und Gärten.

Futterpflanzen: Hundsrose (*Rosa canina*), Bibernellrose (*R. pimpinellifolia*) und Gartenrosen.

Biologie: Eine Generation im Jahr. Die Eier werden im August abgelegt, schlüpfen aber erst im Mai des folgenden Jahres. Die Raupen fressen nachts und sind Ende Juni ausgewachsen. Verpuppung in zusammengefalteten Blättern der Futterpflanze. Die Falter schlüpfen im Juli.

Thera firmata Hübner 1

Verbreitung: In Zentral- und Nordeuropa weit verbreitet.

Beschreibung: Länge bis 24 mm; Körper grün mit schmalen, weißlichen oder gelben Bändern zwischen den Segmenten; eine dunkelgrüne Rückenlinie, beiderseits davon je 2 gelbliche oder grünlichweiße Linien; ein weißliches Längsband unterhalb der Stigmen; an den Seiten der Segmente 1 bis 3 ein großer, rötlichbrauner Fleck; Brustbeine rötlichbraun; Kopf rötlich, braun gezeichnet.

Habitat: Kiefernwälder.

Futterpflanzen: Waldkiefer (*Pinus sylvestris*).

Biologie: Eine Generation im Jahr. Die Eier werden im Juli abgelegt, schlüpfen anscheinend aber erst im nächsten Frühjahr. Die Raupen wachsen unterschiedlich rasch heran, so daß die Falter von Juni bis Oktober fliegen. Die Raupen sind gut getarnt; der Körper ähnelt einer Kiefernnadel und der Kopf einer Knospe. Verpuppung in Kokons zwischen Nadeln am Boden.

Thera juniperata Linnaeus **1**

Verbreitung: In Nord- und Zentraleuropa weit verbreitet.

Beschreibung: Länge bis 21 mm; Körper grün; am Rücken blaß bläulichgrün mit 2 breiten, gelblichweißen Streifen; oberhalb der Beine eine breite, gelblichweiße, oben rot gesäumte Längslinie; Beine rosarot; Kopf ganz rund, grün.

Habitat: Trockenrasen, Berghänge und Moore.

Futterpflanzen: Wacholder (*Juniperus communis*).

Biologie: Eine Generation im Jahr. Die Eier werden im Oktober gelegt, schlüpfen aber erst im April des folgenden Jahres. Die Raupen sind Ende August ausgewachsen. Verpuppung in lockeren Kokons zwischen Fallaub auf dem Boden. Die Falter schlüpfen im Oktober.

Eustroma reticulatum Denis & Schiffermüller *Netzspanner* **22**

Verbreitung: Lokal in Zentral- und Nordeuropa.

Beschreibung: Länge bis 25 mm; Körper blaßgrün; eine unterbrochene, jederseits weiß gesäumte, rötlichbraune Rückenlinie; auf Höhe der Stigmen ein paar rotbraune Muster; Kopf blaßbraun.

Habitat: Nasse Täler, Aulandschaften und andere feuchte Biotope.

Futterpflanzen: Rühr-mich-nicht-an (*Impatiens noli-tangere*).

Biologie: Eine Generation im Jahr. Die Eier werden im August einzeln auf Blattunterseiten gelegt und schlüpfen nach rund einer Woche. Die Raupen fressen erst an Blättern, wechseln aber bald zu den Blüten, wo sie sich von den unreifen Samen ernähren. Sie sind Ende Oktober ausgewachsen und verpuppen sich in festen Kokons zwischen Fallaub. Die Falter schlüpfen im Juli und August des folgenden Jahres.

Hydriomena furcata Thunberg **5**

Verbreitung: In Zentral- und Nordeuropa weit verbreitet.

Beschreibung: Länge bis 20 mm; Körper dunkel rötlich- bis lilabraun oder schwärzlich; zwei weiße, unregelmäßige Bänder über und eines unterhalb der Stigmen; Unterseite grünlich, rosa angehaucht; Kopf braun.

Habitat: Hecken, Wälder, Felder, Hügellandschaften und Berghänge.

Futterpflanzen: Hasel (*Corylus avellana*), Weide (*Salix*), Pappel (*Populus*), Heidelbeere (*Vaccinum myrtillus*) und Heidekraut (*Calluna vulgaris*).

Biologie: Eine Generation im Jahr. Die Eier werden im August abgelegt, schlüpfen aber erst im folgenden Mai. Die Raupen fressen nachts und verbergen sich tagsüber in versponnenen Trieben oder in Kätzchen. Sie sind im Juni ausgewachsen und verpuppen sich am Boden zwischen Fallaub.

Horisme vitalbata Denis & Schiffermüller **12**

Verbreitung: In Europa weit verbreitet.

Beschreibung: Länge bis 30 mm; Körper grau, in unterschiedlichem Ausmaß braun gemischt; eine unregelmäßige, schwarze, weißgerandete Rückenlinie, die sich auch auf den grauweißen Kopf erstreckt; unterseits eine blaßockerfarbene Linie.

Habitat: Gebüsche in Kalkgebieten, wo die Futterpflanzen wachsen.

Futterpflanzen: Waldrebe (*Clematis vitalba*).

Biologie: Zwei Generationen im Jahr. Die Eier werden im Juni und September abgelegt. Die Raupen fressen vor allem nachts. Die der ersten Generation sind

Ende Juni ausgewachsen, die Falter schlüpfen im August. Die Raupen der zweiten Generation verpuppen sich im Oktober, die Falter schlüpfen im kommenden Mai. Verpuppung in einem lockeren Gespinst unter der Erdoberfläche.

Horisme tersata Denis & Schiffermüller 12

VERBREITUNG: In Zentral- und Südeuropa verbreitet.

BESCHREIBUNG: Länge bis 30 mm; Körper blaßbraun; eine dunkelbraune oder schwärzliche, blaßgelb gesäumte Rückenlinie, die sich auch auf den Kopf erstreckt; unterseits zwei dunkle Längslinien.

HABITAT: Hecken und Gebüsche, vor allem in Kalkgebieten, wo die Futterpflanzen gedeihen.

FUTTERPFLANZEN: Waldrebe (*Clematis vitalba*), auch Scharfer Hahnenfuß (*Ranunculus acris*).

BIOLOGIE: Eine Generation im Jahr. Die Eier werden im Juli abgelegt und schlüpfen im August. Die Raupen fressen nachts, bleiben aber tagsüber auf der Futterpflanze. Sie sind Ende September ausgewachsen und verpuppen sich knapp unter der Erdoberfläche. Die Falter schlüpfen im Juni des folgenden Jahres.

Melanthia procellata Denis & Schiffermüller 12

VERBREITUNG: In Zentral- und Südeuropa weit verbreitet.

BESCHREIBUNG: Länge bis 32 mm; blaß ockerbraun mit 3 dunkel graubraunen Rükkenlinien; eine breite, dunkelbraune Laterallinie, die sich nur über die ersten 3 Viertel der Körperlänge erstreckt, so daß das Hinterende blaß wirkt; Stigmen schwarz; Unterseite graubraun mit einer blaßockerfarbenen Mittellinie; Kopf dunkel rötlichbraun gezeichnet.

HABITAT: Geschützte Hecken, nasse Wälder und andere Plätze in Kalkgebieten, wo die Futterpflanze wächst.

FUTTERPFLANZEN: Waldrebe (*Clematis vitalba*).

BIOLOGIE: Eine Generation im Jahr, in Teilen Europas auch zwei. Die Eier werden Ende Juli abgelegt und schlüpfen im August. Die Raupe ruht ausgestreckt und an einen Stengel oder eine Mittelrippe angeschmiegt. Sie wächst rasch heran und verpuppt sich Mitte September in einem Kokon aus Spinnseide und Erde. Die Puppe überwintert, der Falter schlüpft im folgenden Juni.

Triphosa dubitata Linnaeus *Höhlenspanner* 18

VERBREITUNG: In Europa weit verbreitet.

BESCHREIBUNG: Länge bis 27 mm; Körper glatt und dick, nach vorn verjüngt; grün mit blassen, gelblichgrünen Ringen zwischen den Segmenten; 4 feine, gelbe, unterbrochene Rückenlinien; eine breite, gelbe Längslinie über den Stigmen; Kopf grün, ohne Zeichnung. Daneben eine andere Form mit dunkelgrünen Rückenlinien.

HABITAT: Wälder und Gebüsche.

FUTTERPFLANZEN: Kreuzdorn (*Rhamnus catharticus*), Faulbaum (*Frangula alnus*) und Vogelkirsche (*Prunus padus*).

BIOLOGIE: Eine Generation im Jahr. Die Eier werden im Mai abgelegt. Die Raupen fressen im Juni und Juli. Sie verbergen sich zwischen zusammengesponnenen Blättern. Verpuppung im August in Kokons aus Seide und Erde am Boden. Die Falter schlüpfen noch im gleichen Monat und fliegen den Herbst hindurch, legen aber erst im Frühjahr, nach der Überwinterung, wieder Eier.

Philereme transversata Hufnagel *Kreuzdornspanner* 22

VERBREITUNG: In Europa weit verbreitet.

BESCHREIBUNG: Länge bis 24 mm; Körper grün, mit schmalen, gelblichgrünen Ringen zwischen den Segmenten; eine dunkelgrüne Rückenlinie; eine weiße Längslinie am Abdomen; Stigmen orangerötlich; ein auffälliger, lilabrauner Fleck erstreckt sich vom letzten Stigma bis auf die Nachschieber; Kopf grün. Eine andere Varietät ist grauweiß mit einem breiten, lilabraunen Rückenband, dunklen Seitenflecken und graubrauner Unterseite; Kopf schwarz.

HABITAT: Wälder und Hecken in Kalkgebieten.

FUTTERPFLANZEN: Kreuzdorn (*Rhamnus catharticus*).

BIOLOGIE: Eine Generation im Jahr. Die Eier werden im August abgelegt, schlüpfen aber erst im folgenden April oder Mai. Die Raupen spinnen Blätter zusammen und verbergen sich darin. Sie sind Anfang Juni ausgewachsen und verpuppen sich in länglichen Kokons aus Seide und Erde im Erdboden. Die Falter schlüpfen im Juli.

Epirrita dilutata Denis & Schiffermüller 7

VERBREITUNG: In Nord- und Zentraleuropa verbreitet.

BESCHREIBUNG: Länge bis 26 mm; Körper grün mit schmalen, gelblichgrünen Ringen zwischen den Segmenten; Unterseite weißlich; eine weiße Seitenlinie; Körper verschieden stark lilarot gezeichnet, von einer schmalen Rückenlinie bis zu einer Reihe breiter Querbänder, je eines pro Segment; manche Exemplare haben überhaupt keine lila Zeichnungen; Kopf grün, ohne Muster.

HABITAT: Wälder und Gebüsche.

FUTTERPFLANZEN: Eiche (*Quercus*), Ulme (*Ulmus campestris*), Birke (*Betula*), Schlehe (*Prunus spinosa*), Weißdorn (*Crataegus*) und andere Laubbäume und -sträucher.

BIOLOGIE: Eine Generation im Jahr. Die Eier werden im November abgelegt, schlüpfen aber erst im folgenden April. Die Raupen fressen vor allem nachts, bleiben aber tagsüber auf der Futterpflanze. Sie sind Ende Juni ausgewachsen und verpuppen sich in einem leichten Gespinst knapp unter der Erdoberfläche. Die Falter schlüpfen im Oktober.

Epirrita filigrammaria Herrich-Schäffer 25

VERBREITUNG: Offenbar auf die Britischen Inseln beschränkt; von Nordengland bis zu den Hebriden und den Orkneys, auch in Teilen Nordirlands.

BESCHREIBUNG: Länge bis 24 mm; Körper bläulichgrün; Unterseite weißlich; eine dunkelgrüne Rückenlinie, jederseits davon 2 gelblichweiße Linien; gelblichweiße Punkte; eine breite, gelblichweiße Substigmatallinie; Kopf grün mit leichter brauner Musterung.

HABITAT: Moore und Hügelgelände.

FUTTERPFLANZEN: Heidelbeere (*Vaccinium myrtillus*) und Heidekraut (*Calluna vulgaris*).

BIOLOGIE: Eine Generation im Jahr. Die Eier werden im September abgelegt, schlüpfen aber erst im folgenden Jahr. Die Raupen sind im Mai ausgewachsen und verpuppen sich in der Erde. Die Falter schlüpfen im August.

Operophtera brumata Linnaeus *Kleiner Frostspanner* 16

VERBREITUNG: In Zentral- und Nordeuropa weit verbreitet.

BESCHREIBUNG: Länge bis 20 mm; Körper bläulichgrün, gelblichgrün oder grünlichgrau; gewöhnlich mit einer dunklen Rückenlinie, jederseits davon 2 gelblichweiße

Linien, die äußeren unterbrochen und unregelmäßig; eine gelblichweiße Stigmatallinie, die auch knapp unterhalb der Stigmen verlaufen kann; bei vielen Exemplaren schmale, gelbe Ringe zwischen den Segmenten; Kopf blaß grünlichbraun mit dunkelbrauner Musterung.

HABITAT: Obstgärten, Wälder, Hecken, Moore.

FUTTERPFLANZEN: Apfel (*Malus*), Birne (*Pyrus*), Eiche (*Quercus*), Birke (*Betula*), Hasel (*Corylus avellana*), Schlehe (*Prunus spinosa*), Weißdorn (*Crataegus*) und viele andere Laubbäume und -sträucher. In Mooren auch Heidekraut (*Calluna vulgaris*).

BIOLOGIE: Eine Generation im Jahr. Die Eier werden im November und Dezember in Rindenritzen gelegt, schlüpfen aber erst Anfang April. Die Raupen spinnen Blätter zusammen. Sie fressen an jungen Trieben und Blättern und richten an den Blüten von Obstbäumen gelegentlich schweren Schaden an. Sie sind Ende Mai ausgewachsen und verpuppen sich in der Erde. Die Falter schlüpfen im Winter. Die Weibchen haben verkümmerte Flügel und können nicht fliegen.

Operophtera fagata Scharfenberg *Buchenfrostspanner* 4

VERBREITUNG: Zentral- und Nordeuropa.

BESCHREIBUNG: Länge bis 21 mm; Körper gelblichgrün mit einem grauen Rückenstreifen; eine graue, oberseits gelb gerandete Stigmatallinie; Stigmen schwarz; Kopf und Brustbeine schwarz.

HABITAT: Wälder, Gebüsche, Obstgärten und andere Plätze, wo die Futterpflanzen wachsen.

FUTTERPFLANZEN: Birke (*Betula*), Buche (*Fagus sylvatica*), Apfel (*Malus*), Weißdorn (*Crataegus*) und andere Laubbäume und -sträucher.

BIOLOGIE: Eine Generation im Jahr. Die Eier werden im November abgelegt, schlüpfen aber erst im folgenden April. Die Raupen fressen ähnlich wie *O. brumata*, sind Ende Juni ausgewachsen und verpuppen sich in der Erde. Die Falter schlüpfen im Oktober und November. Die Weibchen haben etwas größere Flügel als die von *O. brumata*, sind aber gleichfalls flugunfähig.

Perizoma didymata Linnaeus 25

VERBREITUNG: In Zentral- und Nordeuropa verbreitet.

BESCHREIBUNG: Länge bis 23 mm; Körper grün mit schmalen, gelblichen Ringen zwischen den Segmenten; eine dunkelgrüne Rückenlinie, jederseits davon 2 blaßgrüne Linien; ein weißes Längsband an den Seiten, knapp unterhalb der Stigmen; Kopf blaßgrün, oben leicht blaßbraun gemustert.

HABITAT: Heiden, Moore, Wälder und Brachland.

FUTTERPFLANZEN: Heidelbeere (*Vaccinium myrtillus*), Schlüsselblume (*Primula vulgaris*), Salbeigamander (*Teucrium scorodonia*), Hecken-Kälberkropf (*Chaerophyllum temulentum*), Buschwindröschen (*Anemone nemorosa*), Scharbockskraut (*Ranunculus ficaria*), Vogelmiere (*Stellaria media*), Rote Lichtnelke (*Silene dioica*) und andere Pflanzen.

BIOLOGIE: Eine Generation im Jahr. Die Eier werden im Juli abgelegt, schlüpfen aber erst im folgenden April. Die Raupen fressen Blätter und Blüten und sind Ende Mai ausgewachsen. Verpuppung auf dem Boden. Die Falter schlüpfen im Juni.

Perizoma sagittata Fabricius 12

VERBREITUNG: Zentraleuropa.

BESCHREIBUNG: Länge bis 22 mm; Körper gelblichgrün mit breiten, dunkelgrünen

Querbändern auf dem Rücken; ein breites, unregelmäßiges, rosafarbenes Seitenband, unten dunkelgrün oder schwarz gerandet; Kopf grün, dunkelbraun gezeichnet.

HABITAT: Moore und Marschen.

FUTTERPFLANZEN: Gelbe Wiesenraute (*Thalictrum flavum*) und Kleine Wiesenraute (*Th. minus*).

BIOLOGIE: Eine Generation im Jahr. Die Eier werden im Juli auf Stengel oder Blüten gelegt. Die Raupen schlüpfen Anfang August und fressen an Blüten und den unreifen Früchten. Verpuppung im September entweder zwischen den Blüten oder an der Basis der Futterpflanze. Die Falter schlüpfen im Juli des folgenden Jahres. §

Eupithecia haworthiata Doubleday 12

VERBREITUNG: In Zentraleuropa weit verbreitet.

BESCHREIBUNG: Länge bis 10 mm; kurz und dick; Körper graurosa oder gelblichgrün, meist mit einem dunkelgrauen Rückenband und jederseits 2 grauen Seitenbändern; Kopf grünlichbraun, dunkelbraun oder schwarz gezeichnet.

HABITAT: Kalkgebiete, wo die Futterpflanze wächst.

FUTTERPFLANZEN: Waldrebe (*Clematis vitalba*).

BIOLOGIE: Eine Generation im Jahr. Die Eier werden im Juli abgelegt und schlüpfen noch im gleichen Monat. Die Raupen fressen in Knospen und verraten sich durch ein schwärzliches Loch an der Seite der Knospe. Später fressen sie Staubgefäße in geöffneten Blüten. Ende August verpuppen sie sich im Boden. Die Puppe überwintert, die Falter schlüpfen im nächsten Jahr.

Eupithecia abietaria Goeze 1

VERBREITUNG: In Zentral- und Nordeuropa weit verbreitet.

BESCHREIBUNG: Länge bis 18 mm; Körper matt rosabraun mit kleinen, schwarzen Flecken auf dem Rücken; Nackenschild schwarz; Kopf schwarz.

HABITAT: Nadelwälder.

FUTTERPFLANZEN: Verschiedene Arten der Gattungen *Picea* (Fichten) und *Pinus* (Kiefern).

BIOLOGIE: Eine Generation im Jahr. Die Eier werden im Juni abgelegt. Die Raupen fressen von Juli bis August an den unreifen Samen in den Zapfen. Aus Bohrlöchern in den Zapfen rieselnder Kot verrät ihre Anwesenheit. Verpuppung im September außerhalb der Zapfen am Boden. Die Falter schlüpfen gewöhnlich im nächsten Juni, überwintern zuweilen aber noch einmal.

Eupithecia linariata Denis & Schiffermüller 27

VERBREITUNG: In Europa weit verbreitet.

BESCHREIBUNG: Länge bis 16 mm; ziemlich kurz und dick; Körper grünlichgelb bis bläulichgrün, oft mit auffälligen, schwärzlichbraunen Querbändern auf dem Rükken, aber auch mit blassen Zeichnungen oder ohne sie; Kopf blaß rötlichbraun.

HABITAT: Felder, Brachland und Straßenränder.

FUTTERPFLANZEN: Löwenmäulchen (*Linaria vulgaris*).

BIOLOGIE: Eine Generation im Jahr, in Teilen Europas auch zwei. Die Eier werden im Juli abgelegt. Die Raupen fressen von August bis September an Blüten und Früchten. Verpuppung Ende September in Erdkokons. Die Falter schlüpfen im folgenden Juni.

Eupithecia pulchellata Stephens 27

VERBREITUNG: In Zentral- und Westeuropa verbreitet.

BESCHREIBUNG: Länge bis 21 mm; Körper gelblichgrün bis graugrün oder dunkelgrau, mit einem dunklen Rückenband und dunklen Seitenbändern; Kopf braun mit dunklerem Muster.

HABITAT: Wälder, Brachland und andere Plätze, wo die Futterpflanze wächst.

FUTTERPFLANZEN: Fingerhut (*Digitalis purpurea*).

BIOLOGIE: Eine Generation im Jahr. Die Eier werden im Juni gelegt. Die Raupen fressen im Juli und August in Blüten. Sie verspinnen den Blüteneingang und ernähren sich von den Staubgefäßen und Samenanlagen. Im September verlassen sie die Blüten und verpuppen sich in der Erde. Befallene Blüten sitzen noch an der Pflanzen, wenn die anderen schon längst abgefallen sind. Die Falter schlüpfen im Mai des folgenden Jahres.

Eupithecia pygmaeata Hübner 11

VERBREITUNG: In Nordeuropa verbreitet.

BESCHREIBUNG: Länge bis 14 mm; Haut recht rauh; Körper matt gelblichgrün mit einem olivgrünen Rückenband, das manchmal in einzelne Zeichnungen aufgelöst ist; an den Seiten eine Linie in der gleichen Farbe; Kopf blaß grünlichbraun mit dunkler braunen Mustern.

HABITAT: Moorgebiete, Sandhügel und Brachland.

FUTTERPFLANZEN: Ackerhornkraut (*Cerastium arvense*), Große Sternmiere (*Stellaria holostea*) und verwandte Pflanzen.

BIOLOGIE: Eine Generation im Jahr, in einigen Gebieten möglicherweise eine partielle zweite Generation. Die Eier werden im Juni auf Blüten gelegt. Die Raupen fressen im Juli an Blüten und Früchten. Wenn sie fast ausgewachsen sind, ragt ihr Hinterende aus den Samenkapseln. Verpuppung im August zwischen den Futterpflanzen. Die Falter schlüpfen im Mai des folgenden Jahres; in einigen nördlichen Gebieten überwintert die Puppe zweimal.

Eupithecia centaureata Denis & Schiffermüller 28

VERBREITUNG: In Europa weit verbreitet und häufig.

BESCHREIBUNG: Länge bis 19 mm; sehr faltig; Färbung sehr variabel, von gelb über grün, braun bis grau, meist mit einer dunklen Rückenlinie und manchmal mit klaren, rötlichbraunen Zeichnungen auf dem Rücken und an den Seiten.

HABITAT: Wiesen, Straßenränder, Waldränder und andere Plätze, wo geeignete Futterpflanzen wachsen.

FUTTERPFLANZEN: Jacobskreuzkraut (*Senecio jacobaea*), Schafgarbe (*Achillea millefolium*), Wasserdost (*Eupatorium cannabinum*), Goldrute (*Solidago virgaurea*), Schwarze Flockenblume (*Centaurea nigra*) und viele andere Pflanzen.

BIOLOGIE: Zwei Generationen im Jahr, die sich überlappen, sodaß die Falter von Mai bis Oktober fliegen. Die Eier werden im Juni abgelegt; die Raupen fressen an den Blüten verschiedener Pflanzen. Während einige rasch heranwachsen und die zweite Faltergeneration bilden, bilden andere Winterpuppen aus, aus denen die Falter im folgenden Jahr schlüpfen.

Eupithecia absinthiata Clerck 28

VERBREITUNG: In Zentral- und Nordeuropa weit verbreitet.

BESCHREIBUNG: Länge bis 21 mm; Färbung sehr variabel, von grün über gelb oder braun bis ockerweiß, aber meist mit einer Reihe brauner oder schwarzer Pfeilzeichnungen auf dem Rücken; Kopf braun.

HABITAT: Waldränder, Hecken, Brachland und andere Plätze, wo die Futterpflanzen wachsen.

FUTTERPFLANZEN: Wermut (*Artemisia absinthium*), Wasserdost (*Eupatorium cannabinum*), Jacobskreuzkraut (*Senecia jacobaea*), Schafgarbe (*Achillea millefolium*), Goldrute (*Solidago virgaurea*) und viele andere Pflanzen.

BIOLOGIE: Eine Generation im Jahr. Die Eier werden im Juli abgelegt. Die Raupen fressen im August und September an Blüten und Früchten. Verpuppung im Oktober in der Erde. Die Falter schlüpfen im Juni des folgenden Jahres.

Eupithecia goossensiata Mabille 24

VERBREITUNG: In Zentral- und Nordeuropa verbreitet.

BESCHREIBUNG: Länge bis 19 mm; Körper rosa mit dunkelrosafarbenen oder braunen Rauten oder Dreiecken auf dem Rücken und einer weißlichen Substigmatallinie; Kopf blaß ockerfarben, dunkelbraun gezeichnet.

HABITAT: Heide- und Moorgebiete.

FUTTERPFLANZEN: Heidekraut (*Calluna vulgaris*) und Glockenheide (*Erica*).

BIOLOGIE: Eine Generation im Jahr. Die Eier werden im Juli abgelegt. Die Raupen fressen im August und September an den Blüten. Verpuppung im Oktober im Boden. Die Falter schlüpfen im Juni des folgenden Jahres.

Eupithecia assimilata Doubleday 22

VERBREITUNG: In Zentral- und Nordeuropa verbreitet.

BESCHREIBUNG: Länge bis 22 mm; Körper gelblichgrün mit gelblichen Ringen zwischen den Segmenten und einer dunklen Rückenlinie; oder graugrün mit einer Reihe schwärzlicher, rautenförmiger Rückenzeichnungen, dazu zwischen den Segmenten schmale, rötlichbraune Zeichnungen; Kopf blaßocker mit brauner oder graugrüner Musterung.

HABITAT: Hecken und Gärten.

FUTTERPFLANZEN: Rote Johannisbeere (*Ribes rubrum*), Schwarze Johannisbeere (*R. nigrum*) und Hopfen (*Humulus lupulus*).

BIOLOGIE: Zwei Generationen im Jahr. Die Eier werden im Mai abgelegt; die Raupen wachsen im Juni rasch heran, verpuppen sich und entlassen die Falter im Juli und August. Die Eier der zweiten Generation schlüpfen Ende August; die Raupen fressen im September und verpuppen sich im Oktober. Die Falter schlüpfen dann nach der Überwinterung im Mai. Die Raupen fressen von der Blattunterseite aus viele kleine, längliche Löcher. Verpuppung in der Erde.

Eupithecia vulgata Haworth 15

VERBREITUNG: In Europa weit verbreitet.

BESCHREIBUNG: Länge bis 20 mm; schlank; Färbung variabel, von blaßbraun bis grüngrau, zuweilen mit dunkelgrauen oder grünlichgrauen, rautenförmigen Rükkenzeichnungen und einer ähnlich gefärbten Substigmatallinie; Kopf blaßocker mit brauner oder graugrüner Zeichnung.

HABITAT: Hecken, Brachland, Gärten und andere Plätze, wo die Futterpflanzen wachsen.

FUTTERPFLANZEN: Weißdorn (*Crataegus*), Brombeere (*Rubus fruticosus*), Jacobskreuzkraut (*Senecio jacobaea*), Goldrute (*Solidago virgaurea*), Heidelbeere (*Vaccinium myrtillus*) und viele andere Bäume, Sträucher und krautige Pflanzen.

BIOLOGIE: Zwei Generationen im Jahr. Die Eier werden im Juni abgelegt; die Raupen fressen im Juli rasch heran, verpuppen sich und entlassen die Falter im August. Aus deren Eiern schlüpfen die Raupen im September. sie verpuppen sich ihrerseits im Oktober, die Falter schlüpfen aber erst im folgenden Mai. Die Raupen fressen Blätter und verpuppen sich im Boden.

Eupithecia tripunctaria Herrich-Schäffer **24**

VERBREITUNG: In Zentral- und Nordeuropa verbreitet.

BESCHREIBUNG: Länge bis 20 mm; Körper grün oder braun mit weißlichen Ringen zwischen den Segmenten; zuweilen zeichnungslos, meist aber mit einer Reihe dunkler, dreieckiger Rückenflecken und bräunlichen Zeichnungen an den Seiten; Unterseite dunkelgrün oder braun; Kopf grün oder braun mit dunklerer Zeichnung.

HABITAT: Gebüsche und andere feuchte Plätze, wo die Futterpflanzen wachsen.

FUTTERPFLANZEN: Bärenklau (*Heracleum sphondylium*), Engelwurz (*Angelica sylvestris*), Pastinak (*Pastinaca sativa*) und verwandte Pflanzen, daneben auch Goldrute (*Solidago virgaurea*) und Holunder (*Sambucus nigra*).

BIOLOGIE: Eine Generation im Jahr. Die Eier werden im Juni abgelegt. Die Raupen fressen von Juli bis September an Blüten und unreifen Früchten. Verpuppung Ende September im Boden. Die Falter schlüpfen im folgenden Mai.

Eupithecia simpliciata Haworth **11**

VERBREITUNG: In Zentraleuropa weit verbreitet.

BESCHREIBUNG: Länge bis 23 mm; Körper blaßgrau, grün oder braun mit einer Reihe dunkler, pfeilförmiger Rückenzeichnungen; zuweilen ohne klare Zeichnung.

HABITAT: Brachland, Flußufer und Salzmarschen.

FUTTERPFLANZEN: Weißer Gänsefuß (*Chenopodium album*), Gemeine Melde (*Atriplex patula*) und verwandte Pflanzen.

BIOLOGIE: Eine Generation im Jahr. Die Eier werden im Juli abgelegt. Die Raupen fressen im August und September nachts an Knospen, später an Blüten und unreifen Früchten. Sie ruhen tagsüber unten an der Futterpflanze. Verpuppung im Oktober im Boden. Die Falter schlüpfen im Juni des folgenden Jahres.

Eupithecia distinctaria Herrich-Schäffer **26**

VERBREITUNG: In Zentral- und Südeuropa verbreitet.

BESCHREIBUNG: Länge bis 16 mm; Körper grün mit einem dunkel lilarosa Rückenstreifen; oder auch völlig lilarosa gefärbt; Kopf und Brustbeine gelblichbraun.

HABITAT: Kalkklippen an der Küste und im Inland.

FUTTERPFLANZEN: Thymian (*Thymus serpyllum*).

BIOLOGIE: Eine Generation im Jahr. Die Eier werden im Juli abgelegt. Die Raupen fressen im August und September nachts an Blüten. Verpuppung im Oktober im Boden. Die Falter schlüpfen im Juni des folgenden Jahres.

Eupithecia pimpinellata Hübner **24**

VERBREITUNG: In Europa weit verbreitet.

BESCHREIBUNG: Länge bis 25 mm; Körper grün, lilabraun oder rosabraun; die grüne Form mit einer lilabraunen Rückenlinie; alle Formen mit einem breiten, blassen Seitenband (bei der grünen Form manchmal weniger deutlich); Kopf blaß bräunlichgrün oder braun.

HABITAT: Hecken und Wiesengelände in Kalkgebieten.

Futterpflanzen: Kleine Bibernelle (*Pimpinella saxifraga*).

Biologie: Eine Generation im Jahr. Die Eier werden im Juli abgelegt. Die Raupen fressen von August bis Oktober nachts an Blüten und unreifen Samen. Verpuppung im November in der Erde. Die Falter schlüpfen im folgenden Juni.

Eupithecia fraxinata Crewe 8

Verbreitung: In Zentral- und Südeuropa verbreitet.

Beschreibung: Länge bis 20 mm; schlank; Körper grün mit einem breiten, weißen Seitenband, das durch kleine, rotbraune Flecken unterbrochen wird; zuweilen mit braunen Rückenzeichnungen; daneben auch eine Form mit brauner Grundfarbe.

Habitat: Wälder, Gebüsche, Gärten und andere Plätze, wo Eschen wachsen. Die Form, die an Sanddorn lebt, ist auf Küstenregionen beschränkt.

Futterpflanzen: Esche (*Fraxinus excelsior*) und Sanddorn (*Hippophae rhamnoides*).

Biologie: Eine Generation im Jahr, gelegentlich eine partielle zweite Generation. Die Eier werden im Juli abgelegt. Die Raupen fressen von August bis September. Verpuppung im September in Rindenritzen, unter Moos oder in der Erde. Die Falter schlüpfen im folgenden Mai oder Juni. Falter der zweiten Generation fliegen im August und September.

Eupithecia virgaureata Doubleday 28

Verbreitung: In Zentraleuropa verbreitet.

Beschreibung: Länge bis 19 mm; Färbung sehr variabel, von gelb über blaßbraun bis grau; mit einer Reihe charakteristischer, pfeilförmiger, dunkler Rückenflecke und dreieckigen, dunkelbraunen Flecken an den Seiten; Kopf braun.

Habitat: Waldränder und andere Plätze, wo die Futterpflanzen wachsen.

Futterpflanzen: Goldrute (*Solidago virgaurea*), Jacobskreuzkraut (*Senecio jacobaea*) und vermutlich andere Pflanzen.

Biologie: Die Biologie dieser Art ist nicht genau bekannt. In Gefangenschaft jedenfalls zwei Generationen im Jahr. Die Raupen fressen im Herbst an Blüten, verpuppen sich in der Erde, und die Falter schlüpfen im folgenden Mai oder Juni. Weitere Falter fliegen im August; sie stellen vermutlich eine Sommergeneration dar.

Eupithecia pusillata Denis & Schiffermüller 1

Verbreitung: In Nord- und Zentraleuropa weit verbreitet; in Südeuropa lokal.

Beschreibung: Länge bis 18 mm; in Färbung und Zeichnung sehr variabel; Grundfarbe von grün bis rotbraun; manche Formen mit einer zentralen, dunklen und zwei schmalen, gelblichen Rückenlinien, andere mit rötlichbraunen Rechtecken oder dunkelbraunen, pfleiförmigen Zeichnungen und schwarzen Linien auf dem Rücken; alle Formen haben einen breiten, gelblichweißen Seitenstreifen.

Habitat: Gebirge, Hügelland, Niederungen in Kalkgebieten und Gärten.

Futterpflanzen: Wacholder (*Juniperus communis*).

Biologie: Eine Generation im Jahr. Die Eier werden im Spätsommer auf Zweige der Futterpflanze gelegt, schlüpfen aber erst im folgenden Frühjahr. Die Raupen fressen von April bis Anfang Juni. Verpuppung Ende Juni im Boden. Die Falter schlüpfen über einen langen Zeitraum, von Juli bis September.

Eupithecia phoeniceata Rambur 1

Verbreitung: In Südeuropa verbreitet.

Beschreibung: Länge bis 17 mm; Körper grün oder blaß graubraun mit komplizierten Mustern in verschiedenen Grün- und Brauntönen, durch die sich längs des

Rückens und der Seiten ein Ketteneffekt ergibt; Kopf blaßgrün oder braun mit dunkler brauner Zeichnung.

HABITAT: Parks, Gärten und andere Plätze, wo die Futterpflanzen wachsen.

FUTTERPFLANZEN: Zypresse (*Cupressus sempervirens*), auch andere Zypressenarten, Scheinzypresse (*Chamaecyparis lawsoniana*), verwandte Pflanzen und Hybriden.

BIOLOGIE: Eine Generation im Jahr. Die Raupen fressen im Herbst und Winter an Knospen, verpuppen sich im Januar oder Februar und schlüpfen von Mai bis Oktober, am häufigsten im August und September.

Eupithecia lariciata Freyer 1

VERBREITUNG: In Nord- und Zentraleuropa verbreitet.

BESCHREIBUNG: Länge bis 21 mm; Körper grün oder hell rötlichbraun, mit einem dunklen, zentralen und zwei gelblichen Rückenlinien; ein gelblichweißes oder blaß gelblichgrünes Seitenband; braune Formen zuweilen mit einer breiten, dunkelbraunen Substigmatallinie; Kopf braun oder grünlichbraun.

HABITAT: Lärchenwälder.

FUTTERPFLANZEN: Lärche (*Larix decidua*).

BIOLOGIE: Eine Generation im Jahr. Die Eier werden im Juni auf Nadeln abgelegt. Die Raupen fressen von Juni bis August. Verpuppung im Frühherbst im Boden. Die Falter schlüpfen im Mai des folgenden Jahres.

Chloroclystis v-ata Haworth 12

VERBREITUNG: Lokal in Zentral- und Südeuropa.

BESCHREIBUNG: Länge bis 16 mm; in Färbung und Zeichnung ziemlich variabel; Grundfärbung von grün über rötlichbraun bis grau, oft mit einer Reihe schwärzlicher oder rotbrauner, dreieckiger Rückenzeichnungen und matt lilarötlichen Diagonalstreifen an den Seiten.

HABITAT: Hecken und Waldränder.

FUTTERPFLANZEN: Waldrebe (*Clematis vitalba*), Goldrute (*Solidago virgaurea*), Wasserdost (*Eupatorium cannabinum*), Weiderich (*Lythrum salicaria*) und viele andere Pflanzen.

BIOLOGIE: Im nördlichen Teil des Verbreitungsgebietes eine Generation im Jahr, weiter südlich zwei überlappende Generationen. Die Eier werden im April abgelegt, die Raupen schlüpfen im Mai und verpuppen sich im Juni, die Falter schlüpfen im Juli. Die Eier der zweiten Generation werden im Juli abgelegt, die Raupen fressen im August und September. Verpuppung Ende September. Die Falter schlüpfen nach der Überwinterung im April. Diese Zeiten sind aber sehr variabel; da die Falter über einen längeren Zeitraum schlüpfen, findet man sie in jedem Monat von April bis August oder sogar noch später. Die Raupen fressen an Blüten und verpuppen sich in der Erde.

Chloroclystis rectangulata Linnaeus 16

VERBREITUNG: In Europa weit verbreitet.

BESCHREIBUNG: Länge bis 15 mm; Körper blaßgelblich oder bläulichgrün, zuweilen mit einer charakteristischen, lilaroten oder dunkelgrünen Rückenlinie, die sich zum Kopf hin verschmälert; Kopf braun.

HABITAT: Obstbaumkulturen, Gärten und Gebüsche.

FUTTERPFLANZEN: Apfel (*Malus*), Birne (*Pyrus*) und gelegentlich Schlehe (*Prunus spinosa*).

BIOLOGIE: Eine Generation im Jahr. Die Eier werden im Juni und Juli auf Blütenknospen gelegt, schlüpfen aber erst im April des nächsten Jahres, wenn sich die Knospen öffnen. Die Raupen fressen an den Blüten und verspinnen die Blütenblätter. Sie sind Ende Mai ausgewachsen und verpuppen sich unter loser Rinde am Baumstamm oder am Fuß des Baumes in der Erde. Die Falter schlüpfen im folgenden Monat.

Chloroclystis debiliata Hübner 25

VERBREITUNG: Lokal in Zentral- und Nordeuropa verbreitet.

BESCHREIBUNG: Länge bis 15 mm; Körper grün mit einem dunkelgrünen Rückenstreifen; Kopf dunkelbraun.

HABITAT: Lockere Wälder, geschützte Hügellagen und Täler, wo die Futterpflanze wächst.

FUTTERPFLANZE: Heidelbeere (*Vaccinium myrtillus*).

BIOLOGIE: Eine Generation im Jahr. Die Eier werden im Juli abgelegt, schlüpfen aber erst im April des folgenden Jahres. Die Raupen fressen am Laub, das sie locker zusammenspinnen. Verpuppung Ende Mai in der Erde. Die Falter schlüpfen im folgenden Monat.

Gymnoscelis rufifasciata Haworth 17

VERBREITUNG: In Zentral- und Südeuropa verbreitet.

BESCHREIBUNG: Länge bis 17 mm; sehr variabel, die Grundfarbe schwankt von weißlich über gelblichgrün, braun, rot bis lilarosa, meist mit einem blassen Rückenband, in dem Reihen dunkler Rauten oder Dreiecke stehen; Kopf gelblichbraun.

HABITAT: Heiden, Moore, Brachland und Gärten.

FUTTERPFLANZEN: Ginster (*Cytisus scoparius*), Stechginster (*Ulex europaeus*), Waldrebe (*Clematis vitalba*) Weißdorn (*Crataegus*), Stechpalme (*Ilex aquifolium*), Heidekraut (*Calluna vulgaris*) und viele andere Sträucher und krautige Pflanzen.

BIOLOGIE: Zwei, manchmal auch drei Generationen im Jahr. Die Eier werden im Mai abgelegt. Die Raupen wachsen rasch heran und verpuppen sich Ende Juni. Die Falter schlüpfen im Juli. Die Eier der zweiten Generation werden im August abgelegt. Die Raupen fressen im September. Verpuppung im Oktober, die Falter schlüpfen nach der Überwinterung im April. Die Raupen fressen, je nach der Saison, an verschiedenen Blüten. Verpuppung in der Erde.

Chesias legatella Denis & Schiffermüller 19

VERBREITUNG: In den wärmeren Gebieten Zentral- und Südeuropas weit verbreitet.

BESCHREIBUNG: Länge bis 28 mm; Körper grün oder gelblichgrün, zuweilen mit gelblichgrünen Bändern zwischen den Segmenten; drei dunkelgrüne Rückenlinien; eine breite, weiße oder gelbliche Stigmastallinie; gelbe Formen manchmal ganz ohne Zeichnungen; Kopf blaßgrün oder gelblichbraun mit braunen Zeichnungen.

HABITAT: Heidegebiete, lockere Kiefernwälder und Hügelflanken, wo die Futterpflanze wächst.

FUTTERPFLANZEN: Ginster (*Cytisus scoparius*).

BIOLOGIE: Eine Generation im Jahr. Die Eier werden im Oktober abgelegt, schlüpfen aber erst im folgenden Frühjahr. Die Raupen fressen an den Blättern. Sie ruhen wie kleine Ästchen in einem Winkel zur Unterlage. Sie sind Ende Juni ausgewachsen und verpuppen sich in der Erde. Die Falter schlüpfen im September.

Chesias rufata Fabricius **19**

VERBREITUNG: In Zentral- und Südeuropa weit verbreitet.

BESCHREIBUNG: Länge bis 27 mm; Körper bläulichgrün mit blaß gelblichgrünen Bändern zwischen den Segmenten; eine dunkelgrüne und zwei blaß gelblichgrüne Rükkenlinien; eine breite, weiße Stigmatallinie; Kopf gelblichgrün.

HABITAT: Heidegebiete und andere Plätze, wo die Futterpflanze wächst.

FUTTERPFLANZEN: Ginster (*Cytisus scoparius*).

BIOLOGIE: Eine Generation im Jahr. Die Eier werden im Juni und Juli abgelegt und schlüpfen innerhalb eines Monats. Die Raupen fressen von Juni bis September. Sie ruhen ähnlich wie die von *C. legatella*. Verpuppung im Oktober in der Erde. Die Falter schlüpfen im folgenden Mai oder Juni. Einige überwintern zweimal.

Lithostege griseata Denis & Schiffermüller **12**

VERBREITUNG: In Zentral- und Südeuropa verbreitet.

BESCHREIBUNG: Länge bis 22 mm; Körper grün oder olivgrün mit drei dunkelgrünen Rückenlinien, die gelegentlich von dunklen, keilförmigen Zeichnungen überlagert sind; eine gelbe Stigmatallinie, ober- und unterhalb zuweilen durch lilabraune Flecken abgesetzt; Kopf grün.

HABITAT: Sandgebiete.

FUTTERPFLANZEN: Besenrauke (*Descurainia sophia*) und Acker-Schöterich (*Erysimum cheiranthoides*).

BIOLOGIE: Eine Generation im Jahr. Die Eier werden im Juni abgelegt. Die Raupen fressen von Juli bis August. Sie ähneln sehr den Schoten, auf denen sie leben. Verpuppung im September in der Erde. Die Falter schlüpfen im Juni des folgenden, gelegentlich auch erst des übernächsten Jahres.

Venusia cambrica Curtis **16**

VERBREITUNG: In Nordeuropa und dem Alpenraum verbreitet.

BESCHREIBUNG: Länge bis 21 mm; Körper gelblichgrün mit einer schwachen, gelblichen Rückenlinie; in unterschiedlichem Ausmaß mit unregelmäßigen, rotbraunen Mustern versehen, besonders in der Körpermitte und an den Enden; Kopf grün.

HABITAT: Höhergelegene Gebiete und Gebirge.

FUTTERPFLANZEN: Eberesche (*Sorbus aucuparia*).

BIOLOGIE: Eine Generation im Jahr. Die Eier werden im Juli abgelegt. Die Raupen wachsen im August rasch heran und verpuppen sich bereits Ende des Monats in der Erde. Die Falter schlüpfen im Juni des folgenden Jahres.

Minoa murinata Scopoli *Mausspanner* **22**

VERBREITUNG: In Zentral- und Südeuropa verbreitet.

BESCHREIBUNG: Länge bis 13 mm; Körper graurosa, unterschiedlich stark schwarz gezeichnet; blaßrosa Warzen; Unterseite grau; eine unregelmäßige, orangefarbene oder gelblichrosa Substigmatallinie; Kopf braun, schwarz gezeichnet.

HABITAT: Lockere Wälder.

FUTTERPFLANZEN: Mandelblättrige Wolfsmilch (*Euphorbia amygdaloides*) und andere *Euphorbia*-Arten.

BIOLOGIE: Eine oder zwei Generationen im Jahr. Die Eier werden im Juni abgelegt. Die Raupen fressen von Juli bis September. Verpuppung in der Erde. Die Falter schlüpfen im Mai oder Juni des folgenden Jahres.

Lobophora halterata Hufnagel *Lappenspanner* 3

VERBREITUNG: In Zentral- und Nordeuropa verbreitet.

BESCHREIBUNG: Länge bis 18 mm; Körper grün mit etwas dunkleren Bändern zwischen den Segmenten; eine undeutliche, dunkelgrüne Rückenlinie; zuweilen eine gelbliche Seitenlinie; Analsegment mit zwei deutlichen Spitzen; Kopf grün.

HABITAT: Wälder.

FUTTERPFLANZEN: Espe (*Populus tremula*) und andere *Populus*- und *Salix*-Arten.

BIOLOGIE: Eine Generation im Jahr. Die Eier werden im Juni abgelegt. Die Raupen fressen im Juni und Juli. Sie fressen nachts und ruhen tagsüber flach zwischen Blättern ausgestreckt. Verpuppung im August am Boden. Die Falter schlüpfen im Mai des folgenden Jahres.

Trichopteryx carpinata Borkhausen 5

VERBREITUNG: In Zentral- und Nordeuropa verbreitet.

BESCHREIBUNG: Länge bis 23 mm; Körper bläulichgrün mit schmalen, weißen Ringen zwischen den Segmenten; eine breite, sahnefarbene Substigmatallinie; Afterspitzen auffällig, ebenfalls sahnefarben; Kopf graugrün.

HABITAT: Lockere Wälder und bewaldete Heiden.

FUTTERPFLANZEN: Birke (*Betula*), Erle (*Alnus glutinosa*), Salweide (*Salix caprea*) und Geißblatt (*Lonicera periclymenum*).

BIOLOGIE: Eine Generation im Jahr. Die Eier werden im Mai einzeln abgelegt. Die Raupen fressen von Juni bis Juli oder August. Verpuppung im Herbst an oder in der Erde, in einem leichten Gespinst an einer Wurzel oder einem Stein. Die Falter schlüpfen im folgenden April.

Acasis viretata Hübner 23

VERBREITUNG: In Zentraleuropa verbreitet.

BESCHREIBUNG: Länge bis 17 mm; Körper blaßgrün, gelegentlich mit rosa gemischt; drei unterbrochene, rosa Rückenlinien, die sich zu einer Reihe von lilarosafarbenen, keilförmigen Zeichnungen auflösen können; Kopf braun, manchmal lilarosa gezeichnet.

HABITAT: Lockere Wälder, Hecken und bewaldete Heiden.

FUTTERPFLANZEN: Stechpalme (*Ilex aquifolium*), Efeu (*Hedera helix*), Liguster (*Ligustrum*), Hartriegel (*Cornus sanguinea*), Schneeball (*Viburnum opulus*), Eberesche (*Sorbus aucuparia*) und andere Pflanzen.

BIOLOGIE: Eine Generation im Jahr, zuweilen zwei. Die Eier werden im Juni abgelegt. Die Raupen fressen im Juni und Juli. Sie fressen anfangs an Blüten, später an Blättern und spinnen Seidenfäden über Blüten und Blattwerk. Verpuppung Ende Juli in der Erde. Die Falter schlüpfen gewöhnlich im Mai des folgenden Jahres, in warmen Gegenden aber auch schon im August und September. Deren Raupen fressen dann im Herbst.

Abraxas grossulariata Linnaeus *Stachelbeerspanner* 17

VERBREITUNG: In Europa weit verbreitet, aber lokal, am häufigsten in den wärmeren Gebieten.

BESCHREIBUNG: Länge bis 32 mm; Körper blaß gelblichweiß, stark schwarz gefleckt; die schwarzen Flecken laufen zuweilen zusammen, so daß das Ergebnis eine fast schwarze Raupe ist; eine breite, orangerote Stigmatallinie; die Segmente 1 bis 3 manchmal blaßrot unterlegt; Kopf glänzend schwarz.

HABITAT: Gärten, Hecken und Waldränder.

FUTTERPFLANZEN: Johannis- und Stachelbeere (*Ribes*), Weißdorn (*Crataegus*), Pfaffenhütchen (*Euonymus*), Schlehe (*Prunus spinosa*), Rote Fetthenne (*Sedum telephium*), Heidekraut (*Calluna vulgaris*) und andere Pflanzen.

BIOLOGIE: Eine Generation im Jahr. Die Eier werden im August in Gruppen auf Blattunterseiten gelegt. Die Raupen fressen von August bis Mai. Einige überwintern nicht, sondern vollenden die Entwicklung noch im Herbst. Verpuppung sonst im Mai in Netzkokons an der Futterpflanze. Die Falter schlüpfen gewöhnlich im Juli.

Abraxas sylvata Scopoli 7

VERBREITUNG: In Zentraleuropa verbreitet.

BESCHREIBUNG: Länge bis 29 mm; Körper sahneweiß mit schwarzen Längsstreifen, einer unterbrochenen, blaßgelben Rückenlinie und einer breiten, blaßgelben Stigmatallinie; Kopf und Brustbeine glänzend schwarz.

HABITAT: Feuchte Wälder.

FUTTERPFLANZEN: Bergulme (*Ulmus glabra*) und andere *Ulmus*-Arten; Buche (*Fagus sylvatica*).

BIOLOGIE: Eine Generation im Jahr. Die Eier werden im Juni abgelegt. Die Raupen fressen von Juli bis September oder Oktober. Verpuppung im Herbst in der Erde. Die Falter schlüpfen im folgenden Mai. §

Lomaspilis marginata Linnaeus 2

VERBREITUNG: In Europa weit verbreitet.

BESCHREIBUNG: Länge bis 21 mm; Körper bläulichgrün, zwischen den Segmenten gelblichgrün; vier dunkelgrüne Rückenlinien; Afterklappe braun; Punkte schwarz; Stigmen schwarz mit weißem Zentrum; Kopf grün mit zwei breiten, lilabraunen Bändern.

HABITAT: Wälder, Marschen und andere feuchte Plätze.

FUTTERPFLANZEN: Verschiedene Weiden-(*Salix*-)Arten, Espe (*Populus tremula*), Schwarzpappel (*Populus nigra*) und Hasel (*Corylus avellana*).

BIOLOGIE: Eine, offenbar aber auch zwei Generationen im Jahr. Die Eier werden im Juni und Juli abgelegt. Die Raupen werden von Juni bis September gefunden. Möglicherweise wachsen einige rasch heran und bilden eine zweite Generation. Sie fressen nachts und verstecken sich tagsüber unter Blättern. Verpuppung im Herbst im Boden. Die Falter schlüpfen gewöhnlich im Mai oder Juni des folgenden Jahres, zuweilen aber auch erst nach 2 bis 3 Jahren.

Semiothisa notata Linnaeus 4

VERBREITUNG: In Zentral- und Nordeuropa verbreitet.

BESCHREIBUNG: Länge bis 24 mm; Körper olivgrün mit braunen Zeichnungen am Rücken und den Seiten; oder braun mit dunklen Rückenzeichnungen und grün unterhalb der Stigmen; Kopf gewöhnlich dunkelbraun, manchmal grün.

HABITAT: Wälder mit Heidekrautflächen.

FUTTERPFLANZEN: Birke (*Betula*), Salweide (*Salix caprea*) und Grauweide (*S. cinerea*).

BIOLOGIE: Zwei Generationen im Jahr. Die Eier werden im Juni abgelegt. Die Raupen wachsen rasch heran, verpuppen sich und schlüpfen im Juli und August. Die Eier der zweiten Generation werden im August abgelegt. Die Raupen fressen im September, verpuppen sich im Oktober, und die Falter schlüpfen im folgenden Mai oder Juni. Verpuppung in der Erde.

Semiothisa alternaria Hübner 18

VERBREITUNG: In Europa weit verbreitet.

BESCHREIBUNG: Länge bis 24 mm; Färbung sehr variabel, von gelblichgrün über braun bis grau; graue und braune Formen mit feinen, unregelmäßigen, dunklen Strichen auf Rücken und Seiten; grüne Formen am Rücken und den Seiten unterschiedlich stark rotbraun gefleckt; Kopf braun.

HABITAT: Lockere Wälder.

FUTTERPFLANZEN: Schlehe (*Prunus spinosa*), Erle (*Alnus glutinosa*) und Salweide (*Salix caprea*).

BIOLOGIE: Zwei Generationen im Jahr. Die Eier werden im Mai abgelegt, die Raupen wachsen im Juni rasch heran, verpuppen sich und schlüpfen im Juli. Raupen der zweiten Generation fressen im August und September und verpuppen sich im Oktober. Die Falter schlüpfen im folgenden Mai. Verpuppung in der Erde.

Semiothisa clathrata Linnaeus 21

VERBREITUNG: In Europa weit verbreitet und häufig.

BESCHREIBUNG: Länge bis 22 mm; Körper grün mit weißen Rückenlinien und einer breiten, weißen Stigmatallinie; Stigmen klein und schwarz; Unterseite mit feinen, dunklen Längslinien; Kopf leicht eingekerbt, grün mit braunen Mundwerkzeugen.

HABITAT: Felder, Heiden und Niederungen.

FUTTERPFLANZEN: Klee (*Trifolium*), Hopfenklee (*Medicago lupulina*) und verwandte Pflanzen.

BIOLOGIE: Zwei Generationen im Jahr. Die Eier werden im Mai abgelegt, die Raupen wachsen im Juni rasch heran und ergeben bereits im Juli die Falter der zweiten Generation. Deren Eier schlüpfen im August, die Raupen verpuppen sich noch im Herbst in der Erde. Die Falter schlüpfen im folgenden April oder Mai.

Semiothisa carbonaria Clerck 25

VERBREITUNG: In Zentral- und Nordeuropa verbreitet.

BESCHREIBUNG: Länge bis 22 mm; Körper schmutzig ockerbraun oder bräunlichweiß mit dunklen, welligen Längsstreifen; Stigmen schwarz mit weißem Zentrum; Kopf braun.

HABITAT: Bergflanken.

FUTTERPFLANZEN: Bärentraube (*Arctostaphylos uva-ursi*), Birke (*Betula*) und Weide (*Salix*).

BIOLOGIE: Eine Generation im Jahr. Die Eier werden im Mai abgelegt. Die Raupen fressen von Juni bis August. Sie fressen nachts und verbergen sich tagsüber unter Blättern. Verpuppung im August oder September zwischen Fallaub am Boden. Die Falter schlüpfen im April des folgenden Jahres. §

Semiothisa wauaria Linnaeus 22

VERBREITUNG: In Europa weit verbreitet und häufig.

BESCHREIBUNG: Länge bis 25 mm; Körper grün oder braun mit auffälligen, schwarzen Flecken; vier weiße oder gelblichweiße, wellige Rückenlinien und ein breites, gelbes Stigmatalband; Stigmen schwarz; Kopf grün oder braun mit schwarzen Punkzen.

HABITAT: Obstbaumkulturen und Gärten.

FUTTERPFLANZEN: Rote Johannisbeere (*Ribes rubrum*), Schwarze Johannisbeere (*R. nigrum*) und Stachelbeere (*R. uva-crispa*).

Biologie: Eine Generation im Jahr. Die Eier werden im August abgelegt, schlüpfen aber erst im folgenden April. Die Raupen fressen von April bis Juni. Sie fressen nachts an jungen Trieben und verbergen sich tagsüber unter Blättern. Verpuppung Ende Juni in Netzkokons zwischen Blättern. Die Falter schlüpfen im Juli.

Isturgia limbaria Fabricius 19

Verbreitung: In Zentraleuropa verbreitet.

Beschreibung: Länge bis 24 mm; Körper grün oder braun; mit einer dunklen Rükkenlinie, flankiert von blassen Linien; eine schwarzgerandete, gelbe Stigmatallinie; Kopf grün oder braun.

Habitat: Sandgebiete, Heiden, Waldränder.

Futterpflanze: Ginster (*Cytisus scoparius*).

Biologie: Zwei Generationen im Jahr. Die Eier werden im Juni abgelegt, die Raupen wachsen im Juni und Juli rasch heran, verpuppen sich und ergeben im Juli und August die Falter. Die Raupen der zweiten Generation fressen im September und verpuppen sich im Oktober, die Falter schlüpfen im kommenden Mai oder Juni. Einige schlüpfen erst nach bis zu 4 Jahren! Verpuppung in der Erde.

Plagodis dolabraria Linnaeus 2

Verbreitung: In Europa weit verbreitet.

Beschreibung: Länge bis 40 mm; Körper dunkel graubraun, auf dem Rücken mit rötlichbraun gemischt; mit rötlichbraunen, dreieckigen Mustern unten an den Seiten; vordere Segmente verdickt; Segment 8 mit einem deutlichen Buckel; Kopf blaßbraun mit dunkelbraunen Zeichnungen.

Habitat: Wälder und Waldränder.

Futterpflanzen: Eiche (*Quercus*), Birke (*Betula*) und Weide (*Salix*).

Biologie: Eine Generation im Jahr. Die Eier werden im Juni abgelegt. Die Raupen fressen von Juli bis Oktober. Sie sind sehr gut getarnt und ähneln in Ruhe kleinen Ästchen. Verpuppung im Oktober am Fuß des Baumes unter Moos. Die Falter schlüpfen im folgenden Juni.

Opisthograptis luteolata Linnaeus *Heckenkriecher* 17

Verbreitung: In Europa weit verbreitet und häufig.

Beschreibung: Länge bis 33 mm; Körper graubraun bis rotbraun, zuweilen grünlich, mit diversen Schattierungen von Grün und Braun; das 6. Körpersegment mit einem deutlichen, zweispitzigen Buckel; Kopf braun. Im Unterschied zu den meisten anderen Spannern hat diese Art zwei weitere Paare kleiner Bauchbeine.

Habitat: Wälder, Gebüsche, Parks und Gärten.

Futterpflanzen: Weißdorn (*Crataegus*), Schlehe (*Prunus spinosa*), Apfel (*Malus*) und verwandte Bäume.

Biologie: Zwei Generationen im Jahr. Die Falter fliegen von April bis August, so daß Eier den ganzen Frühling und Sommer hindurch abgelegt werden. Die Raupen der ersten Generation fressen im Frühjahr, verpuppen sich im Juni und Juli und schlüpfen im Hochsommer. Die Raupen der zweiten Generation verpuppen sich im Herbst. Verpuppung in einem dicken Kokon etwas über oder am Boden.

Epione repandaria Hufnagel 2

Verbreitung: In Zentral- und Südeuropa weit verbreitet.

Beschreibung: Länge bis 28 mm; Körper braun oder grau mit blaßockerfarbenen, dreieckigen Flecken und paarigen, weißen Punkten auf dem Rücken; eine breite, blaßockerfarbene Substigmatallinie; Segment 5 mit einem kleinen, zweispitzigen Buckel auf dem Rücken; Kopf oben graubraun, unten ockerfarben.

HABITAT: Wälder und Waldränder.

FUTTERPFLANZEN: Weide (*Salix*), Erle (*Alnus glutinosa*) und Schwarzpappel (*Populus nigra*).

BIOLOGIE: Gewöhnlich eine Generation im Jahr, in Teilen Europas auch zwei. Die Eier werden im Juli und August auf die Futterpflanze gelegt, schlüpfen aber erst im folgenden Frühjahr. Die Raupen fressen von April bis Juni, verpuppen sich, und die Falter schlüpfen im Juli.

Apeira syringaria Linnaeus *Fliederspanner* 26

VERBREITUNG: In Europa weit verbreitet.

BESCHREIBUNG: Länge bis 30 mm; Körper gedrungen, nach vorn und hinten stark verjüngt, mit einem auffälligen Paar gekrümmter Fortsätze auf dem Rücken von Segment 8 und kleineren Buckeln auf den Segmenten 6 und 7; blaß ockerfarben mit dunkel olivbraunen oder lilabraunen Mustern; Kopf graubraun.

HABITAT: Gebüsche und Waldränder.

FUTTERPFLANZEN: Liguster (*Ligustrum vulgare*), Flieder (*Syringa vulgaris*) und Geißblatt (*Lonicera periclymenum*).

BIOLOGIE: Eine Generation im Jahr, in Gefangenschaft auch zwei. Die Eier werden im Juli abgelegt und schlüpfen im August. Die jungen Raupen überwintern und fressen danach noch bis Mai oder Juni. Sie fressen nachts und bleiben tagsüber auf der Futterpflanze, wo sie abgestorbenen Blättern ähneln. Verpuppung im Juni in lockeren Gespinsten an Zweigen. Die Falter schlüpfen im Juli. §

Ennomos autumnaria Werneberg *Herbstlaubspanner* 4

VERBREITUNG: In Europa weit verbreitet.

BESCHREIBUNG: Länge bis 55 mm; sehr schlank, nach vorn verjüngt; braun oder grünlichbraun mit ockerbraunen Zeichnungen; Segmente 5, 6 und 8 mit Anschwellungen, die ein ästchenartiges Aussehen bewirken; Kopf fast quadratisch, graubraun mit ockerfarbenen Mustern.

HABITAT: Wälder.

FUTTERPFLANZEN: Birke (*Betula*), Erle (*Alnus glutinosa*), Schlehe (*Prunus spinosa*), Weißdorn (*Crataegus*) und andere Laubbäume und -sträucher.

BIOLOGIE: Eine Generation im Jahr. Die Eier werden im Herbst abgelegt, schlüpfen aber erst im folgenden Frühjahr. Die Raupen fressen von Mai bis August nachts an den Blättern und ruhen tagsüber ausgestreckt zwischen Zweigen. Verpuppung im August zwischen Blättern. Die Falter schlüpfen im folgenden Monat.

Ennomos quercinaria Hufnagel 6

VERBREITUNG: In Zentraleuropa häufig.

BESCHREIBUNG: Länge bis 47 mm; die Körperfarbe variiert von braun bis grün, mit ockerfarbenen und schwarzen Rücken- und Seitenzeichnungen; die Segmente 5, 6, 8 und 11 mit Buckeln oder Anschwellungen, die ein ästchenartiges Aussehen bewirken; Kopf grünlich oder graubraun, manchmal ockerfarben gezeichnet.

HABITAT: Wälder.

FUTTERPFLANZEN: Eiche (*Quercus*), Linde (*Tilia vulgaris*), Birke (*Betula*), Weißdorn (*Crataegus*) und andere Laubbäume und -sträucher.

BIOLOGIE: Eine Generation im Jahr. Die Eier werden im Herbst in Reihen auf die Unterseiten der Blätter gelegt, schlüpfen aber erst im folgenden Frühling. Die Raupen fressen in den Sommermonaten. Sie sind nachtaktiv und ruhen tags zwischen Zweigen. Verpuppung im Juli in Kokons zwischen Blättern. Die Falter schlüpfen im folgenden Monat.

Ennomos alniaria Linnaeus **5**

VERBREITUNG: In Europa weit verbreitet.

BESCHREIBUNG: Länge bis 50 mm; ziemlich schlank, nach vorn verjüngt; Körper rötlichbraun mit dunkel lilabraunen Rücken- und Seitenzeichnungen, bisweilen unterseits grünlich; Segment 5 mit einer deutlichen Anschwellung auf dem Rücken; Kopf braun.

HABITAT: Sumpfige Gebiete und nasse Waldränder.

FUTTERPFLANZEN: Birke (*Betula*), Erle (*Alnus glutinosa*), Weide (*Salix*), Ulme (*Ulmus procera*), Linde (*Tilia*) und andere Laubbäume.

BIOLOGIE: Eine Generation im Jahr. Die Eier werden im Herbst abgelegt, schlüpfen aber erst im folgenden Mai. Die Raupen fressen von Mai bis Juli. Sie sind nachtaktiv und ruhen tagsüber an der Futterpflanze, wo sie Ästchen ähneln. Verpuppung Ende Juli in Kokons zwischen Blättern oder im Moos an der Basis des Baumes. Die Falter schlüpfen im Herbst.

Ennomos fuscantaria Haworth **8**

VERBREITUNG: In Zentral- und den südlichen Teilen Nordeuropas verbreitet.

BESCHREIBUNG: Länge bis 40 mm; schlank, gelblichgrün mit gelblichen Ringen zwischen den Segmenten; zuweilen mit rötlichbraunen Mustern auf dem Rücken und an den Seiten; Segmente 5, 6, 8 und 11 mit leichten Buckeln auf dem Rücken. Junge Raupen sind viel dunkler grün.

HABITAT: Wälder, Gebüsche und andere Plätze, wo die Futterpflanze wächst.

FUTTERPFLANZEN: Esche (*Fraxinus excelsior*). In Gefangenschaft auch Liguster (*Ligustrum*).

BIOLOGIE: Eine Generation im Jahr. Die Eier werden im Herbst an die Spitzen der Zweige gelegt, schlüpfen aber erst im folgenden Frühjahr. Die Raupen fressen nachts von Mai bis Juli. Sie nagen oft rundliche Löcher in die Blattspreite und sitzen tagsüber ausgestreckt zwischen den Blattstielen. Verpuppung im Spätsommer zwischen versponnenen und verdrehten Blättern. Die Falter schlüpfen im Ausgust und September.

Ennomos erosaria Denis & Schiffermüller **8**

VERBREITUNG: In Europa weit verbreitet.

BESCHREIBUNG: Länge bis 40 mm; Körper grau oder graubraun, manchmal gemischt mit lilarosa oder bläulichgrün; auf den Segmenten 2, 5, 6, 8 und 11 braune, knospenartige Anschwellungen, die ein ästchenartiges Aussehen bewirkten; Kopf grau oder braun.

HABITAT: Wälder und Hecken.

FUTTERPFLANZEN: Eiche (*Quercus*), Birke (*Betula*), Linde (*Tilia vulgaris*) und Buche (*Fagus sylvatica*).

BIOLOGIE: Eine Generation im Jahr. Die Eier werden im Herbst abgelegt, schlüpfen aber erst im folgenden Mai. Raupen findet man von Mai bis Juli. Sie fressen nachts und sitzen tagsüber ausgestreckt auf Zweigen der Futterpflanze. Verpuppung Anfang August in einem lockeren Gespinst zwischen Blättern. Die Falter schlüpfen gegen Ende des Monats.

Selenia dentaria Fabricius **4**

Verbreitung: In Europa weit verbreitet.

Beschreibung: Länge bis 38 mm; Körper gelblichbraun bis braun, unterschiedlich stark rötlichbraun und dunkel lilabraun gezeichnet; das dritte Brustbeinpaar angeschwollen, an Knospen erinnernd; Segmente 7 und 8 verdickt, mit paarigen, kegelförmigen Warzen auf dem Rücken; Kopf braun oder graubraun, weiß gezeichnet.

Habitat: Waldränder und Hecken.

Futterpflanzen: Birke (*Betula*), Erle (*Alnus glutinosa*), Schlehe (*Prunus spinosa*), Weißdorn (*Crataegus*), Weide (*Salix*) und viele andere Laubbäume und -sträucher.

Biologie: Zwei Generationen im Jahr, im Norden oft nur eine. Die Eier werden im April und Juli abgelegt. Die Raupen fressen von Mai bis Juni bzw. von August bis September. Sie sind in der Hauptsache nachtaktiv und sitzen tagsüber auf der Futterpflanze, wo sie kurzen Ästchen ähneln. Verpuppung im Juni und Oktober zwischen versponnenen Blättern. Die Puppen der zweiten Generation überwintern in der Blattstreu. Die Falter fliegen von März bis April und von Juli bis August.

Selenia lunularia Hübner **18**

Verbreitung: In Europa weit verbreitet.

Beschreibung: Länge bis 38 mm; Körperfarbe variabel, von dunkel graubraun über grünlichbraun bis hell rötlichbraun; drittes Brustbeinpaar verdickt und knospenähnlich; Segmente 5 und 8 mit paarigen, warzenartigen Rückenfortsätzen; Kopf schwarz oder braun, ziemlich quadratisch und abgeflacht.

Habitat: Gebüsche und Waldränder.

Futterpflanzen: Schlehe (*Prunus spinosa*), Pflaume (*P. domestica*), Eiche (*Quercus*), Birke (*Betula*), Esche (*Fraxinus excelsior*), Hundsrose (*Rosa canina*) und andere Laubbäume und -sträucher.

Biologie: Eine Generation im Jahr. Die Eier werden im Juni abgelegt. Die Raupen fressen von Juli bis September. Sie sind nachtaktiv und ruhen tagsüber zwischen Zweigen, wo sie sehr gut getarnt sind. Verpuppung im Oktober in lockeren Gespinsten zwischen Fallaub oder unter Moos. Die Falter schlüpfen im Mai des folgenden Jahres.

Selenia tetralunaria Hufnagel *Mondfleckspanner* **5**

Verbreitung: In Europa weit verbreitet.

Beschreibung: Länge bis 38 mm; Körperfarbe variabel, von dunkel graubraun bis hell rötlichbraun; drittes Brustbeinpaar verdickt und knospenähnlich; Segmente 4, 5, 7 und 8 angeschwollen; Kopf braun oder schwärzlichbraun.

Habitat: Wälder und bewaldete Heideflächen.

Futterpflanzen: Birke (*Betula*), Erle (*Alnus glutinosa*), Eiche (*Quercus*), Weide (*Salix*) und viele andere Laubbäume.

Biologie: Zwei Generationen im Jahr. Die Eier werden im Mai und August abgelegt. Die Raupen findet man im Juni und September. Sie fressen vor allem nachts und ruhen tagsüber zwischen Zweigen. Verpuppung im Juli und Ende September zwischen gefalteten Blättern oder unter Moos auf dem Boden. Die Falter der ersten Generation schlüpfen im Juli, die der zweiten nach der Überwinterung im Frühjahr.

Odontopera bidentata Clerck *Doppelzahnspanner* **18**

Verbreitung: In Europa weit verbreitet und häufig.

Beschreibung: Länge bis 48 mm; Körperfarbe variabel, von blaß graubraun über lilabraun bis graugrün, mit einer Reihe dunkler, rautenförmiger Rückenzeichnungen und zwei Reihen schwarzer Rückenflecken; Segment 11 mit einem leichten, schwarzgerandeten Buckel; Kopf blaßbraun oder grün, schwärzlichbraun gezeichnet, leicht eingekerbt.

Habitat: Wälder und Gebüsche.

Futterpflanzen: Eiche (*Quercus*), Birke (*Betula*), Pflaume (*Prunus domestica*), Schlehe (*P. spinosa*), Weißdorn (*Crataegus*) und andere Laubbäume und -sträucher.

Biologie: Eine Generation im Jahr. Die Eier werden im Juni dicht zusammen, meist um einen Zweig der Futterpflanze abgelegt. Die Raupen wachsen sehr langsam, man findet sie von Juli bis Oktober. Sie fressen nachts und ruhen tagsüber auf der Futterpflanze. Verpuppung im Herbst unter Moos oder in der Blattstreu am Fuß des Baumes. Die Falter schlüpfen im Mai des folgenden Jahres.

Crocallis elinguaria Linnaeus **18**

Verbreitung: In Europa weit verbreitet.

Beschreibung: Länge bis 43 mm; Körperfarbe variabel, von blaß graubraun über rötlichbraun bis lilabraun, zuweilen mit einer Reihe dunkler, rautenförmiger Rükkenzeichnungen; Segment 11 mit einem leichten, schwarzgerandeten Buckel; Kopf blaß oder dunkel braun.

Habitat: Gebüsche, Moorgebiete.

Futterpflanzen: Schlehe (*Prunus spinosa*), Pflaume (*P. domestica*), Apfel (*Malus sylvestris*), Geißblatt (*Lonicera periclymenum*) und viele andere Laubbäume und -sträucher.

Biologie: Eine Generation im Jahr. Die Eier werden im August abgelegt, schlüpfen aber erst im zeitigen Frühjahr. Raupen findet man von März bis Mai. Sie fressen nachts und ruhen tagsüber auf der Futterpflanze. Die graugrünen Formen sind besonders auf stark flechtenbewachsenen Bäumen vertreten, wo sie sehr gut getarnt sind. Verpuppung im Juni zwischen Blättern oder unter Moos am Boden. Die Falter schlüpfen im folgenden Monat.

Ourapteryx sambucaria Linnaeus *Nachtschwalbenschwanz* **23**

Verbreitung: In Europa weit verbreitet und häufig.

Beschreibung: Länge bis 50 mm; lang und schlank; Körperfarbe variabel, von gelblichgrün bis olivgrün mit undeutlichen, blassen Seitenstreifen; Kopf braun, rechteckig und abgeflacht.

Habitat: Wälder und Gebüsche.

Futterpflanzen: Weißdorn (*Crataegus*), Schlehe (*Prunus spinosa*), Holunder (*Sambucus nigra*), Liguster (*Ligustrum vulgare*), Efeu (*Hedera helix*) und viele andere Bäume und Sträucher.

Biologie: Eine Generation im Jahr. Die Eier werden im Juli gruppenweise auf die Blattunterseiten gelegt. Die Raupen schlüpfen im folgenden Monat. Sie fressen den Sommer hindurch, überwintern auf der Futterpflanze, oft in Rindenritzen, und werden im Frühjahr wieder aktiv. Sie ruhen wie ein Ästchen abgewinkelt auf der Futterpflanze und sind sehr schwer zu entdecken. Verpuppung Anfang Juni in Kokons aus Seide und Blattstückchen, die von Zweigen herabhängen. Die Falter schlüpfen im Juli.

Colotois pennaria Hübner **2**

VERBREITUNG: In Europa weit verbreitet und häufig.

BESCHREIBUNG: Länge bis 50 mm; Körper grau, zuweilen lila getönt, mit Reihen ockerfarbener oder gelber Zeichnungen auf dem Rücken und an den Seiten; Segment 12 mit einem Paar kegelförmiger Rückenwarzen; Kopf rötlichbraun mit blasseren Mustern.

HABITAT: Wälder.

FUTTERPFLANZEN: Eiche (*Quercus*), Birke (*Betula*), Weide (*Salix*), Schlehe (*Prunus spinosa*), Weißdorn (*Crataegus*), Pappel (*Populus*) und viele andere Laubbäume und -sträucher.

BIOLOGIE: Eine Generation im Jahr. Die Eier werden im November auf Zweige gelegt, schlüpfen aber erst im folgenden Frühjahr. Die Raupen findet man von April bis Juni. Sie fressen zumeist nachts und ruhen tagsüber auf der Futterpflanze. Verpuppung im Juni in der Erde. Die Falter schlüpfen im Oktober.

Angerona prunaria Linnaeus *Schlehenspanner* **18**

VERBREITUNG: Im gemäßigten Europa weit verbreitet.

BESCHREIBUNG: Länge bis 50 mm; Körperfarbe variabel, von blaß gelblichbraun über graubraun bis rötlichbraun, manchmal mit einer Reihe schwärzlicher Striche und Punkte auf Rücken und Seiten; Segment 5 mit einem Paar kleiner Rückenbuckel; Segment 9 mit einem auffälligen Paar langer, spitzer Rückenfortsätze; Kopf braun.

HABITAT: Wälder und Gebüsche.

FUTTERPFLANZEN: Schlehe (*Prunus spinosa*), Pflaume (*P. domestica*), Weißdorn (*Crataegus*), Birke (*Betula*), Waldrebe (*Clematis vitalba*), Ginster (*Cytisus scoparius*) und viele andere Laubbäume und -sträucher.

BIOLOGIE: Eine Generation im Jahr. Die Eier werden im Juli abgelegt. Die Raupen schlüpfen im August. Sie fressen bis September oder Oktober, überwintern und vollenden ihre Entwicklung im folgenden Frühjahr. Verpuppung im Mai oder Juni zwischen versponnenen Blättern der Futterpflanze. Die Falter schlüpfen im Juni oder Juli.

Apocheima pilosaria Denis & Schiffermüller *Schneespanner* **18**

VERBREITUNG: Im gemäßigten Europa weit verbreitet und häufig.

BESCHREIBUNG: Länge bis 38 mm; kräftig, nach vorn verjüngt; Körper graubraun oder grünlichbraun mit rötlichbraunen Mustern; Rücken und Seiten mit kleinen, kegelförmigen Warzen, auf denen die Borsten stehen; diese Warzen sind auf den Segmenten 5, 6, 7 und 12 am deutlichsten; Kopf grau oder grünlichbraun.

HABITAT: Wälder und Hecken.

FUTTERPFLANZEN: Schlehe (*Prunus spinosa*), Pflaume (*P. domestica*), Weißdorn (*Crataegus*), Birke (*Betula*), Eiche (*Quercus*), Linde (*Tilia*), Ulme (*Ulmus procera*), Weide (*Salix*), Pappel (*Populus*) und viele andere Laubbäume und -sträucher.

BIOLOGIE: Eine Generation im Jahr. Die Eier werden im März abgelegt. Die Raupen findet man von April bis Juni. Sie fressen anfangs an den Blattknospen, später am Laub. Sie sind meist nachtaktiv und ruhen tagsüber auf Zweigen der Futterpflanze. Verpuppung Ende Juni am Fuß des Baumes in der Erde. Die Falter schlüpfen gewöhnlich im Januar oder Februar des folgenden Jahres. Die Weibchen sind flügellos.

Apocheima alpina Sulzer 28

Verbreitung: In den Alpen verbreitet.

Beschreibung: Länge bis 40 mm; Körper gelblichweiß, stark schwarz gepunktet und gestreift; eine breite, gelbe Rückenlinie und ein leuchtend gelber Substigmatalstreifen; Kopf gelb, schwarz gefleckt.

Habitat: Gebirge.

Futterpflanzen: Klee (*Trifolium*), Gänseblümchen (*Bellis perennis*), Schafgarbe (*Achillea millefolium*) und andere Pflanzen.

Biologie: Eine Generation im Jahr. Die Raupen fressen von Juni bis Juli. Die Puppen überwintern ein oder zweimal, bevor die Falter im März oder April schlüpfen.

Lycia hirtaria Clerck 7

Verbreitung: Im gemäßigten Europa weit verbreitet.

Beschreibung: Länge bis 55 mm; Körper rötlichbraun, lilagrau oder grünlichgrau, fein schwarz gestrichelt und gefleckt und gelb gepunktet; erstes Segment mit einem kräftigen, gelben Band hinter dem Kopf; Kopf blaß rötlichbraun, schwarz gefleckt.

Habitat: Wälder, Gebüsche, Parks und Alleen.

Futterpflanzen: Linde (*Tilia*), Ulme (*Ulmus*), Weide (*Salix*), Apfel (*Malus*), Pflaume (*Prunus*), Birne (*Pyrus*) und fast jeder andere Laubbaum und -strauch.

Biologie: Eine Generation im Jahr. Die Eier werden im April abgelegt. Die Raupen findet man von Mai bis Juli. Sie fressen nachts und ruhen tagsüber auf Ästen und Zweigen der Futterpflanze. Verpuppung Ende Juli in der Erde. Die Falter schlüpfen im folgenden Frühjahr.

Biston strataria Hufnagel *Pappelspanner* 6

Verbreitung: In Zentral- und Südeuropa weit verbreitet, aber lokal.

Beschreibung: Länge bis 55 mm; Körperfarbe variabel, von graubraun bis lilabraun; mit zwei rötlichbraunen Rückenbuckeln und drei kleineren Buckeln auf der Unterseite; zuweilen mit einer Reihe dunkler, rautenförmiger Rückenzeichnungen; Kopf rötlichbraun, stark eingekerbt.

Habitat: Wälder.

Futterpflanzen: Eiche (*Quercus*), Birke (*Betula*), Ulme (*Ulmus*), Schlehe (*Prunus spinosa*), Rose (*Rosa*) und viele andere Laubbäume und -sträucher.

Biologie: Eine Generation im Jahr. Die Eier werden im April abgelegt. Die Raupen findet man von Mai bis Juli. Sie fressen nachts und ruhen tagsüber auf einem Zweig der Futterpflanze. Verpuppung Ende Juli in der Erde. Die Falter schlüpfen im Februar oder März des folgenden Jahres.

Biston betularia Linnaeus *Birkenspanner* 6

Verbreitung: In Europa weit verbreitet.

Beschreibung: Länge bis 60 mm; Körper lilabraun, bräunlichgrün oder grün mit einer lilafarbenen Rückenlinie; Segment 8 mit einem Paar auffälliger, knopfartiger Verdickungen; Kopf braun, stark eingekerbt.

Habitat: Wälder und Hecken.

Futterpflanzen: Eiche (*Quercus*), Birke (*Betula*), Ulme (*Ulmus*), Buche (*Fagus sylvatica*), Weide (*Salix*), Pflaume (*Prunus*) und viele andere Laubbäume und -sträucher.

BIOLOGIE: Eine Generation im Jahr. Die Eier werden im Juni abgelegt. Die Raupen findet man von Juli bis September. Sie fressen nachts, bleiben aber tagsüber auf der Futterpflanze, wo sie sehr gut getarnt sind. Verpuppung im Herbst in der Erde am Fuß des Baumes. Die Falter schlüpfen im Mai des folgenden Jahres.

Agriopis aurantiaria Hübner 4

VERBREITUNG: In Europa weit verbreitet.

BESCHREIBUNG: Länge bis 30 mm; Körper gelblich- oder rötlichbraun, kräftig gemustert mit feinen, lilabraunen Strichen und oft mit einem breiten, dunkelbraunen Seitenband; Unterseite dunkel lilabraun mit gelben Streifen; Kopf rötlichbraun.

HABITAT: Wälder.

FUTTERPFLANZEN: Birke (*Betula*), Hainbuche (*Carpinus betulus*), Eiche (*Quercus*), Weißdorn (*Crataegus*), Schlehe (*Prunus spinosa*) und andere Bäume und Sträucher.

BIOLOGIE: Eine Generation im Jahr. Die Eier werden im November abgelegt, schlüpfen aber erst im folgenden Frühjahr. Die Raupen findet man von April bis Juni. Sie fressen nachts, sitzen aber auch tagsüber auf dem Laub. Verpuppung Ende Juni in fragilen Kokons zwischen Fallaub. Die Falter schlüpfen im Oktober.

Agriopis marginaria Fabricius 5

VERBREITUNG: In Europa weit verbreitet.

BESCHREIBUNG: Länge bis 29 mm; Körperfarbe sehr variabel, von mattgelb über olivgrün und rotbraun bis lilabraun; mit schwärzlichen Rückenzeichnungen, die gelegentlich X-förmig sind; zuweilen mit einer dunklen Linie oberhalb der weißen Stigmen; Kopf braun.

HABITAT: Wälder und Hecken.

FUTTERPFLANZEN: Schlehe (*Prunus spinosa*), Weißdorn (*Crataegus*), Eiche (*Quercus*), Birke (*Betula*), Hainbuche (*Carpinus betulus*), Weide (*Salix*) und andere Laubbäume und -sträucher.

BIOLOGIE: Eine Generation im Jahr. Die Eier werden im April abgelegt. Die Raupen fressen von April bis Juni. Verpuppung im Juni knapp unter der Erdoberfläche am Fuß des Baumes. Die Falter schlüpfen im Februar oder März des folgenden Jahres.

Erannis defoliaria Clerck *Großer Frostspanner* 5

VERBREITUNG: In Europa weit verbreitet.

BESCHREIBUNG: Länge bis 32 mm; Körper rötlich- oder gelblichbraun mit einer schwarzen Linie oberhalb der Stigmen; unterhalb dieser Linie gelb oder ockerfarben, manchmal mit rötlichbraunen Flecken um die Stigmen; Kopf rotbraun, eingekerbt.

HABITAT: Wälder und Gebüsche.

FUTTERPFLANZEN: Buche (*Fagus sylvatica*), Eiche (*Quercus*), Birke (*Betula*), Hasel (*Corylus avellana*), Schlehe (*Prunus spinosa*), Weißdorn (*Crataegus*), Rose (*Rosa*), Geißblatt (*Lonicera*) und viele andere Laubbäume und -sträucher.

BIOLOGIE: Eine Generation im Jahr. Die Eier werden im Winter abgelegt. Die Raupen findet man von März bis Juni, am häufigsten im April und Mai. Bei Störung lassen sie sich an einem Seidenfaden fallen und warten ab, bis die Gefahr vorbei ist. Verpuppung im Juni am Boden. Die Falter schlüpfen im Spätherbst und frühen Winter.

Menophra abruptaria Thunberg **26**

Verbreitung: In Zentral- und Südeuropa weit verbreitet.

Beschreibung: Länge bis 40 mm; Körper graubraun, zuweilen mit grün, oder fast schwarz; mit rosafarbenen oder lilabraunen Flecken und dunklen Rückenlinien und -bändern; mit drei kleinen, schwarzgerandeten Rückenbuckeln; Kopf graubraun, tief eingekerbt.

Habitat: Gebüsche, Gärten, Parks und Straßenränder.

Futterpflanzen: Liguster (*Ligustrum*), Flieder (*Syringa vulgaris*) und Rote Johannisbeere (*Ribes rubrum*).

Biologie: Eine Generation im Jahr. Die Eier werden im Mai abgelegt. Die Raupen fressen von Mai bis August. Verpuppung im August in Kokons, die an Zweigen der Futterpflanze angesponnen sind. Die Falter schlüpfen im April des folgenden Jahres.

Peribatodes rhomboidaria Denis & Schiffermüller **17**

Verbreitung: In Europa weit verbreitet.

Beschreibung: Länge bis 40 mm; Körperfarbe variabel, von graubraun bis rötlichbraun, manchmal gelblichbraun überrieselt und mit dunklen Rückenmustern, die zuweilen eine Reihe von Rauten bilden; Kopf braun.

Habitat: Wälder und Hecken.

Futterpflanzen: Weißdorn (*Crataegus*), Birke (*Betula*), Efeu (*Hedera helix*), Liguster (*Ligustrum*), Flieder (*Syringa vulgaris*), und viele andere Bäume und Sträucher.

Biologie: Eine Generation im Jahr; gelegentlich im September eine zweite Faltergeneration. Die Eier werden im August abgelegt. Die Raupen schlüpfen im Frühherbst, fressen eine Zeitlang und überwintern dann. Sie sind gegen Ende Mai ausgewachsen. Verpuppung im Juni in Kokons, die an Zweigen der Futterpflanze angesponnen sind. Die Falter schlüpfen im Juli.

Alcis repandata Linnaeus **7**

Verbreitung: In Europa weit verbreitet, außer im äußersten Süden.

Beschreibung: Länge bis 40 mm; Färbung sehr variabel, von blaß graubraun über gelblichbraun und dunkel rotbraun bis schwärzlichbraun; helle Formen mit einer dunkelbraunen Rückenlinie und einer Reihe rautenförmiger Zeichnungen sowie mit schwarzen Punkten; Kopf braun.

Habitat: Wälder, Hecken, Heiden und Moore.

Futterpflanzen: Birke (*Betula*), Ulme (*Ulmus*), Hasel (*Corylus avellana*), Weißdorn (*Crataegus*), Heidelbeere (*Vaccinium myrtillus*), Heidekraut (*Calluna vulgaris*) und eine breite Palette von weiteren Bäumen und Sträuchern.

Biologie: Eine Generation im Jahr, zuweilen im September eine zweite Faltergeneration. Die Eier werden im Juli abgelegt und schlüpfen noch im gleichen Monat. Die Raupen fressen während der Sommermonate, überwintern und vollenden ihre Entwicklung im Frühjahr. Verpuppung im Mai im Boden. Die Falter schlüpfen im Juni.

Boarmia roboraria Denis & Schiffermüller **6**

Verbreitung: In Europa weit verbreitet, außer im äußersten Süden.

Beschreibung: Länge bis 50 mm; ziemlich kräftig; Körper rötlichbraun, manchmal ockerfarben gezeichnet; Segmente 5 und 11 mit grauen Rückenbuckeln; Segment 6 mit einer Anschwellung auf der Unterseite; Kopf braun, eingekerbt.

Habitat: Wälder.

Futterpflanzen: Eiche (*Quercus*); gelegentlich Birke (*Betula*) und vielleicht andere Laubbäume.

Biologie: Eine Generation im Jahr. Die Eier werden im Juli abgelegt. Die Raupen schlüpfen im Spätsommer. Sie fressen im Herbst und nach der Überwinterung bis Mai. Wenn sie auf Zweigen der Futterpflanze ruhen, sind sie sehr schwer zu entdecken. Verpuppung im Mai in leichten Gespinsten knapp unter der Erdoberfläche. Die Falter schlüpfen im folgenden Monat.

Serraca punctinalis Scopoli 6

Verbreitung: In Zentral- und Südeuropa weit verbreitet.

Beschreibung: Länge bis 45 mm; Körperfarbe variabel, von braun bis grüngrau, oft rötlichbraun gezeichnet; Segment 5 verdickt, mit einem Paar warzenartiger Rükkenfortsätze; Kopf braun oder grünlichgrau, leicht eingekerbt.

Habitat: Wälder.

Futterpflanze: Eiche (*Quercus*), Birke (*Betula*), gelegentlich Weide (*Salix*) und eine Reihe weiterer Laubbäume und -sträucher.

Biologie: Eine Generation im Jahr, zuweilen eine zweite Faltergeneration im September. Die Eier werden im Juni abgelegt. Die Raupen fressen im Juli und August und sind Ende August ausgewachsen. Verpuppung am Boden. Die Falter schlüpfen im Juni des folgenden Jahres.

Cleorodes lichenaria Hufnagel 32

Verbreitung: In Zentral- und Südeuropa lokal verbreitet.

Beschreibung: Länge bis 25 mm; Körper grün oder graugrün, selten gelblich; schwarz gefleckt; mit kleinen, paarigen Rückenwarzen; Kopf blaß rötlichbraun.

Habitat: Feuchte Wälder, Gebüsche und Straßenränder.

Futterpflanzen: Flechten auf Baumstämmen, Zweigen, Holzzäunen oder Pfählen.

Biologie: Eine Generation im Jahr. Die Eier werden im Juli abgelegt, die Raupen schlüpfen im folgenden Monat. Sie fressen im Spätsommer, überwintern und vollenden ihre Entwicklung im Frühjahr. Sie werden meist im Mai oder Juni gefunden, wenn sie fast ausgewachsen sind. Sie sind aber extrem gut getarnt und schwierig zu entdecken. Verpuppung im Juni in Kokons zwischen Moosen und Flechten. Die Falter schlüpfen im folgenden Monat.

Ematurga atomaria Linnaeus 24

Verbreitung: In Europa weit verbreitet.

Beschreibung: Länge bis 30 mm; Körperfarbe sehr variabel, von grün über graubraun und ockerfarben bis lilabraun, oft mit blassen, rautenförmigen Zeichnungen und weißen Flecken auf dem Rücken und mit unterbrochenen, schwärzlichen Seitenstreifen; Kopf braun oder grünlich, rötlichbraun gefleckt.

Habitat: Heiden und Moorgebiete.

Futterpflanzen: Heidekraut (*Calluna vulgaris*), Graue Heide (*Erica cinera*), Glokkenheide (*E. tetralix*), Gagelstrauch (*Myrica gale*) und andere niedrige Pflanzen in diesen Lebensräumen.

Biologie: Eine Generation im Jahr. Die Eier werden im Juni abgelegt. Die Raupen fressen von Juli bis September. Verpuppung im Herbst in der Erde. Die Falter schlüpfen im Mai des folgenden Jahres.

Bupalus piniaria Linnaues *Kiefernspanner* **1**

VERBREITUNG: In Europa weit verbreitet und häufig.

BESCHREIBUNG: Länge bis 30 mm; Körper leuchtend grün mit einer breiten, weißen, schwarzgerandeten Rückenlinie und einer gelben, dunkelgrün gerandeten Seitenlinie; Kopf grün.

HABITAT: Nadelwälder.

FUTTERPFLANZEN: Kiefer (*Pinus sylvestris*), Fichte (*Picea abies*), Tanne (*Abies alba*), Lärche (*Larix decidua*) und andere Nadelbäume.

BIOLOGIE: Eine Generation im Jahr. Die Eier werden im Juni in Reihen auf Nadeln abgelegt. Die Raupen fressen von Juli bis September. Sie können Schadfraß verursachen. Verpuppung im Herbst im Boden. Die Falter schlüpfen im Mai oder Juni des folgenden Jahres.

Lomographa temerata Denis & Schiffermüller **18**

VERBREITUNG: In Europa weit verbreitet.

BESCHREIBUNG: Länge bis 26 mm; Körper oben bläulichgrün, unten weißlichgrün, meist mit einer Reihe braungerandeter, rötlicher Rückenflecken; diese zuweilen ersetzt durch eine unterbrochene, rötlichbraune Rückenlinie, beiderseits davon weiße Flecken; Kopf grün mit zwei rotbraunen Flecken.

HABITAT: Gebüsche.

FUTTERPFLANZEN: Schlehe (*Prunus spinosa*), Pflaume (*P. domestica*), Vogelkirsche (*P. padus*) und eine Reihe weiterer Laubbäume und -sträucher.

BIOLOGIE: Eine Generation im Jahr. Die Eier werden im Mai und Juni in Rindenritzen oder in der Nähe von Blattachseln auf Zweige gelegt. Die Raupen schlüpfen nach rund zwei Wochen und fressen bis August oder September. Verpuppung im Herbst in leichten Gespinsten in der Erde. Die Falter schlüpfen im folgenden Frühjahr.

Aleucis distinctata Herrich-Schäffer **18**

VERBREITUNG: In Westeuropa verbreitet.

BESCHREIBUNG: Länge bis 25 mm; Körper grün oder dunkel graubraun, mit schwarzen, V-förmigen Rückenzeichnungen und auffälligen, weißen oder grünen Flecken auf den Segmenten 7 und 8; Kopf grün oder braun.

HABITAT: Hügelflanken, Heiden und Gebüsche.

FUTTERPFLANZEN: Schlehe (*Prunus spinosa*).

BIOLOGIE: Eine Generation im Jahr. Die Eier werden im August abgelegt. Die Raupen findet man von Mai bis Juli. Sie fressen nachts, bleiben aber auch tagsüber auf der Futterpflanze. Verpuppung Ende Juli in der Erde. Die Falter schlüpfen im folgenden Frühjahr.

Theria primaria Haworth **17**

VERBREITUNG: In Zentraleuropa vermutlich weit verbreitet; das genaue Verbreitungsgebiet unsicher, da oft mit nahe verwandten Arten verwechselt.

BESCHREIBUNG: Länge bis 24 mm; Körper weißlichgrün bis dunkel graugrün mit weißen Rücken- und Seitenlinien; manchmal mit schwärzlichen Bändern und Flecken auf dem Rücken; Kopf graugrün.

HABITAT: Gebüsche und Heiden.

FUTTERPFLANZEN: Weißdorn (*Crataegus*), Schlehe (*Prunus spinosa*), Pflaume (*P. domestica*) und Heidelbeere (*Vaccinium myrtillus*).

Biologie: Eine Generation im Jahr. Die Eier werden im Februar in großen Gelegen auf Stämme und Zweige der Futterpflanze gelegt und locker mit Rindenstückchen oder anderem Material bedeckt. Die Raupen schlüpfen im zeitigen Frühjahr und fressen bis Mai. Verpuppung Ende Mai in lockeren Gespinsten auf dem Boden. Die Falter schlüpfen im Januar oder Februar des folgenden Jahres.

Campaea margaritata Linnaeus 7

Verbreitung: In Europa weit verbreitet und häufig.

Beschreibung: Länge bis 37 mm; ziemlich dick, nach vorn verjüngt; Unterseite abgeflacht; Körperfarbe variabel, von grünlich oder gelblichbraun bis lilabraun; mit einem Saum haarartiger Filamente unten längs der Seiten; Segment 9 mit einem zusätzlichen Paar Bauchbeine; Kopf graubraun mit dunklerer Fleckung.

Habitat: Wälder und Gebüsche.

Futterpflanzen: Eiche (*Quercus*), Buche (*Fagus sylvatica*), Birke (*Betula*), Ulme (*Ulmus*), Weißdorn (*Crataegus*), Schlehe (*Prunus spinosa*) und andere Laubbäume und -sträucher.

Biologie: Eine Generation im Jahr. Die Eier werden im Juli abgelegt. Die Raupen schlüpfen im folgenden Monat. Sie fressen im Spätsommer und Frühherbst, überwintern und vollenden ihre Entwicklung im Frühjahr. Verpuppung Ende Mai am Boden. Die Falter schlüpfen im Juni.

Gnophos obfuscatus Denis & Schiffermüller 19

Verbreitung: In Europa weit verbreitet und lokal häufig.

Beschreibung: Länge bis 24 mm; Körper grau oder graubraun, manchmal mit dunklen Linien und V-förmigen Zeichnungen auf dem Rücken; mit einer dunkelgrauen Stigmatallinie, darunter blasser; Kopf graubraun.

Habitat: Heiden, Moore und Bergflanken.

Futterpflanzen: Heidekraut (*Calluna vulgaris*), Graue Heide (*Erica cinera*), Glokkenheide (*E. tetralix*), Färberginster (*Genista tinctoria*), Englischer Ginster (*G. anglica*) und Besenginster (*Cytisus scoparius*).

Biologie: Eine Generation im Jahr. Die Eier werden im Juli in kleinen Gruppen abgelegt. Die Raupen schlüpfen im folgenden Monat. Sie fressen einige Zeit, überwintern und vollenden ihre Entwicklung im Frühjahr. Verpuppung im Juni in der Erde. Die Falter schlüpfen im folgenden Monat.

Gnophos obscuratus Denis & Schiffermüller 14

Verbreitung: In Zentral- und Südeuropa weit verbreitet.

Beschreibung: Länge bis 20 mm; Haut rauh; Körper graubraun, gemischt mit lila oder grün, manchmal mit weißen Flecken und einer Reihe blasser, dreieckiger Rückenzeichnungen; Segment 12 mit einem Paar erhabener, weißlicher, schwarzgestreifter Rückenwarzen; Kopf graubraun.

Habitat: Kalkhügel und -klippen, Heiden und Bergflanken.

Futterpflanzen: Sonnenröschen (*Helianthemum nummularium*), Kriechendes Fingerkraut (*Potentilla reptans*), Wiesenknopf (*Sanguisorba minor*), Thymian (*Thymus serpyllum*), Grasnelke (*Armeria maritima*), Glänzender Storchenschnabel (*Geranium lucidum*), Walderdbeere (*Fragaria vesca*) und Heidekraut (*Calluna vulgaris*).

Biologie: Eine Generation im Jahr. Die Eier werden im August abgelegt und schlüpfen im September. Die Raupen fressen noch einige Zeit, überwintern und vollenden ihre Entwicklung im Frühjahr. Sie fressen nachts und verbergen sich tagsüber unter Steinen oder zwischen Wurzeln. Verpuppung Ende Mai in der Laubstreu. Die Falter schlüpfen im Juli.

Gnophos glaucinarius Hübner 13

VERBREITUNG: In den höhergelegenen Gebieten Zentral- und Südeuropas verbreitet.

BESCHREIBUNG: Länge bis 25 mm; Körper grau bis gelblichgrau mit braunen Winkelflecken auf dem Rücken und einer gelblichweißen Substigmatallinie; Kopf weißlich, dunkelgrau gefleckt.

HABITAT: Gebirge.

FUTTERPFLANZEN: Fetthenne (*Sedum*), Schlangenknöterich (*Polygonum bistorta*), Gamander (*Teucrium*) und Löwenzahn (*Taraxacum*).

BIOLOGIE: In wärmeren Gebieten zwei Generationen, in höheren Lagen und weiter nördlich nur eine Generation im Jahr. Die Raupen fressen in Südeuropa von September bis Mai und von Juli bis August. Die Falter fliegen in Zentraleuropa gewöhnlich im Juli.

Aspitates gilvaria Denis & Schiffermüller 16

VERBREITUNG: In Zentral- und Südosteuropa lokal verbreitet.

BESCHREIBUNG: Länge bis 32 mm; Körper graubraun bis ockerfarben, manchmal an den Seiten rosa gemischt; eine breite, blasse, innen dunkle Rückenlinie; weitere blasse und dunkle Linien an den Seiten; viele dieser Zeichnungen setzen sich auch auf den Kopf fort, der ähnlich wie der Körper gefärbt ist; am Hinterende ein Paar langer, kegelförmiger Spitzen.

HABITAT: Kalkniederungen und andere trockene Gebiete.

FUTTERPFLANZEN: Thymian (*Thymus serpyllum*), Kriechendes Fingerkraut (*Potentilla reptans*), Schafgarbe (*Achillea millefolium*), Hopfenklee (*Medicago lupulina*), Hornklee (*Lotus corniculatus*), Quendelblättriger Ehrenpreis (*Veronica serpyllifolia*) und Vogelknöterich (*Polygonum aviculare*).

BIOLOGIE: Eine Generation im Jahr. Die Eier werden im Juli in Reihen abgelegt. Die Raupen schlüpfen im folgenden Monat. Sie fressen einige Zeit, überwintern und vollenden ihre Entwicklung im folgenden Frühjahr. Verpuppung im Juni in leichten Gespinsten an der Futterpflanze. Die Falter schlüpfen im Juli.

Perconia strigillaria Hübner 19

VERBREITUNG: In Europa weit verbreitet.

BESCHREIBUNG: Länge bis 38 mm; Körperfarbe variabel, von dunkel lilagrau bis ocker- oder gelblichbraun; mit einem Paar dunkler Rückenlinien und weiteren dunklen Seitenlinien; Segmente 5, 6 und 7 mit je einem Paar Rückenwarzen; Kopf gelblich- oder graubraun.

HABITAT: Heiden und Moorgebiete.

FUTTERPFLANZEN: Heidekraut (*Calluna vulgaris*), Graue Heide (*Erica cinerea*), Besenginster (*Cytisus scoparius*) und Stechginster (*Ulex europaeus*).

BIOLOGIE: Eine Generation im Jahr. Die Eier werden im Juli abgelegt. Die Raupen schlüpfen im folgenden Monat. Sie fressen einige Zeit, überwintern und vollenden ihre Entwicklung im Frühjahr. Auf Stechginster fressen sie an den Blüten. Verpuppung im Mai in Kokons zwischen Zweigen der Futterpflanze. Die Falter schlüpfen im Juni.

Sphingidae Schwärmer

Die Falter aus dieser Familie sind oft recht stattlich und meist sehr gewandte Flieger. Die großen Raupen sind in der Regel an einem auffälligen „Schwanz"horn auf dem 11. Segment zu erkennen. Der lateinische Familienname bezieht sich auf die Sphinx-artige Haltung, die manche Arten bei Störung einnehmen: der Vorderkörper wird erhoben und der Kopf etwas eingezogen. Der Körper ist zuweilen rauh und warzig, die Haare sind zu mikroskopischen Borsten reduziert. Sie fressen am Laub von Bäumen, Sträuchern und krautigen Pflanzen.

Agrius convolvuli Linnaeus *Windenschwärmer* **26**

VERBREITUNG: In Südeuropa weit verbreitet; wandert von Afrika aus nach fast allen Teilen Europas.

BESCHREIBUNG: Länge bis 110 mm; in Färbung und Zeichnung sehr variabel, kann aber in „grüne" und „braune" Formen aufgeteilt werden; grüne Formen mit leuchtendgrünem Körper und bräunlichen oder schwärzlichen Diagonalstreifen seitlich oberhalb der Stigmen; braune Formen mit schwärzlich- oder lilabraunem Körper und blaßbraunen oder rosafarbenen Diagonalstreifen oder ohne sie; Stigmen schwarz; Horn rot oder gelblich, mit schwarzer Spitze, Kopf rötlichbraun oder blaßocker, schwarz gestreift.

HABITAT: Felder, Brachland und andere Plätze, wo die Futterpflanzen wachsen.

FUTTERPFLANZEN: Ackerwinde (*Convolvulus arvensis*) und andere *Convolvulus*-Arten. Auch an Prachtwinde (*Ipomoea*).

BIOLOGIE: In wärmeren Gebieten zwei oder mehr Generationen im Jahr. Einwanderer bringen in Mitteleuropa eine Sommergeneration hervor, die Art ist hier jedoch nicht heimisch. Die Eier werden einzeln auf die Futterpflanze gelegt und schlüpfen nach rund einer Woche. Verpuppung unterirdisch. Die Falter fliegen in Zentraleuropa von Mai bis Juni und von August bis September.

Acherontia atropos Linnaeus *Totenkopf* **27**

VERBREITUNG: Wandert von Afrika aus regelmäßig weit nach Europa.

BESCHREIBUNG: Länge bis 130 mm; in Färbung und Zeichnung sehr variabel, mit braunen, gelblichen und grünen Formen. Die meisten Raupen in Europa gehören zur gelblichen Form, die lilaschwarze Rückenflecken und dunkelblaue oder lilabraune Diagonalstreifen hat; das Horn ist rauh und S-förmig gebogen; Kopf gelb, mit zwei breiten, schwarzen Streifen.

HABITAT: Felder, Gärten und andere Plätze, wo geeignete Futterpflanzen wachsen.

FUTTERPFLANZEN: Vor allem auf Kartoffel (*Solanum tuberosum*) und verwandten Pflanzen, aber auch auf einer Reihe anderer Pflanzen, z. B. Liguster (*Ligustrum*).

BIOLOGIE: In Afrika zwei oder drei Generationen im Jahr. Einwanderer bringen in Teilen Europas eine Sommergeneration hervor, die Art ist hier jedoch nicht heimisch. Die Eier werden einzeln abgelegt. Verpuppung in der Erde. In Südeuropa schlüpfen die Falter noch im Herbst.

Sphinx ligustri Linnaeus *Ligusterschwärmer* **26**

VERBREITUNG: In Europa weit verbreitet.

BESCHREIBUNG: In Europa weit verbreitet.

BESCHREIBUNG: Länge bis 100 mm; Körper leuchtend grün, mit 7 weißen, lilagerandeten Diagonalstreifen an jeder Seite; Horn glänzend schwarz, spitz; Kopf gelblichgrün mit zwei breiten, schwarzen Streifen.

HABITAT: Parks, Gärten und Gebüsche.

FUTTERPFLANZEN: Liguster (*Ligustrum*), Flieder (*Syringa vulgaris*) und Esche (*Fraxinus excelsior*); nur ausnahmsweise an anderen Pflanzen.

BIOLOGIE: Eine Generation im Jahr. Die Eier werden im Juni oder Juli einzeln auf Blätter oder Stengel gelegt und schlüpfen nach rund einer Woche. Die Raupen fressen im Juli und August. Sie sind vor allem nachtaktiv, bleiben aber tagsüber auf der Futterpflanze, wo sie sehr gut getarnt und schwer zu entdecken sind. Verpuppung Ende August in der Erde. Die Falter schlüpfen im Juni des folgenden Jahres. Zuweilen überwintern die Puppen zweimal. §

Hyloicus pinastri Linnaeus *Kiefernschwärmer* 1

VERBREITUNG: In Europa weit verbreitet.

BESCHREIBUNG: Länge bis 80 mm; Körper grün mit schwärzlichen Querlinien; ein breites, rötlichbraunes Rückenband, das sich seitlich zuweilen bis zu den Stigmen ausdehnt; 3 gelblichweiße Längslinien, die u. U. von dem rötlichbraunen Band überdeckt werden; eine unterbrochene, gelblichweiße Substigmatallinie; Stigmen orange, schwarz umrandet; Horn etwas rauh, schwarz; Kopf blaßbraun mit schwarzen Streifen. Jungraupen sind grün mit gelblichweißen Streifen.

HABITAT: Kiefernwälder.

FUTTERPFLANZEN: Kiefer (*Pinus sylvestris*) und Fichte (*Picea abies*).

BIOLOGIE: Eine Generation im Jahr. Die Eier werden im Juli in Gruppen zu zwei oder drei auf die Nadeln gelegt und schlüpfen nach rund einer Woche. Die Raupen fressen von August bis September. Sie sind auch tagsüber aktiv, aber sehr träge und auf ihrer Futterpflanze gut getarnt. Verpuppung im Herbst zwischen abgefallenen Nadeln auf oder knapp unter der Erdoberfläche. Die Falter schlüpfen im Juni oder Juli des folgenden Jahres.

Mimas tiliae Linnaeus *Lindenschwärmer* 8

VERBREITUNG: In Europa weit verbreitet.

BESCHREIBUNG: Länge bis 60 mm; Körper grün, fein gelblichweiß gefleckt, mit jederseits 7 gelben Diagonalstreifen; Stigmen weiß mit roten Säumen; Horn oben blau, unten gelb und lilarot; Afterschild rauh, gelb, lilabraun gezeichnet; Kopf dreieckig, grün mit weißen Streifen. Vor der Verpuppung wechselt die Körperfarbe nach lilabraun.

HABITAT: Wälder, Parks und Straßenränder.

FUTTERPFLANZEN: Linde (*Tilia*), Ulme (*Ulmus*), Birke (*Betula*) und Erle (*Alnus glutinosa*). Andere Pflanzen nur ausnahmsweise.

BIOLOGIE: Eine Generation im Jahr. Die Eier werden im Juni einzeln oder paarweise abgelegt und schlüpfen nach rund einer Woche. Die Raupen fressen von Juli bis September. Verpuppung knapp unter der Erdoberfläche. Die Falter schlüpfen im Mai oder Juni des folgenden Jahres.

Smerinthus ocellatus Linnaeus *Abendpfauenauge* 2

VERBREITUNG: In Europa weit verbreitet.

BESCHREIBUNG: Länge bis 80 mm; Körper bläulich- oder gelblichgrün, fein weiß gefleckt, mit jederseits 7 weißlichen oder blaß grüngelben Diagonalstreifen; Stigmen weiß mit dunkelroten Säumen; Horn graublau; Kopf dreieckig, grün mit zwei gelben Streifen. Eine Form hat an den Seiten rötliche Flecken.

HABITAT: Wälder, Gebüsche, Aulandschaften, Parks und Gärten.

Futterpflanzen: Weiden (*Salix*) und Pappeln (*Populus*). Andere Pflanzen nur ausnahmsweise.

Biologie: Eine, gelegentlich zwei Generationen im Jahr. Die Eier werden im Mai oder Juni einzeln oder paarweise abgelegt und schlüpfen nach rund einer Woche. Die Raupen fressen von Juni bis September. Verpuppung knapp unter der Erdoberfläche. Die Falter schlüpfen im Mai oder Juni des folgenden Jahres. §

Laothoe populi Linnaeus *Pappelschwärmer* **3**

Verbreitung: In Europa weit verbreitet.

Beschreibung: Länge bis 65 mm; sehr dick; Körper gelblich- oder bläulichgrün, fein weiß gefleckt, mit jederseits 7 grünlichweißen Diagonalstreifen; manchmal eine Reihe rötlicher Flecken oberhalb der Stigmen; Stigmen weiß mit dunkelroten Säumen; Horn gelblichgrün, manchmal mit rötlicher Spitze; Kopf dreieckig, grün mit zwei gelben Streifen.

Habitat: Feuchte Wälder und Gebüsche, Aulandschaften, Parks und andere Plätze, wo die Futterpflanzen wachsen.

Futterpflanzen: Pappeln und Espen (*Populus*), Weiden (*Salix*). Andere Pflanzen nur ausnahmsweise.

Biologie: Eine, gelegentlich zwei Generationen im Jahr. Die Eier werden im Juni einzeln oder in kleinen Gruppen abgelegt und schlüpfen nach rund einer Woche. Die Raupen fressen von Juli bis September. Verpuppung knapp unter der Erdoberfläche. Die Falter schlüpfen gewöhnlich im Mai des folgenden Jahres, zuweilen aber auch schon im Spätsommer oder Frühherbst.

Hemaris tityus Linnaeus *Skabiosenschwärmer* **28**

Verbreitung: In Europa weit verbreitet.

Beschreibung: Länge bis 35 mm; Körper weißlich- bis bläulichgrün, am Rücken und den Seiten unterschiedlich stark lila- oder braunrot gefleckt; Unterseite grün oder lilabraun; Horn rauh, rötlichbraun; Kopf grün. Farbe wird vor der Verpuppung rötlich.

Habitat: Sonnige Hänge, Trockenrasen, warme Waldlichtungen.

Futterpflanzen: Acker-Witwenblume (*Knautia arvensis*), Teufelsabbiß (*Succisa pratensis*), auch Karde (*Dipsacus*) und verwandte Pflanzen.

Biologie: Eine Generation im Jahr. Die Eier werden im Juni einzeln auf bodennahe Blätter gelegt und schlüpfen nach rund einer Woche. Die Raupen fressen von Juli bis August. Sie lassen sich bei Störung leicht zu Boden fallen. Verpuppung knapp unter der Erdoberfläche. Die Falter schlüpfen im Mai des folgenden Jahres. §

Hemaris fuciformis Linnaeus *Hummelschwärmer* **28**

Verbreitung: In Europa weit verbreitet.

Beschreibung: Länge bis 35 mm; Körper leuchtend grün, am Rücken mit weiß unterlegt; Unterseite bräunlich; Stigmen in rötlichbraunen Flecken; Horn an der Basis violett, zur Spitze hin dunkelbraun; Kopf grün.

Habitat: Lockere Wälder und Waldränder.

Futterpflanzen: Geißblatt und Heckenkirsche (*Lonicera*), zuweilen Schneebeere (*Symphoricarpos*).

Biologie: Eine Generation im Jahr. Die Eier werden im Mai und Juni einzeln abgelegt und schlüpfen nach rund einer Woche. Die Raupen fressen von Juni bis August. Verpuppung knapp unter der Erdoberfläche. Die Falter schlüpfen im Mai des folgenden Jahres. §

Macroglossum stellatarum Linnaeus *Taubenschwänzchen* **26**

VERBREITUNG: In Südeuropa weit verbreitet und häufig. Wandert alljährlich nordwärts durch fast ganz Europa.

BESCHREIBUNG: Länge bis 45 mm; Körper dunkelgrün oder rötlichbraun; fein weiß gefleckt, mit zwei weißen Rückenlinien, die zum Kopf hin gelblich werden; eine breite, gelbe Substigmatallinie; Horn blau mit gelber Spitze; Kopf grün oder braun.

HABITAT: Wiesen und Wegränder.

FUTTERPFLANZEN: Wiesenlabkraut (*Galium mollugo*), Echtes Labkraut (*G. verum*) und andere Rötegewächse.

BIOLOGIE: Im Süden zahlreiche Generationen im Jahr. Die Eier werden einzeln auf oder nahe Knospen und Blüten gelegt und schlüpfen nach rund einer Woche. Verpuppung in lockeren Gespinsten am Boden. Die Falter schlüpfen nach etwa vier Wochen. Die Falter überwintern, überstehen aber nördlich der Alpen den Winter nicht.

Hyles euphorbiae Linnaeus *Wolfsmilchschwärmer* **22**

VERBREITUNG: In Zentral- und Südeuropa weit verbreitet.

BESCHREIBUNG: Länge bis 80 mm; Körper schwarz, fein gelb gefleckt; eine kräftig rote Rückenlinie; Rücken und Seiten unterschiedlich stark mit gelben oder roten Flecken gezeichnet; eine breite, gelbe oder rote Substigmatallinie; Horn rot mit schwarzer Spitze; Kopf rot.

HABITAT: Feldränder und Brachland.

FUTTERPFLANZEN: Wolfsmilch (*Euphorbia*); nur Arten mit weißem Milchsaft.

BIOLOGIE: Eine oder zwei Generationen im Jahr. Die Eier werden in kleineren Gruppen abgelegt und schlüpfen nach rund einer Woche. Verpuppung in lockeren Gespinsten am Boden. Aus den Puppen der ersten Generation schlüpfen die Falter nach 2 bis 3 Wochen; Herbstpuppen überwintern, die Falter schlüpfen im Mai des folgenden Jahres. §

Hyles gallii Rottemburg *Labkrautschwärmer* **26**

VERBREITUNG: In Europa weit verbreitet.

BESCHREIBUNG: Länge bis 80 mm; Körperfarbe variabel, von olivgrün bis braun oder dunkel lilagrau; fein gelb gefleckt; eine Reihe großer, runder, gelber oder blaß gelbbrauner Flecken an den Seiten oberhalb der Stigmen; Beine oft schwarz; Horn rötlichbraun, rauh und spitz; Kopf oft rosa. Junge Raupen sind gewöhnlich grün.

HABITAT: Waldränder und Wiesen, besonders in sandigen Gegenden.

FUTTERPFLANZEN: Weidenröschen (*Epilobium*), Labkraut (*Galium*) und gelegentlich Fuchsie (*Fuchsia*).

BIOLOGIE: Eine oder zwei Generationen im Jahr. Die Eier werden einzeln auf Blätter oder Blüten abgelegt und schlüpfen nach rund einer Woche. Die Raupen fressen etwa 4 bis 5 Wochen lang. Verpuppung am Boden. Die Falter schlüpfen entweder nach einigen Wochen oder erst im Mai des folgenden Jahres. §

Hyles vespertilio Esper *Fledermausschwärmer* **23**

VERBREITUNG: In den Alpen und den angrenzenden Gebirgen verbreitet.

BESCHREIBUNG: Länge bis 80 mm; Körper graubraun, ockerweiß gemustert; mit einer Reihe großer, gelblichweißer oder rötlicher, schwarzgerandeter, oft durch einen

Strich geteilter Flecken oberhalb der Stigmen; einer der wenigen europäischen Schwärmer ohne eine Spur des Horns auf Segment 11; Kopf graubraun. Jungraupen grün.

HABITAT: Hügelflanken und Berghänge.

FUTTERPFLANZEN: Ufer-Feuerkraut (*Chamaenerion palustre = Epilobium dodonai*), vielleicht auch andere *Epilobium*-Arten.

BIOLOGIE: Eine oder zwei Generationen im Jahr. Die Eier werden im Juni und wieder im August einzeln oder paarweise abgelegt. Die Raupen findet man von Juni bis Oktober. Sie fressen vor allem nachts und verbergen sich tagsüber an der Basis der Futterpflanze. Verpuppung in lockeren Gespinsten in der Blattstreu. Die Falter fliegen von Mai bis Juni und von Juli bis September; in höheren Lagen in einer Generation im Juli. §

Deilephila elpenor Linnaeus *Mittlerer Weinschwärmer* 23

VERBREITUNG: In Europa weit verbreitet.

BESCHREIBUNG: Länge bis 80 mm; kräftig, nach vorn stark verjüngt; Körper blaß ockerfarben oder (seltener) grün, stark dunkelbraun oder schwärzlich gefleckt und gemustert; auf den ersten 5 Segmenten weniger stark gezeichnet; auf den Segmenten 4 und 5 je ein Paar auffälliger, nierenförmiger, weißgerandeter, blaßlila „Augenflecken"; Horn klein; Kopf dunkel graubraun. Junge Raupen sind grün.

HABITAT: Wiesen, Waldlichtungen, Brachland, Gärten, Flußtäler und andere Plätze, wo Futterpflanzen wachsen.

FUTTERPFLANZEN: Weidenröschen (*Epilobium*), Labkraut (*Galium*), Wein (*Vitis*) und Nachtkerze (*Oenothera*). In Gärten häufig auf Fuchsie (*Fuchsia*).

BIOLOGIE: Eine Generation im Jahr. Die Eier werden im Juni einzeln oder paarweise abgelegt und schlüpfen nach rund einer Woche. Die Raupen fressen von Juli bis September. Bei Störung zieht die Raupe den Kopf ein, so daß der Vorderkörper aufgebläht und die Augenflecken auffällig vergrößert werden. Diese „Schlangenpose" schreckt offenbar manchen Feind ab. Verpuppung im Spätsommer oder Frühherbst in der Laubstreu am Boden oder knapp unter der Erdoberfläche. Die Falter schlüpfen gewöhnlich im Juni des folgenden Jahres, gelegentlich erscheint aber auch ein Teil noch im Spätsommer.

Deilephila porcellus Linnaeus *Kleiner Weinschwärmer* 23

VERBREITUNG: In Europa weit verbreitet.

BESCHREIBUNG: Länge bis 60 mm; Körper blaßgrau oder (selten) grün, stark schwarz gefleckt und gemustert; auf den Segmenten 4 und 5 je ein Paar rundlicher, weißgerandeter, blaßlila „Augenflecken"; anstelle des Horns ein kleiner Buckel; Kopf grauschwarz. Junge Raupen sind grün.

HABITAT: Wiesen, Heiden, Trockenrasen.

FUTTERPFLANZEN: Offenbar ausschließlich Labkraut-(*Galium*-)Arten.

BIOLOGIE: Eine Generation im Jahr. Die Eier werden im Juni einzeln abgelegt und schlüpfen nach rund einer Woche. Die Raupen fressen von Juli bis September und sind im Wesentlichen nachtaktiv. Bei Störung weisen sie ihre Augenflecken in ähnlicher Weise vor wie *D. elpenor*. Verpuppung im September in lockeren Gespinsten in der Blattstreu oder knapp unter der Erdoberfläche. Die Falter schlüpfen im Mai des folgenden Jahres.

Notodontidae Zahnspinner

In dieser Nachtfalterfamilie findet sich die vielleicht größte Vielfalt unterschiedlichster Raupentypen. Einige ähneln denen der Familie Noctuidae und haben glatte Haut und einen zylindrischen Körper. Viele andere haben bizarre Buckel und Spitzen, noch andere peitschenartige „Schwänze" oder spinnenartig lange Vorderbeine. Einige, wie der Mondfleck (*Phalera bucephala*) sind mit feinen Haaren besetzt; andere, wie der Erpelschwanz und seine Verwandten (*Clostera*), besitzen sowohl Haarbüschel wie auch Rückenbuckel. In Europa fressen fast alle Arten am Laub von Bäumen und Sträuchern.

Phalera bucephala Linnaeus *Mondfleck* 5

VERBREITUNG: In Europa weit verbreitet.

BESCHREIBUNG Länge bis 60 mm; mit feinen, weißen Haaren bedeckt; Körper leuchtend orangegelb mit breiten, schwarzen Bändern auf dem Rücken und an den Seiten, die ihrerseits von gelben und orangefarbenen Querbändern unterbrochen werden; Kopf schwarz mit einem gelben, V-förmigen Muster.

HABITAT: Wälder und Parks.

FUTTERPFLANZEN: Eiche (*Quercus*), Ulme (*Ulmus*), Weide (*Salix*), Linde (*Tilia*), Hasel (*Corylus avellana*) und andere Laubbäume und -sträucher.

BIOLOGIE: Eine Generation im Jahr. Die Eier werden im Juli in großen Gelegen abgelegt. Die Raupen fressen von Juli bis September. Sie sind fast ihr ganzes Leben lang gesellig und fressen gemeinsam einen ganzen Zweig leer, bevor sie zum nächsten ziehen. Erst gegen Ende der Raupenzeit verstreuen sie sich. Verpuppung im Herbst in der Erde. Die Falter schlüpfen im Mai des folgenden Jahres.

Cerura vinula Linnaeus *Großer Gabelschwanz* 2

VERBREITUNG: In Europa weit verbreitet.

BESCHREIBUNG: Länge bis 65 mm; sehr dick, nach hinten verschmälert, mit zwei langen Schwänzen; Körper leuchtend grün mit einem weißgerandeten, lilaschwarzen, sattelförmigen Rückenband, das auf Segment 3 eingeschnürt ist; auf diesem Segment ein kleiner, spitzer Buckel; Kopf braun, schwarz gezeichnet. Junge Raupen sind schwärzlichbraun und haben ein Paar auffällige, ohrförmige Forsätze hinter dem Kopf.

HABITAT: Aulandschaften, Wälder und Gebüsche, wo die Futterpflanzen wachsen.

FUTTERPFLANZEN: Weiden (*Salix*), Pappeln (*Populus*) und vielleicht einige andere Laubbäume.

BIOLOGIE: Eine Generation im Jahr. Die Eier werden im Mai in kleinen Gruppen abgelegt und schlüpfen nach rund 10 Tagen. Die Raupen fressen von Juli bis Anfang September. Bei Störung nehmen sie eine Schreckhaltung ein, bei der sie den Kopf anheben und aus den Schwänzen lange, rote Filamente ausstülpen, die in Ruhe zurückgezogen sind. Sie können außerdem aus einer Drüse unterhalb des Kopfes eine saure Flüssigkeit versprühen. Verpuppung im September in festen Kokons aus Seide und zerkauter Rinde am Stamm. Die Falter schlüpfen im Mai oder Juni des folgenden Jahres. §

Furcula bicuspis Borkhausen *Birkengabelschwanz* 5

VERBREITUNG: In Zentral- und Nordeuropa verbreitet.

BESCHREIBUNG: Länge bis 40 mm; dick, nach, nach hinten verjüngt, mit zwei langen Schwänzen; Körper grün mit einer weißgerandeten, dunkel lilabraunen, sattelförmigen Zeichnung auf dem Rücken der Segmente 4 bis 11 und einer länglichen, dreieckigen Rückenzeichnung auf den Segmenten 1 und 2; Segment 2 mit einem kleinen, spitzen Buckel; Kopf dunkel rötlichbraun.

HABITAT: Wälder.

FUTTERPFLANZEN: Birke (*Betula*) und Erle (*Alnus glutinosa*).

BIOLOGIE: Eine Generation im Jahr. Die Eier werden im Juni in kleinen Gruppen abgelegt. Die Raupen fressen von Juli bis September. Bei Störung verhalten sie sich ähnlich wie *C. vinula*. Verpuppung im Herbst in festen Kokons an Zweigen oder Stämmen. Die Falter schlüpfen im Mai oder Juni bis folgenden Jahres. §

Furcula furcula Clerck 2

VERBREITUNG: In Europa weit verbreitet.

BESCHREIBUNG: Länge bis 35 mm; Körper ziemlich dick, nach hinten verjüngt, mit zwei langen Schwänzen; leuchtend grün mit einer gelbgerandeten, lilabraunen, sattelförmigen Rückenzeichnung, die auf Segment 3 fast durchgeschnürt ist; Segment 2 mit einem kleinen Buckel; Kopf lilabraun, hinten schwarz gezeichnet.

HABITAT: Aulandschaften, Wälder und Moore.

FUTTERPFLANZEN: Weiden (*Salix*), Pappeln (*Populus*) und vielleicht gelegentlich Birke (*Betula*).

BIOLOGIE: Im Süden zwei Generationen im Jahr, im Norden und Westen nur eine. Die Eier werden im Juni und August in kleinen Gruppen auf die Blattoberseiten gelegt und schlüpfen nach etwa 10 Tagen. Die Raupen fressen von Juni bis Juli und von August bis September. Bei Störung verhalten sie sich ähnlich wie *C. vinula*. Verpuppung in festen Kokons aus Seide und zerkauter Rinde an Zweigen. Die Falter der ersten Generation schlüpfen im August, Herbstpuppen entlassen die Falter im Mai oder Juni des folgenden Jahres. §

Furcula bifida Brahm *Kleiner Gabelschwanz* 3

VERBREITUNG: In Europa weit verbreitet.

BESCHREIBUNG: Länge bis 40 mm; Körper ziemlich dick, nach hinten verjüngt, mit zwei langen Schwänzen; leuchtend grün mit einer lilabraunen, sattelförmigen Rükkenzeichnung auf den Segmenten 4 bis 11 und einer schildförmigen Rückenzeichnung auf den Segmenten 1 und 2; Segment 2 mit einem sehr kleinen Buckel; Kopf dunkel lilabraun.

HABIAT: Wälder und Waldränder.

FUTTERPFLANZEN: Pappeln und Espen (*Populus*), Weiden (*Salix*) und gelegentlich Birke (*Betula*).

BIOLOGIE: Eine Generation im Jahr. Die Eier werden im Juni in kleinen Gruppen auf die Blattoberseiten gelegt. Die Raupen fressen von Juli bis September. Bei Störung verhalten sie sich ähnlich wie *C. vinula*. Verpuppung im Frühherbst in festen Kokons aus Seide und zerkauter Rinde an Zweigen oder Stämmen. Die Falter schlüpfen im Mai oder Juni des folgenden Jahres, falls die Puppe nicht noch einmal überwintert. §

Stauropus fagi Linaeus *Buchenspinner* 7

VERBREITUNG: In Europa weit verbreitet.

BESCHREIBUNG: Länge bis 60 mm; Körper ziemlich schlank, nach vorn verjüngt; die hinteren Segmente etwas abgeflacht, mit flossenartigen Seitenlappen, die zusammen mit den stark entwickelten Brustbeinen ein charakteristisches, krebsartiges Aussehen bewirken; Segmente 4 bis 8 mit zweispitzigen Rückenbuckeln; Färbung rötlichbraun mit einer dunkelbraunen Linie oberhalb der Stigmen; Kopf groß, rötlichbraun, schwarz gezeichnet.

HABITAT: Wälder.

FUTTERPFLANZEN: Buche (*Fagus sylvatica*), Eiche (*Quercus*), Birke (*Betula*), Hasel (*Corylus avellana*) und vielleicht weitere Laubbäume und -sträucher.

BIOLOGIE: Eine Generation im Jahr. Die Eier werden im Juni oder Juni einzeln abgelegt und schlüpfen nach rund 10 Tagen. Die frischgeschlüpften, ameisenähnlichen Larven fressen erst ihre Eischale, bevor sie am Laub nagen. Die Raupen sind im September ausgewachsen und verpuppen sich in einem lockeren Gespinst in der Laubstreu. Die Falter schlüpfen im Mai oder Juni des folgenden Jahres.

Notodonta dromedarius Linnaeus *Erlenzahnspinner* 4

VERBREITUNG: In Zentral- und Nordeuropa weit verbreitet.

BESCHREIBUNG: Länge bis 35 mm; Körperfarbe variabel, von gelblichgrün über graugrün bis rötlichbraun; Segmente 4 bis 7 und 11 mit spitzen Rückenbuckeln; eine unterbrochene, lilabraune Rückenlinie, die nach vorn breiter wird und nach hinten ausläuft; eine Reihe lilabrauner Flecken an den Seiten unterhalb der Stigmen; Kopf blaßgrün oder -braun mit schwärzlichbrauner Fleckung.

HABITAT: Wälder und baumbestandene Kulturlandschaft.

FUTTERPFLANZEN: Birke (*Betula*), Erle (*Alnus glutinosa*), Hasel (*Corylus avellana*), Eiche (*Quercus*) und Weide (*Salix*).

BIOLOGIE: Zwei Generationen im Jahr, außer im Norden. Die Eier werden im Mai und August einzeln oder paarweise abgelegt. Die Raupen fressen von Juni bis Juli und von August bis September. Verpuppung Ende Juli und im Herbst in unterirdischen Kokons. Die Falter schlüpfen im August bzw. im Mai des folgenden Jahres.

Notodonta torva Hübner 3

VERBREITUNG: In Europa weit verbreitet.

BESCHREIBUNG: Länge bis 40 mm; Körperfarbe variabel, von grau über gelblichbraun bis dunkel lilabraun; Segmente 5 und 6 mit auffälligen, Segment 11 mit einem kleineren Rückenbuckel; ein dunkel lilabraunes Rückenband, das nach hinten ausläuft; eine weißliche Stigmatallinie; Kopf weißlich mit schwärzlichbrauner Fleckung.

HABITAT: Wälder.

FUTTERPFLANZEN: Pappeln (*Populus*) und Birke (*Betula*).

BIOLOGIE: Zwei Generationen im Jahr. Die Raupen findet man von Juni bis Oktober, die Falter fliegen von Mai bis August. Die Herbstpuppen überwintern.

Eligmodonta ziczac Linnaeus *Zickzackspinner* 2

VERBREITUNG: In Europa weit verbreitet.

BESCHREIBUNG: Länge bis 40 mm; Körper blaß graugrün, manchmal mit lilarosa gemischt; hintere Segmente zuweilen gelblich oder leuchtend orangebraun; Segmente 5 und 6 mit auffälligen, Segment 11 mit einem kleineren Rückenbuckel; auf den ersten drei Segmenten ein breites, dunkelgrünes Rückenband; Kopf weißlich mit schwärzlichgrüner Fleckung.

HABITAT: Feuchte Wälder, Sümpfe und Marschen.

FUTTERPFLANZEN: Weiden (*Salix*), Pappeln und Espen (*Populus*), Birke (*Betula*) und Eiche (*Quercus*).

BIOLOGIE: Im Süden zwei Generationen im Jahr, im Norden nur eine. Die Eier werden im Mai und Juni und wieder im August in kleinen Gruppen abgelegt. Die Raupen fressen von Juni bis Juli und von Ende August bis September. Sie sind extrem gut getarnt und ähneln abgestorbenen Blättern. Verpuppung im Juli und September. Die Falter schlüpfen im August bzw. im Mai des folgenden Jahres.

Harpyia milhauseri Fabricius *Pergamentspinner* **33**

VERBREITUNG: In den warmen Gebieten Zentral- und Südeuropas weit verbreitet.

BESCHREIBUNG: Länge bis 45 mm; Körper grün mit zwei gelben Linien auf dem Rükken der ersten drei Segmente; Segment 4 mit einem auffälligen Buckel, der in einer gegabelten Spitze ausläuft; die Segmente 5 bis 9 und 11 mit kleineren Buckeln und kürzeren Spitzen; an den Seiten der Segmente 7 bis 9 eine braune, blattartige Zeichnung; Kopf braun, leicht eingekerbt.

HABITAT: Wälder.

FUTTERPFLANZEN: Eiche (*Quercus*), Buche (*Fagus sylvatica*) und Birke (*Betula*).

BIOLOGIE: Eine Generation im Jahr. Die Raupen fressen von Juni bis August. Verpuppung in Kokons, die an der Rinde angesponnen sind. Die Falter schlüpfen im Mai oder Juni des folgenden Jahres.

Peridea anceps Goeze *Eichenzahnspinner* **33**

VERBREITUNG: In Europa weit verbreitet, außer im extremen Norden.

BESCHREIBUNG: Länge bis 40 mm; sehr dick, zu den Enden hin leicht verschmälert; Körper grün, mit leichter, blaßgelber Fleckung und mit einer doppelten, blaßgelben Rückenlinie; an den Seiten der Segmente 1 und eine schräge, gelbe und rote Linie; die Segmente 5 bis 11 mit je einem gelben und roten Diagonalstreifen; Kopf groß, grün mit vier blaßgelben Linien und einem breiten, gelben und roten Strich, der sich auf den Körper fortsetzt.

HABITAT: Eichenwälder.

FUTTERPFLANZEN: Eiche (*Quercus*).

BIOLOGIE: Eine Generation im Jahr. Die Eier werden im Mai und Juni abgelegt und schlüpfen in rund zehn Tagen. Die Raupen fressen von Juni bis August. Sie haben eine charakteristische Ruhehaltung, bei der die vorderen Segmente erhoben und der Kopf „in den Nacken geworfen" werden. Verpuppung im Spätsommer in unterirdischen Kokons. Die Falter schlüpfen im Mai des folgenden Jahres.

Pheosia gnoma Fabricius *Birkenzahnspinner* **4**

VERBREITUNG: In Europa weit verbreitet.

BESCHREIBUNG: Länge bis 40 mm; Körper stark glänzend, wie gelackt; Färbung grau bis lilabraun mit einem breiten, schwärzlichen Rückenband und einem breiten, leuchtendgelben Seitenband; Segment 11 mit einem schwarzen, spitzen Buckel; Kopf weißlich, mit einem Netzwerk schwärzlicher Linien.

HABITAT: Wälder.

FUTTERPFLANZEN: Birke (*Betula*) und gelegentlich andere Laubbäume.

BIOLOGIE: Zwei Generationen im Jahr. Die Eier werden im Mai und Juni und wieder im August in kleinen Gelegen abgesetzt. Die Raupen fressen von Juni bis Juli und von Ende August bis September. Sie ruhen auf der Blattunterseite. Verpuppung im Juli und September in unterirdischen Kokons. Die Falter schlüpfen im August bzw. im Mai des folgenden Jahres.

Pheosia tremula Clerck *Pappelzahnspinner* **3**

VERBREITUNG: In Europa weit verbreitet.

BESCHREIBUNG: Länge bis 40 mm; Körper wie lackglänzend; Färbung entweder blaßgrün oder blaßbraun; grüne Formen mit einem breiten, weißen Rückenband und einer gelben Seitenlinie, darunter mit lila gemischt; braune Formen oft mit rosa zwischen den Segmenten und manchmal mit einer Reihe dunkelgrauer Querbänder; Segment 11 mit einem kleinen Buckel, der mit einer schwarzen Querlinie gezeichnet ist; Kopf weißlich, mit einem Netzwerk grauer oder grünlicher Linien.

HABITAT: Wälder.

FUTTERPFLANZEN: Pappeln und Espen (*Populus*), Weiden (*Salix*) und Birke (*Betula*).

BIOLOGIE: Zwei Generationen im Jahr, im Norden nur eine. Die Eier werden im Mai und August einzeln oder paarweise abgelegt. Die Raupen fressen von Juni bis Juli und von September bis Oktober. Verpuppung bei der Sommergeneration in Kokons zwischen Blättern, bei der Herbstgeneration im Boden. Die Falter schlüpfen im August bzw. im Mai des folgenden Jahres.

Ptilodon capucina Linnaeus *Kamelspinner* **4**

VERBREITUNG: In Europa weit verbreitet.

BESCHREIBUNG: Länge bis 35 mm; Körper blaß bläulichgrün, gelegentlich mit lilarosa oder blaßocker gemischt; eine gelblichweiße Seitenlinie, hinter jedem Stigma rot markiert; auf dem Segment 11 ein Paar rotspitzige Warzen; Kopf blaß grün oder ocker.

HABITAT: Wälder und Baumlandschaften.

FUTTERPFLANZEN: Birke (*Betula*), Hasel (*Corylus avellana*), Pappel (*Populus*), Weide (*Salix*) und andere Laubbäume.

BIOLOGIE: Zwei Generationen im Jahr. Die Eier werden im Mai und August in kleinen Gruppen abgelegt. Die Raupen fressen von Juni bis Juli und von August bis September oder Oktober. Verpuppung im Juli und Oktober in unterirdischen Kokons am Fuß des Baumes. Die Falter schlüpfen im August bzw. im Mai des folgenden Jahres.

Ptilodontella cucullina Denis & Schiffermüller *Ahornspinner* **8**

VERBREITUNG: In Zentral- und Teilen Nordeuropas weit verbreitet, aber lokal.

BESCHREIBUNG: Länge bis 30 mm; in der Mitte ziemlich dick, zu den Enden verjüngt; Körper grünlichweiß bis blaßgrün, mit einer dunkel lilagrünen Rückenlinie, die nach hinten schmaler wird; auf dem Segment 11 ein zweispitziger, weißlicher oder grauer Buckel, auf der Spitze leuchtend rosa; Unterseite lila gemischt; Kopf bräunlichweiß mit einer dunkelbraunen, V-förmigen Zeichnung.

HABITAT: Wälder und Niederungen.

FUTTERPFLANZEN: Feldahorn (*Acer campestre*) und gelegentlich Bergahorn (*A. pseudoplatanus*).

BIOLOGIE: Eine Generation im Jahr. Die Eier werden im Juni oder Juli in kleinen Gruppen abgelegt. Die Raupen fressen von Juli bis September. Sie bevorzugen schattige Bereiche und ruhen an Blattkanten. Verpuppung im Herbst in Kokons zwischen Fallaub. Die Falter schlüpfen im Mai des folgenden Jahres.

Pterostoma palpinum Clerck *Schnauzenspinner* **3**

VERBREITUNG: In Europa weit verbreitet.

BESCHREIBUNG: Länge bis 42 mm; Körper mit zahlreichen Querrunzeln; Färbung grünlichblau, oberhalb der Stigmen weißlich unterlegt; vier weißliche Rückenlinien und eine weiße, oben schwarzgerandete Stigmatallinie; Kopf bläulichgrün mit jederseits einem weißen Streifen.

HABITAT: Wälder und Baumlandschaften.

FUTTERPFLANZEN: Pappeln und Espen (*Populus*), gelegentlich Weide (*Salix*) und andere Laubbäume.

BIOLOGIE: Im Süden zwei Generationen im Jahr, im Norden nur eine. Die Eier werden im Mai und August in kleinen Gruppen abgelegt. Die Raupen fressen von Juni bis Juli und von August bis September. Verpuppung im Juli und im Herbst in der Erde am Fuß des Baumes. Die Falter schlüpfen im August bzw. im Mai des folgenden Jahres.

Ptilophora plumigera Denis & Schiffermüller **8**

VERBREITUNG: In Zentral- und Teilen Nordeuropas verbreitet.

BESCHREIBUNG: Länge bis 30 mm; Körper blaß bläulichgrün mit blassen, gelblichgrünen Linien zwischen den Segmenten; zwei breite, grünlichweiße Rückenlinien und eine gelbliche Stigmatallinie; Kopf grün.

HABITAT: Wälder und Kalkboden.

FUTTERPFLANZEN: Feldahorn (*Acer campestre*) und gelegentlich Bergahorn (*A. pseudoplatanus*).

BIOLOGIE: Eine Generation im Jahr. Die Eier werden im November auf Zweige gelegt, schlüpfen aber erst, wenn sich im nächsten Frühjahr die Knospen öffnen. Die Raupen fressen von Ende April bis Anfang Juni. Sie ruhen in charakteristischer Weise aufgerollt unter Blättern. Verpuppung im Juni in Kokons in der Laubstreu oder in der Erde. Die Falter schlüpfen im November.

Clostera curtula Linnaeus *Erpelschwanz* **3**

VERBREITUNG: In Europa weit verbreitet.

BESCHREIBUNG: Länge bis 35 mm; Körper mit feinen, grauweißen Haaren bedeckt, die auf kleinen, gelblichen Warzen stehen; Färbung blaßocker mit unterbrochenen, schwarzen Linien auf dem Rücken und an den Seiten; die Segmente 4 und 11 mit je einem kleinen, schwarzen Buckel mitten auf dem Rücken; Kopf schwarz mit gelber Zeichnung.

HABITAT: Moore, Heiden, sonnige Hänge.

FUTTERPFLANZEN: Espen und Pappeln (*Populus*), Weiden (*Salix*) und zuweilen andere Laubbäume.

BIOLOGIE: Im Süden zwei Generationen im Jahr, im Norden nur eine. Die Eier werden im Mai und August in kleinen Gruppen abgelegt. Die Raupen fressen von Mai bis Juni und von August bis September. Sie sind nachtaktiv und verbergen sich tagsüber zwischen versponnenen Blättern. Verpuppung im Juni und im Herbst in Kokons zwischen Blättern. Herbstpuppen fallen mit den Blättern zu Boden und überwintern. Die Falter schlüpfen im Juli bzw. im April des folgenden Jahres.

Dilobidae

Diese Familie besteht nur aus dem Blaukopf (*Diloba caeruleocephala*). Die Raupe ist glatthäutig und ähnelt denen der Eulen (Noctuidae); die Borsten sitzen aber auf auffälligen, erhabenen, schwarzen Warzen. Sie frißt am Laub verschiedener Bäume und Sträucher.

Diloba caeruleocephala Linnaeus *Blaukopf* **16**

VERBREITUNG:In Europa weit verbreitet.

BESCHREIBUNG: Länge bis 40 mm; Körperfarbe variabel, von hell blaugrau bis anthrazit, mit erhabenen, schwarzen Warzen; eine unterbrochene, dunkelgelbe Rückenlinie und ähnliche Stigmatallinien; Kopf grauweiß mit schwarzer Zeichnung.

HABITAT: Wälder, Gebüsche und Obstgärten.

FUTTERPFLANZEN: Weißdorn (*Crataegus*), Schlehe (*Prunus spinosa*), Apfel (*Malus*) und andere Obstbäume.

BIOLOGIE: Eine Generation im Jahr. Die Eier werden im Oktober einzeln oder in Gelegen auf Zweige gelegt, schlüpfen aber erst im folgenden Frühjahr. Die Raupen fressen von April bis Juni oder Juli ganz offen; ihre auffälligen Farben lassen vermuten, daß sie für Vögel ungenießbar sind. Verpuppung im Juni oder Juli in Kokons an oder knapp in der Erde. Die Falter schlüpfen im Spätherbst.

Thaumetopoeidae Prozessionsspinner

Die Raupen aus dieser Familie sind durch ihr Verhalten gut kenntlich. Sie leben in großen, gemeinsamen Nestern und ziehen in Kolonnen oder „Prozessionen" umher. Sie sind mit giftigen Haaren bedeckt und sollten sehr vorsichtig behandelt werden. Die europäischen Arten leben auf Nadelhölzern und Eichen (*Quercus*).

Thaumetopoea pityocampa Denis & Schiffermüller *Kiefernprozessionsspinner* **1**

VERBREITUNG: In Südeuropa weit verbreitet, besonders an der Mittelmeerküste.

BESCHREIBUNG: Länge bis 27 mm; Körper an den Seiten mit feinen, weißen Haaren bedeckt; mit Büscheln rötlichgelber Haare auf dem Rücken, die auf rötlichbraunen Warzen stehen; oberhalb der Stigmen bläulichschwarz gefärbt, unterhalb grauweiß; Kopf schwarz. Die Haare können einen schmerzhaften Ausschlag hervorrufen.

HABITAT: Nadelwälder.

FUTTERPFLANZEN: Kiefern (*Pinus*) und gelegentlich Zedern (*Cedrus*).

BIOLOGIE: Eine Generation im Jahr. Die Eier werden im Sommer in großen Gelegen wie Manschetten um Nadelpaare gelegt und mit Schuppen vom Körper des Weibchens bedeckt. Die Raupen schlüpfen nach etwa einem Monat. Sie leben in einem gemeinsamen Nest, in dem sie auch überwintern. Wenn es warm genug ist, kommen sie auch während des Winters zum Fressen heraus. Sie ziehen in langen Reihen umher, Kopf gegen Schwanz, wovon sich ihr Name ableitet. Wenn sie ausgewachsen sind, also vom Spätwinter bis zum Frühsommer, verlassen sie das Nest und verpuppen sich in unterirdischen Kokons. Die Falter schlüpfen in den Sommermonaten, können aber auch mehrere Jahre im Puppenstadium überdauern.

Thaumetopoea processionea Linnaeus *Eichenprozessionsspinner* **6**

VERBREITUNG: In Europa weit verbreitet.

BESCHREIBUNG: Länge bis 23 mm; Körper mit langen, weißen Haaren bedeckt, die auf rötlichen Warzen stehen; oberhalb der Stigmen bläulichgrau gefärbt, unterhalb grünlichgrau; die Segmente 4 bis 12 je mit einem samtschwarzen Rückenfleck; Kopf schwärzlichbraun. Die Haare können einen unangenehmen Ausschlag hervorrufen.

HABITAT: Wälder.

FUTTERPFLANZEN: Eiche (*Quercus*) und gelegentlich Walnuß (*Juglans regia*).

BIOLOGIE: Eine Generation im Jahr. Die Eier werden im Juli abgelegt, schlüpfen aber erst im folgenden Frühjahr. Sie werden in großen Gelegen auf Zweigen abgesetzt und mit Schuppen vom Körper des Weibchens bedeckt. Die Raupen leben in einem gemeinsamen Nest, aus dem sie nachts zum Fressen herauskommen. Ihre Angewohnheit, in Kolonnen umherzuziehen, gab ihnen den Namen. Verpuppung im Juni im Nest. Die Falter schlüpfen im folgenden Monat.

Lymantriidae Trägspinner

Viele Raupen aus dieser Familie haben charakteristische, zahnbürstenartige Haarbüschel auf dem Rücken. Außerdem haben sie ein Paar kleiner, erhöhter Rückenwarzen. Die Haare einiger Arten sind giftig; sie sollten entsprechend mit Vorsicht behandelt werden. Die Raupen der europäischen Arten fressen vor allem an Bäumen und Sträucher, einige aber auch an krautigen Pflanzen. Das Gelbbein (*Laelia coenosa*) frißt an verschiedenen Röhrichtpflanzen.

Laelia coenosa Hübner *Gelbbein* 30

VERBREITUNG: In Zentraleuropa weit verbreitet.

BESCHREIBUNG: Länge bis 35 mm; Körper matt ockerbraun, mit Büscheln ockerfarbener Haare bedeckt, die auf kleinen Warzen stehen; die Segmente 4 bis 7 mit je einem zentralen, bürstenartigen Haarbüschel auf dem Rücken; Segment 1 mit einem Paar nach vorn gerichteter Büschel aus schwarzen, federigen Haaren; Segment 11 mit einem ähnlichen, nach hinten gerichteten Büschel; Kopf braun.

HABITAT: Sümpfe und Moore.

FUTTERPFLANZEN: Ästiger Igelkolben (*Sparganium erectum*), Schneide (*Cladium mariscus*) und Schilfrohr (*Phragmites communis*).

BIOLOGIE: Eine Generation im Jahr. Die Eier werden im Sommer auf Stengel gelegt. Die Raupen fressen bis zum Herbst, überwintern und vollenden ihre Entwicklung im Frühjahr. Verpuppung in Kokons aus Spinnseide und Raupenhaaren, die an Stengel der Futterpflanze angeheftet werden. Die Falter schlüpfen im Sommer. §

Orgyia recens Hübner *Eckfleck* **2**

VERBREITUNG: In Europa weit verbreitet.

BESCHREIBUNG: Länge bis 35 mm; Körper schwarz, mit Büscheln weißlicher Haare besetzt, die auf kleinen Warzen stehen; auf dem Rücken der Segmente 4 bis 7 je ein auffälliges, zentrales bürstenartiges Büschel brauner oder rotbrauner Haare; Segment 1 mit einem Paar nach vorn gerichteter Büschel aus langen, schwarzen, fedrigen Haaren; Segment 11 mit einem ähnlichen, nach hinten gerichteten Büschel; eine Doppelreihe orangeroter Rückenflecke und eine breite, rote Seitenlinie; Kopf schwarz.

HABITAT: Wälder und Gebüsche.

FUTTERPFLANZEN: Weiden (*Salix*), Weißdorn (*Crataegus*), Eiche (*Quercus*) und andere Laubbäume und -sträucher.

BIOLOGIE: Meist eine Generation im Jahr. Die Eier werden im Juli in großen Gelegen auf dem Kokon abgelegt, aus dem das Weibchen schlüpfte. Die Raupen überwintern klein und fressen danach noch bis Ende Mai. Verpuppung in festen Kokons, in die Raupenhaare eingesponnen sind, zwischen Blättern. Die Falter schlüpfen im Juni. Die Weibchen sind praktisch flügellos. §

Orgyia antiqua Linnaeus *Bürstenspinner* **14**

VERBREITUNG: In Europa weit verbreitet.

BESCHREIBUNG: Länge bis 35 mm; Körper dunkelgrau, mit Büscheln grauweißer

Haare besetzt, die auf kleinen Warzen stehen; auf dem Rücken der Segmente 4 bis 7 je ein auffälliges, zentrales, bürstenartiges Büschel brauner, gelber oder blaß ockerfarbener Haare; Segment 1 mit einem Paar nach vorn gerichteter Büschel aus langen, schwarzen, fedrigen Haaren; Segment 11 mit einem ähnlichen, nach hinten gerichteten Büschel; vier Reihen mattroter Rückenflecken und eine unterbrochene, weiße Stigmatallinie; Kopf glänzend schwarz. Die Haare können einen juckenden Ausschlag hervorrufen.

HABITAT: Wälder, Gebüsche, Parks und Gärten.

FUTTERPFLANZEN: Beinahe jeder Laubbaum oder -strauch.

BIOLOGIE: Gewöhnlich eine Generation im Jahr. Die Eier werden im Juli oder August in einem großen Gelege auf die Außenseite des Kokons gelegt, aus dem das Weibchen geschlüpft ist. Die Raupen schlüpfen erst im Frühjahr. Sie fressen bis Juli oder August und verpuppen sich in festen Kokons, in die Raupenhaare eingesponnen sind, an Zweigen oder in Rindenritzen. Die Falter schlüpfen im Juli oder August. Eine partielle zweite Generation fliegt zuweilen im Oktober. Die Weibchen sind praktisch flügellos.

Gynaephora selenitica Esper 20

VERBREITUNG: In Zentral- und Südeuropa lokal verbreitet.

BESCHREIBUNG: Länge bis 35 mm; Körper dicht mit langen, schwarzen Haaren bedeckt; mit 5 Paaren weißlicher oder gelblichgrauer Haarbüschel auf dem Rükken; Segment 1 mit einem Paar nach vorn gerichteter Büschel aus langen, schwarzen, fedrigen Haaren; Segment 11 mit einem ähnlichen Haarbüschel; Kopf schwarz.

HABITAT: Wiesen und andere Plätze, wo die Futterpflanzen wachsen.

FUTTERPFLANZEN: Wiesen-Platterbse (*Lathyrus pratensis*), Esparsette (*Onobrychis arenaria*) und Ginster (*Cytisus scoparius*).

BIOLOGIE:Eine Generation im Jahr. Die Raupen fressen von Juli bis Oktober, überwintern voll ausgewachsen und verpuppen sich im folgenden Frühjahr ohne weitere Nahrungsaufnahme. Verpuppung in Kokons, in die Raupenhaare eingesponnen sind. Die Falter schlüpfen im Mai. §

Dicallomera fascelina Linnaeus *Ginsterstreckfuß* 19

VERBREITUNG: In Zentral- und Nordeuropa weit verbreitet.

BESCHREIBUNG: Länge bis 40 mm; Körper schwarz, mit Büscheln aus langen, grauen und kurzen, ockerfarbenen Haaren bedeckt; auf dem Rücken der Segmente 4 bis 7 je ein auffälliges Büschel aus schwarzen und grauweißen Haaren; Segment 1 mit einem Paar vorwärts gerichteter Büschel aus langen, schwarzen Haaren; Segment 11 mit einem ähnlichen, nach hinten gerichteten Büschel; Kopf schwarz.

HABITAT: Moore und Heiden.

FUTTERPFLANZEN: Heidekraut (*Calluna vulgaris*), Ginster (*Cytisus scoparius*), Stechginster (*Ulex europaeus*), Weide (*Salix*), Weißdorn (*Crataegus*), Brombeere (*Rubus fruticosus*) und Birke (*Betula*).

BIOLOGIE: Eine Generation im Jahr. Die Eier werden im Juli in großen Gelegen abgelegt, die mit Haaren des Weibchens bedeckt werden. Die Raupen schlüpfen im August und fressen einige Zeit, bevor sie in kleinen, gemeinsamen Nestern am Laub oder an Zweigen überwintern. Sie sind gegen Ende Mai ausgewachsen. Verpuppung in Kokons, in die Raupenhaare versponnen sind, am Boden. Die Falter schlüpfen im Juli.

Calliteara pudibunda Linnaeus *Rotschwanz* **9**

VERBREITUNG: In Zentral- und Nordeuropa weit verbreitet.

BESCHREIBUNG: Länge bis 40 mm; Körper grün, gelb oder blaß orangebraun; mit Büscheln feiner, grauer Haare bedeckt, die auf kleinen Warzen stehen; auf den Segmenten 4 bis 7 je ein dichtes Büschel gelblicher oder schwärzlichgrauer Haare, dahinter jeweils ein breites, schwarzes Band; Segment 11 mit einem spitzen Büschel aus langen, schwarzen oder roten Haaren; Kopf grün oder blaßbraun.

HABITAT: Wälder.

FUTTERPFLANZEN: Birke (*Betula*), Eiche (*Quercus*), Ulme (*Ulmus*) und andere Laubbäume, auch auf Hopfen (*Humulus lupulus*).

BIOLOGIE: Eine Generation im Jahr. Die Eier werden im Juni in Gelegen abgesetzt. Die Raupen fressen von Juli bis September. Bei Störung rollen sie sich zusammen, wobei die schwarzen Rückenbänder sichtbar werden, die sonst von den Haaren verdeckt sind. Verpuppung im Herbst in Kokons, in die Raupenhaare versponnen sind. Die Falter schlüpfen im Mai des folgenden Jahres.

Dasychira abietis Denis & Schiffermüller *Tannenstreckfuß* **1**

VERBREITUNG: Ziemlich selten in Zentral- und Südeuropa.

BESCHREIBUNG: Länge bis 38 mm; Körper gelblichgrün mit schwarzen Rücken- und Seitenzeichnungen und zwei breiten, weißen Rückenlinien; auf den Segmenten 4 bis 7 je ein dichter Tuff bräunlicher oder blaßgelber Haare; Segment 1 mit einem Paar nach vorn gerichteter Büschel aus langen, schwarzen, fedrigen Haaren; Segment 11 mit einem Büschel langer, gelber Haare; Kopf schwärzlich.

HABITAT: Nadelwälder.

FUTTERPFLANZEN: Fichte (*Picea abies*) und Tanne (*Abies alba*).

BIOLOGIE: Eine Generation im Jahr. Die Raupen fressen vom Herbst bis zum Mai des folgenden Jahres. Sie fressen nur zartere Nadeln. Die Falter fliegen im Juni und Juli. §

Euproctis chrysorrhoea Linnaeus *Goldafter* **18**

VERBREITUNG: In Süd-, Zentral- und Teilen Nordeuropas weit verbreitet.

BESCHREIBUNG: Länge bis 32 mm; Körper schwärzlichgrau, mit Büscheln kurzer, grauweißer Haare bedeckt, die auf kleinen Warzen stehen; eine unterbrochene, doppelte, orangerote Rückenlinie, jederseits davon eine Reihe Büschel aus sehr kurzen, weißen Haaren; auf dem Rücken der Segmente 9 und 10 je ein erhöhter, roter Fleck; Kopf glänzend schwarz. Die Haare dieser Raupe können starke Ausschläge hervorrufen.

HABITAT: Gebüsche, Parks und Gärten.

FUTTERPFLANZEN: Weißdorn (*Crataegus*), Schlehe (*Prunus spinosa*), Pflaume (*P. domestica*), Weide (*Salix*), Sanddorn (*Hippophae rhamnoides*) und andere Laubbäume und -sträucher.

BIOLOGIE: Eine Generation im Jahr. Die Eier werden im August in großen Gelegen abgesetzt, die mit Schuppen vom Körper des Weibchens bedeckt sind. Die Raupen schlüpfen nach rund drei Wochen und bauen ein gemeinsames Gespinst, in dem sie überwintern. Im Frühjahr beginnen sie wieder zu fressen und spinnen jeweils ein weiteres Nest, wenn das Futter aufgebraucht ist. Wenn sie ausgewachsen sind, zerstreuen sie sich. Verpuppung im Juni in Kokons zwischen Blättern. Die Falter schlüpfen im Juli.

Euproctis similis Fuessly *Schwan* 17

VERBREITUNG: In Europa weit verbreitet.

BESCHREIBUNG: Länge bis 40 mm; Körper schwarz, mit Büscheln schwarzer oder grauer Haare bedeckt, die auf kleinen Warzen stehen; eine breite, orangerote, doppelte Rückenlinie, jederseits davon Büschel kurzer, weißer Haare; eine mattrote Substigmatallinie; Kopf schwarz, mit einer weißlichen V-Zeichnung.

HABITAT: Hecken, Wälder und Buschgelände.

FUTTERPFLANZEN: Weißdorn (*Crataegus*), Schlehe (*Prunus spinosa*), Eiche (*Quercus*), Weide (*Salix*) und andere Laubbäume und -sträucher.

BIOLOGIE: Eine Generation im Jahr. Die Eier werden im Juli in großen Gelegen, die mit Schuppen vom Körper des Weibchens bedeckt sind, auf Blattunterseiten gelegt. Die Raupen fressen von August bis zum Mai des folgenden Jahres. Sie überwintern einzeln in kleinen, kokonartigen Gespinsten. Verpuppung in braunen Kokons, in die Raupenhaare versponnen sind, zwischen Blättern. Die Falter schlüpfen im Juli.

Leucoma salicis Linnaeus *Pappelspinner* 33

VERBREITUNG: In Europa weit verbreitet.

BESCHREIBUNG: Länge bis 45 mm; Körper grau gesprenkelt, mit einem breiten, schwarzen Rückenband, das jederseits von einer Reihe gelblichweißer Zeichnungen begleitet wird; mitten in diesem Rückenband eine Reihe großer, sahneweißer Flecke; Büschel von weißlichen und rötlichbraunen Haaren sitzen auf erhöhten, orangeroten Warzen; Kopf schwarz.

HABITAT: Parks, Straßenränder, lockere Wälder.

FUTTERPFLANZEN: Weide (*Salix*) und Pappel (*Populus*).

BIOLOGIE: Eine Generation im Jahr. Die Eier werden im August in Gelegen auf Zweigen befestigt und schlüpfen noch im gleichen Monat. Die Raupen überwintern ziemlich klein in Seidengespinsten und fressen danach noch bis Ende Juni. Sie fressen manchmal gemeinsam, aber in individuellen Gespinsten. Verpuppung in Kokons in Rindenritzen. Die Falter schlüpfen im Juli und August.

Arctornis l-nigrum Müller *Schwarzes V* 2

VERBREITUNG: In Europa weit verbreitet.

BESCHREIBUNG: Länge bis 45 mm; Körper rötlichbraun, am Rücken schwärzlich, bedeckt mit Büscheln rötlichbrauner und weißer Haare, die auf kleinen Warzen sitzen; Kopf schwarz.

HABITAT: Wälder.

FUTTERPFLANZEN: Weide (*Salix*), Pappel (*Populus*), Ulme (*Ulmus*), Linde (*Tilia*) und andere Bäume, darunter auch Kiefer (*Pinus*).

BIOLOGIE: Eine Generation im Jahr. Die Eier werden im Juli in kleinen Gruppen auf Rinde abgelegt. Die Raupen schlüpfen nach rund zwei Wochen. Sie fressen einige Zeit, überwintern und vollenden ihre Entwicklung im Frühjahr. Verpuppung Ende Mai in Kokons zwischen Blättern. Die Falter schlüpfen gegen Ende Juni.

Lymantria monacha Linnaeus *Nonne* 1

VERBREITUNG: In Europa weit verbreitet.

BESCHREIBUNG: Länge bis 35 mm; Körper blaß ockerweiß, mit einem breiten, schwärzlichgrauen Rückenband, das zwischen den Segmenten eingeschnürt ist; Büschel ziemlich kurzer, grauer Haare auf kleinen Warzen; die Segmente 9 und 10 mit je einem kleinen, erhöhten, roten Fleck in der Rückenmitte; Kopf blaß ockerfarben, stark schwarz gemustert.

HABITAT: Wälder.

FUTTERPFLANZEN: Vor allem auf Koniferen, wie Fichte (*Picea*), Kiefer (*Pinus*) oder Eibe (*Taxus*), aber auch auf vielen anderen Bäumen, besonders Eiche (*Quercus*).

BIOLOGIE: Eine Generation im Jahr. Die Eier werden im August in großen Gelegen in Rindenritzen gelegt. Die Raupen schlüpfen erst im folgenden Frühjahr und fressen bis Ende Juni. Sie ruhen gesellig in Verstecken. Verpuppung im Juli in Kokons in Rindenritzen. Die Falter schlüpfen im folgenden Monat.

Lymantria dispar Linnaeus *Schwammspinner* **18**

VERBREITUNG: In Europa weit verbreitet.

BESCHREIBUNG: Länge bis 50 mm; Körper blaßocker, schwärzlichgrau unterlegt und mit drei ockerfarbenen Rückenlinien; Büschel bräunlicher oder schwärzlicher Haare auf kleinen, erhabenen, rötlichbraunen Warzen; die Segmente 1 bis 5 mit je einem Paar blauer Rückenwarzen; die Segmente 9 und 10 je mit einem erhabenen, roten Fleck; Kopf blaßocker, schwarz gezeichnet.

HABITAT: Wälder.

FUTTERPFLANZEN: Eiche (*Quercus*), Pappel (*Populus*) und viele andere Bäume, darunter auch Nadelbäume.

BIOLOGIE: Eine Generation im Jahr. Die Eier werden im August in großen Gelegen abgesetzt, die mit Schuppen vom Körper des Weibchens bedeckt werden und wie ein Pilz aussehen (Name). Die Raupen schlüpfen erst im folgenden Frühjahr und fressen bis Ende Juni. Verpuppung Ende Juni oder im Juli in Kokons zwischen Blättern. Die Falter schlüpfen im Juli oder August.

Arctiidae Bärenspinner

Diese Familie hat ihren Namen nach den pelzigen Raupen erhalten. Sie sind gewöhnlich dicht mit Haarbüscheln besetzt, die auf erhöhten Warzen stehen. Ihre Köpfe sind fast unbehaart und glänzend. Die Haare sind oft lang und dicht; bei einigen Arten enthalten sie auch Giftstoffe, die allerdings für den Menschen ungefährlich sind. Die Raupen fressen an vielerlei krautigen Pflanzen, zuweilen auch an Bäumen und Sträuchern. Die Raupen der Flechtenbären (Unterfamilie Lithosiinae) fressen, wie es der Name schon vermuten läßt, an Flechten.

Nudaria mundana Linnaeus *Blankflügel* **32**

VERBREITUNG: In Zentral- und Nordeuropa weit verbreitet.

BESCHREIBUNG: Länge bis 12 mm; Körper blaßgrau, unterschiedlich stark schwarz gezeichnet; bedeckt mit Büscheln schwarzer Haare, die auf kleinen, erhöhten Warzen stehen; eine doppelte Reihe gelber Rückenflecke; Segment 7 mit einem großen, samtschwarzen Rückenfleck; Kopf schwärzlich.

HABITAT: Steinmauern, Zäune und Gebüsche.

FUTTERPFLANZEN: Verschiedene kleine Flechten, besonders auf orangefarbenen Arten.

BIOLOGIE: Eine Generation im Jahr. Die Eier werden im Juli auf Flechten abgelegt. Die Raupen schlüpfen gegen Ende des Monats. Sie fressen bis zum Herbst, überwintern und sind gegen Ende Mai ausgewachsen. Sie sind tagaktiv und fressen auch bei strahlendem Sonnenschein. Verpuppung im Juni in offenen Netzkokons, gelegentlich zu mehreren gemeinsam, an versteckten Plätzen. Die Falter schlüpfen im Juni und Juli.

Eilema griseola Hübner *Erlenflechtenbär* **32**

VERBREITUNG: In Zentraleuropa weit verbreitet.

BESCHREIBUNG: Länge bis 25 mm; Körper oben samtschwarz, unten schwärzlichbraun; bedeckt mit grauen Haaren, die auf kleinen, erhöhten Warzen stehen; zwei orangefarbene Rückenstreifen, die zuweilen in eine Reihe Flecken aufgelöst sind; Kopf glänzend schwarz.

HABITAT: Feuchte Wälder, Sümpfe und andere feuchte Plätze.

FUTTERPFLANZEN: Verschiedene Flechten, wie z. B. *Peltigera canina*, die auf Bäumen und Büschen wachsen; vielleicht auch an Moosen und welken Blättern.

BIOLOGIE: Eine Generation im Jahr. Die Eier werden im Juli gruppenweise auf Rinde abgelegt. Die Raupen schlüpfen Anfang August. Sie fressen bis September, überwintern und sind gegen Ende Mai des nächsten Jahres ausgewachsen. Verpuppung im Juni in Kokons aus Seide und Flechtenstücken in Rindenritzen. Die Falter schlüpfen im folgenden Monat.

Eilema lurideola Zincken **32**

VERBREITUNG: In Europa weit verbreitet.

BESCHREIBUNG: Länge bis 22 mm; Körper oben samtschwarz, unten bräunlichgrau; bedeckt mit Büscheln kurzer, schwarzer und grauer Haare, die auf kleinen, erhöhten Warzen stehen; vom 4. Segment an nach hinten ein orangefarbener Seitenstreifen; Kopf glänzend schwarz.

HABITAT: Wälder und Hecken.

FUTTERPFLANZEN: Verschiedene Flechten auf Bäumen, Büschen oder auch Zäunen; frißt in Gefangenschaft Blätter verschiedener Laubbäume.

BIOLOGIE: Eine Generation im Jahr. Die Eier werden im Juli in Gruppen auf Rinde abgelegt. Die Raupen schlüpfen im August. Sie fressen einige Zeit, überwintern und sind gegen Ende Mai des folgenden Jahres ausgewachsen. Verpuppung im Juni in Seidenkokons in Rindenritzen. Die Falter schlüpfen innerhalb eines Monats.

Utetheisa pulchella Linnaeus *Punktbär* **26**

VERBREITUNG: Im Mittelmeerraum weit verbreitet. Wandert weit nach Norden.

BESCHREIBUNG: Länge bis 30 mm; Körper grau mit breiten, gelblich weißen Rücken- und Seitenbändern; auf dem Rücken jedes Segments schwarze und orangerote Querbänder; lange, graue und schwarze Haare, die auf kleinen, erhöhten Warzen stehen; Kopf leuchtend rötlichbraun mit einer weißen, Y-förmigen Zeichnung.

HABITAT: In warmen, sonnigen Gebieten.

FUTTERPFLANZEN: Borretsch (*Borago officinalis*), Vergißmeinnicht (*Myosotis*) und andere krautige Pflanzen.

BIOLOGIE: In warmen Gebieten und in Gefangenschaft eine durchgehende Generationenfolge mit zahlreichen Generationen im Jahr. Die Eier werden in großen Gelegen abgesetzt. Die Raupen benötigen für ihre Entwicklung reichlich Wärme. In Südeuropa fressen sie von Mai bis Juni und von August bis September. Verpuppung in weißen Seidenkokons zwischen Blättern oder auf dem Boden. Wandernde Falter erscheinen meist erst im Herbst nördlich der Alpen.

Parasemia plantaginis Linnaeus *Wegerichbär* 27

Verbreitung: In Europa weit verbreitet.

Beschreibung: Länge bis 35 mm; Körper dunkel bräunlichschwarz, unterseits blasser; bedeckt mit Büscheln schwärzlicher Haare, die auf erhöhten, glänzend schwarzen Warzen stehen; auf den Segmenten 4 bis 6 Büschel rötlichbrauner Haare, die auf rötlichbraunen Warzen stehen; Kopf glänzend schwarz.

Habitat: Lockere Wälder, Niederungen und Moorgebiete.

Futterpflanzen: Wegerich (*Plantago*), Gemeines Greiskraut (*Senecio vulgaris*), Löwenzahn (*Taraxacum*), Sonnenröschen (*Helianthemum*) und andere niedrige, krautige Pflanzen.

Biologie: Eine Generation im Jahr. Die Eier werden im Juni in kleinen Gruppen abgelegt. Die Raupen schlüpfen im Juli, fressen bis zum Herbst, überwintern und sind Ende April des nächsten Jahres ausgewachsen. Verpuppung im Mai in Seidenkokons, in die Raupenhaare versponnen sind, am Boden nahe der Futterpflanze. §

Arctia caja Linnaeus *Brauner Bär* 10

Verbreitung: In Europa weit verbreitet.

Beschreibung: Länge bis 60 mm; Körper bräunlichschwarz, mit dichten Haarbüscheln besetzt, die auf kleinen, erhöhten Warzen stehen; die Haare auf dem Rükken und an den Seiten oberhalb der Stigmen sind lang und schwarz mit grauweißen Spitzen, die unterhalb der Stigmen sind kürzer und rötlichbraun; auf den Segmenten 1 und 2 sind alle Haare rötlichbraun; Stigmen glänzend weiß, Kopf glänzend schwarz.

Habitat: Lockere Wälder, Gebüsche, Brachland, Parks, Gärten und andere Plätze, wo die Futterpflanzen wachsen.

Futterpflanzen: Beinahe jede niedrigwachsende Pflanze, sowohl Wild- wie auch Kulturformen, daneben noch das Laub verschiedener Laubbäume und -sträucher.

Biologie: Eine Generation im Jahr. Die Eier werden im Juli in großen Gelegen auf Blattunterseiten gelegt. Die Raupen schlüpfen im August. Sie fressen einige Zeit, überwintern noch ziemlich klein, und sind gegen Ende Juni des folgenden Jahres ausgewachsen. Sie sind sehr munter, besonders auf der Suche nach einem Verpuppungsplatz, und können sehr rasch laufen. Verpuppung in Kokons zwischen Falllaub auf dem Boden. Die Falter schlüpfen im Juli und August. §

Arctia villica Linnaeus *Schwarzer Bär* 29

Verbreitung: In Zentral- und Südeuropa weit verbreitet.

Beschreibung: Länge bis 50 mm; Körper schwarz, mit Büscheln bräunlicher Haare bedeckt, die auf erhöhten Warzen stehen; Stigmen weiß; Beine lilarot; Kopf rötlichbraun.

Habitat: Wälder, Buschgelände, sonnige Hänge.

Futterpflanzen: Eine breite Palette von niedrigen, krautigen Pflanzen.

Biologie: eine Generation im Jahr. Die Eier werden im Juni in Gruppen abgelegt und schlüpfen Anfang Juli. Die Raupen fressen einige Zeit, überwintern und vollenden ihre Entwicklung im Frühjahr. Verpuppung im April oder Mai in Kokons zwischen Blättern oder am Boden. Die Falter schlüpfen Ende Mai oder im Juni. §

Diacrisia sannio Linnaeus *Rotrandbär* 10

Verbreitung: In Europa weit verbreitet.

Beschreibung: Länge bis 40 mm; Körper rötlichbraun, mit Büscheln kurzer, brauner Haare bedeckt, die auf kleinen, erhöhten Warzen stehen; ein breiter, blasser Rückenstreifen mit einer Reihe gelber Flecken darin; unterhalb der Stigmen eine Reihe weißer Flecken; Kopf dunkel graubraun. Junge Raupen haben rote Rückenpunkte.

HABITAT: Heiden, Bruchwälder und Moorgebiete.

FUTTERPFLANZEN: Löwenzahn (*Taraxacum*), Ampfer (*Rumex*), Habichtskraut (*Hieracium*), Heidekraut (*Calluna*), Glockenheide (*Erica*), Gagelstrauch (*Myrica gale*) und verschiedene andere, niedrige Pflanzen.

BIOLOGIE: Eine Generation im Jahr. Die Eier werden im Juni in kleinen Gelegen abgesetzt und schlüpfen im Juli. Die Raupen überwintern klein und vollenden ihre Entwicklung im nächsten Frühjahr. Bei Störung rollen sie sich erst zusammen, werden aber bald wieder munter und laufen rasch davon. Verpuppung im Mai oder Juni in zerbrechlichen Kokons, die an der Basis der Futterpflanze angesponnen sind. Die Falter schlüpfen im Juni oder Juli.

Rhyparia purpurata Linnaeus *Purpurbär* **19**

VERBREITUNG: In Zentral- und Südeuropa verbreitet.

BESCHREIBUNG: Länge bis 45 mm; Körper schwärzlich, an den Seiten kräftig weiß gezeichnet; mit Büscheln rötlichbrauner Haare auf dem Rücken und grauer Haare an den Seiten, die auf kleinen, erhöhten Warzen stehen; Kopf glänzend schwarz.

HABITAT: Warme Hänge, aber auch feuchte Waldwiesen.

FUTTERPFLANZEN: Eine breite Palette niedrigwachsender, krautiger Pflanzen und Sträucher.

BIOLOGIE: Eine Generation im Jahr, im Süden auch zwei. Die Raupen überwintern und vollenden ihre Entwicklung im Frühjahr. Verpuppung im Mai in Kokons, in die Raupenhaare versponnen sind. Die Falter schlüpfen im Juni. Falter der zweiten Generation fliegen im September. §

Hyphantria cunea Drury **33**

VERBREITUNG: Kommt in den wärmeren Gebieten Zentraleuropas und in Südosteuropa vor. Aus Nordamerika eingeschleppt.

BESCHREIBUNG: Länge bis 35 mm; Körper blaß gelblich- oder grünlichbraun mit einem breiten, schwarzfleckigen Rückenband; mit Büscheln langer Haare, die am Rücken auf schwarzen und an den Seiten auf orangebraunen Warzen stehen; Nackenschild orangebraun mit brauner Zeichnung; Kopf schwarz.

HABITAT: Wälder, Gebüsche und Obstgärten.

FUTTERPFLANZEN: Schlehe (*Prunus spinosa*), Kirsche (*P. cerasus*), Pflaume (*P. domestica*), Apel (*Malus*), Birne (*Pyrus*) und andere Laubbäume und -sträucher.

BIOLOGIE: Zwei Generationen im Jahr. Die Eier werden im Mai und wieder im August in großen, schuppenbedeckten Gelegen abgesetzt und schlüpfen nach einer bis drei Wochen. Die Raupen fressen von Mai bis Juli und von August bis September. Sie leben in großen, gemeinsamen Gespinsten. Verpuppung in Seidenkokons am Boden. Die Falter schlüpfen aus Sommerpuppen im Juli, aus den Herbstpuppen im folgenden Frühjahr.

Spilosoma lubricipeda Linnaeus *Weiße Tigermotte* **29**

VERBREITUNG: In Europa weit verbreitet.

BESCHREIBUNG: Länge bis 40 mm; Körper dunkel bräunlichgrau, mit Büscheln schwarzer Haare bedeckt, die auf erhöhten, schwarzen Warzen stehen; ein roter oder orangefarbener Rückenstreifen; Kopf glänzend schwarz.

HABITAT: Gebüsche, Brachland, Gärten und andere Plätze, wo geeignete Futterpflanzen wachsen.

FUTTERPFLANZEN: Eine breite Palette niedriger, krautiger Pflanzen, sowohl Wild- wie Kulturformen.

BIOLOGIE: Eine Generation im Jahr. Die Eier werden im Juli in großen Gelegen abgesetzt. Die Raupen fressen von Juli oder August bis in den Herbst. Sie sind sehr lebhaft, vor allem, wenn sie nach einem Verpuppungsplatz suchen. Ihre Beweglichkeit gab ihnen auch den wissenschaftlichen Namen, der „leichtfüßig" bedeutet. Verpuppung im Herbst in grauen Seidenkokons in der Blattstreu. Die Falter schlüpfen gewöhnlich im Mai oder Juni des folgenden Jahres, gelegentlich schlüpft ein Teil noch im Herbst (partielle zweite Generation).

Spilosoma luteum Hufnagel *Gelbe Tigermotte* **15**

VERBREITUNG: In Europa weit verbreitet.

BESCHREIBUNG: Länge bis 45 mm; Körper graubaun, am Rücken dunkler, mit Büscheln brauner Haare, die auf erhöhten, hellbraunen Warzen stehen; eine undeutliche, blasse Rückenlinie und ein breiter, weißlicher Seitenstreifen; Kopf blaß gelblichbraun.

HABITAT: Buschgelände, Brachland, Gärten, Parks und andere Plätze, wo geeignete Futterpflanzen wachsen.

FUTTERPFLANZEN: Ein breites Spektrum krautiger Pflanzen, aber auch Bäume und Sträucher. Eine der wenigen Arten, die Adlerfarn (*Pteridium aquilinum*) frißt.

BIOLOGIE: Eine Generation im Jahr. Die Eier werden im Juni in großen Gelegen abgesetzt. Die Raupen schlüpfen im Juli oder August. Sie fressen bis in den Herbst und verpuppen sich in grauen Kokons, in die Raupenhaare versponnen sind, in der Laubstreu. Die Falter schlüpfen im Mai oder Juni des folgenden Jahres.

Spilosoma urticae Esper *Nesselbär* **26**

VERBREITUNG: In Europa weit verbreitet, aber lokal.

BESCHREIBUNG: Länge bis 45 mm; Körper dunkel graubraun, mit Büscheln dunkelbrauner Haare bedeckt, die auf blassen, erhöhten Warzen sitzen; gelegentlich mit einer unterbrochenen, gelblichen Rückenlinie; Stigmen weiß; Kopf glänzend schwarz.

HABITAT: Flußauen, feuchte Wiesen und sumpfige Plätze.

FUTTERPFLANZEN: Gilbweiderich (*Lysimachia vulgaris*), Minze (*Mentha*), Flußampfer (*Rumex hydrolapathum*), Wald-Läusekraut (*Pedicularis sylvatica*), Sumpfschwertlilie (*Iris pseudacorus*) und andere Sumpfpflanzen.

BIOLOGIE: Eine Generation im Jahr. Die Eier werden im Juni in Gruppen auf der Futterpflanze abgelegt. Die Raupen fressen von Juli bis August. Verpuppung Ende August in Kokons, in die Raupenhaare eingewoben sind, am Boden oder zwischen Blättern der Futterpflanze. Die Falter schlüpfen im Juni des folgenden Jahres.

Diaphora mendica Clerck *Graubär* **10**

VERBREITUNG: In Zentral- und Nordeuropa weit verbreitet.

BESCHREIBUNG: Länge bis 40 mm; Körper graubraun, mit Büscheln gelblichbrauner Haare bedeckt, die auf kleinen, dunklen, erhöhten Warzen sitzen; zuweilen mit Spuren einer blassen Rückenlinie; Kopf gelblichbraun.

HABITAT: Lockere Wälder, Niederungen, Gärten und Brachland.

FUTTERPFLANZEN: Ampfer (*Rumex*), Vogelmiere (*Stellaria media*), Wegerich (*Plantago*), Löwenzahn (*Taraxacum*) und andere niedrige, krautige Pflanzen.

Biologie: Eine Generation im Jahr. Die Eier werden im Mai oder Juni gruppenweise, manchmal in Doppelreihen, abgelegt. Die Raupen fressen von Juli bis September. Bei Störung rollen sie sich erst zusammen, werden aber bald wieder aktiv und laufen rasch davon. Verpuppung im Herbst in Kokons, in die Raupenhaare eingesponnen sind, zwischen Blättern oder am Boden. Die Falter schlüpfen im Mai des folgenden Jahres.

Phragmatobia fuliginosa Linnaeus *Zimtbär* **29**

Verbreitung: In Europa weit verbreitet.

Beschreibung: Länge bis 35 mm; Körper samtig schwarz, mit dichten Büscheln schwärzlichbrauner oder rötlichbrauner Haare bedeckt, die auf kleinen, erhöhten Warzen stehen; Stigmen klein, weißlich; Kopf glänzend schwarz.

Habitat: Lockere Wälder, Niederungen, Wiesen, Moore und andere Plätze, wo die Futterpflanzen wachsen.

Futterpflanzen: Ampfer (*Rumex*), Löwenzahn (*Taraxacum*), Goldrute (*Solidago virgaurea*), Schafgarbe (*Achillea millefolium*) und andere krautige Pflanzen.

Biologie: Eine Generation im Jahr. Die Eier werden im Mai in großen Gelegen auf die Futterpflanze gelegt. Die Raupen fressen von Mai oder Juni bis in den Herbst. Sie überwintern zwischen den Wurzeln der Futterpflanze und verpuppen sich im Frühjahr ohne weitere Nahrungsaufnahme. Die braunen Kokons werden im April zwischen den Futterpflanzen gesponnen. Die Falter schlüpfen im Mai. Einige Raupen wachsen rasch heran und bringen im Herbst eine partielle zweite Generation hervor.

Euplagia quadripunctaria Poda *Spanische Flagge* **29**

Verbreitung: In Zentral- und Südeuropa weit verbreitet.

Beschreibung: Länge bis 50 mm; Körper dunkelbraun, mit Büscheln kurzer, gelblichbrauner oder grauer Haare bedeckt, die auf orangebraunen Warzen sitzen; ein breites, unterbrochenes, orangegelbes Rückenband und ein unterbrochener, gelblichweißer Seitenstreifen; Kopf glänzend schwarz.

Habitat: Offene Landschaft, Brachland, Gärten, warme Hänge und Täler.

Futterpflanzen: Ein breites Spektrum krautiger Pflanzen.

Biologie: Eine Generation im Jahr. Die Eier werden im August in Gruppen abgelegt und schlüpfen nach 10 bis 15 Tagen. Die Raupen gehen bald nach dem Schlüpfen in die Überwinterung und vollenden ihre Entwicklung im nächsten Frühjahr. Sie fressen vor allem nachts und verstecken sich tagsüber unter Blättern. Verpuppung Ende Mai in lockeren Gespinsten in der Blattstreu. Die Falter schlüpfen im Juli oder August. §

Callimorpha dominula Linnaeus *Schönbär* **26**

Verbreitung: In Europa weit verbreitet.

Beschreibung: Länge bis 35 mm; Körper schwarz mit Büscheln kurzer, schwarzer und grauer Haare, die auf kleinen, erhöhten Warzen stehen; ein breites, unterbrochenes, gelblichweißes Rückenband und ein ähnliches Seitenband; Kopf glänzend schwarz.

Habitat: Feuchte Wiesen, Flußufer, feuchte Wälder und andere sumpfige Plätze.

Futterpflanzen: Beinwell (*Symphytum*), Ampfer (*Rumex*), Nessel (*Urtica*), Brombeere (*Rubus fruticosus*), Schlehe (*Prunus spinosa*) und verschiedene andere Pflanzen.

BIOLOGIE: Eine Generation im Jahr. Die Eier werden im Juli in Gruppen abgelegt und schlüpfen nach rund zwei Wochen. Die Raupen fressen einige Zeit, überwintern und sind gegen Ende Mai ausgewachsen. Sie sind tagaktiv und fressen auch im vollen Sonnenlicht. Verpuppung in Kokons in der Blattstreu. Die Falter schlüpfen im Juni. §

Tyria jacobaeae Linnaeus *Blutbär* **29**

VERBREITUNG: In Europa weit verbreitet.

BESCHREIBUNG: Länge bis 30 mm; Körper leuchtend orangegelb mit auffälligen, schwarzen Querbändern; Haare kurz, schwarz und unauffällig; Kopf glänzend schwarz.

HABITAT: Wiesen, Straßenränder, Brachland, Lichtungen und andere Plätze, wo die Futterpflanzen wachsen.

FUTTERPFLANZEN: Meist Jacobskreuzkraut (*Senecio jacobaea*), aber auch andere *Senecio*-Arten wie *S. vulgaris*.

BIOLOGIE: Eine Generation im Jahr. Die Eier werden im Juni in großen Gelegen abgesetzt. Die Raupen findet man von Juli bis August. Sie leben in Gruppen und fressen tagsüber. Sie sind sehr auffällig; ihre deutliche Färbung warnt potentielle Feinde, daß sie ungenießbar sind. Verpuppung im September in Kokons am Boden. Die Falter schlüpfen im Mai oder Juni des folgenden Jahres. §

Ctenuchidae

Die Raupen aus dieser Familie (die vielleicht besser als Unterfamilie der Arctiidae betrachtet wird) sind klein und haben Haarbüschel, die auf kleinen Warzen sitzen. Sie ähneln denen der Arctiidae, haben aber lange, schlanke Brustbeine und viele feine Haare auf dem Kopf. Sie fressen an verschiedenen krautigen Pflanzen.

Syntomis phegea Linnaeus *Weißfleck-Widderchen* **29**

VERBREITUNG: In den wärmeren Teilen Zentraleuropas und in Südeuropa weit verbreitet.

BESCHREIBUNG: Länge bis 30 mm; Körper grau, mit Büscheln kurzer, grauer Haare bedeckt, die auf leicht erhöhten, schwarzen Warzen sitzen; Kopf rötlichbraun.

HABITAT: Waldränder und sonnige Hänge.

FUTTERPFLANZEN: Löwenzahn (*Taraxacum*), Wegerich (*Plantago*), Skabiose (*Scabiosa*), Taubnessel (*Lamium*) und andere niedrige Pflanzen.

BIOLOGIE: Eine Generation im Jahr. Die Raupen überwintern in gemeinsamen Nestern und fressen anschließend noch bis Mai. Verpuppung in Kokons, in die Raupenhaare verwoben sind, am Boden. Die Falter schlüpfen im Juni oder Juli. §

Nolidae Kleinbären

Die Raupen aus dieser Familie sind klein und besitzen Haarbüschel, die auf kleinen, leicht erhöhten Warzen sitzen. Sie können von denen der Familie Arctiidae daran unterschieden werden, daß das Paar Bauchbeine des Segments 6 fehlt. Sie fressen an verschiedenen Bäumen, Sträuchern und krautigen Pflanzen.

Nola cucullatella Linnaeus *Kapuzenbärchen* **17**

VERBREITUNG: In Zentral- und Nordeuropa lokal verbreitet.

BESCHREIBUNG: Länge bis 14 mm; kurz und dick, mit vielen kleinen Warzen, bedeckt mit kurzen, weißlichen oder schwärzlichen Haaren; Körper dunkelgrau mit einer weißlichen Rückenlinie, die durch eine Reihe grauweißer Flecke läuft; Warzen grau, gelblich oder rosa; Kopf glänzend schwarz.

HABITAT: Wälder und Gebüsche.

FUTTERPFLANZEN: Weißdorn (*Crataegus*), Schlehe (*Prunus spinosa*), Pflaume (*P. domestica*), Apfel (*Malus*) und Birne (*Pyrus*).

BIOLOGIE: Eine Generation im Jahr. Die Eier werden im Juli auf Blattunterseiten abgelegt und schlüpfen im August. Die Raupen fressen kurze Zeit, bevor sie in Rindenritzen, mit einigen Seidenfäden überzogen, überwintern. Sie beginnen im April oder Mai wieder zu fressen und sind Anfang Juni ausgewachsen. Verpuppung in festen Kokons, die mit Rindenstückchen besetzt sind, auf Zweigen. Die Falter schlüpfen noch im gleichen Monat.

Nola confusalis Herrich-Schäffer **16**

VERBREITUNG: In Europa weit verbreitet.

BESCHREIBUNG: Länge bis 14 mm; Rücken und Seiten mit kleinen Warzen bedeckt, auf denen lange, feine Haare stehen; Körper blaß gelblichbraun bis bräunlichweiß mit zwei unterbrochenen, dunkelbraunen Rückenbändern, zwischen denen drei dunkle, dreieckige Zeichnungen stehen; Kopf gelblichbraun.

HABITAT: Wälder und Obstgärten.

FUTTERPFLANZEN: Wird auf Eiche (*Quercus*), Buche (*Fagus sylvatica*), Apfel (*Malus*), Schlehe (*Prunus spinosa*) und anderen Laubbäumen und -sträuchern gefunden, frißt aber vermutlich vor allem an den Flechten, die auf ihnen wachsen.

BIOLOGIE: Eine Generation im Jahr. Die Eier werden im Juni abgelegt. Die Raupen fressen von Juli bis August oder September. Verpuppung im Herbst in rundlichen Kokons auf der Rinde der Futterpflanze. Die Falter schlüpfen im Mai des folgenden Jahres.

Noctuidae Eulen

Unter den Raupen dieser großen Familie finden sich viele, die wirtschaftliche Bedeutung besitzen, etwa die der Forleule oder der Graseulen. Die meisten sind glatt und haben keine Warzen oder andere Fortsätze. Einige allerdings haben charakteristische Verdickungen auf dem Rücken, und bei denen der Pyramideneulen (*Amphipyra*) ähneln sie dem Horn der Schwärmerraupen. Die Raupen der Gammaeule (*Autographa gamma*) und ihrer Verwandten haben reduzierte Bauchbeine und ähneln darin den Spannern. Einige wenige Arten, so die Haseleule (*Colocasia coryli*) und die Pfeileulengruppe (*Acronicta*), tragen Büschel langer Haare und gleichen oberflächlich denen der Arctiidae, können aber an ihrer charakteristischen Zeichnung erkannt werden. Sie fressen meist an krautigen Pflanzen, obwohl eine Reihe von Arten auch auf Bäumen oder Sträuchern lebt.

Euxoa nigricans Linnaeus **10**

VERBREITUNG: In Europa weit verbreitet.

BESCHREIBUNG: Länge bis 40 mm; Körper ocker oder ockerbraun, an den Seiten mit grün gemischt; eine dünne, schwarzgerandete, graue Rückenlinie, läuft gelegentlich durch eine Reihe dunkelbrauner, dreieckiger und rautenförmiger Zeichnungen; unten an den Seiten je ein doppelter, blaßbrauner Streifen; die Haare sitzen auf schwärzlichen Punkten; Kopf graubraun, schwarz gemustert und gestrichelt.

HABITAT: Kulturland, Gärten, Sumpfgebiete und offene Flächen.

FUTTERPFLANZEN: Klee (*Trifolium*), Wegerich (*Plantago*), Ampfer (*Rumex*), Bärenklau (*Heracleum sphondylium*) und viele andere krautige Pflanzen, sowohl Wild- wie auch Kulturformen.

BIOLOGIE: Eine Generation im Jahr. Die Eier werden im August abgelegt, schlüpfen aber offenbar erst im Februar des folgenden Jahres. Die Raupen fressen vom zeitigen Frühjahr bis Juni. Sie fressen nachts in Bodennähe an Stengeln, aber auch am Laub. Tagsüber verbergen sie sich unter der Erdoberfläche. Sie treten zuweilen als Schädlinge an Zuckerrüben (*Beta vulgaris*) auf. Verpuppung im Juni in unterirdischen Kokons. Die Falter schlüpfen im August.

Agrotis vestigialis Hufnagel 26

VERBREITUNG: In Europa weit verbreitet.

BESCHREIBUNG: Länge bis 40 mm; Körper graubraun bis graugrün, oben mit lila gemischt; drei undeutliche, dunkle Rückenlinien; Unterseite blaßgrau; die Haare sitzen auf schwärzlichen Punkten; Kopf hellbraun, schwarz gebändert.

HABITAT: Heidegebiete, trockene Sandgegenden.

FUTTERPFLANZEN: Echtes Labkraut (*Galium verum*), Wiesenlabkraut (*G. mollugo*), Sternmiere (*Stellaria*), Gräser und vermutlich andere, niedrige Pflanzen.

BIOLOGIE: Eine Generation im Jahr. Die Eier werden im August abgelegt. Nach einigen Autoren schlüpfen die Raupen im Sommer und fressen den Winter hindurch, nach anderen schlüpfen sie erst im Januar. Sie fressen nachts an Wurzeln und Stengelbasen und verbergen sich tagsüber unter der Erdoberfläche. Verpuppung Ende Mai in unterirdischen Kokons. Die Falter schlüpfen im Juni und Juli.

Agrotis segetum Denis & Schiffermüller *Saateule* 10

VERBREITUNG: In Europa weit verbreitet.

BESCHREIBUNG: Länge bis 47 mm; wie fettglänzend; Körper blaßgrau oder graubraun, oben mit lila oder grün gemischt; Unterseite gelblichbraun; zuweilen mit undeutlichen, dunklen Rückenlinien; Haare auf schwärzlichen Punkten; Kopf gelblichbraun, schwärzlichbraun gestreift und gepunktet.

HABITAT: Kulturland, Gärten, Wiesen, Brachland und andere Plätze, wo geeignete Futterpflanzen wachsen.

FUTTERPFLANZEN: Ampfer (*Rumex*), Ackersenf (*Sinapis arvensis*), Stoppelrübe (*Brassica rapa*), Pastinak (*Pastinaca sativa*), Möhre (*Daucus carota*) und ein breites Spektrum weiterer krautiger Pflanzen, sowohl Wild- wie Kulturformen.

BIOLOGIE: Eine Generation im Jahr. Die Eier werden im Juni in kleinen Gelegen auf Stengel oder zwischen Fallaub auf den Boden gelegt. Die Raupen schlüpfen im folgenden Monat und fressen auf oder unter Bodenniveau. Sie bohren Löcher in Wurzeln und fressen an den Stengelbasen, so daß die angegriffenen Pflanzen welken und absterben. Sie können zuweilen zu ernsthaften Schädlingen werden, vor allem an Wurzelgemüse. Die Raupen sind Ende Oktober ausgewachsen, überwintern und verpuppen sich im Mai des folgenden Jahres ohne weitere Nahrungsaufnahme. Die Falter schlüpfen im Mai und Juni.

Agrotis exclamationis Linnaeus *Gemeine Graseule* 13

VERBREITUNG: In gemäßigten Europa weit verbreitet.

BESCHREIBUNG: Länge bis 38 mm; Körper rötlichbraun, Unterseite grauweiß; drei dunkelrötliche Rückenlinien, dazu gelegentlich eine Reihe dunkler, keilförmiger Zeichnungen; Haare auf dunklen Punkten; Kopf gelblichbraun, dunkelbraun gezeichnet.

HABITAT: Kulturland, Wiesen, Gärten, Brachland und andere Plätze, wo geeignete Futterpflanzen wachsen.

FUTTERPFLANZEN: Ampfer (*Rumex*), Wegerich (*Plantago*), Vogelmiere (*Stellaria media*), Weißer Gänsefuß (*Chenopodium album*), Stoppelrübe (*Brassica rapa*), Zuckerrübe (*Beta vulgaris*) und viele andere krautige Pflanzen, sowohl Wild- wie Kulturformen.

BIOLOGIE: Eine Generation im Jahr. Die Eier werden im Juni auf Blätter und Stengel gelegt. Die Raupen schlüpfen im Juli. Sie fressen nachts an Wurzeln, Blättern und Stengeln und verbergen sich tagsüber in der Erde. Sie können zuweilen schädlich auftreten, besonders an Wurzelgemüse. Sie sind im Herbst ausgewachsen, graben sich in die Erde und überwintern in den fertigen Puppenhöhlen. Sie verpuppen sich aber erst im Frühjahr. Die Falter schlüpfen im Juni.

Agrotis puta Hübner 9

VERBREITUNG: In Zentral- und Südeuropa weit verbreitet.

BESCHREIBUNG: Länge bis 32 mm; Körper ockerbraun oder schmutzig graubraun, mit drei dunkelbraunen Rückenlinien; Rücken manchmal dunkelbraun, gemustert; Unterseite blaß grünlichgrau; Kopf klein, hellbraun, dunkelbraun gezeichnet.

HABITAT: Kulturland, Brachland, Gärten, Sumpfgebiete und Wälder.

FUTTERPFLANZEN: Ampfer (*Rumex*), Vogelknöterich (*Polygonum aviculare*), Löwenzahn (*Taraxacum*) und andere niedrige Pflanzen.

BIOLOGIE: Zwei Generationen im Jahr, in manchen Gegenden vielleicht auch drei. Die Eier werden im Mai und wieder im August oder September in großen Gelegen auf Blätter der Futterpflanze gelegt. Die Raupen der ersten Generation fressen und verpuppen sich im Sommer, während die der zweiten Generation überwintern und ihre Entwicklung im Frühjahr vollenden, die Verpuppung erfolgt dann im Mai. Verpuppung in der Erde. Die Falter fliegen von Mai bis Juni und von Juli bis August, u. U. nochmals von September bis Oktober.

Agrotis ripae Hübner *Strandsandeule* 11

VERBREITUNG: In sandigen Küstenregionen lokal verbreitet.

BESCHREIBUNG: Länge bis 40 mm; Körper blaß ockerbraun oder mattgrün, mit grauen Linien und Punkten und unauffälligen, schwarzen Stigmen; Kopf und Nackenschild hellbraun.

HABITAT: Sanddünen und Küstengebiete.

FUTTERPFLANZEN: Salzkraut (*Salsola kali*), Meersenf (*Cakile maritima*), Portulak-Salzmelde (*Halimione portulacoides*), Sode (*Suaeda*) und andere Küstenpflanzen.

BIOLOGIE: Eine Generation im Jahr. Die Eier werden im Juli abgelegt. Die Raupen schlüpfen im folgenden Monat. Sie fressen nachts und verbergen sich tagsüber im Sand. Sie sind im Spätherbst ausgewachsen, bohren sich dann tief in den Sand und überwintern. Verpuppung im späten Frühjahr. Die Falter schlüpfen im Juni. §

Axylia putris Linnaeus 26

VERBREITUNG: In Europa weit verbreitet.

BESCHREIBUNG: Länge bis 35 mm; Körper dick, an den Enden verschmälert; Färbung graubraun, schwärzlich gemustert, mit schwarzen und grüngrauen Zeichnungen; eine Reihe kleiner, gelblicher Rückenflecken; Segmente 4, 6 und 11 deutlich verdickt; schwärzliche, erhöhte Punkte; Kopf dunkelbraun.

HABITAT: Kulturland, Gärten, Brachland, Gebüsche und Waldränder.

FUTTERPFLANZEN: Wiesenlabkraut (*Galium mollugo*), Ampfer (*Rumex*), Wegerich (*Plantago*), Weißer Gänsefuß (*Chenopodium album*), Vogelknöterich (*Polygonum aviculare*), Hundszunge (*Cynoglossum officinale*) und andere krautige Pflanzen.

BIOLOGIE: Gewöhnlich eine Generation im Jahr, gelegentlich eine sehr unvollständige zweite Generation im Herbst. Die Eier werden im Juli in großen Gelegen auf die Blattunterseite abgelegt. Die Raupen schlüpfen innerhalb einer Woche und fressen vor allem nachts. Sie sind Ende September ausgewachsen. Verpuppung im Oktober in der Erde. Die Falter schlüpfen im Juni des folgenden Jahres.

Eugnorisma depuncta Linnaeus 10

VERBREITUNG: In Europa weit verbreitet, aber lokal.

BESCHREIBUNG: Länge bis 47 mm; Körper rötlichbraun oder grau mit einer Reihe dunkler, V-förmiger Rückenzeichnungen und einer blaßgelben oder ockerfarbenen Substigmatallinie; die Stigmen zuweilen schwarz umrandet, so daß sei eine Reihe schwarzer Flecke darstellen; Kopf klein, ockerfarben, jederseits mit einem dunkelbraunen Strich.

HABITAT: Wälder.

FUTTERPFLANZEN: Ampfer (*Rumex*), vor allem Großer Ampfer (*R. acetosa*) und Kleiner Ampfer (*R. acetosella*), Duftende Schlüsselblume (*Primula veris*) und Stengellose Schlüsselblume (*P. vulgaris*).

BIOLOGIE: Eine Generation im Jahr. Die Eier werden im August oder September abgelegt. Die Raupen schlüpfen nach rund drei Wochen und überwintern sofort anschließend in trockenen, hohlen Grashalmen. Sie werden im zeitigen Frühjahr aktiv und sind gegen Ende Mai ausgewachsen. Verpuppung im Boden. Die Falter schlüpfen im Juli oder August.

Standfussiana lucernea Linnaeus 13

VERBREITUNG: In den Hochlagen und Küstenregionen Europas weit verbreitet.

BESCHREIBUNG: Länge bis 45 mm; Körperfarbe variabel, von graugrün bis lilabraun, schwarz gemustert; Unterseite blaßgrau oder graugrün; eine Reihe dunkler Rükkenzeichnungen, die zuweilen V-förmig aussehen, mit jederseits einer Reihe blasser Flecken; Kopf dunkelbraun mit zwei weißlichen Flecken.

HABITAT: Felsenküsten, Gebirge, felsige Hügel und Steinbrüche.

FUTTERPFLANZEN: Mauerpfeffer (*Sedum acre*), Glockenblume (*Campanula rotundifolia*), Schlüsselblume (*Primula veris*), Fetthennen-Steinbrech (*Saxifraga aizoides*), Schafschwingel (*Festuca ovina*) und andere Gräser.

BIOLOGIE: Eine Generation im Jahr. Die Eier werden im August abgelegt. Die Raupen schlüpfen im folgenden Monat. Sie fressen einige Zeit, überwintern und vollenden ihre Entwicklung im Frühjahr. Sie sind vor allem nachts aktiv und können tagsüber ausgestreckt auf Steinen nahe der Futterpflanze gefunden werden. Verpuppung im Mai in der Erde. Die Falter schlüpfen im Juli. §

Noctua pronuba Linnaeus *Hausmutter* 29

VERBREITUNG: In Europa weit verbreitet.

BESCHREIBUNG: Länge bis 50 mm; Körperfarbe sehr variabel, von ocker über verschiedene Brauntöne bis leuchtend grün; das charakteristischste Merkmal ist eine Doppelreihe dunkelbrauner oder schwarzer Längsbalken auf dem Rücken, die außen weißlichbraun oder grün gerandet sind; eine weitere Reihe dunkler Zeichnungen seitlich auf Höhe der Stigmen; Kopf hellbraun, dunkelbraun gebändert und gemustert.

HABITAT: Kulturland, Gärten, Brachland, freie Landschaft, Moore und andere Plätze, wo geeignete Futterpflanzen wachsen.

FUTTERPFLANZEN: Löwenzahn (*Taraxacum*), Vogelmiere (*Stellaria media*), Ampfer (*Rumex*), Gräser und ein breites Spektrum krautiger Pflanzen, sowohl Wild- wie Kulturformen.

BIOLOGIE: Eine Generation im Jahr. Die Eier werden im Juli in kompakten, flachen Gelegen auf Blattunterseiten gelegt. Die Raupen schlüpfen im August. Sie fressen bis in den Winter, überwintern und vollenden ihre Entwicklung im Frühjahr. Sie fressen Blätter und Stengel, wobei sie zuweilen Pflanzen auf Bodenhöhe kappen. Sie sind im wesentlichen nachtaktiv und verbergen sich tagsüber in der Erde. Verpuppung im Mai in unterirdischen Kokons. Die Falter schlüpfen im Juni oder Juli.

Noctua comes Hübner 31

VERBREITUNG: In Europa weit verbreitet.

BESCHREIBUNG: Länge bis 50 mm; Körper hellbraun oder graubraun, zuweilen mit grün gemischt, mit ockerfarbenen Mustern; die hinteren Körpersegmente mit einer Doppelreihe dunkelbrauner oder schwarzer, keilförmiger Rückenzeichnungen, die auf Segment 11 durch einen dunklen Querbalken verbunden sind; ein breites, blaß gelblichbraunes Substigmatalband; Kopf hellbraun, dunkelbraun gebändert und gemustert.

HABITAT: Wiesen, Gärten, Brachland, Gebüsche, lockere Wälder, Heiden und andere Plätze, wo geeignete Futterpflanzen wachsen.

FUTTERPFLANZEN: Ampfer (*Rumex*), Vogelmiere (*Stellaria media*), Fingerhut (*Digitalis purpurea*), Schlüsselblume (*Primula vulgaris*), Heidekraut (*Calluna vulgaris*), Knäuelgras (*Dactylis glomerata*), Weide (*Salix*), Weißdorn (*Crataegus*) und andere niedrige Pflanzen und Sträucher.

BIOLOGIE: Eine Generation im Jahr. Die Eier werden im August abgelegt. Die Raupen schlüpfen im folgenden Monat. Sie fressen kurze Zeit an niedrigen Pflanzen, bevor sie überwintern. Wenn sich im Frühjahr die Knospen öffnen, werden sie wieder aktiv und fressen nicht nur an niedrigen Pflanzen, sondern steigen auch auf Laubbäume und -sträucher, wo sie das junge Laub verzehren. Sie sind vor allem nachts unterwegs. Verpuppung im Mai in unterirdischen Kokons. Die Falter schlüpfen im Juli.

Noctua fimbriata Schreber *Gelbe Bandeule* 17

VERBREITUNG: In Europa weit verbreitet.

BESCHREIBUNG: Länge bis 55 mm; Körper ockerbraun oder rötlichbraun, unterseits blasser; mit einer blassen Rückenlinie; auf den Segmenten 11 und 12 dunkle, keilförmige Zeichnungen, dahinter blasse Querbänder; Stigmen mit schwarzen Höfen; Kopf blaßbraun, dunkelbraun gesprenkelt.

HABITAT: Wälder.

FUTTERPFLANZEN: Schlüsselblume (*Primula vulgaris*), Ampfer (*Rumex*), Märzveilchen (*Viola odorata*), Taubnessel (*Lamium*), Weißdorn (*Crataegus*), Schlehe (*Prunus spinosa*), Birke (*Betula*), Weide (*Salix*) und andere niedrige Pflanzen und Laubsträucher.

BIOLOGIE: Eine Generation im Jahr. Die Eier werden im Spätsommer abgelegt. Die Raupen fressen im Herbst an niedrigen Pflanzen, bevor sie überwintern. Im Frühjahr fressen sie dann am frischen Laub von Bäumen und Sträuchern. Angeblich werden die Eier auf Blätter von Bäumen gelegt, von wo die Raupen zum Überwintern herabsteigen. – Sie sind gewöhnlich gegen Mitte Mai ausgewachsen. Verpuppung am Boden. Die Falter schlüpfen im Juli.

Noctua janthina Denis & Schiffermüller 17

VERBREITUNG: In Europa weit verbreitet.

BESCHREIBUNG: Länge bis 40 mm; Körper ockerbraun, zuweilen oben grau und mit grün gemischt; eine blasse Rückenlinie, die durch eine Reihe dunkler, V-förmiger Zeichnungen läuft; Segmente 10 und 11 mit je einem Paar schwarzer, keilförmiger Rückenzeichnungen; Kopf braun, dunkelbraun gezeichnet.

HABITAT: Wälder, Gebüsche und Gärten.

FUTTERPFLANZEN: Ampfer (*Rumex*), Schlüsselblume (*Primula vulgaris*), Vogelmiere (*Stellaria media*), Taubnessel (*Lamium*) und andere krautige Pflanzen, Brombeere (*Rubus fruticosus*), Weißdorn (*Crataegus*), Schlehe (*Prunus spinosa*), Ulme (*Ulmus*), Weide (*Salix*) und Hasel (*Corylus avellana*).

BIOLOGIE: Eine Generation im Jahr. Die Eier werden im August abgelegt. Die Raupen fressen an verschiedenen niedrigen Pflanzen und Brombeeren, bevor sie überwintern. Im Frühjahr steigen sie auf verschiedene Laubbäume und -sträucher und fressen am wachsenden Laub. Sie sind vor allem nachts aktiv. Verpuppung im Mai in unterirdischen Kokons. Die Falter schlüpfen im Juli.

Spaelotis ravida Denis & Schiffermüller 10

VERBREITUNG: In Europa weit verbreitet, aber ziemlich lokal.

BESCHREIBUNG: Länge bis 42 mm; Körper matt gelblich- oder grünlichbraun, manchmal ockerfarben auf dem Rücken, mit einer Reihe V-förmiger Zeichnungen, durch die eine blasse Rückenlinie läuft; zuweilen mit einer Reihe gelblicher, dunkelgerandeter, schräger Seitenzeichnungen; Kopf graubraun.

HABITAT: Sümpfe, aber auch warme Stellen auf Sandboden.

FUTTERPFLANZEN: Ampfer (*Rumex*), Gänsedistel (*Sonchus*), Löwenzahn (*Taraxacum*) und vermutlich verwandte Pflanzen.

BIOLOGIE: Eine Generation im Jahr. Die Eier werden im September in großen Gelegen abgesetzt, die mit Schuppen vom Hinterleib des Weibchens bedeckt werden. Die Raupen schlüpfen im Herbst und fressen den Winter hindurch an jungen Blättern und Wurzeln. Verpuppung im Mai knapp unter der Oberfläche zwischen den Wurzeln der Futterpflanze. Die Falter schlüpfen Ende Juni oder Anfang Juli.

Eugraphe subrosea Stephens 33

VERBREITUNG: In Nord- und Zentraleuropa verbreitet.

BESCHREIBUNG: Länge bis 35 mm; Körper rosa mit einem breiten, schwarzen und lilagrauen Rückenband, in dem eine zentrale, gelblichweiße Linie liegt; weitere, weiße Linien an den Seiten des schwarzen Bandes; ein breiter, sahneweißer Seitenstreifen, der ober- und unterseits von schwarzen oder lilagrauen Bändern gesäumt wird; Kopf blaß rosabraun mit dunklerer Zeichnung.

HABITAT: Saure Moore.
FUTTERPFLANZEN: Gagelstrauch (*Myrica gale*), Rauschbeere (*Vaccinium uliginosum*), Rosmarinheide (*Andromeda polifolia*), Sumpfporst (*Ledum palustre*) und Heidekraut (*Calluna vulgaris*). Frißt in Gefangenschaft an schmalblättrigen *Salix*-Arten.
BIOLOGIE: Eine Generation im Jahr. Die Eier werden im Juli oder August einzeln oder in kleinen Gruppen abgelegt und schlüpfen nach rund zehn Tagen. Die Raupen überwintern und vollenden ihre Entwicklung im Frühjahr und Frühsommer; sie sind im Juni oder Juli ausgewachsen. Sie fressen nachts an Knospen und jungen Trieben. Verpuppung am Boden unter Moos und Fallaub. Die Falter schlüpfen im Juli oder August. §

Lycophotia porphyrea Denis & Schiffermüller **24**

VERBREITUNG: In Europa weit verbreitet und häufig.
BESCHREIBUNG: Länge bis 27 mm; Körper braun oder rötlichbraun, meist mit drei Reihen ockerweißer, rechteckiger Rückenzeichnungen, begrenzt von dunkelbraunen oder schwarzen Möndchen; ein blasser, ockerfarbener oder rosaweißer, oben dunkelbraun gerandeter Seitenstreifen; Kopf ockerfarben, dunkelbraun gestreift und gefleckt.
HABITAT: Heiden, Moore und andere Plätze, wo die Futterpflanzen wachsen.
FUTTERPFLANZEN: Heidekraut (*Calluna vulgaris*), Graue Heide (*Erica cinerea*) und Glockenheide (*E. tetralix*).
BIOLOGIE: Eine Generation im Jahr. Die Eier werden im Juli abgelegt. Die Raupen schlüpfen im folgenden Monat, fressen bis in den Herbst, überwintern und sind gegen Ende April ausgewachsen. Sie sind nachtaktiv und verbergen sich tagsüber im Fallaub an der Basis der Futterpflanze. Verpuppung in dürftigen Gespinsten am oder knapp im Boden. Die Falter schlüpfen im Juni oder Juli.

Peridroma saucia Hübner **13**

VERBREITUNG: In Südeuropa heimisch, wandert nach Nordeuropa.
BESCHREIBUNG: Länge bis 42 mm; ziemlich dick, die letzten Segmente wirken leicht angeschwollen; Körper graubraun, oben mit lilarot gemischt; zwei Reihen schwarzer Striche auf dem Rücken, die auf Segment 11 durch ein Querband verbunden sind; dahinter ein auffälliger, weißlicher Fleck; Kopf braun mit schwärzlichen Bändern.
HABITAT: Beinahe in jedem Lebensraum anzutreffen. In Südeuropa zuweilen als Landwirtschaftsschädling betrachtet.
FUTTERPFLANZEN: Wegerich (*Plantago*), Ampfer (*Rumex*), Klee (*Trifolium*), Kohl (*Brassica oleracea*), Salat (*Lactuca sativa*) und andere krautige Pflanzen, sowohl Wild- wie Kulturformen.
BIOLOGIE: In Südeuropa zwei oder drei Generationen im Jahr. Die Eier werden in großen Gelegen abgesetzt und schlüpfen nach rund zwei Wochen. Die Raupen fressen nachts und verbergen sich tagsüber im Boden. Verpuppung in unterirdischen Kokons. Die Falter fliegen nördlich der Alpen von Mai bis November, sind aber im Herbst am häufigsten. Die Raupen überstehen hier nicht den Winter.

Diarsia mendica Fabricius **10**

VERBREITUNG: In Europa weit verbreitet.
BESCHREIBUNG: Länge bis 33 mm; Körper rötlichbraun bis graubraun oder grünlichgrau; mit zwei Reihen schwarzer, keilförmiger Rückenstreifen; Unterseite blaß

graubraun; ein blasses Substigmatalband; Kopf klein, blaßbraun mit dunklerer Zeichnung.
Habitat: Wälder, Heiden und Moore.
Futterpflanzen: Schlüsselblume (*Primula vulgaris*), Vogelknöterich (*Polygonum aviculare*), Ampfer (*Rumex*), Brombeere (*Rubus fruticosus*), Heidelbeere (*Vaccinium myrtillus*), Heidekraut (*Calluna vulgaris*), Birke (*Betula*) und vermutlich andere Laubbäume und krautige Pflanzen.
Biologie: Eine Generation im Jahr. Die Eier werden im Juli abgelegt und schlüpfen nach rund zwei Wochen. Die Raupen fressen im Sommer, überwintern und vollenden ihre Entwicklung im nächsten Frühjahr. Sie sind Anfang Mai ausgewachsen. Verpuppung in der Erde. Die Falter schlüpfen im Juni.

Diarsia dahlii Hübner 10

Verbreitung: In Nordeuropa weit verbreitet, wird nach Zentraleuropa hin seltener.
Beschreibung: Länge bis 35 mm; Körper blaß ockerfarben bis bläulichgrau; Unterseite blaßgrau; Rücken kräftig rötlichbraun bis gelblichbraun mit einer Reihe rautenförmgier Zeichnungen; Kopf blaßbraun.
Habitat: Heiden, Moore und Wälder.
Futterpflanzen: Ampfer (*Rumex*), Wegerich (*Plantago*) und Weide (*Salix*).
Biologie: Eine Generation im Jahr. Die Eier werden im August abgelegt und schlüpfen nach rund zwei Wochen. Die jungen Raupen fressen im Herbst an Blättern von Ampfer und Wegerich, überwintern und gehen im Frühjahr auf frische Weidenblätter über. Verpuppung im Juni in der Erde. Die Falter schlüpfen im August. §

Diarsia brunnea Denis & Schiffermüller 15

Verbreitung: In Europa weit verbreitet.
Beschreibung: Länge bis 33 mm; dick; Körper hell oder dunkel rötlichbraun, unterhalb der Stigmen blasser; eine unterbrochene, weiße Rückenlinie, die durch eine Reihe blasser, rautenförmiger Zeichnungen läuft; auf Segment 11 ein auffälliges, gelblichweißes Querband; Kopf glänzend braun mit zwei dunklen Bändern.
Habitat: Wälder.
Futterpflanzen: Ampfer (*Rumex*), Wald-Hainsimse (*Luzula sylvatica*), Adlerfarn (*Pteridium aquilinum*), Brombeere (*Rubus fruticosus*), Weide (*Salix*), Birke (*Betula*), Heidelbeere (*Vaccinium myrtillus*) und verschiedene andere Laubbäume, -sträucher und krautige Pflanzen.
Biologie: Eine Generation im Jahr. Die Eier werden im Juli abgelegt und schlüpfen nach etwa einer Woche. Die Raupen fressen nachts und verbergen sich tagsüber unter Fallaub oder in der Erde. Vor der Überwinterung fressen sie an Ampfer und anderen niedrigen Pflanzen, im Frühjahr dagegen an jungen Trieben von Bäumen und Sträuchern. Verpuppung im Juni im Boden. Die Falter schlüpfen im Juli.

Xestia alpicola Zetterstedt 25

Verbreitung: In Teilen der Alpen und Hochlagen Nordeuropas verbreitet.
Beschreibung: Länge bis 35 mm; Haut rauh und runzelig; Körper dunkel rötlichbraun bis lilabraun; Unterseite rötlichbraun; drei undeutliche, blasse Linien und eine Doppelreihe schwarzer Striche auf dem Rücken; Kopf braun.
Habitat: Gebirge und hochgelegene Moore.

FUTTERPFLANZEN: Bärentraube (*Arctostaphylos uva-ursi*), Krähenbeere (*Empetrum*) und vermutlich Heidekraut (*Calluna vulgaris*) und Heidelbeere (*Vaccinium myrtillus*).

BIOLOGIE: Die Raupen dieser Art benötigen für ihre Entwicklung zwei Jahre. Die Eier werden im Juli abgelegt und schlüpfen im gleichen Monat. Sie bohren sich in das Moos und die Flechten, die die Futterpflanze umgeben, und fressen an jungen Trieben. Sie sind im Mai des zweiten Jahres ausgewachsen. Verpuppung zwischen Flechten und Moos. Die Falter schlüpfen im Juni oder Juli.

Xestia c-nigrum Linnaeus *Schwarzes C* **11**

VERBREITUNG: In Europa weit verbreitet.

BESCHREIBUNG: Länge bis 37 mm; Körper graubraun bis grüngrau; Unterseite blaß graubraun; eine Doppelreihe schwarzer, keilförmiger Rückenstriche, die zum Hinterende hin größer werden; ein gelbliches Substigmatalband; Kopf blaßbraun mit dunkelbraunen Bändern.

HABITAT: Wälder, Wiesen, Gärten, Brachland, Sümpfe und Heiden.

FUTTERPFLANZEN: Vogelmiere (*Stellaria media*), Greiskraut (*Senecio vulgaris*), Ampfer (*Rumex*), Wegerich (*Plantago*), Kriechweide (*Salix repens*), Heidelbeere (*Vaccinium myrtillus*), Weiße Taubnessel (*Lamium album*) und Klette (*Arctium*).

BIOLOGIE: Anscheinend eine Generation im Jahr, obwohl die Entwicklungszeit der Raupen so variiert, daß auch überlappende Generationen möglich sind. Unter Laborbedingungen bis zu 6 Generationen im Jahr. Die Eier werden im Sommer oder Herbst verstreut auf der Futterpflanze und dem umgebenden Boden abgelegt. Die Raupen schlüpfen nach rund 9 Tagen und sind entweder noch im Herbst ausgewachsen oder überwintern und vollenden ihre Entwicklung im Frühjahr. Verpuppung in der Erde. Die Falter fliegen im Herbst und im Spätfrühling.

Xestia ditrapezium Denis & Schiffermüller **15**

VERBREITUNG: In Europa weit verbreitet.

BESCHREIBUNG: Länge bis 40 mm; Körper braun bis graubraun; Unterseite blaß graubraun; eine Doppelreihe schwärzlicher Rückenstriche, die auf Segment 11 mit einem Paar auffälliger, keilförmiger Zeichnungen endet; Kopf hellbraun mit zwei schwärzlichen Streifen.

HABITAT: Feuchte Wälder.

FUTTERPFLANZEN: Löwenzahn (*Taraxacum*), Vogelmiere (*Stellaria media*), Schlüsselblume (*Primula vulgaris*), Ampfer (*Rumex*), Weide (*Salix*), Hasel (*Corylus avellana*), Hartriegel (*Cornus sanguinea*) und Brombeere (*Rubus fruticosus*).

BIOLOGIE: Eine Generation im Jahr. Die Eier werden im Juli abgelegt. Die Raupen sind im Sommer und Herbst aktiv und fressen an niedrigen Pflanzen. Nach der Überwinterung fressen sie an den frischen Blättern von Laubbäumen und -sträuchern. Sie sind nachtaktiv und verbergen sich tagsüber im Fallaub. Verpuppung im Juni im Boden. Die Falter schlüpfen im folgenden Monat.

Xestia triangulum Hufnagel *Triangeleule* **17**

VERBREITUNG: In Europa weit verbreitet.

BESCHREIBUNG: Länge bis 42 mm; Körper gelblich- bis rötlichbraun; Unterseite matt gelblichgrau; die Segmente 10 und 11 mit auffälligen, schwärzlichen, paarigen, keilförmigen Rückenzeichnungen; Kopf hellbraun mit zwei schwärzlichen Streifen.

HABITAT: Wälder und baumbestandene Landschaft.

Futterpflanzen: Ampfer (*Rumex*), Vogelmiere (*Stellaria media*), Schlüsselblume (*Primula vulgaris*), Brombeere (*Rubus fruticosus*), Weißdorn (*Crataegus*), Birke (*Betula*), Schlehe (*Prunus spinosa*), Weide (*Salix*) und Hasel (*Corylus avellana*).

Biologie: Eine Generation im Jahr. Die Eier werden im Juli abgelegt und schlüpfen nach rund einer Woche. Die Raupen fressen anfangs an niedrigen Pflanzen, nach der Überwinterung an den jungen Blättern von Laubbäumen und -sträuchern. Sie sind nachtaktiv und verbergen sich tagsüber am Boden. Verpuppung im Mai in unterirdischen Kokons. Die Falter schlüpfen im folgenden Monat.

Xestia ashworthii Doubleday 10

Verbreitung: In den Gebirgsregionen Zentraleuropas und den Küstengebieten Fennoskandiens verbreitet.

Beschreibung: Länge bis 40 mm; Körper dunkel schwärzlichgrau, manchmal mit grün oder lila gemischt; mit einer Doppelreihe schwarzer, rechteckiger Striche auf dem Rücken; Kopf leuchtend rötlichbraun.

Habitat: Felsige Steilhänge und Geröllhalden.

Futterpflanzen: Sonnenröschen (*Helianthemum nummularium*), Glockenblume (*Campanula rotundifolia*), Thymian (*Thymus serpyllum*), Kleiner Ampfer (*Rumex acetosella*), Wiesenknopf (*Sanguisorba minor*), Kriechweide (*Salix repens*) und vermutlich verschiedene andere Pflanzen.

Biologie: Eine Generation im Jahr. Die Eier werden im Juli abgelegt. Die jungen Raupen fressen einige Zeit, überwintern aber noch recht klein. Sie sind bei warmem Wetter tag- und nachtaktiv. Verpuppung im Mai in der Erde oder unter Moos. Die Falter schlüpfen im Juni oder Juli.

Xestia sexstrigata Haworth 15

Verbreitung: In Europa weit verbreitet.

Beschreibung: Länge bis 33 mm; Körper blaß graubraun, am Rücken mit schwärzlichbraun gemischt; drei blasse Linien und zwei Reihen schwarzer Striche auf dem Rücken; ein breites, schwärzlichbraunes Stigmatalband; Unterseite grau, Kopf gelblichbraun mit zwei dunkler braunen Bändern.

Habitat: Feuchte Wiesen und Wälder, Sümpfe und anmoorige Stellen; manchmal auch in Gebüschen und Gärten.

Futterpflanzen: Ampfer (*Rumex*), Spitzwegerich (*Plantago lanceoleta*), Wiesenlabkraut (*Galium mollugo*), Wasser-Braunwurz (*Scrophularia auriculata*) und Brombeere (*Rubus fruticosus*); vermutlich noch an vielen anderen krautigen Pflanzen.

Biologie: Eine Generation im Jahr. Die Eier werden im August abgelegt. Die Raupen findet man von September bis Mai oder Juni. Bei mildem Wetter fressen sie den ganzen Winter hindurch. Verpuppung im Juni oder Juli in unterirdischen Kokons. Die Falter schlüpfen meist im Juli.

Xestia xanthographa Denis & Schiffermüller 11

Verbreitung: In Europa weit verbreitet.

Beschreibung: Länge bis 33 mm; im Aussehen *X. sexstrigata* sehr ähnlich; Körper blaß ockerbraun, schwärzlichbraun gebändert; drei blasse Linien und zwei Reihen schwarzer Striche auf dem Rücken.

Habitat: Gärten, Brachland, Wiesen und viele andere Plätze, wo geeignete Futterpflanzen wachsen.

Futterpflanzen: Ampfer (*Rumex*), Wegerich (*Plantago*), Vogelmiere (*Stellaria media*), Schlüsselblume (*Primula vulgaris*), Einjähriges Rispengras (*Poa annua*) und andere Gräser, Weide (*Salix*), Weißdorn (*Crataegus*) und andere Laubbäume und -sträucher.

BIOLOGIE: Eine Generation im Jahr. Die Eier werden im August abgelegt und schlüpfen nach etwa drei Wochen. Die Raupen fressen den Winter hindurch an Gräsern und anderen niedrigen Pflanzen, im Frühjahr aber zuweilen auch am Laub von Bäumen und Sträuchern. Sie sind nachtaktiv und verbergen sich tagsüber an der Basis der Futterpflanze oder unter Steinen. Sie sind im März oder April ausgewachsen, graben sich in die Erde und bauen Kokons, verpuppen sich aber erst sechs Wochen später. Die Falter schlüpfen im August.

Xestia agathina Duponchel **24**

VERBREITUNG: In vielen Teilen Europas verbreitet.

BESCHREIBUNG: Länge bis 30 mm; Körperfarbe variabel, von leuchtend grün über graugrün bis braun, mit drei breiten, weißen Rückenlinien und zwei Reihen schwarzer Rückenstriche; ein breites, weißliches Substigmatalband, das durch eine Reihe orangefarbener, rötlichbrauner, blaßlilafarbener oder grüner Flecke unterbrochen wird; Kopf gelblichbraun mit zwei dunkleren Streifen.

HABITAT: Heiden und Moore.

FUTTERPFLANZEN: Heidekraut (*Calluna vulgaris*), Graue Heide (*Erica cinerea*) und Glockenheide (*E. tetralix*).

BIOLOGIE: Eine Generation im Jahr. Die Eier werden im August oder September abgelegt und schlüpfen nach rund drei Wochen. Die Raupen sind nachtaktiv und fressen bei mildem Wetter den ganzen Winter hindurch. Sie sitzen tagsüber fest an Heidekrautstengeln, wo sie sehr gut getarnt sind. Verpuppung im Juni in Kokons am Boden. Die Falter schlüpfen im August oder September. §

Naenia typica Linnaeus *Buchdruckereule* **16**

VERBREITUNG: In Europa weit verbreitet.

BESCHREIBUNG: Länge bis 48 mm; Körper graubraun mit einem breiten, welligen, grauweißen Substigmatalband; Stigmen orange; eine Reihe weißlicher, V-förmiger Rückenzeichnungen; Kopf grauweiß mit dunkelbraunen Mustern.

HABITAT: Gebüsche, Gärten, Obstbaumkulturen und Brachland.

FUTTERPFLANZEN: Ampfer (*Rumex*), Löwenzahn (*Taraxacum*), Gänsedistel (*Sonchus*), Schlüsselblume (*Primula*), Apfel (*Malus*), Weide (*Salix*), Weißdorn (*Crataegus*), Schlehe (*Prunus spinosa*) und viele andere krautige Pflanzen, Laubbäume und -sträucher.

BIOLOGIE: Eine Generation im Jahr. Die Eier werden im Juli auf die Blätter von Bäumen und Sträuchern gelegt und schlüpfen nach etwa zwei Wochen. Die Raupen sind anfangs gesellig und fressen die Epidermis von den Blättern. Nach der Überwinterung vereinzeln sie sich und fressen bevorzugt an niedrigen Pflanzen. Sie sind nachtaktiv und verbergen sich tagsüber an der Basis der Futterpflanze. Verpuppung im Mai in unterirdischen Kokons. Die Falter schlüpfen im folgenden Monat.

Anaplectoides prasina Denis & Schiffermüller *Grüne Heidelbeereule* **15**

VERBREITUNG: In Europa weit verbreitet.

BESCHREIBUNG: Länge bis 50 mm; Körper dunkel graubraun oder schokoladenbraun; unterhalb der Stigmen blaß grauweiß bis braun; jedes Stigma von einem schwarzen Fleck umgeben; Kopf gelblichbraun mit dunklerem Muster.

HABITAT: Wälder.

Futterpflanzen: Brombeere (*Rubus fruticosus*), Vogelknöterich (*Polygonum aviculare*), Ampfer (*Rumex*), Schlüsselblume (*Primula*) und andere niedrige Pflanzen, Weide (*Salix*) und Heidelbeere (*Vaccinium myrtillus*).

Biologie: Eine Generation im Jahr. Die Eier werden im Juli abgelegt und schlüpfen nach etwa einer Woche. Die Raupen fressen anfangs an Brombeere und niedrigen Kräutern, nach der Überwinterung fressen sie auch Weiden- und Heidelbeerlaub. Sie sind nachtaktiv und verbergen sich tagsüber am Boden unter Moos oder Falllaub. Verpuppung im Mai in unterirdischen Kokons. Die Falter schlüpfen Ende Juni.

Cerastis rubricosa Denis & Schiffermüller 29

Verbreitung: In Europa weit verbreitet, im Mittelmeerraum jedoch selten.

Beschreibung: Länge bis 41 mm; Körper rötlichbraun, zuweilen mit grün gemischt; mit einer Reihe dunkler, dreieckiger Rückenzeichnungen; zwei Reihen gelblicher Striche auf dem Rücken, dazwischen schwarze Dreiecke, in denen je ein zentraler, weißer Punkt sitzt; ein breites, weißliches Substigmatalband; Kopf gelblichbraun mit dunklerer Zeichnung.

Habitat: Wälder, Waldränder und Hochmoore.

Futterpflanzen: Löwenzahn (*Taraxacum*), Greiskraut (*Senecio vulgaris*), Vogelmiere (*Stellaria media*), Ampfer (*Rumex*), Labkraut (*Galium*) und andere niedrige Pflanzen, auch an Weide (*Salix*).

Biologie: Eine Generation im Jahr. Die Eier werden im April abgelegt und schlüpfen nach rund zwei Wochen. Die Raupen sind nachtaktiv, sitzen aber tagsüber ausgestreckt auf Blättern oder Stengeln der Futterpflanze. Sie wachsen rasch heran und sind Ende Juni ausgewachsen. Verpuppung in unterirdischen Kokons. Die Falter schlüpfen im März oder April des folgenden Jahres.

Anarta myrtilli Linnaeus *Heidekrauteulchen* 24

Verbreitung: In Europa weit verbreitet.

Beschreibung: Länge bis 30 mm; Körper dunkelgrün bis leuchtend gelblichgrün, weiß gefleckt; eine zentrale Reihe gelbkerniger, weißer Rückenzeichnungen, jederseits davon eine Reihe gebogener, gelbkerniger, weißer Striche; unterhalb der Stigmen eine Reihe weißer, umgekehrt V-förmiger Zeichnungen; Kopf grün mit blaßbraunen Mustern.

Habitat: Saure Moore und Heiden.

Futterpflanzen: Heidekraut (*Calluna vulgaris*) und Graue Heide (*Erica cinerea*).

Biologie: Im Norden eine Generation im Jahr, im Süden zwei. Die Eier werden im Mai und August einzeln oder paarweise abgelegt und schlüpfen nach rund zwei Wochen. Die Raupen werden von April bis Oktober gefunden, sind aber in den Sommermonaten am häufigsten. Sie sind tag- und nachtaktiv und sitzen oft auf den oberen Zweigen der Futterpflanze. Verpuppung im Juli und im Herbst in Kokons aus Seide und Erde am Boden. Aus den Julipuppen schlüpfen die Falter im August; Herbstpuppen überwintern, die Falter schlüpfen im folgenden Frühjahr. Im Norden fliegen die Falter im Juni. §

Anarta cordigera Thunberg *Moorbunteule* 25

Verbreitung: In Nordeuropa und den Gebirgsregionen Zentral- und Südeuropas verbreitet.

Beschreibung: Länge bis 30 mm; Körper schlank, von samtigem Aussehen; Färbung variabel, von rötlichbraun über lilabraun bis schwärzlich; eine ziemlich deutliche, weißliche Rückenlinie und ein brauner oder gelblicher Substigmatalstreifen; Kopf lilabraun.

HABITAT: Felsige Bergregionen; in Skandinavien auch im Flachland.

FUTTERPFLANZEN: Bärentraube (*Arctostaphylos uva-ursi*) und vermutlich auch verwandte Pflanzen, wie Preiselbeere (*Vaccinium vitis-idaea*).

BIOLOGIE: eine Generation im Jahr. Die Eier werden im Mai einzeln abgelegt und schlüpfen nach rund zwei Wochen. Die Raupen sind nachtaktiv und verbergen sich tagsüber unten an der Futterpflanze. Sie sind Ende Juni ausgewachsen. Verpuppung am Boden. Die Falter schlüpfen im Mai des folgenden Jahres. §

Anarta melanopa Thunberg 25

VERBREITUNG: In den Gebirgsregionen Zentral- und Südeuropas verbreitet, auch in Fennoskanien.

BESCHREIBUNG: Länge bis 32 mm; Körper graubraun, am Rücken mit rötlichbraun oder lilabraun, an den Seiten mit weiß gemischt; Unterseite grau; eine undeutliche, dunkle Rückenlinie, jederseits davon eine Reihe gelblichweißer Striche; Kopf gelblichbraun mit dunkler braunen Mustern.

HABITAT: Berge und Moore.

FUTTERPFLANZEN: Krähenbeere (*Empetrum nigrum*), Heidelbeere (*Vaccinium myrtillus*) und Preiselbeere (*V. vitis-idaea*).

BIOLOGIE: Eine Generation im Jahr. Die Eier werden im Mai einzeln oder paarweise abgelegt und schlüpfen nach rund zwei Wochen. Die Raupen findet man von Juni bis August. Sie sind nachtaktiv und verbergen sich tagsüber unter Blättern der Futterpflanze. Verpuppung im August unter Moos am Boden. Die Falter schlüpfen im Mai des folgenden Jahres.

Discestra trifolii Hufnagel 11

VERBREITUNG: In Europa weit verbreitet.

BESCHREIBUNG: Länge bis 40 mm; Körperfarbe variabel, von grün bis lilabraun; zwei blasse Rückenlinien, dazwischen eine Reihe schwarzer Striche; ein auffälliges, rosafarbenes, weißgerandetes Substigmatalband; jedes Stigma, außer dem ersten und dem letzten, von einem schwarzen Fleck umgeben; Kopf grün oder braun.

HABITAT: Wiesen, Brachland und Kulturland, vor allem in Küstenregionen und in anderen Sandgebieten.

FUTTERPFLANZEN: Gänsefuß (*Chenopodium*), Melde (*Atriplex*), Rübe (*Beta vulgaris*), Vogelknöterich (*Polygonum aviculare*), gelegentlich Zwiebel (*Allium cepa*) und andere Pflanzen.

BIOLOGIE: Im Norden eine Generation im Jahr, im Süden zwei. Die Eier werden im Mai und August einzeln auf Stengel und Blätter gelegt und schlüpfen nach höchstens einer Woche. Die Raupen sind nachtaktiv und verbergen sich tagsüber an der Basis der Futterpflanze. Sie werden von Juni bis September gefunden. Verpuppung im Sommer und Herbst in unterirdischen Kokons. Die Falter schlüpfen im Süden im August bzw. im Mai des folgenden Jahres, im Norden in einer Generation Ende Juni.

Polia nebulosa Hufnagel 15

VERBREITUNG: In Europa weit verbreitet.

BESCHREIBUNG: Länge bis 50 mm; Körper gelblichbraun bis graubraun, mit einer Reihe schwärzlicher, rautenförmiger Rückenzeichnungen, jederseits davon eine

Reihe schräger Striche; Stigmen orange; Kopf gelblichbraun mit dunklerer Zeichnung.

HABITAT: Wälder.

FUTTERPFLANZEN: Ampfer (*Rumex*), Brombeere (*Rubus fruticosus*), Weide (*Salix*), Weißdorn (*Crataegus*), Birke (*Betula*) und andere Laubbäume und -sträucher.

BIOLOGIE: Eine Generation im Jahr. Die Eier werden im Juni oder Juli auf niedrige Pflanzen gelegt und schlüpfen nach rund zwei Wochen. Die Raupen fressen anfangs an Ampfer und vermutlich anderen niedrigen Pflanzen, nach der Überwinterung an jungem Laub verschiedener Bäume und Sträucher. Sie sind nachtaktiv und verbergen sich tagsüber an der Basis der Futterpflanze. Verpuppung im Mai in unterirdischen Kokons. Die Falter schlüpfen im folgenden Monat.

Pachetra sagittigera Hufnagel 31

VERBREITUNG: In Europa weit verbreitet.

BESCHREIBUNG: Länge bis 40 mm; Körper ockerbraun; einige Formen fast ohne Zeichnungen; andere mit einer blassen Rückenlinie und daneben schwarzen Strichen, sowie mit einem breiten, dunkelbraunen Seitenband; Kopf gelblichbraun. Junge Raupen sind grün.

HABITAT: Kalkmulden und andere Plätze auf Kalkboden.

FUTTERPFLANZEN: Einjähriges Rispengras (*Poa annua*), Hain-Rispengras (*P. nemoralis*), Wald-Zwenke (*Brachypodium sylvaticum*) und andere Gräser.

BIOLOGIE: Eine Generation im Jahr. Die Eier werden im Juni an Gräsern abgelegt und schlüpfen nach etwa 12 Tagen. Die Raupen sind nachtaktiv und verbergen sich tagsüber in dichten Grashorsten. Bei mildem Wetter fressen sie vermutlich den ganzen Winter hindurch. Sie sind im März oder April ausgewachsen. Verpuppung im April in zerbrechlichen Kokons unter Moos am Boden. Die Falter schlüpfen im folgenden Monat.

Mamestra brassicae Linnaeus *Kohleule* 13

VERBREITUNG: In Europa weit verbreitet.

BESCHREIBUNG: Länge bis 45 mm; Körperfarbe variabel, von braun bis graugrün; zwei Reihen schwarzer Rückenwische, die sich auf Segment 11 zu einer keilförmigen Zeichnung vereinigen; ein breites, orangegelbes oder blaßgrünes Stigmatalband; Kopf blaß gelblichbraun mit blasserem Muster. Junge Raupen sind grün mit gelben Ringen zwischen den Segmenten.

HABITAT: Kulturland, Gärten, Brachland und andere Plätze, wo geeignete Futterpflanzen wachsen.

FUTTERPFLANZEN: Beinahe jede niedrige Pflanze, aber besonders Kohl (*Brassica oleracea*) und verwandte Pflanzen; auch auf verschiedenen Laubbäumen und -sträuchern, wie Eiche (*Quercus*) und Birke (*Betula*).

BIOLOGIE: Eine Generation im Jahr. Die Eier werden in den Sommermonaten gruppenweise auf die Blattunterseiten abgelegt und schlüpfen in rund 8 Tagen. Die Raupen sind nachtaktiv und verbergen sich tagsüber am Boden. Sie können an Kohl schädlich werden, in den sie sich einbohren. Sie werden gewöhnlich erst entdeckt, wenn die Pflanze bereits stark geschädigt ist. Verpuppung im Herbst in lokkeren, unterirdischen Gespinsten. Die Falter schlüpfen in der Regel erst im Juni des folgenden Jahres.

Melanchra persicariae Linnaeus *Flohkrauteule* **27**

Verbreitung: In Europa weit verbreitet.

Beschreibung: Länge bis 40 mm; Körperfarbe variabel, von lilabraun bis grün; auf Segment 11 ein deutlicher Buckel; eine weiße Rückenlinie, die durch eine Reihe dunkler, V-förmiger Zeichnungen läuft; diese auf den Segmenten, 4, 5 und 11 besonders deutlich; von den Stigmen laufen dunkle Schrägstreifen zur Unterseite; Kopf blaßbraun.

Habitat: Hecken, Brachland, Gärten und andere Plätze, wo geeignete Futterpflanzen wachsen.

Futterpflanzen: Nessel (*Urtica*), Wegerich (*Plantago*), Windröschen (*Anemone*) und viele andere niedrige, krautige Pflanzen, auch an Holunder (*Sambucus nigra*), Weide (*Salix*) und anderen Laubbäumen und -sträuchern.

Biologie: Eine Generation im Jahr. Die Eier werden im Juni oder Juli einzeln oder auch in großen Gelegen auf die Futterpflanze gelegt und schlüpfen nach etwa einer Woche. Die Raupen sind nachtaktiv und verbergen sich tagsüber unter Blättern der Futterpflanze. Verpuppung im Herbst in unterirdischen Kokons. Die Falter schlüpfen im Sommer des folgenden Jahres.

Lacanobia contigua Denis & Schiffermüller **5**

Verbreitung: In Europa weit verbreitet, aber lokal.

Beschreibung: Länge bis 40 mm; Körperfarbe variabel, von grün bis zu einem grünlichen rötlichbraun; drei Reihen lilabrauner oder schwärzlicher Rückenwische; eine lilabraune Stigmatallinie, darunter ein weißliches oder blaßgrünes Band unterschiedlicher Breite; Stigmen weiß; Kopf grünlichbraun.

Habitat: Locker bewaldete, saure Heiden und Moore.

Futterpflanzen: Gagelstrauch (*Myrica gale*), Weide (*Salix*), Birke (*Betula*), Hasel (*Corylus avellana*), Eiche (*Quercus*), Ampfer (*Rumex*), Goldrute (*Solidago virgaurea*), Adlerfarn (*Pteridium aquilinum*) und andere Pflanzen.

Biologie: Eine Generation im Jahr. Die Eier werden im Juni in großen Gelegen auf die Futterpflanze gelegt und schlüpfen nach rund einer Woche. Die Raupen sind nachtaktiv und verbergen sich tagsüber am Boden. Sie sind Ende September ausgewachsen. Verpuppung in unterirdischen Kokons. Die Falter schlüpfen im Juni des folgenden Jahres.

Lacanobia w-latinum Hufnagel **19**

Verbreitung: In Europa weit verbreitet.

Beschreibung: Länge bis 45 mm; ziemlich dick; Körperfarbe variabel, von mattbraun über grau bis olivgrün; eine Reihe dunkelbrauner, rautenförmiger und keilförmiger Rückenzeichnungen; unterhalb der weißen Stigmen blaß graubraun; Kopf braun mit zwei schwarzen Streifen.

Habitat: Vor allem in Kalkgebieten.

Futterpflanzen: Ginster (*Cytisus scoparius*), Färbeginster (*Genista tinctoria*), Flohknöterich (*Polygonum persicaria*), Vogelknöterich (*P. aviculare*) und andere Pflanzen.

Biologie: Eine Generation im Jahr. Die Eier werden im Juni in großen Gelegen auf die Futterpflanze gelegt und schlüpfen nach rund zehn Tagen. Die Raupen sind nachtaktiv und verbergen sich tagsüber unter der Futterpflanze. Sie sind im Spätsommer ausgewachsen. Verpuppung im Herbst in unterirdischen Kokons. Die Falter schlüpfen im Mai des folgenden Jahres.

Lacanobia oleracea Linnaeus *Gemüseeule* 11

VERBREITUNG: In Europa weit verbreitet.

BESCHREIBUNG: Länge bis 45 mm; Körperfarbe variabel, von grün über braun und grau bis rosa mit feiner, weißer Fleckung; eine breite, blaßgelbe oder weiße Substigmatallinie; Kopf gelblichbraun oder grünlichbraun mit blassen Mustern.

HABITAT: Kulturland, Gärten, Brachland, Ränder von Salzmarschen und andere Plätze, wo geeignete Futterpflanzen wachsen.

FUTTERPFLANZEN: Gänsefuß (*Chenopodium*), Melde (*Atriplex*), Nessel (*Urtica*), Ampfer (*Rumex*) und andere niedrige Pflanzen.

BIOLOGIE: Eine Generation im Jahr. Die Eier werden im Juni in Gelegen auf Blattunterseiten gelegt und schlüpfen nach rund einer Woche. Die Raupen sind nachtaktiv und verbergen sich tagsüber meist an der Basis der Futterpflanze, sonnen sich aber auch zuweilen lang ausgestreckt auf Blättern. Gelegentlich wird diese Art an Gewächshauskulturen, etwa Tomaten, schädlich. Verpuppung meist Ende August oder im September in zerbrechlichen, unterirdischen Kokons. Die Falter schlüpfen im Juni des folgenden Jahres.

Ceramica pisi Linnaeus *Erbseneule* 32

VERBREITUNG: In Europa weit verbreitet.

BESCHREIBUNG: Länge bis 45 mm; Körperfarbe variabel, von grün über rötlichbraun bis dunkel lilabraun, mit zwei breiten, gelben Rückenbändern und einem breiten, gelben Stigmatalband; Kopf braun oder grünlichbraun.

HABITAT: Offene Landschaft, Heiden und Moore.

FUTTERPFLANZEN: Adlerfarn (*Pteridium aquilinum*), Ginster (*Cytisus scoparius*), Brombeere (*Rubus fruticosus*), Weide (*Salix*) und ein breites Spektrum anderer niedriger Pflanzen, daneben Laubbäume und -sträucher. Manchmal auch an junger Lärche (*Larix decidua*).

BIOLOGIE: Eine Generation im Jahr. Die Eier werden im Juli in Gruppen auf die Futterpflanze gelegt und schlüpfen in rund zehn Tagen. Die Raupen sind nachtaktiv und verbergen sich tagsüber, sonnen sich aber auch zuweilen ausgestreckt auf Blättern. Meist sind sie im September ausgewachsen. Verpuppung in der Erde. Die Falter schlüpfen im Juni oder Juli des folgenden Jahres.

Hecatera dysodea Denis & Schiffermüller 29

VERBREITUNG: In Zentral- und Südeuropa sowie in Teilen Nordeuropas weit verbreitet.

BESCHREIBUNG: Länge bis 30 mm; Körper ockerfarben oder blaß rötlichbraun mit schwarzen Punkten; unterhalb der Stigmen blaßgrünlich; manchmal mit drei feinen, schwärzlichen Rückenlinien; Kopf blaß gelblichbraun.

HABITAT: Felder und offene Landschaft.

FUTTERPFLANZEN: Salat (*Lactuca*), sowohl wild wie kultiviert, Grüner Pippau (*Crepis capillaris*) und Gänsedistel (*Sonchus*).

BIOLOGIE: Eine Generation im Jahr. Die Eier werden im Juni abgelegt. Die Raupen schlüpfen im folgenden Monat und sind Ende August ausgewachsen. Sie sind vor allem nachtaktiv und fressen an Blüten und Knospen, bleiben aber tagsüber ausgestreckt auf den Stengeln sitzen, wo sie gut getarnt sind. Verpuppung im Herbst in der Erde. Die Falter schlüpfen im Juni des folgenden Jahres.

Hadena rivularis Fabricius **11**

VERBREITUNG: In Europa weit verbreitet, außer im extremen Norden.

BESCHREIBUNG: Länge bis 35 mm; Körper bräunlichgelb oder blaß grünlichbraun, gemischt mit lilabraun, besonders am Kopf und auf der Unterseite; eine Reihe lilabrauner, V-förmiger Rückenzeichnungen; ähnlich gefärbte, schräge Streifen laufen durch die Stigmen; Kopf blaßbraun mit dunklerem Muster.

HABITAT: Feuchte Wiesen und andere Plätze, wo die Futterpflanzen wachsen.

FUTTERPFLANZEN: Kuckuckslichtnelke (*Lychnis flos-cuculi*), Meer-Taubenkropf (*Silene maritima*) und vermutlich die meisten anderen *Lychnis*- und *Silene*-Arten.

BIOLOGIE: Eine Generation im Jahr, in südlichen Gebieten eine partielle zweite Generation. Die Eier werden im Juni einzeln auf oder in Blüten oder sich gerade öffnende Blütenknospen gelegt und schlüpfen nach rund einer Woche. Die Raupen fressen an den sich entwickelnden Samen. Wenn diese reif und hart werden, fressen sie auch am Laub. Sie sind nachtaktiv und verbergen sich tagsüber zwischen den Grundblättern der Futterpflanze oder in der Blattstreu. Sie sind Ende August ausgewachsen. Verpuppung in Kokons knapp unter der Oberfläche. Die Falter schlüpfen meist im Mai oder Juni des folgenden Jahres, Falter der zweiten Generation fliegen im Herbst.

Hadena confusa Hufnagel *Kleine Nelkeneule* **11**

VERBREITUNG. In Europa weit verbreitet.

BESCHREIBUNG. Länge bis 30 mm; Körper matt gelblichbraun bis rötlichbraun; Unterseite blaßgrau, zuweilen mit grün gemischt; eine Reihe graubrauner, V-förmiger Rückenzeichnungen; Kopf rötlichbraun mit dunklerer Zeichnung.

HABITAT: Wiesen, Küstengebiete und offene Landschaft in Kalkgebieten.

FUTTERPFLANZEN. Meer-Taubenkropf (*Silene maritima*), Taubenkropf (*S. vulgaris*) und Weiße Lichtnelke (*S. alba*); vermutlich auch andere Arten der Gattungen *Silene* und *Lychnis*.

BIOLOGIE: Eine Generation im Jahr. Die Eier werden im Juni oder Juli einzeln auf Knospen oder Blüten gelegt und schlüpfen nach rund einer Woche. Die jungen Raupen leben in den Samenkapseln. Wenn sie größer werden, verbergen sie sich tagsüber an der Basis der Futterpflanze, steigen nachts hoch und fressen an den unreifen Samen. Sie sind meist Ende August ausgewachsen. Verpuppung in der Erde. Die Falter schlüpfen im Mai oder Juni des folgenden Jahres. Die Puppe überwintert zuweilen zweimal.

Hadena bicruris Hufnagel *Kapseleule* **11**

VERBREITUNG: In Europa weit verbreitet.

BESCHREIBUNG: Länge bis 35 mm; Körper ockerbraun mit einer Reihe schwärzlicher, V-förmiger Rückenzeichnungen und einem schwärzlichen Stigmatalband; Kopf blaßbraun mit dunkelbraunen Mustern.

HABITAT: Wälder, Sümpfe, Wiesen, Heiden und Dünen.

FUTTERPFLANZEN: Rote Lichtnelke (*Silene dioica*), Kuckuckslichtnelke (*Lychnis flos-cuculi*) und andere *Silene*- und *Lychnis*-Arten, auch an Bartnelke (*Dianthus barbatus*).

BIOLOGIE: Im Süden zwei Generationen im Jahr, im Norden nur eine. Die Eier werden einzeln auf Blüten und Knospen gelegt und schlüpfen nach weniger als einer Woche. Die Raupen fressen anfangs in den Kapseln, bleiben aber später außerhalb und stecken nur den Kopf hinein. Raupen der ersten Generation sind im Juli ausgewachsen, die der zweiten Ende August. Verpuppung in zerbrechlichen, unterirdischen Kokons. Die Falter schlüpfen im Juli des nächsten Jahres bzw. im September.

Cerapteryx graminis Linnaeus *Dreizack-Graseule* 31

VERBREITUNG: In Europa weit verbreitet.

BESCHREIBUNG: Länge bis 35 mm; Körper oberhalb der Stigmen dunkel bronzebraun, darunter blaß orangebraun; Haut runzelig und glänzend; drei breite, blaß ockerfarbene Rückenstreifen und ein breites, weißes Stigmatalband; Kopf gelblichbraun, dunkelbraun gezeichnet.

HABITAT: Offene Landschaft, besonders in sauren Moorgebieten.

FUTTERPFLANZEN: Pfeifengras (*Molinia caerulea*), Borstgras (*Nardus stricta*) und andere grobe Gräser; auch an Binsen (*Juncus* und *Scirpus*).

BIOLOGIE: Eine Generation im Jahr. Die Eier werden im August abgelegt, schlüpfen aber erst im März oder April des folgenden Jahres. Sie werden vom Weibchen verstreut, während es knapp über dem Boden fliegt. Die Raupen fressen sowohl tags wie nachts. Sie können so zahlreich auftreten, daß sie in regelrechten Heerscharen über Grasland ziehen und ganze Weiden zerstören. Verpuppung im Juni in Erdkokons zwischen Graswurzeln oder unter Steinen. Die Falter schlüpfen im Juli und August.

Panolis flammea Denis & Schiffermüller *Forleule* 1

VERBREITUNG: In Europa weit verbreitet.

BESCHREIBUNG: Länge bis 40 mm; Körper graugrün, seltener braun, mit drei weißen Rückenstreifen und einem breiten, weißen Stigmatalband, das unten orangegelb gerandet ist; Stigmen orange; Kopf rötlichbraun mit blasser Zeichnung.

HABITAT: Nadelwälder.

FUTTERPFLANZEN: Kiefer (*Pinus*) und zuweilen andere Nadelhölzer, wie Fichte (*Picea*) und Tanne (*Abies*); selten Eiche (*Quercus*) und Birke (*Betula*).

BIOLOGIE: Eine Generation im Jahr. Die Eier werden im Mai in Ketten auf Nadeln gelegt und schlüpfen in rund einer Woche. Die Falter wählen für die Ablage meist ausgewachsene Bäume aus. Die Raupen fressen anfangs an jungen Trieben, später auch an älteren Nadeln, wo sie sehr gut getarnt sind. Sie sind gegen Ende Juli ausgewachsen. Verpuppung in lockeren Gespinsten in Rindenritzen oder in der Blattstreu am Boden. Die Falter schlüpfen im März oder April des folgenden Jahres.

Brithys crini Fabricius 30

VERBREITUNG: Lokal in Südeuropa verbreitet, vor allem an der Mittelmeerküste. Wurde einmal auf den Britischen Inseln beobachtet (Kew Gardens, Surrey; vermutlich mit Pflanzenmaterial eingeschleppt).

BESCHREIBUNG: Länge bis 49 mm; Körper lilaschwarz mit breiten, gescheckten, weißen Bändern; Beine rötlichbraun; Kopf rötlichbraun mit schwarzen Flecken.

HABITAT: Meeresküsten.

FUTTERPFLANZEN: Meerlilie (*Pancratium maritimum*).

BIOLOGIE: Die Raupen fressen im Juni an Blättern, Knospen und Stengeln der Futterpflanze und bohren sich auch in die Knollen ein. Die Falter fliegen im Mai.

Orthosia cruda Denis & Schiffermüller *Kleine Kätzcheneule* 14

VERBREITUNG: In Europa weit verbreitet, nach Norden bis Südskandinavien.

BESCHREIBUNG: Länge bis 30 mm; Körper grün oder braun. Grüne Formen: weiß gemustert, mit gelblichen Ringen zwischen den Segmenten; eine weiße Rückenlinie und eine breite, weiße, rosa und grün schattierte Stigmatallinie. Braune Formen: mit deutlichen schwarzen Punkten; eine breite und jederseits davon eine schmalere weiße Rückenlinie; eine weißgerandete, ockerfarbene Stigmatallinie. Beide Formen mit einer breiten, weißen Querlinie auf dem Rücken von Segment 11; Kopf grünlich oder ockerweiß mit dunkleren Flecken.

HABITAT: Wälder und Waldränder.

FUTTERPFLANZEN: Eiche (*Quercus*), Weide (*Salix*), Hasel (*Corylus avellana*), Weißdorn (*Crataegus*) und Rose (*Rosa*).

BIOLOGIE: Eine Generation im Jahr. Die Eier werden im April abgelegt und schlüpfen nach rund einer Woche. Die Raupen werden gewöhnlich im Mai und Juni gefunden. Sie sind nachtaktiv und verbergen sich tagsüber zwischen zusammengesponnenen Blättern. In Gefangenschaft zeigen sie zuweilen kannibalistische Tendenzen. Verpuppung im Juli in unterirdischen Kokons. Die Falter schlüpfen im März des folgenden Jahres.

Orthosia miniosa Denis & Schiffermüller 6

VERBREITUNG: In Europa weit verbreitet.

BESCHREIBUNG: Länge bis 35 mm; Körper blaugrau bis braun, fein schwarz gefleckt und gemustert; drei gelbe Rückenlinien, von denen die mittlere die breiteste ist; ein breites, gelbes, schwarz geflecktes und weiß gerandetes Stigmatalband; Kopf blaß grau oder braun mit dunklen Flecken.

HABITAT: Wälder und Gebüsche.

FUTTERPFLANZEN: Eiche (*Quercus*), gelegentlich Weißdorn (*Crataegus*), Schlehe (*Prunus spinosa*), Brombeere (*Rubus fruticosus*) und verschiedene niedrige Pflanzen.

BIOLOGIE: Eine Generation im Jahr. Die Eier werden im April in kleinen Gelegen auf Eichenzweigen abgelegt und schlüpfen nach rund zwei Wochen. Die jungen Raupen sind anfangs gesellig und leben unter einem gemeinsamen Gespinst. Später vereinzeln sie sich. In dieser Phase verlassen einige die Eiche und fressen an Pflanzen des Unterwuchses. Sie sind Mitte Juni ausgewachsen. Verpuppung in unterirdischen Kokons. Die Falter schlüpfen im März oder April des folgenden Jahres.

Orthosia opima Hübner 14

VERBREITUNG: In West- und Zentraleuropa weit verbreitet.

BESCHREIBUNG: Länge bis 40 mm; Körper oberhalb der Stigmen dunkel lilabraun oder graugrün, darunter blaßgrün; drei feine, weißliche Rückenlinien; Kopf blaßocker.

HABITAT: Sandgebiete, Heiden und Sümpfe.

FUTTERPFLANZEN: Weide (*Salix*), Birke (*Betula*), Rose (*Rosa*), Färberginster (*Genista tinctoria*), Jacobskreuzkraut (*Senecio jacobaea*), Hundszunge (*Cynoglossum officinale*) und andere Pflanzen.

BIOLOGIE: Eine Generation im Jahr. Die Eier werden im April in großen Gelegen abgesetzt und schlüpfen nach rund einer Woche. Die Raupen sind nachtaktiv und verbergen sich tagsüber unter Blättern. Sie sollen an den Blüten des Färberginsters fressen, bevorzugen aber sonst die Blätter. Sie sind gegen Ende Juni ausgewachsen. Verpuppung im Juli in unterirdischen Kokons. Die Falter schlüpfen im April des folgenden Jahres. §

Orthosia gracilis Denis & Schiffermüller **23**

VERBREITUNG: In Europa weit verbreitet.

BESCHREIBUNG: Länge bis 45 mm; Körper oberhalb der Stigmen rötlichbraun oder graugrün, darunter grün, gelblichgrün oder grünlichbraun; ein blaßgrünes oder braunes, oben schwarz gerandetes Stigmatalband; Kopf braun.

HABITAT: Offene Landschaft, vor allem in sumpfigen Gebieten.

FUTTERPFLANZEN: Weide (*Salix*), Gagelstrauch (*Myrica gale*), Blut-Weiderich (*Lythrum salicaria*), Gilbweiderich (*Lysimachia vulgaris*), Mädesüß (*Filipendula ulmaria*) und andere Pflanzen.

BIOLOGIE: Eine Generation im Jahr. Die Eier werden im April in großen Gelegen abgesetzt und schlüpfen nach rund zehn Tagen. Die Raupen verspinnen die Blätter junger Triebe und fressen darin. Wenn ein Trieb abgefressen ist, ziehen sie zum nächsten. Werden sie größer, fressen sie ganz normal am Laub und verbergen sich, tagsüber am Boden. Verpuppung im Juli in der Erde. Die Falter schlüpfen im Frühjahr des folgenden Jahres.

Orthosia stabilis Denis & Schiffermüller *Gemeine Kätzcheneule* **6**

VERBREITUNG: In Europa weit verbreitet, nicht im äußersten Norden.

BESCHREIBUNG: Länge bis 40 mm; dick; Körper grün, gelblichweiß gefleckt, mit gelblichen Ringen zwischen den Segmenten; eine gelblichweiße Rückenlinie und eine ähnlich gefärbte Stigmatallinie; hinter dem Kopf und auf dem Rücken des Segments 11 auffällige, gelbliche Querbänder; Kopf blaß bräunlichgrün.

HABITAT: Wälder, Waldränder und Gebüsche.

FUTTERPFLANZEN: Eiche (*Quercus*), Weide (*Salix*) und Ulme (*Ulmus*).

BIOLOGIE: Eine Generation im Jahr. Die Eier werden im April in unregelmäßigen Haufen auf Zweigen abgelegt und schlüpfen nach rund zehn Tagen. Die Raupen fressen anfangs in versponnenen Trieben, später frei an Blättern. Sie sind tag- und nachtaktiv und sind Ende Juni ausgewachsen. Verpuppung in unterirdischen Kokons. Die Falter schlüpfen meist im folgenden Frühjahr; einige auch schon bei mildem Winterwetter.

Orthosia incerta Hufnagel **16**

VERBREITUNG: In Europa weit verbreitet.

BESCHREIBUNG: Länge bis 40 mm; Körperfarbe variabel, von blaugrün über gelbgrün bis dunkel graugrün, kräftig weiß gefleckt; eine breite und jederseits davon eine schmalere, weiße Rückenlinie; eine weiße oder gelbliche, oben schwarz gerandete Stigmatallinie; Kopf blaß braun oder grünlichbraun.

HABITAT: Wälder und Obstgärten.

FUTTERPFLANZEN: Eiche (*Quercus*), Weide (*Salix*) und andere Laubbäume und -sträucher, darunter auch Apfel (*Malus*) und Hopfen (*Humulus lupulus*).

BIOLOGIE: Eine Generation im Jahr. Die Eier werden im März in großen Gelegen abgesetzt und schlüpfen nach rund zehn Tagen. Die Raupen sind nachtaktiv und verbergen sich tagsüber zwischen versponnenen Blättern. Sie sind im Juni oder Juli ausgewachsen. Verpuppung in zerbrechlichen, unterirdischen Kokons. Die Falter schlüpfen meist im März des folgenden Jahres, zuweilen aber auch schon während der Wintermonate.

Orthosia munda Denis & Schiffermüller **7**

VERBREITUNG: In Europa weit verbreitet, außer im Süden.

BESCHREIBUNG: Länge bis 40 mm; Körper oberhalb der Stigmen dunkel graubraun, darunter blaß grau oder grünlichgrau; ein breites, ockerfarbenes Rückenband, darin eine Reihe dunklerer, pfeilförmiger Zeichnungen; ein ockerfarbenes, oben schwarz gerandetes Stigmatalband, mit auffälligen, weißen Flecken auf den Segmenten 4 und 5; auf dem Rücken von Segment 11 ein ockerfarbenes Querband; Kopf rötlichbraun mit dunklerer Zeichnung.

HABITAT: Wälder.

FUTTERPFLANZEN: Weide (*Salix*), Ulme (*Ulmus*), Eiche (*Quercus*), Espe (*Populus tremula*), Schlehe (*Prunus spinosa*), Hopfen (*Humulus lupulus*) und Geißblatt (*Lonicera periclymenum*).

BIOLOGIE: Eine Generation im Jahr. Die Eier werden im April in großen Haufen auf die Futterpflanze gelegt und schlüpfen nach rund zehn Tagen. Die Raupen fressen nachts und sind gegen Ende Juni ausgewachsen. Verpuppung im Juli in unterirdischen Kokons. Die Falter schlüpfen im Frühling des folgenden Jahres, einige auch schon etwas früher.

Orthosia gothica Linnaeus **29**

VERBREITUNG: In Europa weit verbreitet.

BESCHREIBUNG: Länge bis 40 mm; Körper grün, fein gelblichweiß gezeichnet, mit schmalen, gelblichen Ringen zwischen den Segmenten; drei gelblichweiße Rückenlinien; ein blaßgelbes oder weißes, oben schwarz gerandetes Stigmatalband; Kopf grün.

HABITAT: Wälder, Gebüsche, Wiesen und andere Plätze, wo geeignete Futterpflanzen wachsen.

FUTTERPFLANZEN: Eiche (*Quercus*), Weide (*Salix*), Weißdorn (*Crataegus*) und viele andere Bäume und Sträucher; auch an Ampfer (*Rumex*), Löwenzahn (*Taraxacum*), Mädesüß (*Filipendula ulmaria*), Klee (*Trifolium*) und anderen niedrigen Pflanzen.

BIOLOGIE: Eine Generation im Jahr. Die Eier werden im April in unregelmäßigen Haufen abgelegt und schlüpfen nach rund zehn Tagen. Die Raupen sind nachtaktiv und verbergen sich tagsüber an der Futterpflanze. Sie sind im Juni oder Juli ausgewachsen. Verpuppung in zerbrechlichen, unterirdischen Kokons. Die Falter schlüpfen meist im Frühling des folgenden Jahres, zuweilen aber auch schon an milden Wintertagen.

Mythimna ferrago Fabricius **11**

VERBREITUNG: In Europa weit verbreitet.

BESCHREIBUNG: Länge bis 45 mm; Körper leuchtend ockerfarben, unterseits blasser; drei weiße, schwarz oder dunkelbraun gerandete Rückenlinien und ein breites, bräunliches Stigmatalband; Kopf blaßocker mit einem Netz dunkelbrauner Zeichnungen.

HABITAT: Wälder, Waldränder und andere Plätze, wo geeignete Futterpflanzen wachsen.

FUTTERPFLANZEN: Hain-Rispengras (*Poa nemoralis*) und andere Gräser, Vogelmiere (*Stellaria media*), Wegerich (*Plantago*) und Löwenzahn (*Taraxacum*).

BIOLOGIE: Eine Generation im Jahr. Die Eier werden im Juli in Reihen in gefaltete Grasblätter gelegt und schlüpfen nach rund einer Woche. Die Raupen verbergen sich tagsüber an der Basis der Futterpflanze und steigen nachts auf, um an den Spitzen der Halme zu fressen. Anfangs wachsen sie nur langsam, nach der Überwinterung jedoch rascher, so daß sie Ende Mai ausgewachsen sind. Verpuppung in unterirdischen Kokons. Die Falter schlüpfen im Juni oder Juli.

Mythimna pallens Linnaeus *Weißadereule* 31

VERBREITUNG: In Europa weit verbreitet.

BESCHREIBUNG: Länge bis 40 mm; Körper ockerfarben, unten blaßgrau; drei weiße, braun gerandete Rückenlinien; ein breites, dunkelbraunes Stigmatalband; Kopf blaßbraun mit einem Netz dunklerer Zeichnungen.

HABITAT: Sümpfe, Wiesen und anderes Grasgelände.

FUTTERPFLANZEN: Einjähriges Rispengras (*Poa annua*), Knäuelgras (*Dactylis glomerata*), Quecke (*Agropyron repens*) und andere Gräser.

BIOLOGIE: Im Süden zwei Generationen im Jahr, weiter nördlich nur eine. Die Eier werden im Juli und September in Reihen auf Grasblättern abgelegt und schlüpfen nach rund einer Woche. Die Raupen sind nachtaktiv und verbergen sich tagsüber zwischen Wurzeln. Die erste Generation wächst rasch heran und ist im August ausgewachsen. Die zweite Generation überwintert ziemlich klein und vollendet ihre Entwicklung im Frühjahr. Verpuppung im Mai in unterirdischen Kokons. Die Falter der ersten Generation schlüpfen im September, die der zweiten im Juli des folgenden Jahres.

Mythimna comma Hübner *Komma-Eule* 31

VERBREITUNG: In Europa weit verbreitet.

BESCHREIBUNG: Länge bis 40 mm; ziemlich dick; Körper blaß rötlichbraun bis graubraun; drei blasse, dunkler braun gerandete Rückenlinien; ein blaßbraunes oder weißliches Substigmatalband; Kopf blaß braun mit dunkelbraunen Streifen.

HABITAT: Sümpfe und andere Plätze, wo geeignete Futterpflanzen wachsen.

FUTTERPFLANZEN: Knäuelgras (*Dactylis glomerata*) und andere Gräser, auch an Ampfer (*Rumex*).

BIOLOGIE: Eine Generation im Jahr. Die Eier werden im Juni in unregelmäßigen Reihen auf Grasblättern abgelegt und schlüpfen nach rund einer Woche. Die Raupen fressen nachts an den Spitzen der Gräser und verbergen sich tagsüber zwischen den Wurzeln. Sie sind im Herbst ausgewachsen und überwintern im Boden. Verpuppung im April in den Überwinterungshöhlen ohne weitere Nahrungsaufnahme. Die Falter schlüpfen im Mai oder Juni.

Senta flammea Curtis 30

VERBREITUNG: In Teilen West-, Zentral- und Nordeuropas lokal verbreitet.

BESCHREIBUNG: Länge bis 30 mm; Körper ocker bis rötlichbraun, manchmal mit rötlichen Ringen zwischen den Segmenten; eine blaß ockerfarbene, dunkelbraun gerandete Rückenlinie, jederseits davon zwei weniger deutliche, blasse Linien; eine blaß ockerfarbene, oben dunkler braun gerandete Substigmatallinie; Unterseite blaßgrau; Kopf blaßbraun mit einem Netz größerer, brauner Zeichnungen.

HABITAT: Sümpfe und schilfige Moore.

FUTTERPFLANZEN: Schilfrohr (*Phragmites communis*).

BIOLOGIE: Eine Generation im Jahr. Die Eier werden im Juni in Doppelreihen abgelegt und schlüpfen nach rund zwei Wochen. Die Raupen fressen nachts an den Blättern und verbergen sich tagsüber in hohlen Stengeln. Sie sind im Herbst ausgewachsen. Verpuppung in hohlen Schilfstengeln. Die Falter schlüpfen im Mai oder Juni des folgenden Jahres. §

Cucullia absinthii Linnaeus **28**

VERBREITUNG: In Europa weit verbreitet, aber lokal.

BESCHREIBUNG: Länge bis 40 mm; Körper grauweiß, verschieden gezeichnet mit graugrünen Querbändern, zwischen denen braune Flecken stehen; Kopf weißlich mit blaßbraunen Mustern.

HABITAT: Küsten, Brachland und andere Plätze, wo die Futterpflanzen wachsen.

FUTTERPFLANZEN: Wermut (*Artemisia absinthium*) und Beifuß (*A. vulgaris*).

BIOLOGIE: Eine Generation im Jahr. Die Eier werden im Juli auf Knospen der Futterpflanze gelegt. Die Raupen fressen von August bis September oder Oktober. Sie sind tagaktiv und fressen vor allem Blüten und unreife Samen. Wenn sie auf der Futterpflanze ruhen, sind sie extrem gut getarnt. Verpuppung in Kokons auf oder knapp unter der Erdoberfläche. Die Falter schlüpfen im Juli des folgenden Jahres. §

Cucullia chamomillae Denis & Schiffermüller **28**

VERBREITUNG: In den wärmeren Teilen Europas weit verbreitet.

BESCHREIBUNG: Länge bis 45 mm; Körper gelblichgrün bis grünlichweiß, Unterseite dunkler grün; zwei Reihen diagonaler, grüner Rückenzeichnungen, die eine Serie von V-Mustern ergeben, zwischen denen sich lilarosa Flecken befinden; eine unterbrochene, grüne Stigmatallinie, darunter eine Linie aus lilarosa Wischen; Kopf grünlichweiß mit dunklerer Zeichnung.

HABITAT: Offene Landschaft mit sandigem oder kalkhaltigem Boden, besonders in Küstenregionen.

FUTTERPFLANZEN: Römische Hundskamille (*Chamaemelum nobile*), Acker-Hundskamille (*Anthemis arvensis*), Stinkende Hundskamille (*A. cotula*) und verwandte Pflanzen, auch an Mutterkraut (*Tanacetum parthenium*).

BIOLOGIE: Eine Generation im Jahr. Die Eier werden im April oder Mai einzeln auf Stengel der Futterpflanze gelegt. Die Raupen sind tag- und nachtaktiv. Sie fressen von Mai bis Juli an den Blüten und unreifen Samen. Verpuppung in großen, unterirdischen Kokons. Die Falter schlüpfen im April des folgenden Jahres, zuweilen überwintert die Puppe auch zweimal. §

Cucullia lactucae Denis & Schiffermüller *Lattichmönch* **29**

VERBREITUNG: In Zentral- und Südeuropa weit verbreitet, aber lokal.

BESCHREIBUNG: Länge bis 50 mm; Körper gelblichweiß mit leuchtend gelben Streifen auf dem Rücken und an den Seiten; dazwischen Reihen großer, schwarzer, rechteckiger Flecken; Beine schwarz; Kopf schwarz.

HABITAT: Offene Landschaft.

FUTTERPFLANZEN: Lattich (*Lactuca*), Hasenlattich (*Prenanthes purpurea*), Gänsedistel (*Sonchus*), Mausohr (*Hieracium pilosella*) und verwandte Pflanzen.

BIOLOGIE: Eine Generation im Jahr. Die Raupen fressen von Juni bis September an Blüten und Blättern. Die Puppen überwintern, die Falter schlüpfen im Mai oder Juni des folgenden Jahres. §

Cucullia asteris Denis & Schiffermüller *Asternmönch* **28**

VERBREITUNG: In Europa weit verbreitet.

BESCHREIBUNG: Länge bis 45 mm; Körper grün, rosa oder lilarot; mit einem breiten, gelben, schwarzgerandeten Rückenstreifen, jederseits davon eine Schar schmaler,

schwarzer Linien; ein schwarzgerandetes, gelbes Substigmatalband; Kopf grün bis rosa mit schwarzen Flecken.
HABITAT: Salzsümpfe und Wälder.
FUTTERPFLANZEN: Salzaster (*Aster tripolium*) und Goldrute (*Solidago virgaurea*).
BIOLOGIE: Eine Generation im Jahr. Die Eier werden im Juli einzeln abgelegt. Die Raupen schlüpfen noch im gleichen Monat. Sie sind tagaktiv und fressen nur im Sonnenlicht. In Waldgebieten sind sie Ende August, in Sumpfgebieten erst einen Monat später ausgewachsen. Verpuppung in Kokons auf oder knapp unter der Erdoberfläche. Die Falter schlüpfen im Juni des folgenden Jahres. §

Cucullia gnaphalii Hübner 28

VERBREITUNG: In Europa lokal verbreitet, nach Fennoskandien hin häufiger.
BESCHREIBUNG: Länge bis 42 mm; Körper matt grün bis gelblichgrün; mit einer breiten, lilabraunen Rückenlinie, in der eine Reihe dunklerer, rautenförmiger Zeichnungen steht; längs der Stigmen eine Reihe lila- oder rötlichbrauner, schräger Wische; Kopf grün mit lilabrauner Zeichnung.
HABITAT: Waldlichtungen.
FUTTERPFLANZEN: Goldrute (*Solidago virgaurea*).
BIOLOGIE: Eine Generation im Jahr. Die Eier werden im Juni einzeln auf Blättern der Futterpflanze abgelegt und schlüpfen nach rund einer Woche. Die Raupen fressen meist an den Blättern, besonders denen, die gerade unter den Blüten stehen. Sie sind Ende August ausgewachsen. Verpuppung in Kokons am Boden. Die Falter schlüpfen im Mai oder Juni des folgenden Jahres. §

Cucullia lychnitis Rambur 27

VERBREITUNG: In Europa weit verbreitet, aber lokal und meist nicht häufig.
BESCHREIBUNG: Länge bis 50 mm; Körper blaßgrün mit einer Reihe gelber Querbänder, von denen jedes ein charakteristisches Muster aus schwarzen Streifen und Flecken trägt; Kopf gelblichbraun mit schwarzer Fleckung. Das Ausmaß der gelben Bänder und der schwarzen Zeichnungen ist bei dieser Art sehr variabel.
HABITAT: Offene Landschaft, Niederungen und Straßenränder.
FUTTERPFLANZEN: Schwarze Königskerze (*Verbascum nigrum*), Mehlige Königskerze (*V. lychnitis*) und gelegentlich Braunwurz (*Scrophularia*).
BIOLOGIE: Eine Generation im Jahr. Die Eier werden im Juli einzeln auf die Unterseiten der Blätter gelegt. Die Raupen fressen von August bis September. Sie verzehren besonders die Blüten und finden sich oft an Pflanzen, die schon vom häufigeren Braunen Mönch (*C. verbasci*) belegt worden sind. Verpuppung im Herbst am oder im Boden. Die Falter schlüpfen im Juni des folgenden Jahres, zuweilen überliegt die Puppe aber auch mehrere Jahre. §

Cucullia scrophulariae Denis & Schiffermüller 27

VERBREITUNG: In Europa weit verbreitet.
BESCHREIBUNG: Länge bis 50 mm; im Aussehen zwischen *C. lychnitis* und *C. verbasci* stehend; unterscheidet sich von der erstgenannten Art durch schwarze Ringe zwischen den Segmenten und von der letztgenannten durch das kräftigere und einfachere Muster, wobei die schwarzen Vertikalstriche an den Seiten von *C. verbasci* fehlen.
HABITAT: Offene Landschaft und Straßenränder.
FUTTERPFLANZEN: Braunwurz (*Scrophularia*) und zuweilen Königskerze (*Verbascum*).

BIOLOGIE: Eine Generation im Jahr. Die Raupen fressen von Juni bis August oder September. Die Puppen überwintern, gelegentlich auch zweimal. Die Falter schlüpfen im April des folgenden Jahres. §

Cucullia verbasci Linnaeus *Brauner Mönch* 27

VERBREITUNG: In Europa weit verbreitet.

BESCHREIBUNG: Länge bis 50 mm; Körper grünlichweiß bis blaß bläulichgrün; mit einer Reihe gelber Querbänder auf dem Rücken, von denen jedes ein charakteristisches Muster aus schwarzen Flecken trägt; weitere schwarze Flecke unterhalb der Stigmen; Kopf gelb mit schwarzen Punkten.

HABITAT: Offene Landschaft, in der die Futterpflanzen wachsen; manchmal in Gärten.

FUTTERPFLANZEN: Königskerze (*Verbascum*), Braunwurz (*Scrophularia*), selten (zufällig?) an Sommerflieder (*Buddleia*).

BIOLOGIE: Eine Generation im Jahr. Die Eier werden im Mai einzeln auf die Unterseiten der Blätter gelegt. Die Raupen kann man im Juni und Juli finden. Sie fressen offen auf den Blättern, zuweilen in größerer Zahl auf einer Pflanze. Verpupung im August in großen, unterirdischen Kokons. Die Falter schlüpfen gewöhnlich im April oder Mai des folgenden Jahres, können aber auch bis zu 5 Jahren im Puppenstadium überdauern. §

Brachionycha sphinx Hufnagel *Sphinxeule* 7

VERBREITUNG: In Europa weit verbreitet und häufig.

BESCHREIBUNG: Länge bis 50 mm; dick, mit einem Buckel auf dem Segment 11; Körper leuchtend grün mit drei gelblichweißen Rückenlinien und einem weißlichen Querband hinter dem Kopf; eine gelblichweiße Stigmatallinie; Stigmen schwarzgerandet.

HABITAT: Wälder.

FUTTERPFLANZEN: Eiche (*Quercus*), Weide (*Salix*), Buche (*Fagus sylvatica*), Weißdorn (*Crataegus*) und ein breites Spektrum weiterer Laubbäume und -sträucher.

BIOLOGIE: Eine Generation im Jahr. Die Eier werden im Herbst in Rindenritzen abgelegt, schlüpfen aber erst im folgenden April. Die Raupen fressen bis Ende Juni. Sie sind, besonders jung, starke Kannibalen. Die charakteristische Schreckhaltung, mit ausgestrecktem Körper und zurückgeworfenem Kopf und Thorax, gab ihr den Namen. Verpuppung im Sommer in tief in der Erde liegenden Kokons. Die Falter schlüpfen im Spätherbst.

Dasypolia templi Thunberg 24

VERBREITUNG: In Nordeuropa und den Gebirgsregionen Zentraleuropas verbreitet.

BESCHREIBUNG: Länge bis 50 mm; dick; Körper blaß ockergrau, auf dem Rücken mit bräunlichrosa gemischt; mit auffälligen, schwarzen Flecken; Kopf rötlichbraun.

HABITAT: Küsten, Berge und andere felsige Plätze.

FUTTERPFLANZEN: Bärenklau (*Heracleum sphondylium*), Engelwurz (*Angelica sylvestris*) und vielleicht verwandte Pflanzen.

BIOLOGIE: Eine Generation im Jahr. Die Eier werden im März oder April einzeln oder in kleinen Gelegen auf Stengel oder Blätter der Futterpflanze gelegt. Die Raupen schlüpfen nach etwa einem Monat und fressen bis Juli oder Anfang August. Sie bohren sich in die Stengel und von dort bis hinab zu den Wurzeln. Verpuppung abseits der Futterpflanze zwischen Graswurzeln oder in der Erde. Die Falter schlüpfen im September oder Oktober und überwintern, bevor sie im Frühling des folgenden Jahres ihre Eier ablegen. §

Aporophyla nigra Haworth 10

VERBREITUNG: In Europa, außer im Süden, weit verbreitet.

BESCHREIBUNG: Länge bis 50 mm; schlank; Körperfarbe sehr variabel, von grün über rötlichbraun und rosa bis grau; eine Reihe dunkler, pfeilförmiger Rückenzeichnungen, jederseits davon eine dunkle Linie; eine weiße Stigmatallinie, darunter ein gelblichgrünes Band; Stigmen schwarzgerandet; Kopf braun oder bräunlichgrün.

HABITAT: Heiden, Moore und Küstenregionen.

FUTTERPFLANZEN: Ampfer (*Rumex*), Wegerich (*Plantago*), Heidekraut (*Calluna vulgaris*), Vogelmiere (*Stellaria media*), Vierkantiges Weidenröschen (*Epilobium tetragonum*), Geschlängelte Schmiele (*Deschampsia flexuosa*); auch an Weißdorn (*Crataegus*) und anderen Laubbäumen und -sträuchern.

BIOLOGIE: Eine Generation im Jahr. Die Eier werden im September oder Oktober einzeln oder in kleinen Gruppen auf die Futterpflanze gelegt und schlüpfen nach rund einem Monat. Die Raupen fressen anfangs an krautigen Pflanzen, überwintern und vollenden ihre Entwicklung im Frühjahr an Laubbäumen und -sträuchern. Sie sind im Mai oder Juni ausgewachsen. Verpuppung in großen, unterirdischen Kokons. Die Falter schlüpfen im September oder Oktober. §

Lithophane semibrunnea Haworth 8

VERBREITUNG: In Europa weit verbreitet, aber lokal.

BESCHREIBUNG: Länge bis 40 mm; an den Enden leicht verschmälert; Körper gelblichgrün mit einem weißlichgelben Rückenstreifen und feineren, unklaren, weißlichen Seitenstreifen; ein blaßgelbes Substigmatalband; Kopf blaß bläulichgrün mit dunklerem Muster. Vor der Verpuppung wird die Raupe bräunlich.

HABITAT: Sümpfe und andere feuchte, offene Plätze.

FUTTERPFLANZEN: Esche (*Fraxinus excelsior*). In Gefangenschaft auch Liguster (*Ligustrum*) und Pflaume (*Prunus domestica*).

BIOLOGIE: Eine Generation im Jahr. Die Eier werden im Frühjahr einzeln abgelegt und schlüpfen nach rund drei Wochen. Die Raupen fressen im Mai und Juni. Verpuppung im Boden. Die Falter schlüpfen im Oktober. Paarung und Eiablage erfolgen erst im Frühling des folgenden Jahres. §

Lithophane leautieri Boisduval 1

VERBREITUNG: In Süd-, West- und Teilen Zentraleuropas verbreitet.

BESCHREIBUNG: Länge bis 38 mm; Körper grün mit einem breiten, weißen Rückenstreifen und einer Reihe leicht gebogener, weißer Seitenzeichnungen; eine wellige, weiße Substigmatallinie; jedes Stigma liegt in einem dunkel bräunlichroten Fleck; Kopf grün mit heller Zeichnung.

HABITAT: Parks, Gärten und andere Plätze, wo geeignete Futterpflanzen wachsen.

FUTTERPFLANZEN: Zypresse (*Cupressus sempervirens*), Wacholder (*Juniperus vulgaris*) und verwandte Nadelhölzer.

BIOLOGIE: Eine Generation im Jahr. Die Eier werden auf die Unterseite junger Triebe der Futterpflanze gelegt und schlüpfen im Februar oder März. Die Raupen fressen anfangs auf männlichen Knospen und Blüten, später dann an den Nadeln. Sie sind im Juni oder Juli ausgewachsen und verfertigen große Erdkokons, in denen sie einige Wochen verbringen, bevor sie sich verpuppen. Die Falter schlüpfen im Oktober. §

Xylena vetusta Hübner *Braunes Moderholz* 9

VERBREITUNG: In Europa weit verbreitet, gegen Norden häufiger.

BESCHREIBUNG: Länge bis 60 mm; Körper meist grün, gelegentlich braun; ein breites, schwärzlichgrünes, gelbgerandetes Rückenband mit weißen Punkten, in dessen Mitte eine blaßgelbe Linie läuft; eine schwarze, unten grünlichweiß gerandete Stigmatallinie; Stigmen rot; Kopf braun.

HABITAT: Sumpfiges Gelände.

FUTTERPFLANZEN: Beinahe jede niedrige Pflanze; auch an Sumpfschwertlinie (*Iris pseudacorus*), Seggen (*Carex*), Gräsern sowie Laubbäumen und -sträuchern.

BIOLOGIE: Eine Generation im Jahr. Die Eier werden im April in Gelegen abgesetzt und schlüpfen nach rund zehn Tagen. Die Raupen fressen tags und nachts und sind Ende Juli ausgewachsen. Verpuppung in unterirdischen Kokons. Die Falter schlüpfen im Herbst, überwintern und legen erst im Frühjahr ihre Eier ab. §

Xylena exsoleta Linnaeus *Gemeines Moderholz* 20

VERBREITUNG: In Europa weit verbreitet, aber etwas lokal.

BESCHREIBUNG: Länge bis 65 mm; groß und dick; Körper leuchtend grün; mit zwei gelben Rückenlinien, zwischen denen zwei Reihen schwarzer, weißkerniger Flekken liegen, die aber auch zuweilen fehlen; eine weiße, oben unterbrochen leuchtendrot gerandete Substigmatallinie; Kopf bräunlichgrün bis gelblichgrün.

HABITAT: Moore und lockere Wälder.

FUTTERPFLANZEN: Ein breites Spektrum niedriger Pflanzen, außerdem an jungen Blättern von Laubbäumen und -sträuchern.

BIOLOGIE: Eine Generation im Jahr. Die Eier werden im April in Gelegen abgesetzt und schlüpfen nach rund zehn Tagen. Die Raupen fressen von Mai bis Juli und sind sowohl tag- wie nachtaktiv. Verpuppung im August am oder im Boden. Die Falter schlüpfen im Herbst, legen ihre Eier aber erst im folgenden Frühjahr. §

Xylocampa areola Esper 28

VERBREITUNG: In Europa weit verbreitet, außer im äußersten Norden.

BESCHREIBUNG: Länge bis 40 mm; schlank, an den Enden verjüngt; Körper ockerfarben bis blaßgrau; mit einem blaßbräunlichen bis weißlichen Rückenband, das auf Segment 7 von einer quadratischen, schwärzlichen Zeichnung unterbrochen wird; Punkte weiß, schwarz geringt; ein blasses Substigmatalband; Kopf blaß grau oder braun.

HABITAT: Lockere Wälder.

FUTTERPFLANZEN: Geißblatt (*Lonicera periclymenum*).

BIOLOGIE: Eine Generation im Jahr. Die Eier werden im April einzeln auf Stengel der Futterpflanze gelegt und schlüpfen nach rund zehn Tagen. Die Raupen fressen nachts, bleiben aber tagsüber ausgestreckt auf Stengeln der Futterpflanze sitzen, wo sie gut getarnt sind. Sie sind Ende Juni ausgewachsen. Verpuppung in Kokons im Boden oder unter der Laubstreu. Die Falter schlüpfen im folgenden Frühjahr.

Allophyes oxyacanthae Linnaeus *Weißdorneule* 17

VERBREITUNG: In Europa weit verbreitet.

BESCHREIBUNG: Länge bis 45 mm; ziemlich schlank, aber mit einem nach hinten gerichteten, vierspitzigen Buckel auf Segment 11; Körperfarbe sehr variabel, von braun über lilagrau bis graugrün; ein kompliziertes Rückenmuster aus Rauten, das von zwei blassen, schrägen Strichen auf Segment 4 unterbrochen wird; eine Reihe unterbrochener, welliger, schwarzgerandeter Seitenlinien; Unterseite weißlich; Kopf weißlich mit einem schwärzlichen Querbalken und anderen dunklen Mustern.

Habitat: Waldränder, Gebüsche und baumbestandene Freiflächen.

Futterpflanzen: Weißdorn (*Crataegus*), Schlehe (*Prunus spinosa*) und andere, verwandte Pflanzen.

Biologie: Eine Generation im Jahr. Die Eier werden im Herbst einzeln oder in kleinen Gruppen auf den Stämmen abgelegt. Sie überwintern und schlüpfen im Frühjahr. Die Raupen fressen von April bis Mai oder Juni. Sie sind nachtaktiv und verbergen sich tagsüber auf der Rinde der Zweige. Sie sind gut getarnt; grüne Formen gibt es vor allem dort, wo starker Flechtenbewuchs ist. Verpuppung in unterirdischen Kokons. Die Falter schlüpfen ab September.

Dichonia aprilina Linnaeus *Grüne Eicheneule* 6

Verbreitung: In Europa weit verbreitet, aber lokal.

Beschreibung: Länge bis 45 mm; ziemlich dick; Körperfarbe variabel, von rötlichbraun über grünlichbraun bis graugrün; eine zentrale, weißliche, unterbrochene Rückenlinie läuft durch ein schwärzliches Band, das oft in eine Reihe von Rauten aufgelöst ist; ein dunkles Seitenband oberhalb der Stigmen; Kopf braun mit blassem Muster.

Habitat: Wälder.

Futterpflanzen: Eiche (*Quercus*).

Biologie: Eine Generation im Jahr. Die Eier werden im Herbst einzeln oder in kleinen Gruppen auf Zweige oder in Rindenritzen gelegt, schlüpfen aber erst im folgenden Frühjahr. Die Raupen fressen von März bis Juni; sie bohren sich zunächst in Knospen, fressen aber später frei an den Blättern. Sie sind nachtaktiv und verbergen sich tagsüber in Rindenritzen. Verpuppung in großen, unterirdischen Kokons zwischen den Wurzeln. Die Falter schlüpfen im September oder Oktober. §

Blepharita adusta Esper 5

Verbreitung: In Europa weit verbreitet.

Beschreibung: Länge bis 45 mm; Körperfarbe sehr variabel, meist grün, mit oder ohne braune Schattierung auf dem Rücken, aber auch gelb oder rosafarben; drei dunkle Rückenlinien, von denen die mittlere dicker und zuweilen in eine Reihe Rauten aufgelöst ist; Kopf blaß gelblichbraun oder grünlichbraun.

Habitat: Niederungen, Sümpfe, Heiden, Moore und Berge.

Futterpflanzen: Gagelstrauch (*Myrica gale*), Salweide (*Salix caprea*), Erle (*Alnus glutinosa*), Weißdorn (*Crataegus*), Vogelknöterich (*Polygonum aviculare*), Taubenkropf (*Silene vulgaris*) und verschiedene andere niedrige Pflanzen und Gräser.

Biologie: Eine Generation im Jahr. Die Eier werden im Juni in kleinen Gruppen abgelegt und schlüpfen nach rund zwei Wochen. Die Raupen sind nachtaktiv und verbergen sich tagsüber zwischen den Wurzeln. Sie sind im August ausgewachsen, verfärben sich dunkel und bauen Kokons in der Erde oder unter Moos, in denen sie überwintern und sich im folgenden Frühjahr verpuppen. Die Falter schlüpfen im Mai oder Juni.

Trigonophora flammea Esper 12

Verbreitung: In Süd- und Westeuropa verbreitet.

Beschreibung: Länge bis 55 mm; Körper grün oder braun mit einer blassen, dunkel braun oder grün gerandeten Rückenlinie; eine dunkle Stigmatallinie; Kopf bräunlichweiß mit dunklerer Zeichnung.

HABITAT: Kalkgebiete und Sumpfgelände.

FUTTERPFLANZEN: Scharbockskraut (*Ranunculus ficaria*) und verwandte Pflanzen; auch an Ginster (*Cytisus scoparius*), Schlehe (*Prunus spinosa*), Esche (*Fraxinus excelsior*) und Liguster (*Ligustrum*).

BIOLOGIE: Eine Generation im Jahr. Die Lebensweise dieser Art ist aus dem Freiland kaum bekannt. Die Raupen überwintern ziemlich klein und fressen im Spätwinter und Frühjahr, so daß sie im April ausgewachsen sind. Die Falter fliegen von September bis November.

Eumichtis lichenea Hübner 13

VERBREITUNG: In Europa weit verbreitet, besonders an Küsten.

BESCHREIBUNG: Länge bis 45 mm; Körperfarbe variabel, von grün über grau bis lilabraun; Unterseite blaßgrau; eine blasse, dunkler grün oder grau gerandete Rückenlinie, die durch eine Reihe rautenförmiger, dunkel grau oder braun gerandeter Zeichnungen läuft; ein blasses Stigmatalband; Kopf blaßbraun.

HABITAT: Klippen, Sandhügel, Kalkhügel und Gebüsche.

FUTTERPFLANZEN: Mauerpfeffer (*Sedum acre*), Grasnelke (*Armeria maritima*), Strandwegerich (*Plantago maritima*), Wildkohl (*Brassica oleracea*), Jacobskreuzkraut (*Senecio jacobaea*) und ein breites Spektrum weiterer krautiger Pflanzen.

BIOLOGIE: Ein Generation im Jahr. Die Eier werden im September einzeln oder in kleinen Gruppen abgelegt und schlüpfen nach rund drei Wochen. Die Raupen überwintern ziemlich klein und vollenden ihre Entwicklung im Frühjahr. Sie sind nachtaktiv und verbergen sich tagsüber zwischen den Wurzeln der Futterpflanze. Verpuppung im Mai in unterirdischen Kokons. Die Falter schlüpfen im August und September.

Eupsilia transversa Hufnagel *Satelliteule* 7

VERBREITUNG: In Europa weit verbreitet und häufig.

BESCHREIBUNG: Länge bis 45 mm; Körper samtig schwärzlichbraun; Unterseite blasser graubraun; drei feine, graue, undeutliche Rückenlinien; Nackenschild schwarz mit zwei orangefarbenen Linien; eine unterbrochene Stigmatallinie, die auf den ersten vier Segmenten und auf Segment 12 zu großen, weißen Flecken verbreitert ist; Kopf rötlichbraun, kräftig schwarz gezeichnet.

HABITAT: Wälder, Parks und andere Plätze, wo geeignete Futterpflanzen wachsen.

FUTTERPFLANZEN: Eiche (*Quercus*), Buche (*Fagus sylvatica*), Birke (*Betula*), Ulme (*Ulmus*), Weide (*Salix*), Pappel (*Populus*), Feldahorn (*Acer campestre*) und andere Laubbäume und -sträucher.

BIOLOGIE: Eine Generation im Jahr. Die Eier werden im März einzeln oder in großen Gelegen abgesetzt und schlüpfen nach rund zwei Wochen. Die Raupen sind nachtaktiv und verbergen sich tagsüber in versponnenen Trieben. Sie fressen nicht nur Blätter, sondern ohne weiteres auch andere Raupen, sowohl von ihrer eigenen wie von anderen Arten. Sie sind Ende Juni ausgewachsen und verfertigen unterirdische Kokons, in denen sie etwa zwei Wochen liegen, bevor sie sich verpuppen. Die Falter schlüpfen im September oder Oktober, legen ihre Eier aber erst im folgenden Frühjahr.

Conistra vaccinii Linnaeus *Braune Heidelbeereule* 6

VERBREITUNG: In Europa weit verbreitet, außer im äußersten Norden.

BESCHREIBUNG: Länge bis 34 mm; Körper lilabraun bis grünlichgrau, fein grauweiß gefleckt; drei undeutliche, blasse Rückenlinien; Nackenschild bräunlichschwarz mit drei auffälligen, weißen Linien; eine unklare, blasse Stigmatallinie; Kopf braun mit blaßbrauner Musterung.

HABITAT: Wälder und andere Plätze, wo geeignete Futterpflanzen wachsen.

FUTTERPFLANZEN: Eiche (*Quercus*), Birke (*Betula*), Ulme (*Ulmus*) und andere Laubbäume und -sträucher; auch an niedrigen Pflanzen.

BIOLOGIE: Eine Generation im Jahr. Die Eier werden im März oder April einzeln oder in Gelegen abgesetzt und schlüpfen nach rund zwei Wochen. Die jungen Raupen fressen an Blüten und Blättern von Bäumen und Sträuchern, steigen aber später zuweilen ab und fressen im Unterwuchs. Sie sind Ende Juni ausgewachsen und verfertigen große, unterirdische Kokons, in denen sie einige Wochen liegen, bevor sie sich verpuppen. Die Falter schlüpfen im September oder Oktober, legen ihre Eier aber erst im kommenden Frühjahr.

Conistra rubiginea Denis & Schiffermüller 18

VERBREITUNG: In Europa weit verbreitet, aber lokal.

BESCHREIBUNG: Länge bis 40 mm; Kopf und Körper mit feinen, rötlichbraunen Haaren bedeckt; Körper weich, braun oder grau, am Rücken dunkler; eine Reihe quadratischer, schwarzer Rückenflecken; Nackenschild schwarz; Kopf glänzend schwarz.

HABITAT: Wälder und baumbestandene Heiden.

FUTTERPFLANZEN: Apfel (*Malus*), Pflaume (*Prunus domestica*), Schlehe (*P. spinosa*), vermutlich auch Eiche (*Quercus*) und andere Laubbäume und -sträucher, sowie niedrige Pflanzen.

BIOLOGIE: Eine Generation im Jahr. Die Eier werden im April einzeln oder in kleinen Gruppen abgelegt und schlüpfen nach rund drei Wochen. Über die Biologie dieser Art scheint es nur wenige Freilandbeobachtungen zu geben. Die Raupen fressen anfangs vor allem an Bäumen und Sträuchern, später dann an niedrigen Pflanzen und greifen auch andere Raupen an. Sie sind im Juni oder Juli ausgewachsen. Verpuppung in Kokons am Boden. Die Falter schlüpfen im Oktober, legen ihre Eier aber erst im folgenden Frühjahr.

Agrochola circellaris Hufnagel *Ulmen-Herbsteule* 7

VERBREITUNG: In Europa weit verbreitet.

BESCHREIBUNG: Länge bis 35 mm; Körper rötlich- bis graubraun, oft mit einer Reihe schildförmiger, schokoladebrauner Rückenzeichnungen, die durch eine blaßgraue Zentrallinie geteilt werden; unterhalb der Stigmen blaß graubraun; Kopf braun mit dunklerer Zeichnung.

HABITAT: Wälder.

FUTTERPFLANZEN: Bergulme (*Ulmus glabra*), Pappel (*Populus*) und Esche (*Fraxinus excelsior*).

BIOLOGIE: Eine Generation im Jahr. Die Eier werden im Herbst einzeln oder in kleinen Gruppen abgelegt, schlüpfen aber erst im folgenden Frühjahr. Die Raupen zeigen eine Vorliebe für Blüten und Früchte, fressen aber auch Blätter. Sie sind im Juni ausgewachsen und verfertigen große, unterirdische Kokons, in denen sie einige Wochen liegen, bevor sie sich verpuppen. Die Falter schlüpfen im August oder September.

Agrochola litura Linnaeus 14

VERBREITUNG: In Europa weit verbreitet, aber oft lokal und selten.

BESCHREIBUNG: Länge bis 40 mm; Körper graugrün oder braun mit weißen Punkten; eine blasse, dunkelgrün oder braun gerandete Rückenlinie, zuweilen jederseits davon eine weitere, unschärfere Linie; eine weiße, oben schwarz oder dunkelbraun gerandete Stigmatallinie; unterhalb dieser Linie gelblichgrün gefärbt; Kopf braun mit schwachem Muster.

HABITAT: Wälder und Heiden.

FUTTERPFLANZEN: Mädesüß (*Filipendula ulmaria*), Ampfer (*Rumex*), Vogelmiere (*Stellaria media*), Taubnessel (*Lamium*), Rose (*Rosa*), Brombeere (*Rubus fruticosus*), Eiche (*Quercus*), Weide (*Salix*) und andere niedrige Pflanzen sowie Laubbäume und -sträucher.

BIOLOGIE: Eine Generation im Jahr. Die Eier werden im Oktober abgelegt, schlüpfen aber erst im folgenden Frühjahr. Die Raupen fressen anfangs an niedrigen Pflanzen, später oft auch an Bäumen und Sträuchern. Die ausgewachsenen Raupen fertigen im Juni unterirdische Kokons, in denen sie einige Wochen liegen, bevor sie sich verpuppen. Die Falter schlüpfen im September oder Oktober.

Agrochola lychnidis Denis & Schiffermüller 12

VERBREITUNG: In Europa weit verbreitet.

BESCHREIBUNG: Länge bis 45 mm; Körper blaß lilabraun oder leuchtend grün; die grüne Form mit schmalen, gelben Ringen zwischen den Segmenten; drei unklare, dunkle Rückenlinien; ein breites, blaßgelbes Substigmatalband; Kopf grün oder braun.

HABITAT: Waldränder, Gebüsche und andere Plätze, wo geeignete Futterpflanzen wachsen.

FUTTERPFLANZEN: Hahnenfuß (*Ranunculus*), Vogelmiere (*Stellaria media*), Ampfer (*Rumex*), Löwenzahn (*Taraxacum*), Jacobskreuzkraut (*Senecio jacobaea*) und andere niedrige Pflanzen; auch an Weide (*Salix*), Weißdorn (*Crataegus*) und anderen Laubbäumen und -sträuchern.

BIOLOGIE: Eine Generation im Jahr. Die Eier werden im Herbst abgelegt, schlüpfen aber erst im kommenden Frühjahr. Die Raupen fressen anfangs an niedrigen Pflanzen, wechseln aber zuweilen später auf Bäume und Sträucher. Sie sind nachts und am frühen Morgen aktiv und verbergen sich für den Rest des Tages am Boden. Die ausgewachsenen Raupen verfertigen im Juni unterirdische Kokons, in denen sie einige Wochen liegen, bevor sie sich verpuppen. Die Falter schlüpfen im September.

Atethmia centrago Haworth 8

VERBREITUNG: In West- und Zentraleuropa weit verbreitet.

BESCHREIBUNG: Länge bis 30 mm; Körper grau, am Rücken schwärzlichgrau gefleckt; eine Reihe weißlicher Rückenflecke, daneben weniger deutliche Reihen blasser Flecken; oberhalb der Stigmen eine wellige, schwarze Linie; Kopf schwarz mit graubrauner Zeichnung.

HABITAT: Wälder und Gebüsche.

FUTTERPFLANZEN: Esche (*Fraxinus excelsior*).

BIOLOGIE: Eine Generation im Jahr. Die Eier werden im September in kleinen Gruppen in die Nähe von Knospen oder in Rindenritzen gelegt, schlüpfen aber erst im kommenden Frühjahr. Die Raupen fressen anfangs in Knospen, später an jungen Trieben und Blüten. Sie sind nachtaktiv und verbergen sich tagsüber in Rindenritzen oder am Boden. Die ausgewachsenen Raupen fertigen im Juni unterirdische Kokons, in denen sie einige Wochen liegen, bevor sie sich verpuppen. Die Falter schlüpfen im August.

Xanthia citrago Linnaeus 8

VERBREITUNG: In Europa weit verbreitet.

BESCHREIBUNG: Länge bis 35 mm; Körper grünlichbraun bis lila oder dunkel graubraun mit weißlichen Punkten; eine blasse Rückenlinie, mit einer Reihe mehr oder weniger deutlicher, schwärzlicher Wische auf jeder Seite; ein breites, blaßbraunes oder weißes Substigmatalband; Unterseite blaß grau oder braun; Kopf braun.

HABITAT: Wälder, Gebüsche und baumbestandene Landschaft.

FUTTERPFLANZEN: Linde (*Tilia*).

BIOLOGIE: Eine Generation im Jahr. Die Eier werden im September einzeln oder in kleinen Gruppen nahe den Knospen abgelegt, schlüpfen aber erst im kommenden Frühjahr. Die Raupen sind nachtaktiv und verbergen sich tagsüber. Junge Raupen verstecken sich zwischen versponnenen Blättern, ältere am Fuß des Baumes, von wo sie in der Dämmerung wieder zum Fressen aufsteigen. Die ausgewachsenen Raupen verfertigen im Juni unterirdische Kokons, in denen sie einige Woche liegen, bevor sie sich verpuppen. Die Falter schlüpfen im August und September.

Xanthia aurago Denis & Schiffermüller 8

VERBREITUNG: In Europa weit verbreitet.

BESCHREIBUNG: Länge bis 25 mm; Körper blaß ocker oder lilabraun, zwischen den Segmenten blasser; Punkte weiß; eine weißliche Rückenlinie, jederseits davon eine weitere, undeutlichere, weiße Linie; eine blaßbraune oder weißliche Stigmatallinie; unterhalb davon blaß ocker oder grauweiß gefärbt; Kopf klein, braun.

HABITAT: Wälder, Niederungen und Gebüsche.

FUTTERPFLANZEN: Feldahorn (*Acer campestre*) und Buche (*Fagus sylvatica*).

BIOLOGIE: Eine Generation im Jahr. Die Eier werden im Herbst einzeln auf Zweige gelegt, schlüpfen aber erst im kommenden Frühjahr. Die jungen Raupen bohren sich anfangs in die Knospen und fressen später an Blüten und Blättern. Zu Beginn verbergen sie sich zwischen versponnenen Blättern, später fressen sie offener. Die ausgewachsenen Raupen verfertigen im Juni unterirdische Kokons, in denen sie einige Wochen liegen, bevor sie sich verpuppen. Die Falter schlüpfen im September und Oktober.

Xanthia icteritia Hufnagel *Gemeine Gelbeule* 2

VERBREITUNG: In Europa weit verbreitet.

BESCHREIBUNG: Länge bis 30 mm; Körper rötlich- bis lilabraun; eine blaßbraune oder weißliche, schwarzgerandete Rückenlinie, die manchmal in einer Reihe blasser Wische aufgelöst ist; an den Seiten oberhalb der Stigmen dunkler als am Rücken, unterhalb blasser; Unterseite blaßgrau; Kopf klein, rötlichbraun.

HABITAT: Feuchte Wälder, Heiden, Moore und andere Plätze, wo die Futterpflanzen wachsen.

FUTTERPFLANZEN: Salweide (*Salix caprea*), Grauweide (*S. cinerea*) und Schwarzpappel (*Populus nigra*); auch an niedrigen Pflanzen.

BIOLOGIE: Eine Generation im Jahr. Die Eier werden einzeln oder in kurzen Reihen in die Nähe von Knospen gelegt und mit Schuppen vom Körper des Weibchens bedeckt. Sie werden im Herbst abgelegt, schlüpfen aber erst im kommenden Frühjahr. Die Raupen fressen anfangs an den Kätzchen, später an den Blättern oder steigen auf den Boden herab, um an niedrigen Pflanzen zu fressen. Im Juni verfertigen die ausgewachsenen Raupen unterirdische Kokons, in denen sie einige Wochen liegen, bevor sie sich verpuppen. Die Falter schlüpfen im August oder September.

Xanthia ocellaris Borkhausen 3

VERBREITUNG: In Europa weit verbreitet, aber etwas lokal.

BESCHREIBUNG: Länge bis 30 mm; kräftig, nach vorn verjüngt; Körper dunkelbraun bis lilabraun, fein bräunlichweiß gemustert; Einschnitte zwischen den Segmenten deutlich, orangebraun getönt; eine unklare, weißliche Rückenlinie, die manchmal durch eine Reihe schwärzlichbrauner, rautenförmiger Zeichnungen läuft; Nackenschild schwärzlichbraun mit zwei breiten, weißen Linien; Kopf rötlichbraun.

HABITAT: Gebüsche, Straßenränder, Parks und andere Plätze, wo die Futterpflanzen wachsen.

FUTTERPFLANZEN: Schwarzpappel (*Populus nigra*) und verschiedene niedrige Pflanzen.

BIOLOGIE: Eine Generation im Jahr. Die Eier werden im Herbst einzeln oder in kleinen Gruppen in die Nähe von Knospen gelegt, schlüpfen aber erst im kommenden Frühjahr. Die jungen Raupen fressen anfangs an den Kätzchen, später dann an den Blättern. Schließlich steigen sie herab und fressen am Unterwuchs. In diesem Stadium sind sie nachtaktiv und verbergen sich tagsüber unter Fallaub. Sie sind im Juni ausgewachsen und fertigen unterirdische Kokons, in denen sie einige Wochen liegen, bevor sie sich verpuppen. Die Falter schlüpfen im September und Oktober.

Acronicta megacephala Denis & Schiffermüller *Aueneule* 3

VERBREITUNG: In Europa weit verbreitet.

BESCHREIBUNG: Länge bis 35 mm; Körper dünn mit langen, feinen, blaßgrauen Haaren bedeckt; Färbung matt grauweiß, dunkler grau gemustert; ein Band aus schwarzen Rückenzeichnungen, jede mit rötlichen oder orangefarbenen Flecken; auf Segment 10 stattdessen ein großer, ockerweißer Fleck; Beine blaßocker; Kopf groß, weißlich mit dunkelgrauem Muster oder dunkelgrau mit blassem Muster.

HABITAT: Wälder und andere Plätze, wo geeignete Futterpflanzen wachsen.

FUTTERPFLANZEN: Schwarzpappel (*Populus nigra*) und andere *Populus*-Arten, auch an Salweide (*Salix caprea*).

BIOLOGIE: Eine Generation im Jahr. Die Eier werden im Juli einzeln abgelegt und schlüpfen nach rund einer Woche. Die Raupen fressen am Tag und ruhen mit seitwärts eingerolltem Kopf in einer charakteristischen „Fragezeichen"-Haltung. Verpuppung im September in Kokons in Rindenritzen oder auch im Boden am Fuß des Baumes. Die Falter schlüpfen im Mai oder Juni des folgenden Jahres.

Acronicta aceris Linnaeus *Ahorneule* 33

VERBREITUNG: In Europa weit verbreitet, außer im äußersten Norden.

BESCHREIBUNG: Länge bis 40 mm; Körper graubraun, mit dichten Büscheln langer, blaßgelber oder orangefarbener Haare bedeckt; mit vier Paaren rötlicher Haarbüschel auf dem Rücken; eine Reihe schwarzgerandeter, rautenförmiger, weißer Rükkenflecken; Kopf dunkelbraun.

HABITAT: Bewaldete Landschaft, Parks, Gärten und Straßenrändern.

FUTTERPFLANZEN: Roßkastanie (*Aesculus hippocastanum*), Bergahorn (*Acer pseudoplatanus*), Feldahorn (*A. campestre*) sowie gelegentlich Eiche (*Quercus*) und andere Bäume.

BIOLOGIE: Eine Generation im Jahr. Die Eier werden im Juli einzeln abgelegt und schlüpfen nach rund einer Woche. Die Raupen krümmen sich in Ruhe U-förmig ein. Sie sind Ende August oder September ausgewachsen und verpuppen sich in doppelwandigen Kokons aus Seide und Raupenhaaren in Rindenritzen. Die Falter schlüpfen meist im Juni oder Juli des folgenden Jahres, die Puppen überwintern aber auch gelegentlich zweimal.

Acronicta leporina Linnaeus *Pudel* 4

VERBREITUNG: In Europa weit verbreitet.

BESCHREIBUNG: Länge bis 37 mm; Körper dicht mit feinen, gebogenen Haaren bedeckt, die bei südlichen Exemplaren meist weiß, bei nördlichen eher gelb sind; Körper und Kopf blaßgrün. Vor der Verpuppung verdunkelt sich der Körper und die Haare werden schwarz.

HABITAT: Wälder, Heiden, Moore und Straßenränder.

FUTTERPFLANZEN: Birke (*Betula*), Erle (*Alnus glutinosa*), Eiche (*Quercus*), Pappel (*Populus*) und Weide (*Salix*).

BIOLOGIE: Eine Generation im Jahr. Die Eier werden im Juli einzeln abgelegt und schlüpfen nach rund sieben Tagen. Die Raupen fressen von Juli bis Anfang Oktober frei an den Blättern. Sie ruhen aufgerollt unter den Blättern, wo sie schwer zu entdecken sind. Verpuppung im Herbst in Gängen in morschem Holz, die mit Raupenhaaren verschlossen sind. Die Falter schlüpfen im Sommer des folgenden Jahres; die Puppe überwintert gelegentlich zwei- oder dreimal.

Acronicta alni Linnaeus *Erleneule* 5

VERBREITUNG: In Europa weit verbreitet, aber offenbar lokal und ziemlich selten.

BESCHREIBUNG: Länge bis 35 mm; Körper schwarz mit Paaren großer, paddelförmiger Rückenhaare, die in auffälligen, gelben Querbändern stehen; Kopf und Beine glänzend schwarz. Junge Raupen haben keine gelben Querbänder und die Rückenhaare sind nicht so stark entwickelt; durch einen großen, grauweißen Rückenfleck sehen sie wie Vogelkot aus, wenn sie gekrümmt auf Blättern sitzen.

HABITAT: Wälder.

FUTTERPFLANZEN: Birke (*Betula*), Erle (*Alnus glutinosa*), Eiche (*Quercus*), Weide (*Salix*), Weißdorn (*Crataegus*) und andere Laubbäume und -sträucher.

BIOLOGIE: Eine Generation im Jahr. Die Eier werden im Juni einzeln abgelegt und schlüpfen nach rund einer Woche. Die Raupen fressen im Juli und August und bohren sich, ausgewachsen, in morsches Holz, wo sie sich verpuppen. Die Falter schlüpfen im Mai oder Juni des folgenden Jahres.

Acronicta tridens Denis & Schiffermüller *Dreizackeule* 16

VERBREITUNG: In Europa weit verbreitet.

BESCHREIBUNG: Länge bis 38 mm; ein deutlicher, viereckiger Buckel auf Segment 4 und ein weniger deutlicher auf Segment 11; Körper grauschwarz mit einem breiten, orangegelben Rückenstreifen; jederseits davon ein Reihe orangeroter Flecke; ein weißes, rot und rosa gezeichnetes Seitenband; Kopf glänzend schwarz.

HABITAT: Wälder, Obstgärten und Gebüsche.

FUTTERPFLANZEN: Weißdorn (*Crataegus*), Schlehe (*Prunus spinosa*), Pflaume (*P. domestica*), Birne (*Pyrus*), Apfel (*Malus*), Weide (*Salix*), Rose (*Rosa*) und vermutlich weitere Laubbäume und -sträucher.

BIOLOGIE: Eine Generation im Jahr. Die Eier werden im Juni einzeln abgelegt und schlüpfen nach rund einer Woche. Die Raupen sind im Herbst ausgewachsen und verpuppen sich in Rindenritzen. Die Falter schlüpfen im Juni des folgenden Jahres, zuweilen überwintert die Puppe zweimal.

Acronicta psi Linnaeus *Pfeileule* 16

VERBREITUNG: In Europa weit verbreitet und häufig.

BESCHREIBUNG: Länge bis 38 mm; ein stumpfer Stachel auf dem Rücken von Segment 4 und ein Buckel auf Segment 11; Körper blaugrau mit einem breiten, blaßgelben Rückenband; ein breites, weißes Substigmatalband, darüber eine Reihe roter Flecke; Kopf glänzend schwarz.

HABITAT: Wälder, Gebüsche, Gärten und andere Plätze, wo geeignete Futterpflanzen wachsen.

FUTTERPFLANZEN: Birke (*Betula*), Erle (*Alnus glutinosa*), Weißdorn (*Crataegus*), Schlehe (*Prunus spinosa*), Pflaume (*P. domestica*), Birne (*Pyrus*), Apfel (*Malus*) und viele andere Laubbäume und -sträucher.

BIOLOGIE: Eine Generation im Jahr. Die Eier werden im Juli oder August einzeln abgelegt und schlüpfen nach rund einer Woche. Die Raupen fressen von August bis Anfang Oktober. Sie werden oft gefunden, wenn sie im Herbst auf Baumstämmen herumlaufen. Verpuppung im Oktober in Rindenritzen, verrottetem Holz oder in der Erde. Die Falter schlüpfen im Juni des folgenden Jahres. In südlichen Gegenden sollen die Falter in zwei Generationen von Ende Mai bis September fliegen.

Acronicta menyanthidis Esper 5

VERBREITUNG: In Fennoskandien weit verbreitet, auch in den Gebirgen Zentraleuropas.

BESCHREIBUNG: Länge bis 40 mm; Körper schwärzlichbraun oder schwarz, mit Büscheln schwarzer Haare auf dem Rücken und an den Seiten; unterhalb der weißen Stigmen eine Reihe roter Flecken; Kopf und Beine glänzend schwarz.

HABITAT: Heiden, Moore, Berge und sumpfige Plätze.

FUTTERPFLANZEN: Heidekraut (*Calluna vulgaris*), Gagelstrauch (*Myrica gale*), Heidelbeere (*Vaccinium myrtillus*), Weide (*Salix*), Birke (*Betula*) sowie andere niedrige Pflanzen und Bäume.

BIOLOGIE: Eine Generation im Jahr. Die Eier werden im Juni in sich überlappenden Gelegen von zwanzig oder mehr Eiern abgesetzt und schlüpfen nach rund einer Woche. Die Raupen sind tagaktiv und fressen gewöhnlich an den Spitzen niedriger Moorpflanzen. Verpuppung im Herbst an der Basis der Futterpflanze. Die Falter schlüpfen im Mai oder Juni des folgenden Jahres.

Acronicta auricoma Denis & Schiffermüller 15

VERBREITUNG: In Europa weit verbreitet.

BESCHREIBUNG: Länge bis 40 mm; Körper dunkelgrau, am Rücken mit samtig schwarzen Bändern; jedes Band mit vier orangeroten Flecken, von denen jeder ein Büschel rötlicher Haare trägt; Stigmen weiß, schwarz gerandet; Kopf glänzend schwarz.

HABITAT: Wälder.

Futterpflanzen: Brombeere (*Rubus fruticosus*), Himbeere (*R. idaeus*), Birke (*Betula*), Eiche (*Quercus*) und Heidelbeere (*Vaccinium myrtillus*).

Biologie: Zwei Generationen im Jahr. Die Eier werden im Mai und im August in kleinen Gelegen abgesetzt. Die Raupen fressen von Juni bis Juli und wieder im September. Verpuppung in Kokons an der Unterseite von Blättern. Die Falter der ersten Generation schlüpfen im Juli oder August, die der zweiten im Mai des folgenden Jahres.

Acronicta euphorbiae Denis & Schiffermüller 5

Verbreitung: In Europa weit verbreitet.

Beschreibung: Länge bis 36 mm; Körper mit Haarbüscheln, die auf dem Rücken blaßbraun, an den Seiten weißlich sind; Färbung dunkelgrau mit einer auffälligen, roten Querzeichnung auf dem Segment 2; eine doppelte Reihe großer, blaßgelber Rückenflecke; unterhalb der weißen Stigmen ein blaßrotes Band; Kopf glänzend schwarz.

Habitat: Moore und Heiden.

Futterpflanzen: Gagelstrauch (*Myrica gale*), Heidekraut (*Calluna vulgaris*), Weide (*Salix*), Birke (*Betula*), Brombeere (*Rubus fruticosus*), Wegerich (*Plantago*) und viele andere Pflanzen.

Biologie: Im Norden eine Generation im Jahr, im Süden zwei. Die Eier werden einzeln oder in kleinen Gruppen auf die Futterpflanze oder auch auf den Boden abgelegt. Die Raupen fressen von Juli bis September tagsüber im direkten Sonnenlicht. Verpuppung im Herbst in festen Kokons unter Steinen. Die Falter schlüpfen im April oder Mai des folgenden Jahres. Falter einer zweiten Generation fliegen im August.

Acronicta rumicis Linnaeus *Ampfereule* 33

Verbreitung: In Europa weit verbreitet.

Beschreibung: Länge bis 38 mm; Körper schwarz mit Büscheln rötlichbrauner Haare; eine Reihe roter Rückenflecken, auf beiden Seiten von größeren, weißen Flecken flankiert; unterhalb der weißen Stigmen ein Band aus orangefarbenen und roten Zeichnungen; Kopf schwarz, braun gezeichnet.

Habitat: Gebüsche, Brachland, Wiesen und andere Plätze, wo geeignete Futterpflanzen wachsen.

Futterpflanzen: Wegerich (*Plantago*), Ampfer (*Rumex*), Brombeere (*Rubus fruticosus*), Disteln (*Cirsium* und *Carduus*), Hopfen (*Humulus lupulus*), Weide (*Salix*) und andere Pflanzen.

Biologie: Eine oder zwei Generationen im Jahr. Die Eier werden im Mai und im August in Gelegen abgesetzt und schlüpfen nach rund einer Woche. Die Raupen fressen, je nach der Gegend, von Juni bis September. Verpuppung in Kokons aus Seide und Raupenhaaren am Boden. Die Falter der Sommergeneration schlüpfen im August, die der Herbstgeneration überwintern und entlassen die Falter im Mai des folgenden Jahres.

Cryphia domestica Hufnagel *Kleine Flechteneule* 32

Verbreitung: In Europa weit verbreitet.

Beschreibung: Länge bis 20 mm; Körper bläulichgrau, zuweilen stark schwärzlichgrau gemischt; ein Band aus orangefarbenen, pfeilförmigen Rückenflecken; Unterseite blaß bläulichgrau; Kopf glänzend schwarz.

Habitat: Gärten, Parks, Klippen und andere Plätze, wo die Futterpflanzen wachsen.

FUTTERPFLANZEN: Flechten (*Lecidea confluens*).

BIOLOGIE: Eine Generation im Jahr. Die Eier werden im August einzeln oder in kleinen Gruppen nahe der Futterpflanze abgelegt und schlüpfen nach rund drei Wochen. Die Raupen fressen kurze Zeit, überwintern und vollenden ihre Entwicklung im Frühjahr. Sie sind nachtaktiv und verbergen sich tagsüber in selbstgebauten, seidenen Tunnels zwischen den Flechten. Verpuppung im Juni in den Tunnelgängen. Die Falter schlüpfen im Juli.

Amphipyra pyramidea Linnaeus *Pyramideneule* **6**

VERBREITUNG: In Europa weit verbreitet.

BESCHREIBUNG: Länge bis 42 mm; Körper dick, blaß grünlichblau oder leuchtend grün; bei grünlichblauen Formen die ersten beiden Segmente gelblichgrün; auf Segment 11 ein deutlicher, dreieckiger, gelbspitziger Buckel; eine weiße Rückenlinie, jederseits davon ein Muster aus weißen Linien und Punkten; eine weiße Stigmatallinie; alle weißen Zeichnungen auf den ersten beiden Segmenten gelblich; Kopf blaßgrün mit einem weißen Seitenstreifen.

HABITAT: Wälder und Gebüsche.

FUTTERPFLANZEN: Eiche (*Quercus*), Hainbuche (*Carpinus betulus*), Esche (*Fraxinus excelsior*) und wahrscheinlich auch andere Laubbäume.

BIOLOGIE: Eine Generation im Jahr. Die Eier werden im September oder Oktober einzeln oder in kleinen Gruppen abgelegt, schlüpfen aber erst im folgenden Frühjahr. Die Raupen fressen im April und Mai. Verpuppung im Juni in unterirdischen Kokons. Die Falter schlüpfen im August und September.

Amphipyra berbera Rungs **6**

VERBREITUNG: Vermutlich in Europa weit verbreitet, aber oft mit *A. pyramidea* verwechselt; genaue Verbreitung daher unsicher.

BESCHREIBUNG: Länge bis 42 mm; ähnlich *A. pyramidea*, aber Buckel auf Segment 11 weniger deutlich dreieckig und mit einer scharfen, roten Spitze; die weißen Rükkenzeichnungen verbinden sich zu einer welligen Linie; Brustbeine manchmal schwarz.

HABITAT: Wälder.

FUTTERPFLANZEN: Eiche (*Quercus*), Linde (*Tilia*), Weide (*Salix*); vermutlich auch auf anderen Laubbäumen.

BIOLOGIE: Eine Generation im Jahr. Die Eier werden im Spätsommer abgelegt, schlüpfen aber erst im folgenden Frühjahr. Die Raupen fressen im April und Mai. Verpuppung im Juni in unterirdischen Kokons. Die Falter schlüpfen im Juli und August.

Mormo maura Linnaeus *Schwarzes Ordensband* **33**

VERBREITUNG: In Zentral- und Südeuropa weit verbreitet.

BESCHREIBUNG: Länge bis 70 mm; ziemlich dick, nach vorn allmählich verschmälert; Körper blaß bräunlichgrau oder ocker; mit einer weißen, gepunkteten Rückenlinie, die durch eine Reihe dunkelgrauer, dreieckiger Zeichnungen läuft; jederseits davon eine Serie schräger, schwarzer Striche; eine wellige, ockerweiße Substigmatallinie; Stigmen orange, schwarz gerandet; Kopf blaßbraun mit dunklerem Muster.

HABITAT: Gebüsche, Brachland, Gärten und feuchte, sumpfige Plätze.

FUTTERPFLANZEN: Schlehe (*Prunus spinosa*), Weißdorn (*Crataegus*), Birke (*Betula*), Weide (*Salix*), Efeu (*Hedera helix*) und verschiedene andere Büsche und niedrige Pflanzen.

Biologie: Eine Generation im Jahr. Die Eier werden im Juli und August abgelegt und schlüpfen im September. Die Raupen fressen anfangs an niedrigen Pflanzen, nach der Überwinterung jedoch an verschiedenen Büschen und Bäumen. Sie sind nachtaktiv und verbergen sich tagsüber in der Erde. Verpuppung gegen Ende Juni im Boden. Die Falter schlüpfen im Juli oder August. §

Dypterygia scabriuscula Linnaeus *Trauereule* 9

Verbreitung: In Europa weit verbreitet.

Beschreibung: Länge bis 35 mm; Körper dick, rötlichbraun, gelb und schwarz gefleckt; eine weiße und jederseits drei dunkelbraune Rückenlinien; ein breites, gelbes Substigmatalband; Kopf klein, braun mit schwarzen Linien.

Habitat: Wälder.

Futterpflanzen: Vogelknöterich (*Polygonum aviculare*), Ampfer (*Rumex*) und vermutlich andere niedrige Pflanzen.

Biologie: Eine Generation im Jahr. Die Eier werden im Juni abgelegt und schlüpfen nach rund einer Woche. Die Raupen fressen im Juli und August. Sie sind nachtaktiv und verbergen sich tagsüber unter Fallaub am Boden. Verpuppung im Herbst in unterirdischen Kokons. Die Falter schlüpfen im Mai oder Juni des folgenden Jahres.

Trachea atriplicis Linnaeus *Meldeneule* 11

Verbreitung: In Europa weit verbreitet.

Beschreibung: Länge bis 48 mm; Körperfarbe variabel, von lilagrau über graugrün bis rötlichbraun mit weißen Punkten; eine schwarze Rückenlinie; ein orangegelbes oder rötliches, zuweilen oben schwarz gerandetes Substigmatalband; auf Segment 11 über dem Stigma ein auffälliger, gelber oder roter Fleck; Kopf rötlichbraun.

Habitat: Flußufer, feuchte Wiesen und sumpfige Plätze.

Futterpflanzen: Melde (*Atriplex*), Gänsefuß (*Chenopodium*) und andere niedrige Pflanzen.

Biologie: Eine Generation im Jahr. Die Eier werden im Juni abgelegt. Die Raupen fressen von Juli bis September. Sie sollen nachtaktiv sein. Verpuppung im Herbst in festen, unterirdischen Kokons aus Seide, Erde und kleinen Steinen. Die Falter schlüpfen im Juni des folgenden Jahres.

Euplexia lucipara Linnaeus *Purpurglanzeule* 27

Verbreitung: In Europa weit verbreitet.

Beschreibung: Länge bis 35 mm; Körper dunkel grün oder lilabraun; mit einer Reihe dunkler, V-förmiger Rückenzeichnungen; auf Segment 11 ein Paar auffälliger, weißer Rückenflecken; eine weiße Substigmatallinie; darunter gelblichgrün oder grünlichbraun gefärbt; Kopf blaß braun oder grünlichbraun mit schwärzlicher Zeichnung.

Habitat: Wälder und Gärten.

Futterpflanzen: Adlerfarn (*Pteridium aquilinum*), Weidenröschen (*Epilobium*), Wegerich (*Plantago*), Birke (*Betula*), Weide (*Salix*) und andere Laubbäume und niedrige Pflanzen.

Biologie: Eine Generation im Jahr. Die Eier werden im Juli abgelegt und schlüpfen nach rund einer Woche. Die Raupen fressen im August und September. Sie sind nachtaktiv und verbergen sich tagsüber unter Blättern oder Steinen am Boden. Verpuppung im Herbst in unterirdischen Kokons. Die Falter schlüpfen im Juni des folgenden Jahres. Gelegentlich fliegen im Herbst Falter einer zweiten Generation.

Phlogophora meticulosa Linnaeus **22**

VERBREITUNG: In Europa weit verbreitet.

BESCHREIBUNG: Länge bis 40 mm; dick und ziemlich weich; Körperfarbe variabel, von leuchtend grün über bräunlichgrün und braun bis lilabraun; eine unterbrochene, weiße Rückenlinie, jederseits davon eine Reihe dunkler Schräglinien; ein blasses Substigmatalband; Kopf blaß grün oder braun mit dunkler braunem Muster.

HABITAT: Parks, Gärten, Wälder, Gebüsche und andere Plätze, wo die Futterpflanzen wachsen.

FUTTERPFLANZEN: Vogelmiere (*Stellaria media*), Ampfer (*Rumex*), Brennessel (*Urtica*), Bingelkraut (*Mercurialis perennis*), Brombeere (*Rubus fruticosus*), Eiche (*Quercus*), Birke (*Betula*) und andere Bäume, Büsche und niedrige Pflanzen, auch Zierformen in Gärten.

BIOLOGIE: Vermutlich zwei Generationen im Jahr, die sich aber überlappen, so daß man Raupen und Falter beinahe in jedem Monat des Jahres finden kann. Die Eier werden einzeln oder in kleinen Gruppen abgelegt und schlüpfen nach rund zehn Tagen. Die Raupen sind nachtaktiv und verbergen sich tagsüber gewöhnlich unter Pflanzen. Besonders, wenn sie ausgewachsen sind, laufen sie auch tagsüber umher. Verpuppung in Kokons knapp unter der Erdoberfläche.

Cosmia trapezina Linnaeus *Mordraupeneule* **7**

VERBREITUNG: In Europa weit verbreitet.

BESCHREIBUNG: Länge bis 28 mm; Körper leuchtend grün mit schwarzkernigen, weißen Flecken und schmalen, gelblichen Bändern zwischen den Segmenten; eine breite, gelblichweiße Rückenlinie; jederseits begleitet von einer feineren, unterbrochenen Linie; ein breites, gelblichweißes, grün angehauchtes, manchmal oben schwärzlichgrün gerandetes Stigmatalband; Kopf blaßgrün.

HABITAT: Wälder und Gebüsche.

FUTTERPFLANZEN: Ulme (*Ulmus*), Eiche (*Quercus*), Birke (*Betula*), Weide (*Salix*), Weißdorn (*Crataegus*) und viele andere Laubbäume und -sträucher.

BIOLOGIE: Eine Generation im Jahr. Die Eier werden im August oder September in Gelegen abgesetzt, die mit Schuppen vom Körper des Weibchens bedeckt sind. Sie schlüpfen erst im folgenden Frühjahr. Die Raupen fressen von April bis Anfang Juni an den verschiedensten Pflanzen, aber auch andere Raupen, besonders die des Kleinen Frostspanners (*Operophtera brumata*). Verpuppung im Juni in Kokons unter Fallaub am oder knapp im Boden. Die Falter schlüpfen im folgenden Monat.

Hyppa rectilinea Esper *Stricheule* **15**

VERBREITUNG: In Nordeuropa weit verbreitet und manchmal häufig. Weiter südlich in Hochlagen.

BESCHREIBUNG: Länge bis 45 mm; Körper rötlich- bis graubraun; mit drei schwarzgerandeten, grauen Rückenlinien; manchmal mit keilförmigen Zeichnungen, die rautenförmige Muster bilden; Segment 11 mit einem deutlichen Rückenbuckel; ein dunkelbraunes Stigmatalband; Stigmen klein, weiß; Kopf glänzend schwärzlichbraun.

HABITAT: Lockere Wälder und Moore.

FUTTERPFLANZEN: Brombeere (*Rubus fruticosus*), Himbeere (*R. idaeus*), Weide (*Salix*) und Bärentraube (*Arctostaphylos uva-ursi*).

Biologie: Eine Generation im Jahr. Die Eier werden im Juni abgelegt. Die Raupen fressen den Sommer hindurch. Sie sind im Oktober ausgewachsen und bauen dann am Boden Überwinterungsgespinste (Hibernacula) aus Seide und Bodenteilchen, in denen sie aufgerollt den Winter verbringen. Verpuppung im Frühjahr in unterirdischen Kokons ohne weitere Nahrungsaufnahme. Die Falter schlüpfen im Mai oder Juni.

Apamea monoglypha Hufnagel *Wurzelfresser* **32**

Verbreitung: In Europa weit verbreitet.

Beschreibung: Länge bis 45 mm; dick; Körper glänzend, blaß bräunlichgrau mit glänzenden, schwarzen Punkten; Nackenschild, Beine und Kopf gleichfalls glänzend schwarz.

Habitat: Wiesen, Moore und andere grasige Plätze.

Futterpflanzen: Knäuelgras (*Dactylis glomerata*), Quecke (*Agropyron repens*) und andere Gräser.

Biologie: Eine Generation im Jahr. Die Eier werden im Juli abgelegt und schlüpfen nach rund zehn Tagen. Die Raupen findet man von August bis zum nächsten Juni. Sie fressen nachts an den Basen der Grashalme und verbergen sich tagsüber in kleinen Höhlen, die sie sich zwischen den Graswurzeln anlegen. Verpuppung im Mai in der Erde oder unter Steinen. Die Falter schlüpfen im Juni oder Juli. Gelegentlich fliegen im Herbst Falter einer partiellen zweiten Generation.

Mesoligia furuncula Denis & Schiffermüller **31**

Verbreitung: In Europa weit verbreitet.

Beschreibung: Länge bis 20 mm; Körper in der Mitte dick, zu den Enden verschmälert; leuchtend gelb bis matt gelblichweiß gefärbt; zuweilen mit einer rötlichen Rückenlinie; Nackenschild rötlichbraun; Stigmen sehr klein, schwarz; Kopf klein, rötlichbraun.

Habitat: Meeresklippen, Sanddünen, Straßenränder, Bahndämme.

Futterpflanzen: Wiesenschwingel (*Festuca pratensis*), Rohrschwingel (*F. arundinacea*), Rasenschmiele (*Deschampsia cespitosa*) und andere Gräser.

Biologie: Eine Generation im Jahr. Die Biologie dieser Art ist nicht genau bekannt. Offenbar werden die Eier im Spätsommer abgelegt. Die jungen Raupen überwintern und vollenden ihre Entwicklung im Frühjahr. Sie sind Ende Mai oder Juni ausgewachsen. Sie fressen in Grasstengeln und verpuppen sich in ausgenagten Hohlräumen an der Basis der Futterpflanze. Die Falter schlüpfen im Juli und August.

Mesapamea secalis Linnaeus *Getreidewurzeleule* **30**

Verbreitung: In Europa weit verbreitet und oft häufig.

Beschreibung: Länge bis 25 mm; Körper an beiden Enden verschmälert; Färbung leuchtend grün bis graugrün; manchmal mit einem rosigen Rückenband; Stigmen schwarz Kopf klein, blaßbraun.

Habitat: Wiesen und andere grasige Plätze.

Futterpflanzen: Knäuelgras (*Dactylis glomerata*), Rasenschmiele (*Deschampsia cespitosa*) und andere Gräser; auch behaarte Hainsimse (*Luzula pilosa*) und Kulturpflanzen.

Biologie: Eine Generation im Jahr. Die Eier werden im August in Reihen abgelegt und schlüpfen nach rund einer Woche. Die Raupen bohren sich in die Triebe und fressen den Winter hindurch, wobei sie gelegentlich die Futterpflanze wechseln. Im

Frühjahr fressen sie vor allem an den Blütenknospen in den Hüllblättern. Verpuppung Ende Mai in unterirdischen Kokons. Die Falter schlüpfen im Juni oder Juli.

Photedes captiuncula Treitschke 30

VERBREITUNG: In Skandinavien und den Gebirgen Frankreichs verbreitet.

BESCHREIBUNG: Länge bis 15 mm; Körper leicht runzelig; ockerfarben, am Rücken gemischt mit lilarot; Stigmen schwarz; Kopf glänzend rötlichbraun.

HABITAT: Gebiete mit Kalkboden und Küsten.

FUTTERPFLANZEN: Blaugrüne Segge (*Carex flacca*).

BIOLOGIE: Eine Generation im Jahr. Die Eier werden im Juli oder August abgelegt und schlüpfen nach rund zwei Wochen. Die Raupen fressen bis in den Herbst und nach der Überwinterung bis Ende Mai. Sie bohren sich in die Halme und wechseln die Futterpflanze, wenn der Inhalt aufgebraucht ist. Verpuppung im Juni in lockeren Gespinsten knapp unter der Erdoberfläche. Die Falter schlüpfen im Juni oder Juli. §

Luperina testacea Denis & Schiffermüller 33

VERBREITUNG: In Europa weit verbreitet, außer im extremen Norden.

BESCHREIBUNG: Länge bis 35 mm; dick, Haut glänzend und runzelig; Körper schmutzig gelblichweiß, am Rücken dunkler; Nacken- und Afterschild gelblichbraun; Stigmen rosa, schwarz gerandet; Kopf glänzend gelblichbraun.

HABITAT: Grasflächen auf Sand oder Kalk, Dünen und Klippen.

FUTTERPFLANZEN: Verschiedene Gräser.

BIOLOGIE: Eine Generation im Jahr. Die Eier werden im Spätsommer in unregelmäßigen Reihen nahe dem Boden auf Grashalme gelegt und schlüpfen in zwei bis drei Wochen. Die Raupen fressen von September bis Juni unterirdisch an Graswurzeln oder zuweilen an den Stengelbasen. Verpuppung im Juli im Boden. Die Falter schlüpfen im August.

Hydraecia micacea Esper *Markeule* 27

VERBREITUNG: In Europa weit verbreitet.

BESCHREIBUNG: Länge bis 37 mm; Körper matt graurosa mit braunen Flecken; eine dunkle Rückenlinie; Nackenschild glänzend ocker mit dunkelbraunem Vorderrand; Kopf gelblichbraun.

HABITAT: Kultur- und Brachland.

FUTTERPFLANZEN: Ampfer (*Rumex*), Wegerich (*Plantago*), Klette (*Arctium*), Schachtelhalm (*Equisetum*), Ziest (*Stachys*) und andere Pflanzen; sowohl Wild- wie Kulturformen, etwa Gemüse wie Rhabarber (*Rheum rhaponticum*) und Kartoffel (*Solanum tuberosum*).

BIOLOGIE: Eine Generation im Jahr. Die Eier werden im September auf die unteren Blätter der Futterpflanze gelegt, schlüpfen aber erst im folgenden Frühjahr. Die Raupen fressen von Mai bis August. Sie bohren sich in Bodenhöhe in die Pflanzen und gehen von dort entweder nach unten in die Wurzeln oder nach oben in die Stengel. Verpuppung im August in der Erde an den Wurzeln der Futterpflanze. Die Falter schlüpfen im folgenden Monat.

Gortyna flavago Denis & Schiffermüller *Kletteneule* 27

VERBREITUNG: In den meisten Teilen Europas weit verbreitet und häufig.

BESCHREIBUNG: Länge bis 35 mm; Körper gelblichweiß, zuweilen mit lilarot gemischt; mit dunkelbraunen Flecken und ebensolchem Nackenschild; Kopf ockerbraun.

Habitat: Wiesen, Brachland, Sümpfe, lockere Wälder und andere Plätze, wo die Futterpflanzen wachsen.

Futterpflanzen: Fingerhut (*Digitalis purpurea*), Klette (*Arctium*), Disteln (*Cirsium* und *Carduus*) und viele andere Pflanzen; sowohl Wild- wie auch Kulturformen, etwa Kartoffel (*Solanum tuberosum*) und Rhabarber (*Rheum rhaponticum*).

Biologie: Eine Generation im Jahr. Die Eier werden im August oder September in Haufen in Bodennähe auf die Stengel gelegt, schlüpfen aber erst im folgenden Frühjahr. Die Raupen fressen von März bis Juli. Sie bohren sich in die Stengel und wechseln die Futterpflanze, wenn sie ausgefressen ist. Verpuppung im Juli oder August bodennah in den ausgehöhlten Stengeln. Die Falter schlüpfen im August oder September.

Celaena haworthii Curtis 30

Verbreitung: In Europa weit verbreitet.

Beschreibung: Länge bis 18 mm; Körper lilabraun, unterhalb der Stigmen blasser; Punkte glänzend schwärzlichbraun; Nacken- und Afterschild blaßocker, Kopf blaß rötlichbraun.

Habitat: Feuchte Plätze, besonders Hochmoore und Heiden.

Futterpflanzen: Scheiden-Wollgras (*Eriophorum vaginatum*) und andere Grasartige, auch an verschiedenen Binsen (*Juncus* und *Scirpus*).

Biologie: Eine Generation im Jahr. Die Eier werden im Spätsommer abgelegt, schlüpfen aber erst im folgenden Frühjahr. Die Raupen fressen von April bis Juli in den Halmen. Verpuppung in lockeren Gespinsten an der Basis der Futterpflanze oder unter Steinen. Die Falter schlüpfen im August. §

Celaena leucostigma Hübner 30

Verbreitung: In Zentral- und Teilen Nordeuropas verbreitet.

Beschreibung: Länge bis 32 mm; Haut weich und glatt, leicht glänzend; Körper dunkel graubraun, zuweilen mit einem grünen Ton; mit drei etwas blasseren Rükkenlinien; Punkte dunkelbraun, auffällig; Nackenschild glänzend schwarz; Kopf glänzend braun.

Habitat: Sümpfe sowie feuchte Moore und Wälder.

Futterpflanzen: Sumpfschwertlilie (*Iris pseudacorus*), Schneide (*Cladium mariscus*) und vermutlich verwandte Pflanzen.

Biologie: Eine Generation im Jahr. Die Eier werden im Spätsommer in langen Reihen auf abgestorbene Stengel gelegt, schlüpfen aber erst im folgenden Frühjahr. Die Raupen fressen von März bis Juli in den Halmen und Blättern. Verpuppung in leichten Gespinsten unter Fallaub am Boden. Die Falter schlüpfen Ende Juli oder im August.

Nonagria typhae Thunberg *Gemeine Schilfeule* 30

Verbreitung: In Europa weit verbreitet, außer im äußersten Norden.

Beschreibung: Länge bis 60 mm; lang und schlank; Körper blaß gelblichbraun mit einem rötlichen Stich, am Rücken etwas dunkler; ein blasser Stigmatalstreifen; Stigmen schwarz; Kopf und Nackenschild rötlichbraun.

Habitat: Röhrichtzonen.

Futterpflanzen: Breitblättriger Rohrkolben (*Typha latifolia*) und zuweilen Schmalblättriger Rohrkolben (*T. angustifolia*).

Biologie: Eine Generation im Jahr. Die Eier werden im Spätsommer abgelegt, schlüpfen aber erst im kommenden Frühjahr. Die Raupen minieren anfangs in den oberen Stengelteilen, später fressen sie weiter unten geräumige Tunnel. Verpuppung im August in den Stengeln. Die Falter schlüpfen noch im gleichen Monat.

Archanara sparganii Esper *Rohrkolbeneule* 30

Verbreitung: In Europa weit verbreitet.

Beschreibung: Länge bis 50; mm lang und schlank; Körper durchscheinend gelblichgrün mit vier dunkelgrünen Rückenlinien und einer ebensolchen Stigmatallinie; Stigmen blaßrötlich, schwarzgerandet; Kopf glänzend blaßbraun.

Habitat: Sumpfiges Gelände, besonders in Küstennähe.

Futterpflanzen: Sumpfschwertlinie (*Iris pseudacorus*), Breitblättriger Rohrkolben (*Typha latifolia*), Schmalblättriger Rohrkolben (*T. angustifolia*) und Igelkolben (*Sparganium erectum*).

Biologie: Eine Generation im Jahr. Die Eier werden im Spätsommer abgelegt, schlüpfen aber erst im kommenden Frühjahr. Die Raupen fressen in den Blättern und Stengeln und sind Mitte August ausgewachsen. Verpuppung in den Stengeln. Die Falter schlüpfen in wenigen Wochen.

Archanara algae Esper 30

Verbreitung: In Europa weit verbreitet, aber oft lokaler als *A. sparganii.*

Beschreibung: Länge bis 50 mm; lang und schlank; Körper blaß, durchscheinend grün; sehr ähnlich *A. sparganii*, aber Kopf mit dunklem Fleckenmuster.

Habitat: Sumpfgelände, Seen und Teiche.

Futterpflanzen: Sumpfsimse (*Scirpus lacustris*), Rohrkolben (*Typha*) und Sumpfschwertlilie (*Iris pseudacorus*).

Biologie: Eine Generation im Jahr. Die Eier werden im Spätsommer abgelegt, schlüpfen aber erst im folgenden Frühjahr. Die Raupen fressen anfangs an Sproßspitzen, bohren sich aber später in die Stengel. Verpuppung im August in den Stengeln. Die Falter schlüpfen noch im gleichen Monat.

Rhizedra lutosa Hübner 30

Verbreitung: In Europa weit verbreitet.

Beschreibung: Länge bis 38 mm; dick, weich und runzelig; Körper blaß rosabraun; mit einer diffusen, grauen Rückenlinie; Stigmen schwarz; Nacken- und Afterschild rötlichbraun; Kopf glänzend, leuchtend rötlichbraun.

Habitat: Röhrichtzonen, Gräbern und Flußufer.

Futterpflanzen: Schilfrohr (*Phragmites communis*).

Biologie: Eine Generation im Jahr. Die Eier werden im Herbst abgelegt, schlüpfen aber erst im folgenden Frühjahr. Die Raupen fressen in den Stengelbasen und Wurzelstöcken. Die Blätter befallener Pflanzen werden weiß. Die Raupen sind im Juli ausgewachsen und verlassen die Futterpflanze, um sich im Boden zwischen den Rhizomen zu verpuppen. Die Falter schlüpfen im August oder September.

Coenobia rufa Haworth 30

Verbreitung: In Zentral- und Westeuropa weit verbreitet.

Beschreibung: Länge bis 22 mm; lang und schlank, mit glatter, glänzender Haut; Körper rosaweiß, am Rücken mit dunklerem Rosa; eine blasse, innen dunkle Rükkenlinie; eine blasse, wellige Stigmatallinie; Kopf klein und rundlich, glänzend gelblichbraun.

HABITAT: Hochmoore und andere sumpfige Plätze.
FUTTERPFLANZEN: Gliederbinse (*Juncus articulatus*) und Flatterbinse (*J. effusus*); vermutlich auch an anderen *Juncus*-Arten.
BIOLOGIE: Eine Generation im Jahr. Die Eier werden im August in alte Binsenhalme gelegt und schlüpfen nach rund drei Wochen. Die jungen Raupen fressen im Mark der Stengel. Sie überwintern dort und wechseln im Frühjahr zu frischen Trieben. Verpuppung Ende Mai in alten Stengeln. Die Falter schlüpfen im Juli.

Hoplodrina blanda Denis & Schiffermüller 11

VERBREITUNG: In Europa weit verbreitet.
BESCHREIBUNG: Länge bis 28 mm; ziemlich dick; Körper bräunlichgrau; mit einem breiten, rosa-ockerfarbenen Rückenband, darin eine blasse Zentrallinie, die durch eine Reihe undeutlicher, schwärzlicher, V-förmiger Zeichnungen läuft; ein weißlichgraues Substigmatalband; Kopf klein, gelblichbraun.
HABITAT: Heiden, Gärten und andere Plätze, wo die Futterpflanzen wachsen.
FUTTERPFLANZEN: Vogelmiere (*Stellaria media*), Ampfer (*Rumex*), Wegerich (*Plantago*) und andere niedrige Pflanzen.
BIOLOGIE: Eine Generation im Jahr. Die Eier werden im Juli abgelegt und schlüpfen nach rund einer Woche. Die Raupen fressen den Winter hindurch bis April oder Mai. Sie sind im wesentlichen nachtaktiv und verbergen sich tagsüber zwischen den Wurzeln. Verpuppung im Mai in Erdkokons. Die Falter schlüpfen im folgenden Monat.

Caradrina morpheus Hufnagel 29

VERBREITUNG: In Europa weit verbreitet.
BESCHREIBUNG: Länge bis 29 mm; Körper bräunlichgrau; mit einem breiten, blassen, manchmal ocker angehauchten Rückenband; auf dem Rücken der Segmente 1 bis 3 eine auffällige, unterbrochene, weiße Linie; eine Reihe schwärzlicher, V-förmiger Rückenzeichnungen in dem blassen Band, auf beiden Seiten begleitet von schwärzlichen Wischen, die nach hinten zu keilförmig aussehen; ein diffuses, weißliches Stigmatalband; Kopf glänzend dunkelbraun.
HABITAT: Gebüsche, Wälder, Salzsümpfe und andere Plätze, wo die Futterpflanzen wachsen.
FUTTERPFLANZEN: Brennessel (*Urtica*), Löwenzahn (*Taraxacum*), Vogelmiere (*Stellaria media*), Vogelknöterich (*Polygonum aviculare*) und andere niedrige Pflanzen.
BIOLOGIE: Eine Generation im Jahr. Die Eier werden im Juli oder August abgelegt und schlüpfen in rund einer Woche. Die Raupen sind nachtaktiv und verbergen sich tagsüber unter Fallaub. Sie fressen langsam bis zum Spätherbst. Sie verfertigen dann zwischen Wurzeln große Kokons aus Seide und Erde, in denen sie überwintern und sich im Frühjahr verpuppen. Die Falter schlüpfen im Juni oder Juli.

Elaphria venustula Hübner 16

VERBREITUNG: In Europa lokal, aber weit verbreitet.
BESCHREIBUNG: Länge bis 15 mm; nach vorn verjüngt und hinten mit einem leichten Buckel; Körper dunkel lilabraun; mit einer Reihe dunkelrötlicher, rautenförmiger Rückenzeichnungen; Segment 3 mit einem Paar auffälliger, großer, weißer oder rötlicher Flecken; Unterseite grau; Kopf braun mit blassem Muster.
HABITAT: Lockere Wälder.

FUTTERPFLANZEN: Aufrechtes Fingerkraut (*Potentilla erecta*) und andere *Potentilla*-Arten, Brombeere (*Rubus fruticosus*), Frauenmantel (*Alchemilla*) und Ginster (*Genista* und *Cytisus scoparius*).

BIOLOGIE: Eine Generation im Jahr. Die Eier werden im Juni einzeln auf Blattunterseiten abgelegt. Die Raupen fressen von Juni bis August an Blüten. Verpuppung in unterirdischen Kokons. Die Falter schlüpfen im Mai oder Juni des folgenden Jahres.

Pyrrhia umbra Hufnagel 20

VERBREITUNG: In Europa weit verbreitet.

BESCHREIBUNG: Länge bis 37 mm; Körperfarbe sehr variabel, von grün über braun, rosa und grau bis schwärzlich; meist mit einer dunklen Rückenlinie, jederseits von einer blasseren Linie begleitet; ein weißer oder gelber Substigmatalstreifen; Kopf blaß grün oder braun.

HABITAT: Niederungen, Küstendünen und Strände.

FUTTERPFLANZEN: Hauhechel (*Ononis*), Bilsenkraut (*Hyoscyamus niger*) und Salzmiere (*Honkenya peploides*).

BIOLOGIE: Eine Generation im Jahr. Die Eier werden im Juni oder Anfang Juli auf Triebe der Futterpflanze gelegt. Die Raupen fressen an Blüten und unreifen Samen und sind Ende August ausgewachsen. Verpuppung im September in der Erde. Die Falter schlüpfen im Mai oder Juni des folgenden Jahres.

Heliothis armigera Hübner 33

VERBREITUNG: In Süd- und Teilen Zentraleuropas weit verbreitet.

BESCHREIBUNG: Länge bis 40 mm; Haut rauh, mit winzigen Stacheln besetzt, die mit einer Lupe zu erkennen sind; Körperfarbe variabel, von grün bis braun; unterschiedlich stark gezeichnet mit unregelmäßigen, gelblichweißen Längsstreifen; oberhalb der Stigmen meist mit einem dunklen Band; unterhalb der Stigmen meist blaß gefärbt oder fein weiß gefleckt; Segment 11 mit einem leichten Rückenbuckel; Kopf blaßocker, dunkel grün oder braun gezeichnet.

HABITAT: Felder, Nutzgärten und offene Landschaften.

FUTTERPFLANZEN: Eine breite Palette wilder und kultivierter Pflanzen, darunter Tomate (*Lycopersicon*), Mais (*Zea*), Nelke (*Dianthus*) und Chrysantheme (*Chrysanthemum*).

BIOLOGIE: In Südeuropa zwei oder drei Generationen im Jahr. Die Eier werden einzeln auf die Futterpflanze gelegt und schlüpfen nach rund einer Woche. Die Raupen fressen an Blättern, Knospen, Blüten und Früchten vieler Pflanzen und sind in Südeuropa und anderen warmen Gegenden der Welt zuweilen beachtliche Schädlinge. Gelegentlich werden sie mit Pflanzenmaterial in Mitteleuropa eingeschleppt und etablieren sich in Gewächshäusern. Verpuppung in der Erde. Die Falter fliegen im gemäßigten Europa meist im Herbst.

Heliothis viriplaca Hufnagel *Kardeneule* 20

VERBREITUNG: In Europa weit verbreitet.

BESCHREIBUNG: Länge bis 42 mm; Körperfarbe sehr variabel, von verschiedenen Grüntönen über rötlichbraun und rosa bis lila; meist mit kleinen, gelben Punkten und Linien fein gezeichnet; zwei gelbe Rückenbänder; ein gelbes, unten weiß gerandetes Stigmatalband; Kopf blaß grün oder braun mit schwarzen Flecken.

HABITAT: Stellen mit Sand- oder Kalkboden, Brachland und Strände.

Futterpflanzen: Leimkraut (*Silene*), Hauhechel (*Ononis*), Klee (*Trifolium*), Löwenmäulchen (*Linaria*), Pippau (*Crepis*) und andere niedrige Pflanzen.

Biologie: Eine Generation im Jahr, im Süden auch zwei. Die Eier werden im Juli abgelegt. Die Raupen fressen im August und September an Blüten und unreifen Samen. Verpuppung im Herbst knapp unter der Erdoberfläche. Die Falter schlüpfen im Juni des folgenden Jahres.

Heliothis peltigera Denis & Schiffermüller 20

Verbreitung: In Süd- und Westeuropa weit verbreitet. Wandert regelmäßig nordwärts.

Beschreibung: Länge bis 38 mm; Körperfarbe sehr variabel, von grün über braun bis lila; meist mit einer dunklen Rückenlinie, jederseits mit blasseren Linien; ein gelber oder weißer Substigmatalstreifen; Stigmen klein, schwarzgerandet; Kopf grün oder braun.

Habitat: Küstengebiete und andere Plätze, wo geeignete Futterpflanzen wachsen.

Futterpflanzen: Klebriges Greiskraut (*Senecio viscosus*), Kriechender Hauhechel (*Ononis repens*) und Ringelblume (*Calendula*).

Biologie: In Südeuropa zahlreiche Generationen, im Norden meist nur eine Generation im Jahr. Übersteht nördlich der Alpen vermutlich nicht den Winter. Einwandernde Falter legen hier im Juni die Eier ab. Die Raupen fressen von Ende Juni bis in den Herbst an Blüten. Verpuppung im Boden. Die Falter schlüpfen noch im gleichen Jahr.

Lithacodia pygarga Hufnagel 31

Verbreitung: In Europa weit verbreitet.

Beschreibung: Länge bis 20 mm; schlank, nach hinten leicht verjüngt; Körper gelb oder rötlichbraun; mit einer dunklen Rückenlinie; jederseits davon eine blasse Linie; eine rötliche Stigmatallinie; Kopf rundlich, braun.

Habitat: Wälder, Heiden, Moore und Hochmoore, besonders auf sauren Böden.

Futterpflanzen: Pfeifengras (*Molinia caerulea*), Wald-Zwenke (*Brachypodium sylvaticum*) und wahrscheinlich weitere Gräser.

Biologie: Eine Generation im Jahr. Die Eier werden im Juni oder Juli abgelegt. Die Raupen fressen von Juli bis September. Verpuppung im Herbst in Erdkokons. Die Falter schlüpfen im Mai oder Juni des folgenden Jahres.

Earias clorana Linnaeus *Weidenkahneule* 2

Verbreitung: In Europa weit verbreitet, aber lokal.

Beschreibung: Länge bis 19 mm; kurz und dick, nach hinten verschmälert; Körper weißlich, manchmal rosa getönt; mit braunen Rücken- und Seitenlinien; Unterseite blaß bläulichgrün; die Segmente 5 und 11 mit je einem Paar dunkelbrauner, erhöhter Rückenwarzen; Stigmen schwarz; Kopf blaßgrün, zuweilen in den Körper zurückgezogen.

Habitat: Feuchte Wälder, Sümpfe und Marschen.

Futterpflanzen: Korbweide (*Salix viminalis*) und andere *Salix*-Arten.

Biologie: Eine Generation im Jahr. Die Eier werden im Juni oder Juli abgelegt. Die Raupen fressen von Juli bis August. Sie leben in versponnenen Endtrieben verschiedener Weiden. Verpuppung in bootförmigen Seidenkokons an Zweigen oder Stämmen. Die Falter schlüpfen meist im Mai oder Juni des folgenden Jahres, ein kleiner Teil aber gelegentlich schon im August (partielle zweite Generation).

Pseudoips fagana Fabricius *Kleiner Kahnspinner* **6**

VERBREITUNG: In Europa weit verbreitet.

BESCHREIBUNG: Länge bis 35 mm; Körper dick, nach hinten stark verjüngt; Färbung grün, gelblichweiß gefleckt und gemustert; zwei gelblichweiße, breite Rückenlinien; Nachschieber verlängert und rot gestreift; Kopf blaßgrün.

HABITAT: Wälder.

FUTTERPFLANZEN: Eiche (*Quercus*), Buche (*Fagus sylvatica*), Birke (*Betula*), Hasel (*Corylus avellana*) und manchmal andere Laubbäume.

BIOLOGIE: Eine Generation im Jahr. Die Eier werden im Juni einzeln abgelegt und schlüpfen nach rund einer Woche. Die Raupen sind ziemlich träge und ruhen oft auf der Blattunterseite. Sie sind im September oder Oktober ausgewachsen. Verpuppung in festen, papierartigen, braunen Kokons auf Blattunterseiten, in Rindenritzen oder unter Fallaub am Boden. Die Falter schlüpfen im Juni des folgenden Jahres.

Nycteola revayana Scopoli **6**

VERBREITUNG: In Europa weit verbreitet, außer im äußersten Norden.

BESCHREIBUNG: Länge bis 20 mm; Körper leuchtend grün mit schmalen, grünlichgelben Linien zwischen den Segmenten; schütter mit feinen, weißen Haaren besetzt; Stigmen gelblich, schwarz gerandet; Kopf blaß gelblichgrün.

HABITAT: Wälder.

FUTTERPFLANZEN: Eiche (*Quercus*).

BIOLOGIE: Eine Generation im Jahr. Die Eier werden im Frühjahr abgelegt. Die Raupen fressen von Mai bis Juli. Verpuppung in weißlichen, bootförmigen Kokons auf der Unterseite von Blättern oder an Zweigen. Die Falter schlüpfen im Spätsommer, überwintern und legen ihre Eier im folgenden Frühjahr.

Panthea coenobita Esper *Mönch* **1**

VERBREITUNG: In Zentral- und Südosteuropa verbreitet.

BESCHREIBUNG: Länge bis 60 mm; mit Büscheln schwarzer und weißer Haare bedeckt, die auf kleinen, gelblichbraunen Warzen stehen; Körper rötlichbraun mit Reihen schwarzer Zeichnungen auf dem Rücken und an den Seiten; eine Reihe weißer Rückenflecken und eine ähnliche Reihe unter den Stigmen; Kopf schwarz.

HABITAT: Nadelwälder.

FUTTERPFLANZEN: Fichte (*Picea*), Kiefer (*Pinus*), Tanne (*Abies alba*) und Lärche (*Larix decidua*).

BIOLOGIE: Eine Generation im Jahr. Die Raupen fressen von August bis Anfang Oktober. Verpuppung in papierartigen Kokons am oder im Boden am Fuß des Baumes. Die Falter schlüpfen im Mai oder Juni des folgenden Jahres.

Colocasia coryli Linnaeus *Haseleule* **5**

VERBREITUNG: In Europa weit verbreitet, aber ziemlich lokal.

BESCHREIBUNG: Länge bis 35 mm; dick; Körper meist rosa-orange, aber auch braun, ocker oder grau; mit Büscheln feiner, weißlicher Haare bedeckt; Segment 2 mit einem Paar nach vorn gerichteter, brauner oder schwärzlicher Haarbüschel; die Segmente 4, 5 und 11 mit einem einzelnen Büschel rötlichbrauner oder schwärzlicher Haare auf dem Rücken; eine Reihe dunkler, rechteckiger Rückenzeichnungen, die zuweilen zu einem durchgehenden Band verschmelzen; ein weißliches Seitenband; Kopf rötlichbraun oder grau.

HABITAT: Wälder.

FUTTERPFLANZEN: Buche (*Fagus sylvatica*), Hasel (*Corylus avellana*), Birke (*Betula*), Hainbuche (*Carpinus betulus*) und Feldahorn (*Acer campestre*).

BIOLOGIE: Im Süden zwei Generationen im Jahr, im Norden nur eine. Die Eier werden im Mai und August einzeln auf Blättern gelegt. Die Raupen fressen von Juni bis Juli und von September bis Anfang Oktober. Sie ruhen zwischen versponnenen Blättern. Verpuppung im Juli und Oktober in Kokons am Fuß des Baumes. Die Falter schlüpfen im August bzw. im April des folgenden Jahres.

Diachrysia chrysitis Linnaeus *Messingeule* **9**

VERBREITUNG: In Europa weit verbreitet und oft häufig.

BESCHREIBUNG: Länge bis 35 mm; mit nur drei Paaren Bauchbeine; Körper blaß bläulichgrün; mit einer Reihe weißlicher, pfeilförmiger Rückenzeichnungen; eine weißliche Stigmatallinie; Stigmen schwarzgerandet; Kopf gelblichgrün.

HABITAT: Kultur- und Brachland, Gärten und andere Plätze, wo geeignete Futterpflanzen wachsen.

FUTTERPFLANZEN: Brennessel (*Urtica*), Taubnessel (*Lamium*), Hohlzahn (*Galeopsis*) und vermutlich andere, ähnliche Pflanzen.

BIOLOGIE: Im Süden zwei Generationen im Jahr, im Norden nur eine. Die Eier werden im Juni und August einzeln abgelegt und schlüpfen nach rund einer Woche. Die Raupen der zweiten Generation überwintern ziemlich klein unter Fallaub und vollenden ihre Entwicklung im Frühjahr. Sie sind nachtaktiv und verbergen sich tagsüber in gefalteten Blättern. Verpuppung im Mai und Juli in blaßbraunen Kokons auf Blattunterseiten. Die Falter schlüpfen im Juni bzw. August.

Diachrysia chryson Hübner **28**

VERBREITUNG: In Europa weit verbreitet, aber ziemlich lokal und selten.

BESCHREIBUNG: Länge bis 30 mm; mit nur drei Paaren Bauchbeine; Körper leuchtend gelblichgrün; mit einer unterbrochenen, innen dunklen, weißen Rückenlinie, jederseits davon eine Reihe weißer Schrägstreifen; eine schwarzgerandete, weiße Stigmatallinie; Kopf glänzend grün.

HABITAT: Flußtäler und sumpfige Plätze.

FUTTERPFLANZEN: Wasserdost (*Eupatorium cannabinum*).

BIOLOGIE: Eine Generation im Jahr. Die Eier werden im August abgelegt. Die Raupen überwintern ziemlich klein und vollenden ihre Entwicklung im Frühjahr. Sie sind nachtaktiv und verbergen sich tagsüber unter Blättern. Verpuppung im Juli in weißlichen Seidenkokons auf der Unterseite von Blättern. Die Falter schlüpfen Ende Juli und im August. §

Polychrysia moneta Fabricius **12**

VERBREITUNG: In Europa weit verbreitet.

BESCHREIBUNG: Länge bis 35 mm; mit nur drei Paaren Bauchbeine; Körper leuchtend grün, zwischen den Segmenten weißlich; eine dunkle Rückenlinie; eine weiße Linie oberhalb der Stigmen, die nach hinten undeutlich wird; Kopf glänzend grün. Junge Raupen sind dunkel graugrün mit schwarzen Flecken.

HABITAT: Gärten und Feldraine.

FUTTERPFLANZEN: Rittersporn (*Delphinium*), Eisenhut (*Aconitum*) und Trollblume (*Trollius europaeus*).

BIOLOGIE: Meist eine Generation im Jahr, im Süden aber auch eine zweite. Die Eier werden gewöhnlich im Juli abgelegt. Die Raupen wachsen entweder im Spätsommer rasch heran oder überwintern an der Basis der Futterpflanze und vollenden ihre Entwicklung im Frühjahr. Sie fressen an Blättern, Blüten und unreifen Samen. Verpuppung im Juni und ggf. im August in goldgelben Seidenkokons an Blattunterseiten. Die Falter schlüpfen innerhalb eines Monats.

Autographa gamma Linnaeus *Gammaeule* **13**

VERBREITUNG: In Südeuropa heimisch, wandert aber nach ganz Europa (nördlich bis zum Polarkreis).

BESCHREIBUNG: Länge bis 25 mm; mit nur drei Paaren Bauchbeine; Körperfarbe variabel, von gelblichgrün über bläulichgrün bis dunkel grünlichgrau; am Rücken mit feinen, weißen Linien und Ringen gemustert; ein weißes oder gelbliches Stigmatalband; Kopf meist grün mit einem charakteristischen, schwarzen Seitenstreifen, manchmal aber auch ohne den Streifen oder ganz schwarz.

HABITAT: Kultur- und Brachland, Gärten.

FUTTERPFLANZEN: Klee (*Trifolium*), Erbse (*Pisum sativum*), Kohl (*Brassica oleracea*), Salat (*Lactuca sativa*) und viele andere Wild- und Kulturpflanzen.

BIOLOGIE: Nördlich der Alpen zwei Generationen im Jahr, die von im Frühjahr eingewanderten Faltern abstammen. Die Eier werden im Mai und August einzeln oder in kleinen Gruppen abgelegt und schlüpfen nach rund zwei Wochen. Die Raupen werden den ganzen Sommer und Herbst hindurch gefunden. Sie sind zuweilen an Feldfrüchten schädlich. Verpuppung in durchscheinenden, weißlichen Kokons zwischen den Blättern. Die Falter schlüpfen im Spätsommer. §

Autographa jota Linnaeus *Jota-Goldeule* **26**

VERBREITUNG: In Europa weit verbreitet.

BESCHREIBUNG: Länge bis 38 mm; mit nur drei Paaren Bauchbeine; Körper leuchtend grün; mit Spuren von vier undeutlichen, blassen Rückenlinien; oberhalb der Stigmen eine feine, gelbe Seitenlinie; Kopf grün mit einem kräftigen, schwarzen Seitenstreifen.

HABITAT: Gebüsche, Wälder und Brachland.

FUTTERPFLANZEN: Taubnessel (*Lamium*), Waldziest (*Stachys sylvatica*), Brennessel (*Urtica*) und andere niedrige Pflanzen; vermutlich auch an Laubbäumen und -sträuchern.

BIOLOGIE: Eine Generation im Jahr. Die Eier werden im Juli einzeln abgelegt und schlüpfen nach rund einer Woche. Die Raupen fressen einige Zeit, überwintern ziemlich klein und vollenden ihre Entwicklung im Frühjahr. Sie sind nachtaktiv und gegen Ende Mai ausgewachsen. Verpuppung in gelblichweißen Kokons unter Blättern. Die Falter schlüpfen im Juni oder Juli. §

Autographa bractea Denis & Schiffermüller **28**

VERBREITUNG: In Zentral- und Nordeuropa weit verbreitet.

BESCHREIBUNG: Länge bis 35 mm; mit nur drei Paaren Bauchbeine; Körper blaßgrün; mit sechs unregelmäßigen, weißen Rückenlinien und einer weißen Linie oberhalb der Stigmen; Kopf grün, jederseits mit einem schwarzen Streifen.

HABITAT: Gebüsche, Brachland und Moore.

FUTTERPFLANZEN: Brennessel (*Urtica*), Taubnessel (*Lamium*), Löwenzahn (*Taraxacum*), Greiskraut (*Senecio vulgaris*), Geißblatt (*Lonicera periclymenum*) und andere Pflanzen.

BIOLOGIE: Eine Generation im Jahr. Die Eier werden im Juli abgelegt. Die Raupen überwintern ziemlich klein und vollenden ihre Entwicklung im Frühjahr. Verpuppung im Mai in Kokons an Blättern der Futterpflanze. Die Falter schlüpfen im Juli. §

Abrostola trigemina Werneburg 9

VERBREITUNG: In Europa weit verbreitet.

BESCHREIBUNG: Länge bis 35 mm; Körper mit einem Buckel auf Segment 11; Färbung grün, grünlichbraun oder lilabraun; mit schwärzlichen, dreieckigen Rückenzeichnungen auf den Segmenten 4, 5 und 11; eine weißliche Stigmatallinie; Kopf blaß grün oder braun mit einem dunklen Band an jeder Seite.

HABITAT: Gebüsche, Brachland und andere Plätze, wo die Futterpflanzen wachsen.

FUTTERPFLANZEN: Brennessel (*Urtica*) und Hopfen (*Humulus lupulus*).

BIOLOGIE: Im Norden eine Generation im Jahr, im Süden auch zwei. Die Eier werden im Juli abgelegt. Die Raupen fressen im August und September. Verpuppung im Herbst in Seidenkokons zwischen gefalteten Blättern. Die Falter schlüpfen im Juni des folgenden Jahres.

Abrostola triplasia Linnaeus 9

VERBREITUNG: In Europa weit verbreitet.

BESCHREIBUNG: Länge bis 35 mm; Körperfarbe variabel, von grün bis lilabraun; am Rücken weißlich, mit einer Reihe dunkel grüner oder brauner, V-förmiger Zeichnungen; Segment 11 mit einem deutlichen Buckel; eine weißliche Stigmatallinie; Kopf blaß grün oder braun mit einem dunklen Seitenstreifen.

HABITAT: Gebüsche, Brachland, lockere Wälder und andere Plätze, wo die Futterpflanzen wachsen.

FUTTERPFLANZEN: Brennessel (*Urtica*).

BIOLOGIE: Eine Generation im Jahr, im Süden auch eine partielle zweite Generation. Die Eier werden im Juli einzeln abgelegt und schlüpfen nach rund einer Woche. Die Raupen sind tagaktiv und sitzen oft auf den oberen Blättern der Futterpflanze. Sie sind im Spätsommer ausgewachsen. Verpuppung in Kokons zwischen Fallaub am Boden. Die Falter schlüpfen gewöhnlich im Mai oder Juni des folgenden Jahres; Falter einer zweiten Generation fliegen im Spätsommer.

Catocala nupta Linnaeus *Rotes Ordensband* 2

VERBREITUNG: In Europa weit verbreitet.

BESCHREIBUNG: Länge bis 70 mm; lang und schlank, nach hinten verjüngt; Körper braun oder bräunlichgrau mit zwei schwärzlichen, zuweilen undeutlichen Rückenbändern; auf dem Rücken jedes Segments ein Paar ockerfarbener Flecken; Segment 8 mit einem auffälligen Rückenfortsatz; Segment 11 mit einem leichten Buckel; Nachschieber verlängert; Kopf blaßgrau mit einem schwarzen Band.

HABITAT: Wälder und andere Plätze, wo die Futterpflanzen wachsen.

FUTTERPFLANZEN: Weide (*Salix*), Pappel (*Populus*) und Pflaume (*Prunus domestica*).

BIOLOGIE: Eine Generation im Jahr. Die Eier werden im September einzeln oder in kleinen Gruppen in Rindenritzen gelegt, schlüpfen aber erst im folgenden Frühjahr. Die Raupen fressen nachts und verbergen sich tagsüber in Rindenritzen. Sie sind Ende Juni oder Juli ausgewachsen. Verpuppung in lockeren Kokons zwischen Blättern oder in Rindenspalten. Die Falter schlüpfen im August oder September. §

Callistege mi Clerck *Schecken-Tageule* **21**

VERBREITUNG: In Europa weit verbreitet.

BESCHREIBUNG: Länge bis 40 mm; lang und schlank; mit nur drei Paaren Bauchbeine; Körper blaß ockerweiß oder blaßgelb; mit einer zentralen, ockerfarbenen Rückenlinie und zwei dunklen Rückenbändern; diese Zeichnungen erscheinen zuweilen als eine Anzahl feiner, brauner Linien; ein gelblichweißes Substigmatalband; Kopf weißlich mit feinen, braunen Linien, die mit denen auf dem Körper in Verbindung stehen.

HABITAT: Niederungen, Wiesen und lockere Wälder.

FUTTERPFLANZEN: Klee (*Trifolium*), Honigklee (*Melilotus*) und vermutlich verwandte Pflanzen.

BIOLOGIE: Eine Generation im Jahr. Die Eier werden im Juni abgelegt und schlüpfen nach rund drei Wochen. Die Raupen fressen tags und nachts und ruhen oft auf Gräsern. Bei Störung lassen sie sich in einer charakteristischen Haltung aufgerollt fallen. Verpuppung im September in Kokons an Blättern oder Grashalmen nahe am Boden. Die Falter schlüpfen im Mai oder Juni des folgenden Jahres.

Euclidia glyphica Linnaeus *Braune Tageule* **21**

VERBREITUNG: In Europa weit verbreitet.

BESCHREIBUNG: Länge bis 40 mm; lang und schlank; mit nur drei Paaren funktionaler Bauchbeine; Körper bräunlichweiß mit gelblichbraunen Linien; ein weißlicher oder rosafarbener, zuweilen dunkelbraun gerandeter Substigmatalstreifen; Kopf weißlich mit Zeichnungen, die mit denen auf dem Körper in Verbindung stehen.

HABITAT: Niederungen, Wiesen und lockere Wälder, vor allem auf Kalkboden.

FUTTERPFLANZEN: Hopfenklee (*Medicago lupulina*), Luzerne (*M. sativa*), Klee (*Trifolium*) und andere, verwandte Pflanzen.

BIOLOGIE: Eine Generation im Jahr. Die Eier werden im Juni in kleinen Gruppen abgelegt und schlüpfen nach rund zwei Wochen. Die Raupen sind nachtaktiv und ruhen tagsüber ausgestreckt auf Stengeln der Futterpflanze. Verpuppung Ende September im Boden an der Basis der Futterpflanze. Die Falter schlüpfen im Mai oder Juni des folgenden Jahres.

Tyta luctuosa Denis & Schiffermüller **26**

VERBREITUNG: In Europa weit verbreitet, aber lokal.

BESCHREIBUNG: Länge bis 35 mm; Körper blaß rötlichocker; mit zwei unterbrochenen, dunkelbraunen Rückenbändern, in denen weiße Punkte stehen; ein breites, bräunlichweißes Substigmatalband; Kopf bräunlichweiß mit dunkelbraunen Linien.

HABITAT: Niederungen, Dämme und Brachland auf Kalkboden.

FUTTERPFLANZEN: Ackerwinde (*Convolvulus arvensis*).

BIOLOGIE: Eine Generation im Jahr. Die Eier werden im Juni einzeln auf Stengel oder Knospen gelegt. Die Raupen fressen im Juli und August. Verpuppung im September in festen, unterirdischen Kokons. Die Falter schlüpfen im Juni des folgenden Jahres.

Lygephila craccae Denis & Schiffermüller **20**

VERBREITUNG: In Zentral- und Südeuropa lokal verbreitet.

BESCHREIBUNG: Länge bis 36 mm; ziemlich schlank, nach vorn verjüngt; Körper blaßbraun; mit einem breiten, scheckig dunkelbraunen Rückenstreifen, durch den eine blaßgerandete, schwärzlichbraune Linie läuft; eine doppelte, dunkelbraune Seitenlinie; Kopf braun.

HABITAT: Klippen und felsige Plätze.

FUTTERPFLANZEN: Wald-Wicke (*Vicia sylvatica*) und vermutlich weitere verwandte Pflanzen.

BIOLOGIE: Eine Generation im Jahr. Die Eier werden im Sommer einzeln abgelegt, schlüpfen aber erst im folgenden Frühjahr. Die Raupen fressen bis Juni. Verpuppung in Kokons am Boden. Die Falter schlüpfen im Juli und August.

Apopestes spectrum Hübner 33

VERBREITUNG: In Südeuropa verbreitet.

BESCHREIBUNG: Länge bis 80 mm; Körper gelb mit vier schwarzen Rückenstreifen und einem komplizierten Muster aus weißgeringten, schwarzen Zeichnungen an den Seiten; Kopf gelblichweiß mit schwarzen Flecken.

HABITAT: Hügelflanken und offene Landschaft, wo die Futterpflanzen wachsen.

FUTTERPFLANZEN: Behaarter Ginster (*Genista pilosa*), Besenginster (*Cytisus scoparius*) und verwandte Pflanzen.

BIOLOGIE: Eine Generation im Jahr. Die Eier werden im März auf Stengel der Futterpflanze gelegt. Die Raupen fressen von April bis Juni oder Juli, vor allem an Blüten. Sie sitzen frei an den Zweigen; ihre leuchtende Färbung läßt vermuten, daß sie für Freßfeinde ungenießbar sind. Verpuppung in grauweißen Kokons an der Futterpflanze. Die Falter schlüpfen in etwa einem Monat. Sie überwintern und legen ihre Eier im folgenden Frühjahr.

Scoliopteryx libatrix Linnaeus *Zackeneule* 2

VERBREITUNG: In Europa weit verbreitet, im Süden aber weniger häufig.

BESCHREIBUNG: Länge bis 50 mm; lang und schlank, mit samtigem Aussehen; Körper grün; mit einer undeutlichen, dunklen Rückenlinie und einer schwarzgerandeten, grünlichgelben Seitenlinie; eine unklare, weißliche Stigmatallinie; Kopf sehr rundlich, gelblichgrün mit einer schwarzen Zentrallinie.

HABITAT: Wälder und Gärten.

FUTTERPFLANZEN: Weide (*Salix*) und Pappel (*Populus*).

BIOLOGIE: Im Süden zwei Generationen im Jahr, im Norden nur eine. Die Eier werden einzeln oder in kleinen Gruppen auf Zweige und Blätter gelegt und schlüpfen nach rund einer Woche. Die Raupen findet man von Juni bis September. Verpuppung in weißlichen Kokons, meist zwischen versponnenen Blättern. Falter, die im Herbst schlüpfen, überwintern und legen ihre Eier im Frühjahr. Die Generationen überlappen sich aber oft, so daß man fast das ganze Jahr hindurch Falter finden kann.

Laspeyria flexula Denis & Schiffermüller 32

VERBREITUNG: In Europa weit verbreitet.

BESCHREIBUNG: Länge bis 24 mm; Körper hinter dem Kopf und am Hinterende leicht angeschwollen; die ersten zwei Bauchbeinpaare sehr klein; Körper bläulichgrün; verwickelt schwarz und grünlichweiß gezeichnet; Segment 11 mit einem Paar erhabener Rückenwarzen; Kopf grünlichweiß mit schwarzen Mustern.

HABITAT: Wälder und verwilderte Obstgärten.

FUTTERPFLANZEN: Flechten (*Physcia stellaris* und *Xanthoria parietana*).

BIOLOGIE: Eine Generation im Jahr. Die Eier werden im August einzeln oder in kleinen Haufen auf Zweige oder Flechten gelegt. Die Raupen überwintern ziemlich klein und vollenden ihre Entwicklung im Frühjahr. Sie sind nachtaktiv und fressen an Flechten auf den verschiedensten Pflanzen, bleiben aber auch tagsüber auf den Flechten, wo sie sehr gut getarnt sind. Verpuppung im Mai in gelblichgrauen Kokons zwischen den Flechten. Die Falter schlüpfen im Juni oder Juli.

Hypena proboscidalis Linnaeus *Nesselschnabeleule* 9

VERBREITUNG: In Europa weit verbreitet.

BESCHREIBUNG: Länge bis 25 mm; lang und schlank, mit langen Beinen; Körperfarbe variabel, von gelblichgrün bis dunkelgrün mit gelblichen Bändern zwischen den Segmenten; zwei grünlichweiße Rückenlinien und eine breite, weiße Stigmatallinie; Punkte blaßgrün, leicht knopfartig verdickt; Kopf grün mit schwarzen Flecken.

HABITAT: Lockere Wälder, Gebüsche, Gärten und Brachland.

FUTTERPFLANZEN: Brennessel (*Urtica*).

BIOLOGIE: Eine Generation im Jahr, im Süden auch eine partielle zweite Generation. Die Eier werden im Juli oder August abgelegt. Die Raupen überwintern und vollenden ihre Entwicklung im Frühjahr. Verpuppung im Mai. Die Falter schlüpfen im folgenden Monat oder später. Falter der zweiten Generation schlüpfen im Herbst.

Literatur

Allan, P. B. M., 1949: Larval foodplants. London: Watkins & Doncaster.

Ancilotto, A., Grollo, A. & Zangheri, S., 1970: I bruchi. Mailand: Mondadori.

Bodi, E., 1985: The caterpillars of European butterflies. Compiegne: Sciences Nat.

Brooks, M.; Knight, C., 1982: A complete guide to British butterflies. London: Jonathan Cape.

Buckler, W., (Hrsg. Stainton, H. T. & Porritt, G. T.), 1886–1901: The larvae of the British butterflies and moths. Bände 1–9. London: Ray Society.

Carter, D. J., 1979: The Observer's Book of Caterpillars. London: Warne.

Carter, D., 1982: Butterflies and Moths in Britain and Europe. London: Heinemann, Pan and British Museum (Nat. Hist.).

Cribb, P. W., 1983: Breeding the British Butterflies. Hanworth: Amateur Entomologists' Society.

Dickson, R., 1976: A Lepidopterist's Handbook. Hanworth: Amateur Entomologists' Society.

Forster, W.; Wohlfahrt, T., 1954–74: Die Schmetterlinge Mitteleuropas (5 Bände) Stuttgart: Keller.

Friedrich, E., 1983: Handbuch der Schmetterlingszucht. (2. Aufl.) Stuttgart: Kosmos.

Gardiner, B. O. C., 1982: A silkmoth rearer's handbook. (3. Aufl.) Hanworth: Amateur Entomologists' Society.

Gómez-Bustillo, M. R.; Fernández-Rubio, F., 1974–9: Mariposas de la Peninsula Ibérica. (4 Bände) Ministerio de Agricultura Madrid.

Guilbot, R., 1982: Élevage des papillons. Paris: Boubée.

Haggett, G. M., 1981: Larvae of British Lepidoptera not figured by Buckler. London: British Entomological & Natural History Society.

Heath, M., et al., 1976–85: The Moths and Butterflies of Great Britain and Ireland. (4 Bände) Colchester: Harley Books.

Higgins, L.; Hargreaves, B., 1983: The Butterflies of Britain and Europe. London: Collins.

Higgins, L. G.; Riley, N. D., 1983: A field guide to the Butterflies of Britain and Europe. (5. Aufl.) London: Collins.

Howarth, T. G., 1973: South's British Butterflies. London: Warne.

Howarth, T. G., 1984: Colour identification guide to butterflies of the British Isles. (2. Aufl.) London: Viking.

Hyde, G., 1977: British caterpillars: Butterflies. Norwich: Jarrold.

Hyde, G., 1977: British caterpillars: Moths. (2 Bände) Norwich: Jarrold.

Kloet, G. S.; Hincks, W. D., 1972: A check list of British Insects. Part 2: Lepidoptera. (2. Aufl.) Royal Entomological Society of London.

Le Cerf, F.; Herbulot, C., 1963–71: Atlas des Lépidoptéres de France. (3 Bände) Paris: Boubée.

Leraut, P., 1980: Liste systématique et synonymique des lépidoptères de France, Belgique et Corse. Paris: Société entomologique de France.

Merz, E.; Pfletschinger, H., 1982: Die Raupen unserer Schmetterlinge. Stuttgart: Kosmos.

Newman, L. H., 1965: Hawk-moths of Great Britain and Europe. London: Cassell.

Aufbau einer Raupe

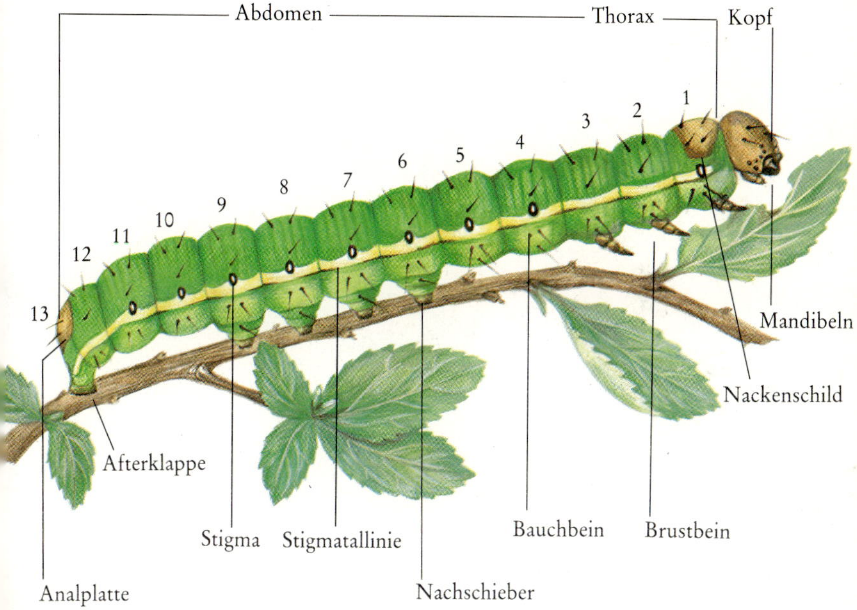

Ansicht eines Raupenkopfes von vorn/unten

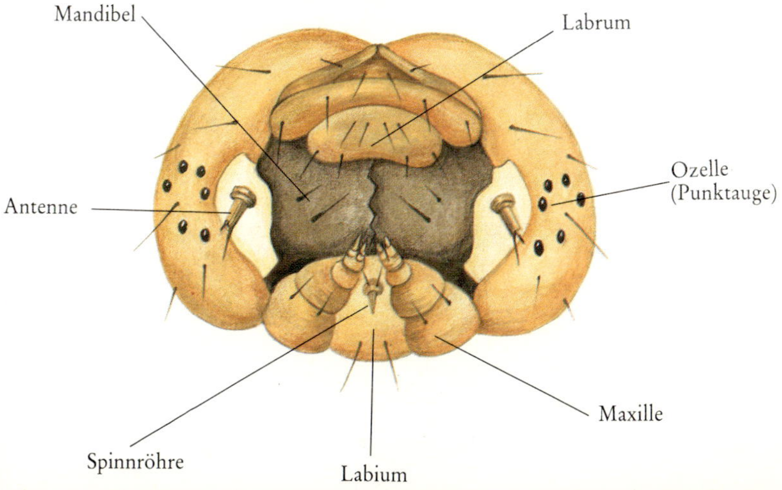

Lebenslauf des
Tagpfauenauges

Lebenslauf des Kleinen Nachtpfauenauges

Tafel 1

TANNE *Abies alba* Familie: Pinaceae

1. ***Dasychira abietis*** *Tannenstreckfuß* 124

EIBE *Taxus baccata* Familie: Taxaceae

2. ***Lymantria monacha*** *Nonne* 125

FICHTE *Picea abies* Familie: Pinaceae

3. ***Eupithecia abietaria*** 86
4. ***Panthea coenobita*** *Mönch* 179

WALDKIEFER *Pinus sylvestris* Familie: Pinaceae

5. ***Panolis flammea*** *Forleule* 150
6. ***Dendrolimus pini*** *Kiefernspinner* 61
7. ***Hyloicus pinastri*** *Kiefernschwärmer* 111
8. ***Thaumetopoea pityocampa*** *Kiefernprozessionsspinner* 121
9. ***Graellsia isabellae*** 63
10. ***Thera firmata*** 81
11. ***Bupalus piniaria*** *Kiefernspanner* 107

SCHEINZYPRESSE *Chamaecyparis lawsoniana* Familie: Cupressaceae

12. ***Lithophane leautieri*** 158
13. ***Eupithecia phoeniceata*** 90

WACHOLDER *Juniperus communis* Familie: Cupressaceae

14. ***Eupithecia lariciata*** 91
15. ***Thera juniperata*** 82

LÄRCHE *Larix decidua* Familie: Pinaceae

16. ***Eupithecia pusillata*** 90

Prozessionsspinner-Raupennest

1
2
3
4
5
6
7
8
9
10
11
12
13
14
15
16

Tafel 2

Grauweide *Salix cinerea* Familie: Salicaceae

1. ***Lomaspilis marginata*** 95
2. ***Smerinthus ocellatus*** *Abendpfauenauge* 111
3. ***Plagodis dolabraria*** 97
4. ***Arctornis l-nigrum*** *Schwarzes V* 125
5. ***Furcula furcula*** 116
6. ***Apatura iris*** *Großer Schillerfalter* 47

Korbweide *Salix viminalis* Familie: Salicaceae

7. ***Earias clorana*** *Weidenkahneule* 178
8. ***Scoliopteryx libatrix*** *Zackeneule* 184

Salweide *Salix caprea* Familie: Salicaceae

9. ***Eligmodonta ziczac*** *Zickzackspinner* 117
10. ***Colotois pennaria*** 102
11. ***Catocala nupta*** *Rotes Ordensband* 182
12. ***Orgyia recens*** *Eckfleck* 122
13. ***Cerura vinula*** *Großer Gabelschwanz* 115
14. ***Xanthia icteritia*** *Gemeine Gelbeule* 164

Weissweide *Salix alba* Familie: Salicaceae

15. ***Nymphalis antiopa*** *Trauermantel* 49
16. ***Epione repandaria*** 97

Schreckhaltung der Raupe
des Großen Gabelschwanzes

1
2
3
4
5
6
7
8
9
10
11
12
13
14
15
16

Tafel 3

Espe *Populus tremula* Familie: Salicaceae

1. ***Apatura ilia*** *Kleiner Schillerfalter* 48
2. ***Furcula bifida*** *Kleiner Gabelschwanz* 116
3. ***Lobophora halterata*** *Lappenspanner* 94
4. ***Limenitis populi*** *Großer Eisfalter* 47
5. ***Pterostoma palpinum*** *Schnauzenspinner* 119
6. ***Tethea ocularis*** 67
7. ***Archiearis notha*** *Jungfernkind* 69

Schwarzpappel *Populus nigra* Familie: Salicaceae

8. ***Laothoe populi*** *Pappelschwärmer* 112
9. ***Clostera curtula*** *Erpelschwanz* 120
10. ***Tethea or*** *Wollrückenspinner* 68
11. ***Xanthia ocellaris*** 165
12. ***Notodonta torva*** 117
13. ***Pheosia tremula*** *Pappelzahnspinner* 118
14. ***Acronicta megacephala*** *Aueneule* 165
15. ***Poecilocampa populi*** *Kleine Pappelglucke* 58

Pappelschwärmer, auf Rinde ruhend

1
2
3
4
5
6
7
8
9
10
11
12
13
14
15

Tafel 4

HÄNGEBIRKE *Betula pendula* Familie: Betulaceae

1. ***Notodonta dromedarius*** *Erlenzahnspinner* 117
2. ***Acronicta leporina*** *Pudel* 166
3. ***Ennomos autumnaria*** *Herbstlaubspanner* 98
4. ***Jodis lactearia*** 71
5. ***Geometra papilionaria*** *Grünes Blatt* 70
6. ***Pheosia gnoma*** *Birkenzahnspinner* 118
7. ***Agriopis aurantiaria*** 104
8. ***Endromis versicolora*** *Birkenspinner* 64
9. ***Semiothisa notata*** 95
10. ***Operophtera fagata*** *Buchenfrostspanner* 85
11. ***Falcaria lacertinaria*** *Eidechsensichler* 65
12. ***Cyclophora albipunctata*** 72
13. ***Ptilodon capucina*** *Kamelspinner* 119
14. ***Achlya flavicornis*** *Wollbeinspinner* 68
15. ***Selenia dentaria*** 100
16. ***Drepana falcataria*** *Sichelspinner* 66

1

2

3

5

7

8

9

11

15

16

6

Birkenzahnspinner
in Ruhehaltung

1
2
3
4
5
6
7
8
9
10
11
12
13
14
15
16

Tafel 5

ERLE *Alnus* Familie: Betulaceae

1. ***Ennomos alniaria*** 99
2. ***Ochropacha duplaris*** 68
3. ***Selenia tetralunaria*** *Mondfleckspanner* 100
4. ***Furcula bicuspis*** *Birkengabelschwanz* 115
5. ***Trichopteryx carpinata*** 94
6. ***Acronicta alni*** (frühes Stadium) *Erleneule* 166
7. ***Acronicta alni*** (ausgewachsen) *Erleneule* 166

HAINBUCHE *Carpinus betulus* Familie: Corylaceae

8. ***Colocasia coryli*** *Haseleule* 179
9. ***Agriopis marginaria*** 104

GAGELSTRAUCH *Myrica gale* Familie: Salicaceae
(siehe auch Tafel 33)

10. ***Acronicta menyanthidis*** 167
11. ***Acronicta euphorbiae*** 168
12. ***Lacanobia contigua*** 147
13. ***Blepharita adusta*** 160

HASEL *Corylus aveliana* Familie: Corylaceae

14. ***Erannis defoliaria*** *Großer Frostspanner* 104
15. ***Hydriomena furcata*** 82
16. ***Phalera bucephala*** *Mondfleck* 115

Junge Raupen
des Mondflecks

1
2
3
4
5
6
7
8
9
10
11
12
13
14
15
16

Tafel 6

EICHE *Quercus* Familie: Fagaceae
(siehe auch Tafel 33)

1.	***Amphipyra pyramidea*** *Pyramideneule*	169
2.	***Conistra vaccinii*** *Braune Heidelbeereule*	162
3.	***Quercusia quercus*** *Eichenzipfelfalter*	40
4.	***Biston betularia*** *Birkenspanner*	103
5.	***Amphipyra berbera***	169
6.	***Biston strataria*** *Pappelspanner*	103
7.	***Orthosia stabilis*** *Gemeine Kätzcheneule*	152
8.	***Serraca punctinalis***	106
9.	***Ennomos quercinaria***	98
10.	***Boarmia roboraria***	105
11.	***Orthosia miniosa***	151
12.	***Thaumetopoea processionea*** *Eichenprozessionsspinner*	121
13.	***Apoda limacodes*** *Große Schildmotte*	27
14.	***Polyploca ridens***	69
15.	***Dichonia aprilina*** *Grüne Eicheneule*	160
16.	***Pseudoips fagana*** *Kleiner Kahnspinner*	179
17.	***Drepana binaria***	65
18.	***Nycteola revayana***	179

4

Melanistische Form des Birkenspanners

1
2
4
3
6
5
7
11
10
8
9
12
13
14
15
16
17
18

Tafel 7

Buche *Fagus sylvatica* Familie: Fagaceae

1. ***Campaea margaritata***	108
2. ***Stauropus fagi*** *Buchenspinner*	116
3. ***Eupsilia transversa*** *Satelliteule*	161
4. ***Brachionycha sphinx*** *Sphinxeule*	157
5. ***Drepana cultraria***	65
6. ***Heterogenea asella*** *Kleine Schildmotte*	27
7. ***Aglia tau*** *Nagelfleck*	62

Feldulme *Ulmus campestris* Familie: Ulmaceae

8. ***Cosmia trapezina*** *Mordraupeneule*	171
9. ***Lycia hirtaria***	103
10. ***Nymphalis polychloros*** *Großer Fuchs*	49
11. ***Epirrita dilutata***	84
12. ***Orthosia munda***	153
13. ***Alcis repandata***	105

Bergulme *Ulmus glabra* Familie: Ulmaceae

14. ***Abraxas sylvata***	95
15. ***Strymonidia w-album*** *Weißes W*	41
16. ***Agrochola circellaris*** Ulmen-Herbsteule	162

Jungraupe des
Nagelflecks (vergrößert)

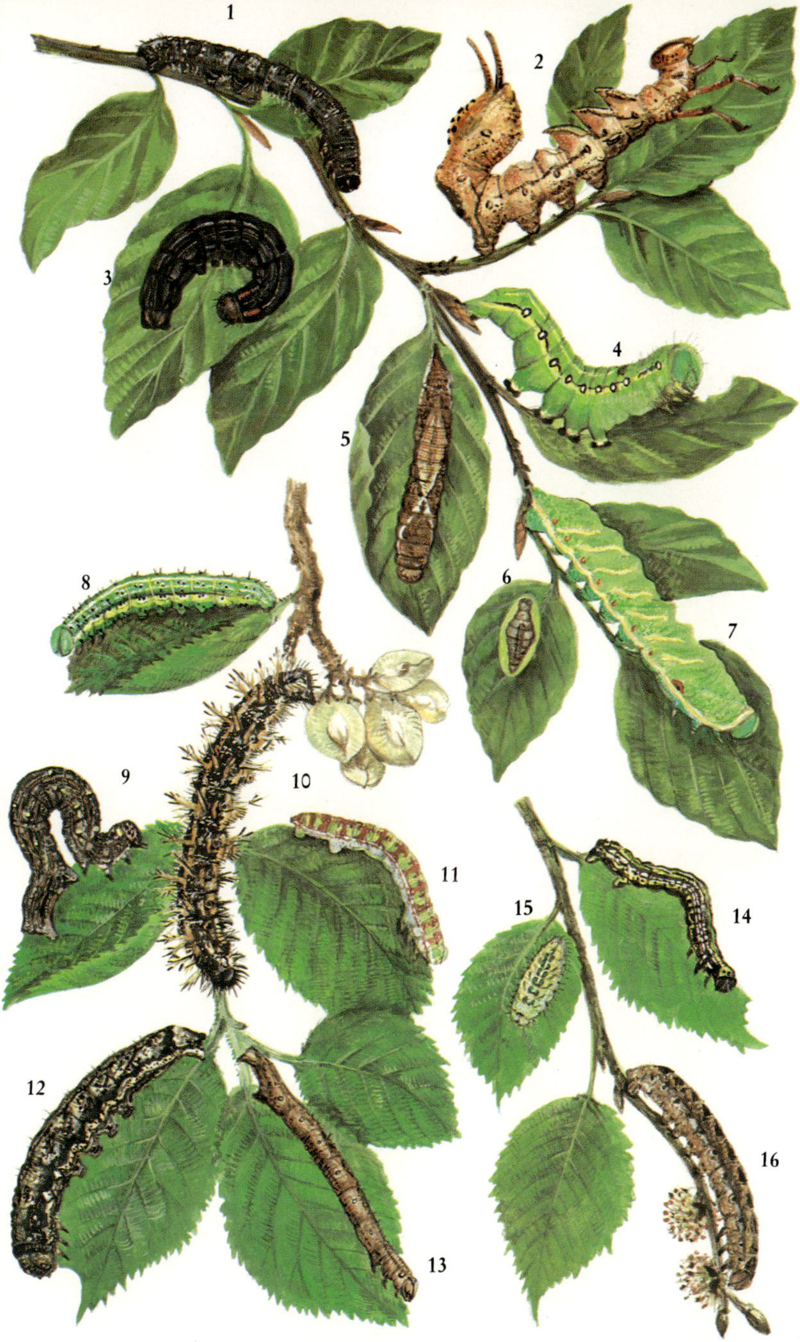
1
2
3
4
5
6
7
8
9
10
11
12
13
14
15
16

Tafel 8

FELDAHORN *Acer campestre* Familie: Aceraceae

1. ***Ptilodontella cucullina*** *Ahornspinner* 119
2. ***Xanthia aurago*** 164
3. ***Cyclophora annulata*** 72
4. ***Ptilophora plumigera*** 120

(Bergahorn *Acer pseudoplatanus* siehe Tafel 33)

STECHPALME *Ilex aquifolium* Familie: Aquifoliaceae

5. ***Celastrina argiolus*** 45

WINTERLINDE *Tilia cordata* Familie: Tiliaceae

6. ***Sabra harpagula*** 66
7. ***Mimas tiliae*** *Lindenschwärmer* 111
8. ***Ennomos erosaria*** 99
9. ***Xanthia citrago*** 164

ESCHE *Fraxinus* Familie: Oleaceae

10. ***Acanthobrahmaea europaea*** 64
11. ***Atethmia centrago*** 163
12. ***Lithophane semibrunnea*** 158
13. ***Eupithecia fraxinata*** 90
14. ***Ennomos fuscantaria*** 99
15. ***Cossus cossus*** *Weidenbohrer* 24

Puppen von *Celastrina*

1
2
3
4
5
6
7
8
9
10
11
12
13
14
15

Tafel 9

Brennessel *Urtica dioica* Familie: Urticaceae

1. ***Hypena proboscidalis*** *Nesselschnabeleule* 185
2. ***Abrostola triplasia*** 182
3. ***Araschnia levana*** *Landkärtchen* 50
4. ***Inachis io*** *Tagpfauenauge* 50
5. ***Diachrysia chrysitis*** *Messingeule* 180
6. ***Aglais urticae*** *Kleiner Fuchs* 49
7. ***Vanessa atalanta*** *Admiral* 48

Hopfen *Humulus* Familie: Cannabaceae

8. ***Polygonia c-album*** *Weißes C* 50
9. ***Calliteara pudibunda*** *Rotschwanz* 124
10. ***Abrostola trigemina*** 182

Osterluzei *Aristolochia* Familie: Aristolochiaceae

11. ***Zerynthia polyxena*** *Osterluzeifalter* 33

11a. ***Zerynthia rumina*** 33

12. ***Archon apollinus*** 33

Vogelknöterich *Polygonum aviculare*
Familie: Polygonaceae

13. ***Orthonama obstipata*** 75
14. ***Dypterygia scabriuscula*** *Trauereule* 169
15. ***Rhodometra sacraria*** 75
16. ***Agrotis puta*** 135
17. ***Xylena vetusta*** *Braunes Moderholz* 159

Eitürmchen des Landkärtchens

1
2
3
4
5
6
7
8
9
10
11
12
13
14
15
16
17

Tafel 10

GROSSER AMPFER *Rumex acetosa*
Familie: Polygonaceae

1. ***Timandra griseata*** 72
2. ***Lycaena phlaeas*** *Kleiner Feuerfalter* 41
3. ***Aporophyla nigra*** 158
4. ***Eugnorisma depuncta*** 136
5. ***Adscita statices*** *Gemeines Grünwidderchen* 25
6. ***Bembecia chrysidiformis*** 29

SCHÖNER AMPFER *Rumex pulcher*
Familie: Polygonaceae

7. ***Diarsia dahlii*** 140

KLEINER AMPFER *Rumex acetosella*
Familie: Polygonaceae

8. ***Xestia ashworthii*** 142

FLUSS-AMPFER *Rumex hydrolapathum*
Familie: Polygonaceae

9. ***Lycaena dispar*** *Großer Feuerfalter* 42

STUMPFBLÄTTRIGER AMPFER *Rumex obtusifolius*
Familie: Polygonaceae (siehe auch Tafel 33)

10. ***Camptogramma bilineata*** 77
11. ***Spaelotis ravida*** 138
12. ***Diarsia mendica*** 139
13. ***Arctia caja*** *Brauner Bär* 128
14. ***Diacrisia sannio*** *Rotrandbär* 128
15. ***Diaphora mendica*** *Graubär* 130
16. ***Euxoa nigricans*** 133
17. ***Agrotis segetum*** *Saateule* 134

1

2

5

6

7

9

10

13

14

17

13

Brauner Bär in Ruhehaltung

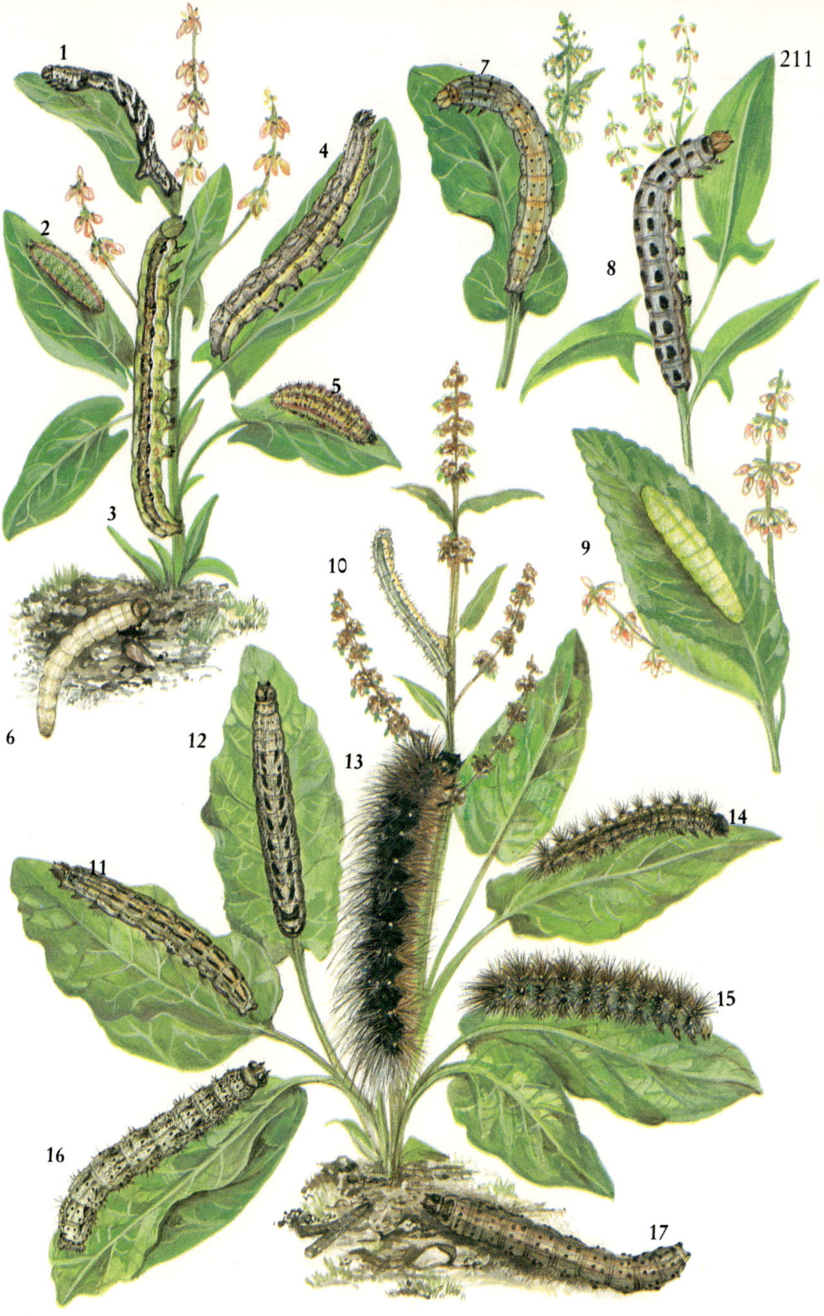
1
2
3
4
5
6
7
8
9
10
11
12
13
14
15
16
17

Tafel 11

Weisser Gänsefuss *Chenopodium album*
Familie: Chenopodiaceae

1. ***Eupithecia simpliciata*** 89
2./3. ***Lacanobia oleracea*** *Gemüseeule* 148

Gemeine Melde *Atriplex patula*
Familie: Chenopodiaceae

4. ***Pelurga comitata*** 79
5. ***Trachea atriplicis*** *Meldeneule* 170

Runkelrübe *Beta vulgaris*
Familie: Chenopodiaceae

6. ***Discestra trifolii*** 145

Kali-Salzkraut *Salsola kali*
Familie: Chenopodiaceae

7. ***Agrotis ripae*** *Strandsandeule* 135

Vogelmiere *Stellaria media*
Familie: Caryophyllaceae

8. ***Hoplodrina blanda*** 176
9. ***Xestia xanthographa*** 142
10. ***Xestia c-nigrum*** *Schwarzes C* 141
11. ***Mythimna ferrago*** 153

Grosse Sternmiere *Stellaria holostea*
Familie: Caryophyllaceae

12. ***Eupithecia pygmaeata*** 87

Taubenkropf *Silene vulgaris*
Familie: Caryophyllaceae

13. ***Hadena confusa*** *Kleine Nelkeneule* 149

Kuckucks-Lichtnelke *Lychnis flos-cuculi*
Familie: Caryophyllaceae

14. ***Hadena rivularis*** 149
15. ***Hadena bicruris*** *Kapseleule* 149

10

Schwarzes C in Ruhehaltung

1
2
3
4
5
6
7
8
9
10
11
12
13
14
15

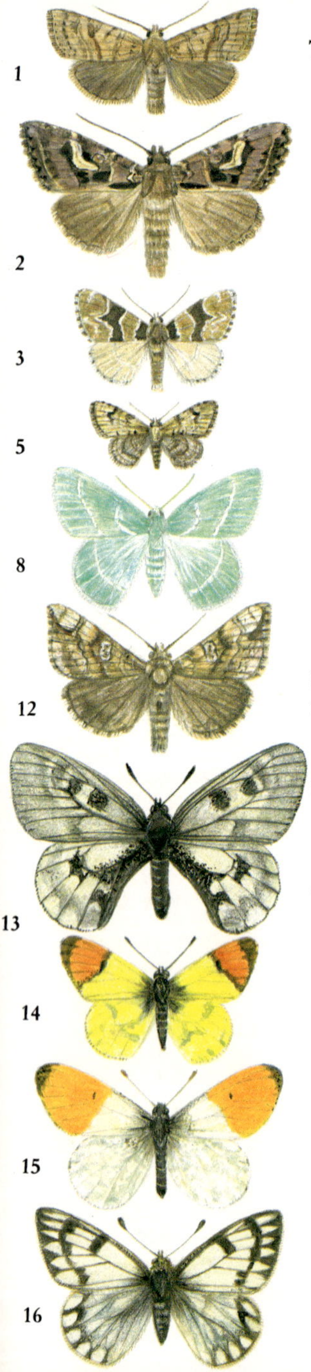

Tafel 12

Scharfer Hahnenfuss *Ranunculus acris*
Familie: Ranunculaceae
1. ***Agrochola lychnidis*** 163

Scharbockskraut *Ranunculus ficaria*
Familie: Ranunculaceae
2. ***Trigonophora flammea*** 160

Gelbe Wiesenraute *Thalictrum flavum*
Familie: Ranunculaceae
3. ***Perizoma sagittata*** 85

Besenrauke *Descurainia sophia* Familie: Cruciferae
4. ***Lithostege griseata*** 93

Waldrebe *Clematis vitalba* Familie: Ranunculaceae
5. ***Chloroclystis v-ata*** 91
6. ***Eupithecia haworthiata*** 86
7. ***Scopula nigropunctata*** 73
8. ***Hemistola chrysoprasaria*** 71
9. ***Melanthia procellata*** 83
10. ***Horisme vitalbata*** 82
11. ***Horisme tersata*** 83

Rittersporn *Delphinium* Familie: Ranunculaceae
12. ***Polychrysia moneta*** 180

Gefingerter Lerchensporn *Corydalis solida*
Familie: Fumariaceae
13. ***Parnassius mnemosyne*** *Schwarzer Apollo* 33

Brillenschötchen *Biscutella laevigata*
Familie: Cruciferae
14. ***Anthocharis belia*** 39

Weg-Rauke *Sisymbrium officinale*
Familie: Cruciferae
15. ***Anthocharis cardamines*** *Aurorafalter* 39

Erysimum pumilum Familie: Cruciferae
16. ***Pontia callidice*** *Alpenweißling* 38

12

Puppenkokon von *Polychrysia*

1
2
3
4
5
6
7
8
9
10
11
12
13
14
15
16

Tafel 13

MEERRETTICH *Armoracia rusticana*
Familie: Cruciferae

1.	***Euchloe simplonia***	39
2.	***Xanthorhoe fluctuata***	76

RESEDA *Reseda lutea* Familie: Resedaceae

3.	***Pontia daplidice*** *Resedafalter*	38

KNOBLAUCHSRAUKE *Alliaria petiolata*
Familie: Cruciferae

4.	***Pieris napi*** *Rapsweißling*	38

STOPPELRÜBE *Brassica rapa* Familie: Cruciferae

5.	***Agrotis exclamationis*** Gemeine Graseule	135

GEMÜSE-KOHL *Brassica oleracea*
Familie: Cruciferae

6.	***Mamestra brassicae*** *Kohleule*	146
7.	***Pieris rapae*** *Kleiner Kohlweißling*	38
8.	***Pieris brassicae*** *Großer Kohlweißling*	37
9.	***Autographa gamma*** *Gammaeule*	181
10.	***Peridroma saucia***	139

FETTHENNE *Sedum* Familie: Crassulaceae

11.	***Parnassius apollo*** *Apollo*	38
12.	***Gnophos glaucinarius***	109
13.	***Standfussiana lucernea***	136
14.	***Eumichtis lichenea***	161

8

Eigelege des Großen Kohlweißlings

1
2
3
4
5
6
7
8
9
10
11
12
13
14

Tafel 14

FETTHENNEN-STEINBRECH *Saxifraga aizoides*
Familie: Saxifragaceae

1.	***Parnassius phoebus*** *Alpenapollo*	32
2.	***Entephria flavicinctata***	78

KLEINER WIESENKNOPF *Sanguisorba minor*
Familie: Rosaceae

3.	***Gnophos obscuratus***	108

FRAUENMANTEL *Alchemilla vulgaris*
Familie: Rosaceae

4.	***Xanthorhoe munitata***	76

HUNDSROSE *Rosa canina* Familie: Rosaceae

5.	***Orthosia opima***	151
6./7.	***Anticlea badiata***	78
8.	***Agrochola litura***	163
9.	***Anticlea derivata***	79
10./11.	***Orthosia cruda*** *Kleine Kätzcheneule*	150
12.	***Orgyia antiqua*** *Bürstenspinner*	122
13.	***Cidaria fulvata*** *Rosenspanner*	81
14.	***Hemithea aestivaria***	71

12

Weibchen des Bürstenspinners auf seinem Kokon

1
2
3
4
5
6
7
8
9
10
11
12
13
14

Tafel 15

HIMBEERE *Rubus idaeus* Familie: Rosaceae

1. ***Mesoleuca albicillata*** 79
2. ***Acronicta auricoma*** 167
3. ***Spilosoma luteum*** *Gelbe Tigermotte* 130

WALDERDBEERE *Fragaria vesca* Familie: Rosaceae

4. ***Pyrgus malvae*** 32

BROMBEERE *Rubus fruticosus* Familie: Rosaceae

5. ***Idaea biselata*** 73
6. ***Habrosyne pyritoides*** *Achat~~eule~~* spinne 67
7. ***Lasiocampa quercus*** *Eichenspinner* 60
8. ***Idaea straminata*** 74
9. ***Xestia sexstrigata*** 142
10. ***Eupithecia vulgata*** 88
11. ***Diarsia brunnea*** 140
12. ***Polia nebulosa*** 145
13. ***Xestia ditrapezium*** 141
14. ***Anaplectoides prasina*** *Grüne Heidelbeereule* 143
15. ***Hyppa rectilinea*** *Stricheule* 171
16. ***Thyatira batis*** *Roseneule* 67

Geöffneter Kokon des Eichenspinners

1
2
3
4
5
6
7
8
9
10
11
12
13
14
15
16

Tafel 16

Kriechendes Fingerkraut *Potentilla reptans*
Familie: Rosaceae

1. ***Elaphria venustula*** 176
2. ***Aspitates gilvaria*** 109

Bach-Nelkenwurz *Geum rivale* Familie: Rosaceae

3. ***Idaea aversata*** 74

Eberesche *Sorbus aucuparia* Familie: Rosaceae

4. ***Venusia cambrica*** 93

Holzapfel *Malus sylvestris* Familie: Rosaceae

5. ***Malacosoma neustria*** *Ringelspinner* 59
6. ***Chloroclystis rectangulata*** 91
7. ***Operophtera brumata*** *Kleiner Frostspanner* 84
8. ***Alsophila aescularia*** *Kreuzflügel* 69
9. ***Synanthedon myopaeformis*** *Apfelbaumglasflügler* 28
10. ***Diloba caeruleocephala*** *Blaukopf* 120
11. ***Nola confusalis*** 133
12. ***Naenia typica*** *Buchdruckereule* 143
13. ***Orthosia incerta*** 152

Birne *Pyrus communis* Familie: Rosaceae

14. ***Acronicta tridens*** *Dreizackeule* 166
15. ***Acronicta psi*** *Pfeileule* 167
16. ***Zeuzera pyrina*** *Blausieb* 24

Weibchen des Kleinen Frostspanners

1
2
3
4
5
6
7
8
9
10
11
12
13
14
15
16

Tafel 17

Weissdorn *Crataegus monogyna* Familie: Rosaceae

1

2

4

5

6
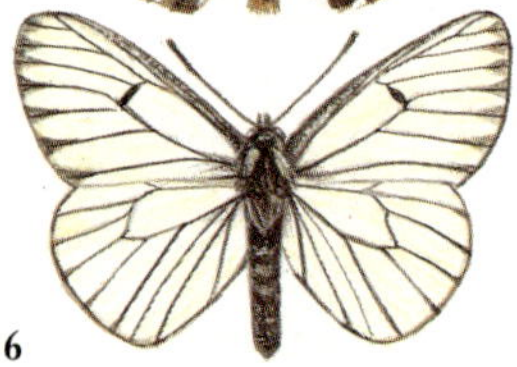

7

9

10

12

16

16

Kupferglucke
als Blattnachahmer

1
2
3
4
5
6
7
8
9
10
11
12
13
14
15
16

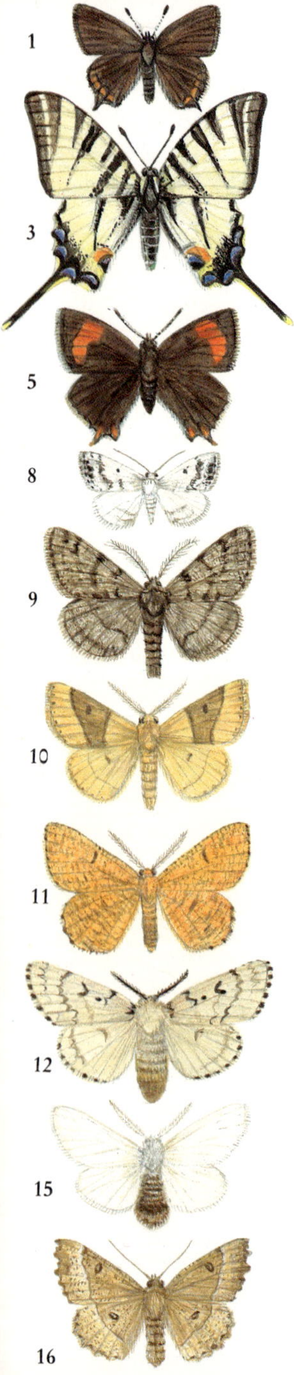

Tafel 18

SCHLEHE *Prunus spinosa* Familie: Rosaceae

1. ***Strymonidia pruni*** 41
2. ***Aleucis distinctata*** 107
3. ***Iphiclides podalirius*** *Segelfalter* 34

4./6. ***Semiothisa alternaria*** 96

5. ***Thecla betulae*** *Nierenfleck* 40

VOGELKIRSCHE *Prunus padus* Familie: Rosaceae

7. ***Triphosa dubitata*** *Höhlenspanner* 83
8. ***Lomographa temerata*** 107

PFLAUME *Prunus domestica* Familie: Rosaceae

9. ***Apocheima pilosaria*** *Schneespanner* 102
10. ***Crocallis elinguaria*** 101
11. ***Angerona prunaria*** *Schlehenspanner* 102
12. ***Lymantria dispar*** *Schwammspinner* 126
13. ***Selenia lunularia*** 100
14. ***Conistra rubiginea*** 162
15. ***Euproctis chrysorrhoea*** *Goldafter* 124
16. ***Odontopera bidentata*** *Doppelzahnspanner* 101

Raupennest des Goldafters

1
2
3
4
5
6
7
8
9
10
11
12
13
14
15
16

Tafel 19

Bunte Kronwicke *Coronilla varia*
Familie: Leguminosae

1. ***Colias australis*** 36
2. ***Zygaena transalpina*** 26

Stechginster *Ulex europaeus*
Familie: Leguminosae

3. ***Callophrys rubi*** *Brombeerzipfelfalter* 40
4. ***Perconia strigillaria*** 109
5. ***Scotopteryx mucronata*** 77
6. ***Plebejus argus*** 43

Besenginster *Cytisus scoparius*
Familie: Leguminosae (siehe auch Tafel 33)

7\. ***Chesias rufata*** 93
8./9. ***Chesias legatella*** 92
10\. ***Dicallomera fascelina*** *Ginsterstreckfuß* 123
11\. ***Isturgia limbaria*** 97
12\. ***Rhyparia purpurata*** *Purpurbär* 129

Färberginster *Genista tinctoria*
Familie: Leguminosae

13. ***Heterogynis penella*** 28
14. ***Lacanobia w-latinum*** 147

Englischer Ginster *Genista anglica*
Familie: Leguminosae

15. ***Gnophos obfuscatus*** 108
16. ***Pseudoterpna pruinata*** 70

Kokon und leere Puppenhülle von *Heterogynis penella* (Männchen)

1
2
3
4
5
6
7
8
9
10
11
12
13
14
15
16

Tafel 20

KNOLLEN-PLATTERBSE *Lathyrus tuberosus*
Familie: Leguminosae

1. ***Leptidea sinapis*** *Senfweißling* 35

WIESEN-PLATTERBSE *Lathyrus pratensis*
Familie: Leguminosae

2. ***Gynaephora selenitica*** 123

FUTTER-WICKE *Vicia sativa* Familie: Leguminosae

3. ***Scotopteryx chenopodiata*** 76

WALD-WICKE *Vicia sylvatica* Familie: Leguminosae

4. ***Lygephila craccae*** 183
5. ***Colias phicomone*** *Grünlicher Hautfalter* 36

WUNDKLEE *Anthyllis vulneraria*
Familie: Leguminosae

6. ***Cupido minimus*** *Zwergbläuling* 42
7. ***Cyaniris semiargus*** 45
8. ***Bembecia scopigera*** 29

ECHTER STEINKLEE *Melilotus officinalis*
Familie: Leguminosae

9. ***Colias croceus*** *Postillon* 36

KRIECHENDER HAUHECHEL *Ononis repens*
Familie: Leguminosae

10. ***Heliothis peltigera*** 178
11. ***Polyommatus icarus*** *Hauhechelbläuling* 44
12. ***Pyrrhia umbra*** 177
13. ***Xylena exsoleta*** *Gemeines Moderholz* 159
14. ***Heliothis viriplaca*** *Kardeneule* 177

Eier des Hauhechelbläulings (vergrößert)

1
2
3
4
5
6
7
8
9
10
11
12
13
14

Tafel 21

LUZERNE *Medicago sativa* Familie: Leguminosae

1. ***Colias hyale*** *Goldene Acht* 35

GEMEINER HORNKLEE *Lotus corniculatus*
Familie: Leguminosae

2. ***Erynnis tages*** 31
3. ***Everes argiades*** 42
4. ***Zygaena trifolii*** *Kleewidderchen* 26
5. ***Zygaena filipendulae*** *Gemeines Blutströpfchen* 25

HOPFENKLEE *Medicago lupulina*
Familie: Leguminosae

6. ***Euclidia glyphica*** *Braune Tageule* 183

HUFEISENKLEE *Hippocrepis comosa*
Familie: Leguminosae

7. ***Lysandra bellargus*** 44
8. ***Lysandra coridon*** 44

VOGELFUSS *Ornithopus perpusillus*
Familie: Leguminosae

9. ***Lasiocampa trifolii*** *Kleespinner* 60

WIESEN-KLEE *Trifolium pratense*
Familie: Leguminosae

10. ***Semiothisa clathrata*** 96
11. ***Callistege mi*** *Schecken-Tageule* 183
12. ***Scopula rubiginata*** 73
13. ***Scotopteryx bipunctaria*** 76
14. ***Zygaena lonicerae*** 26

Frisch geschlüpftes
Gemeines Blutströpfchen

1
2
3
4
5
6
7
8
9
10
11
12
13
14

Tafel 22

MANDELBLÄTTRIGE WOLFSMILCH *Euphorbia amygdaloides* Familie: Euphorbiaceae

1. ***Minoa murinata*** *Mausspanner* 93

BINGELKRAUT *Mercurialis perennis*
Familie: Euphorbiaceae

2./3. ***Phlogophora meticulosa*** 171

ZYPRESSENWOLFSMILCH *Euphorbia cyparissias*
Familie: Euphorbiaceae

4. ***Hyles euphorbiae*** *Wolfsmilchschwärmer* 113

RÜHRMICHNICHTAN *Impatiens noli-tangere*
Familie: Balsaminaceae

5. ***Eustroma reticulatum*** *Netzspanner* 82

ROTE JOHANNISBEERE *Ribes rubrum*
Familie: Grossulariaceae

6./7. ***Eupithecia assimilata*** 88

8. ***Synanthedon tipuliformis*** *Johannisbeerglasflügler* 28

9. ***Semiothisa wauaria*** 96

WILDE MALVE *Malva sylvestris* Familie: Malvaceae

10. ***Larentia clavaria*** 78

MALVE *Malva* Familie: Malvaceae

11. ***Carcharodus alceae*** *Malvendickkopf* 31

PURGIER-KREUZDORN *Rhamnus catharticus*
Familie: Rhamnaceae

12. ***Philereme transversata*** *Kreuzdornspanner* 84

13. ***Gonepteryx rhamni*** *Zitronenfalter* 37

Leere Puppenhülle des Johannisbeerglasflüglers

1
2
3
4
5
6
7
8
9
10
11
12
13

Tafel 23

HAINVEILCHEN *Viola riviniana* Familie: Violaceae

1. ***Clossiana euphrosyne*** 51
2. ***Clossiana dia*** 51
3. ***Fabriciana adippe*** 52
4. ***Clossiana selene*** 51
5. ***Argynnis paphia*** *Kaisermantel* 52
6. ***Mesoacidalia aglaja*** *Großer Perlmutterfalter* 52

SONNENRÖSCHEN *Helianthemum nummularium* Familie: Cistaceae

7. ***Aricia agestis*** 43
8. ***Aricia artaxerxes*** 43

MÄRZVEILCHEN *Viola odorata* Familie: Violaceae

9. ***Issoria lathonia*** *Kleiner Perlmutterfalter* 51

SCHMALBLÄTTRIGES WEIDENRÖSCHEN *Epilobium angustifolium* Familie: Onagraceae

10. ***Deilephila elpenor*** *Mittlerer Weinschwärmer* 114
11. ***Hyles vespertilio*** *Fledermausschwärmer* 113
12. ***Ecliptopera silaceata*** 80

BLUT-WEIDERICH *Lythrum salicaria* Familie: Lythraceae

13. ***Deilephila porcellus*** *Kleiner Weinschwärmer* 114
14. ***Orthosia gracilis*** 152

EFEU *Hedera helix* Familie: Araliaceae

15. ***Acasis viretata*** 94
16. ***Ourapteryx sambucaria*** *Nachtschwalbenschwanz* 101

Raupe des Mittleren Weinschwärmers in Schreckhaltung

1
2
3
4
5
6
7
8
9
10
11
12
13
14
15
16

Tafel 24

BÄRENKLAU *Heracleum sphondylum*
Familie: Umbelliferae

1. ***Eupithecia tripunctaria*** 89
2. ***Dasypolia templi*** 157

KLEINE BIBERNELLE *Pimpinella saxifraga*
Familie: Umbelliferae

3. ***Eupithecia pimpinellata*** 89

WIESEN-KERBEL *Anthriscus sylvestris*
Familie: Umbelliferae

4. ***Idaea dimidiata*** 73

SUMPF-HAARSTRANG *Peucedanum palustre*
Familie: Umbelliferae

5./6. (jung) ***Papilio machaon*** *Schwalbenschwanz* 34

FASERSCHIRM *Trinia glauca* Familie: Umbelliferae

7. ***Papilio alexanor*** 34

HEIDEKRAUT *Calluna vulgaris* Familie: Ericaceae

8. ***Lycophotia porphyrea*** 139
9. ***Eupithecia goossensiata*** 88
10. ***Anartha myrtilli*** *Heidekrauteulchen* 144
11. ***Macrothylacia rubi*** *Brombeerspinner* 60

GRAUE HEIDE *Erica cinerea* Familie: Ericaceae

12. (jung)/**15.** ***Saturnia pavonia***
Kleines Nachtpfauenauge 63
13. ***Xestia agathina*** 143
14. ***Ematurga atomaria*** 106

Schreckhaltung der Schwalbenschwanzraupe

1
2
3
4
5
6
7
8
9
10
11
12
13
14
15

Tafel 25

Duftende Schlüsselblume *Primula veris*
Familie: Primulaceae

1. ***Hamearis lucina*** *Frühlingsscheckenfalter* 46

Preiselbeere *Vaccinium vitis-idaea*
Familie: Ericaceae

2. ***Anarta melanopa*** 145

Erdbeerbaum *Arbutus unedo* Familie: Ericaceae

3. ***Charaxes jasius*** *Erdbeerbaumfalter* 46

Bärentraube *Arctostaphylos uva-ursi*
Familie: Ericaceae

4. ***Xestia alpicola*** 140
5. ***Semiothisa carbonaria*** 96
6. ***Anarta cordigera*** *Moorbunteule* 144

Krähenbeere *Empetrum nigrum*
Familie: Empetraceae

7. ***Idaea contiguaria*** 74
8. ***Zygaena exulans*** 25

Heidelbeere *Vaccinium myrtillum*
Familie: Ericaceae

9. ***Chloroclysta truncata*** 81
10. ***Chloroclystis debiliata*** 92
11. ***Eulithis populata*** 80
12. ***Colias palaeno*** *Hochmoorgelbling* 35
13. ***Chloroclysta citrata*** 80
14. ***Epirrita filigrammaria*** 84
15. ***Phyllodesma ilicifolia*** *Blaubeerglucke* 62
16. ***Perizoma didymata*** 85

3

Raupe des Erdbeerbaumfalters
kurz vor der Verpuppung

1
2
3
4
5
6
7
8
9
10
11
12
13
14
15
16

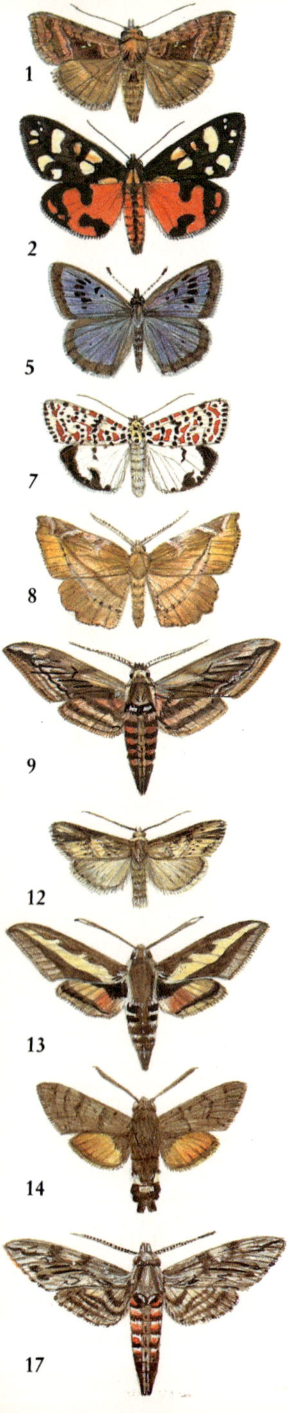

Tafel 26

Wald-Ziest *Stachys sylvatica* Familie: Labiatae

1. ***Autographa jota*** 181

Beinwell *Symphytum officinale*
Familie: Boraginaceae

2. ***Callimorpha dominula*** *Schönbär* 131

Thymian *Thymus serpyllum* Familie: Labiatae

3. ***Zygaena purpuralis*** 26
4. ***Eupithecia distinctaria*** 89
5. ***Maculinea arion*** 45

Gilbweiderich *Lysimachia vulgaris*
Familie: Primulaceae

6. ***Spilosoma urticae*** *Nesselbär* 130

Borretsch *Borago officinalis* Familie: Boraginaceae

7. ***Utetheisa pulchella*** *Punktbär* 127

Liguster *Ligustrum vulgare* Familie: Oleaceae

8. ***Apeira syringaria*** *Fliederspanner* 98
9. ***Sphinx ligustri*** *Ligusterschwärmer* 110
10. ***Menophra abruptaria*** 105

Wiesen-Labkraut *Galium mollugo*
Familie: Rubiaceae

11. ***Epirrhoe galiata*** 77
12. ***Axylia putris*** 136

Echtes Labkraut *Galium verum*
Familie: Rubiaceae

13. ***Hyles gallii*** *Labkrautschwärmer* 113
14. ***Macroglossum stellatarum*** *Taubenschwänzchen* 113
15. ***Agrotis vestigialis*** 134

Ackerwinde *Convolvulus arvensis*
Familie: Convolvulaceae

16. ***Tyta luctuosa*** 183
17. ***Agrius convolvuli*** *Windenschwärmer* 110

Junge Raupe von *Maculinea* mit Wirtsameise

1
2
3
4
5
6
7
8
9
10
11
12
13
14
15
16
17

1

2

5

6

8

9

10

13

14

16

Tafel 27

KLEINBLÜTIGE KÖNIGSKERZE *Verbascum thapsus*
Familie: Scrophulariaceae
1. ***Cucullia verbasci*** *Brauner Mönch* 157

LÖWENMÄULCHEN *Linaria vulgaris*
Familie: Scrophulariaceae
2. ***Eupithecia linariata*** 86

SCHWARZE KÖNIGSKERZE *Verbascum nigrum*
Familie: Scrophulariaceae
3. ***Cucullia lychnitis*** 156

KNOTIGE BRAUNWURZ *Scrophularia nodosa*
Familie: Scrophulariaceae
4. ***Cucullia scrophulariae*** 156

STRAND-WEGERICH *Plantago maritima*
Familie: Plantaginaceae
5. ***Melitaea cinxia*** *Wegerich-Scheckenfalter* 54

SPITZ-WEGERICH *Plantago lanceolata*
Familie: Plantaginaceae
6. ***Parasemia plantaginis*** *Wegerichbär* 128
7. ***Hepialus lupulinus*** *Kleiner Hopfenspinner* 23
8. ***Melanchra persicariae*** *Flohkrauteule* 147
9. ***Melitaea didyma*** *Feuriger Scheckenfalter* 53
10. ***Euplexia lucipara*** *Purpurglanzeule* 170
11. ***Hydraecia micacea*** *Markeule* 173

ROTER FINGERHUT *Digitalis purpurea*
Familie: Scrophulariaceae
12. ***Eupithecia pulchellata*** 87
13. ***Gortyna flavago*** *Kletteneule* 173

WIESEN-WACHTELWEIZEN *Melampyrum pratense*
Familie: Scrophulariaceae
14. ***Mellicta athalia*** *Gemeiner Scheckenfalter* 54
15. ***Melitaea diamina*** 53

KARTOFFEL *Solanum tuberosum* Familie: Solanaceae
16. ***Acherontia atropos*** *Totenkopf* 110

1

Geöffneter Kokon
des Braunen Mönchs

1
2
3
4
5
6
7
8
9
10
11
12
13
14
15
16

Tafel 28

Duftlose Kamille *Matricaria perforata*
Familie: Compositae

1. ***Cucullia chamomillae*** 155

Wasserdost *Eupatorium cannabinum*
Familie: Compositae

2. ***Diachrysia chryson*** 180
3. ***Eupithecia absinthiata*** 87
4. ***Eupithecia centaureata*** 87

Teufelsabbiss *Succisa pratensis*
Familie: Dipsacaceae

5. ***Eurodryas aurinia*** *Goldener Scheckenfalter* 53
6. ***Hemaris tityus*** *Skabiosenschwärmer* 112

Geissblatt *Lonicera periclymenum*
Familie: Caprifoliaceae

7. ***Xylocampa areola*** 159
8. ***Autographa bractea*** 181
9. ***Hemaris fuciformis*** *Hummelschwärmer* 112
10. ***Ladoga camilla*** *Kleiner Eisfalter* 47

Strand-Beifuss *Artemisia maritima*
Familie: Compositae

11. ***Thetidia smaragdaria*** *Smaragdspanner* 70

Gänseblümchen *Bellis perennis*
Familie: Compositae

12. ***Apocheima alpina*** 103

Goldrute *Solidago virgaurea* Familie: Compositae

13. ***Eupithecia virgaureata*** 90
14. ***Cucullia asteris*** *Asternmönch* 155
15. ***Cucullia gnaphalii*** 156

Wermut *Artemisia absinthium*
Familie: Compositae

16. ***Cucullia absinthii*** 155

Cucullia absinthii in Ruhehaltung

1
2
3
4
5
6
7
8
9
10
11
12
13
14
15
16

Tafel 29

Jakobs-Kreuzkraut *Senecio jacobaea*
Familie: Compositae

1. ***Tyria jacobaeae*** *Blutbär* 132

Salat *Lactuca sativa* Familie: Compositae

2. ***Cucullia lactucae*** *Lattichmönch* 155
3. ***Hecatera dysodea*** 148

Löwenzahn *Taraxacum vulgare*
Familie: Compositae

4. ***Caradrina morpheus*** 176
5. ***Euplagia quadripunctaria*** *Spanische Flagge* 131
6. ***Arctia villica*** *Schwarzer Bär* 128
7. ***Cerastis rubricosa*** 144
8. ***Orthosia gothica*** 153
9. ***Noctua pronuba*** *Hausmutter* 137
10. ***Phragmatobia fuliginosa*** *Zimtbär* 131
11. ***Syntomis phegea*** *Weißfleck-Widderchen* 132
12. ***Spilosoma lubricipeda*** *Weiße Tigermotte* 12
13. ***Hepialus humuli*** *Hopfenmotte* 2

Acker-Kratzdistel *Cirsium arvense*
Familie: Compositae

14. ***Cynthia cardui*** *Distelfalter* 4

Schwarze Flockenblume *Centaurea nigra*
Familie: Compositae

15. ***Melitaea phoebe*** *Flockenblumen-Scheckenfalter* 5

Puppe des Distelfalters

1
2
3
5
6
4
7
8
9
10
14
11
12
13
15

2

4

5

7

8

9

10

11

12

14

Tafel 30

SUMPFSCHWERTLILIE *Iris pseudacorus*
Familie: Iridaceae

1. ***Celaena leucostigma*** 174
2. ***Archanara sparganii*** *Rohrkolbeneule* 175

BLAUGRÜNE SEGGE *Carex flacca*
Familie: Cyperaceae

3. ***Photedes captiuncula*** 173

BEHAARTE HAINSIMSE *Luzula pilosa*
Familie: Juncaceae

4. ***Mesapamea secalis*** *Getreidewurzeleule* 172

MEERLILIE *Pancratium maritimum*
Familie: Amaryllidaceae

5. ***Brithys crini*** 150

GLANZFRÜCHTIGE BINSE *Juncus articulatus*
Familie: Juncaceae

6. ***Coenobia rufa*** 175

WEISSES SCHNABELRIED *Rhynchospora alba*
Familie: Cyperaceae

7. ***Coenonympha tullia*** *Großer Heufalter* 58

SUMPF-SIMSE *Scirpus lacustris* Familie: Cyperaceae

8. ***Archanara algae*** 175

BREITBLÄTTRIGER ROHRKOLBEN *Typha latifolia*
Familie: Typhaceae

9. ***Nonagria typhae*** *Gemeine Schilfeule* 174

SCHEIDEN-WOLLGRAS *Eriophorum vaginatum*
Familie: Cyperaceae

10. ***Celaena haworthii*** 174

SCHILFROHR *Phragmites communis*
Familie: Gramineae

11. ***Phragmataecia castaneae*** *Rohrbohrer* 23
12. ***Senta flammea*** 154
13. ***Rhizedra lutosa*** 175
14. ***Laelia coenosa*** *Gelbbein* 122

9

Puppe der Gemeinen Schilfeule
in einem Schilfrohrstengel

1
2
3
4
5
6
7
8
9
10
11
12
13
14

Tafel 31

PFEIFENGRAS *Molinia caerulea* Familie: Gramineae

1. ***Erebia aethiops*** *Mohrenfalter* 55
2. ***Lithacodia pygarga*** 178
3. ***Cerapteryx graminis*** *Dreizack-Graseule* 150

KNÄUELGRAS *Dactylis glomerata*
Familie: Gramineae

4. ***Pyronia tithonus*** *Rostbraunes Ochsenauge* 57
5. ***Pararge aegeria*** *Waldbrettspiel* 55
6. ***Lasiommata megera*** *Mauerfuchs* 55
7. ***Noctua comes*** 137
8. ***Mythimna comma*** *Komma-Eule* 154

EINJÄHRIGES RISPENGRAS *Poa annua*
Familie: Gramineae

9. ***Maniola jurtina*** *Ochsenauge* 57
10. ***Aphantopus hyperantus*** *Schornsteinfeger* 58
11. ***Mythimna pallens*** *Weißadereule* 154
12. ***Pachetra sagittigera*** 146

WIESEN-SCHWINGEL *Festuca pratensis*
Familie: Gramineae

13. ***Mesoligia furuncula*** 172

SCHAF-SCHWINGEL *Festuca ovina*
Familie: Gramineae

14. ***Coenonympha pamphilus*** *Kleiner Heufalter* 57
15. ***Hesperia comma*** *Kommafalter* 30

WOLLIGES HONIGGRAS *Holcus lanatus*
Familie: Gramineae

16. ***Thymelicus flavus*** 30

Komma-Eule und Weißadereule in Ruhehaltung

1
2
3
4
5
6
7
8
9
10
11
12
13
14
15
16

Tafel 32

Quecke *Agropyron repens* Familie: Gramineae
(siehe auch Tafel 33)

1. ***Philudoria potatoria*** *Trinkerin* 61
2. ***Apamea monoglypha*** *Wurzelfresser* 172

Borstgras *Nardus stricta* Familie: Gramineae

3. ***Erebia epiphron*** 55

Früher Schmielenhafer *Aira praecox*
Familie: Gramineae

4. ***Hipparchia semele*** *Rostbinde* 56

Wald-Zwenke *Brachypodium sylvaticum*
Familie: Gramineae

5. ***Carterocephalus palaemon*** 29
6. ***Ochlodes venata*** 31
7. ***Hipparchia fagi*** *Großer Waldportier* 56

Adlerfarn *Pteridium aquilinum*
Familie: Polypodiaceae

8. ***Ceramica pisi*** *Erbseneule* 148

Fieder-Zwenke *Brachypodium pinnatum*
Familie: Gramineae

9. ***Thymelicus acteon*** 30

Wiesen-Lieschgras *Phleum pratense*
Familie: Gramineae

10. ***Melanargia galathea*** *Schachbrett* 56

Flechten

11. ***Cryphia domestica*** *Kleine Flechteneule* 168
12. ***Nudaria mundana*** *Blankflügel* 126
13. ***Cleorodes lichenaria*** 106
14. ***Eilema griseola*** *Erlenflechtenbär* 127
15. ***Eilema lurideola*** 127
16. ***Laspeyria flexula*** *Flechteneule* 184

Puppe des Blankflügels in ihrem Netzkokon

1
2
3
4
5
6
7
8
9
10
11
12
13
14
15
16

1
2
3
4
6
8
9
10
11
12

Tafel 33

WEIDE *Salix* Familie: Salicaceae

1. ***Saturnia pyri*** *Wiener Nachtpfauenauge* 63
2. ***Leucoma salicis*** *Pappelspinner* 125

AMPFER *Rumex* Familie: Polygonaceae

3. ***Acronicta rumicis*** *Ampfereule* 168

QUECKE *Agropyron* Familie: Gramineae

4. ***Luperina testacea*** 173

GAGELSTRAUCH *Myrica gale* Familie: Salicaceae

5. ***Eugraphe subrosea*** 138

BERGAHORN *Acer pseudoplatanus*
Familie: Aceraceae

6. ***Acronicta aceris*** *Ahorneule* 165

EICHE *Quercus* Familie: Fagaceae

7. ***Harpyia milhauseri*** *Pergamentspinner* 118
8. ***Peridea anceps*** *Eichenzahnspinner* 118

BESENGINSTER *Cytisus scoparius*
Familie: Leguminosae

9. ***Apopestes spectrum*** 184

SCHLEHE *Prunus spinosa* Familie: Rosaceae

10. ***Mormo maura*** *Schwarzes Ordensband* 169
11. ***Hyphantria cunea*** 129

CHRYSANTHEME *Chrysanthemum*
Familie: Compositae

12. ***Heliothis armigera*** 177

11

Raupennest von *Hyphantria*

1
2
3
4
5
6
7
8
9
10
11
12

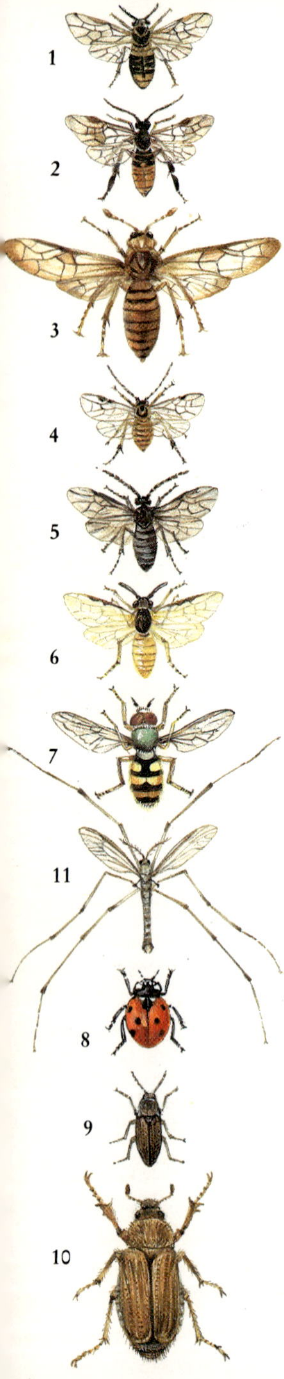

Tafel 34

Beispiele für Insektenlarven, die gelegentlich mit Schmetterlingsraupen verwechselt werden.

BLATTWESPEN *(Hymenoptera: Symphyta)*

1. ***Diprion pini*** *Gemeine Kiefern-Buschhornblattwespe*
Diese Art ist in Europa weitverbreitet. Die Larve lebt auf Kiefern (*Pinus*).
2. ***Croesus septentrionalis***
Auch diese Art ist in Europa weitverbreitet. Die Larven fressen an Birke (*Betula*), Erle (*Alnus*) und verschiedenen anderen Bäumen und Sträuchern.
3. ***Cimbex femoratus*** *Große Birkenblattwespe*
Diese große Blattwespe ist in Europa weitverbreitet. Die Larven fressen an Birke (*Betula*).
4. ***Nematus ribesii*** *Gelbe Stachelbeerblattwespe*
Eine häufige und weitverbreitete Blattwespe. Die Larven können an Johannis- und Stachelbeeren schädlich werden.
5. ***Phymatocera aterrima***
Diese Art ist in Zentral- und Südeuropa weitverbreitet. Häufig in Gärten an Salomonssiegel (*Polygonatum*).
6. ***Arge ochropus*** *Rosen-Bürsthornwespe*
Eine weitere, weitverbreitete Art. Die Larven fressen an Rosenblättern (*Rosa*) und werden zuweilen in Gärten lästig.

ZWEIFLÜGLER *(Diptera)*

7. ***Syrphus sp.*** *Schwebfliege*
Die Larven dieser häufigen Insekten gleiten auf der Suche nach Blattläusen, ihrer Nahrung, über Blätter. Sie sind sehr nützlich.

11. ***Tipula sp.*** *Schnake*
Die Larven dieser Mücke fressen an verschiedenen Pflanzenwurzeln, besonders an Gräsern. Sie sind weit verbreitet und häufig.

KÄFER *(Coleoptera)*

8. ***Coccinella 7-punctata*** *Siebenpunkt*
Dies ist eine weitverbreitete und häufige Marienkäferart. Sowohl die Larven als auch die ausgewachsenen Tiere dieser und verwandter Arten fressen Blattläuse und sind daher nützlich.
9. ***Agriotes sp.*** *Schnellkäfer*
Die Larven dieser häufigen Käfer fressen an Pflanzenwurzeln. Sie sind die in der Landwirtschaft bekannten „Drahtwürmer".
10. ***Amphimallon solstitialis*** *Junikäfer*
Dies ist ein in weiten Teilen Europas häufiger Käfer. Seine Larven, sog. Engerlinge, fressen an verschiedenen Pflanzenwurzeln und werden oft auch in Gärten gefunden.

1
2
3
4
5
6
7
8
9
10
11

Tafel 35: Raupenfeinde

Liste der Futterpflanzen

Im folgenden Abschnitt sind die wichtigsten Futterpflanzen in derselben Reihenfolge aufgeführt wie auf den Farbtafeln. Die Raupen der Schmetterlinge, die auf ihnen leben, sind in der gleichen Weise nach Familien geordnet wie im beschreibenden Text. Raupen, die an anderen Futterpflanzen fressen, können über den Futterpflanzen-Index ausfindig gemacht werden.

KIEFER *Pinus* — Tafel 1

Lasiocampidae
Dendrolimus pini Kiefernspinner

Saturniidae
Graellsia isabellae

Geometridae
Thera firmata
Eupithecia abietaria
Peribatodes rhomboidaria
Bupalus piniaria Kiefernspanner

Sphingidae
Hyloicus pinastri Kiefernschwärmer

Thaumetopoeidae
Thaumetopoea pityocampa Kiefernprozessionsspinner

Lymantriidae
Arctornis l-nigrum Schwarzes V
Lymantria monacha Nonne

Noctuidae
Panolis flammea Forleule
Panthea coenobita Mönch

WEIDE *Salix* — Tafel 2

Cossidae
Zeuzera pyrina Blausieb
Cossus cossus Weidenbohrer

Nymphalidae
Apatura iris Großer Schillerfalter
Apatura ilia Kleiner Schillerfalter
Nymphalis polychloros Großer Fuchs
Nymphalis antiopa Trauermantel
Polygonia c-album Weißes C

Lasiocampidae
Trichiura crataegi Weißdornspinner
Eriogaster lanestris Wollafter
Malacosoma neustria Ringelspinner
Lasiocampa trifolii Kleespinner
Lasiocampa quercus Eichenspinner
Macrothylacia rubi Brombeerspinner
Phyllodesma ilicifolia Blaubeerglucke
Gastropacha quercifolia Kupferglucke

Saturniidae
Saturnia pavonia Kleines Nachtpfauenauge
Saturnia pyri Wiener Nachtpfauenauge

Thyatiridae
Tethea or Wollrückenspinner

Geometridae
Eulithis populata
Chloroclysta citrata
Chloroclysta truncata
Hydriomena furcata
Lobophora halterata Lappenspanner
Trichopteryx carpinata
Lomaspilis marginata
Semiothisa alternaria
Semiothisa carbonaria
Plagodis dolabraria
Epione repandaria
Ennomos alniaria
Selenia dentaria
Selenia tetralunaria Mondfleckspanner
Colotois pennaria
Apocheima pilosaria Schneespanner
Lycia hirtaria
Biston betularia Birkenspanner
Agriopis marginaria
Serraca punctinalis

Sphingidae
Smerinthus ocellata Abendpfauenauge
Laothoe populi Pappelschwärmer

Notodontidae
Phalera bucephala Mondfleck
Cerura vinula Großer Gabelschwanz
Furcula furcula
Furcula bifida Kleiner Gabelschwanz
Notodonta dromedarius Erlenzahnspinner
Eligmodonta ziczac Zickzackspinner
Pheosia tremula Pappelzahnspinner
Ptilodon capucina Kamelspinner
Pterostoma palpinum Schnauzenspinner
Clostera curtula Erpelschwanz

Lymantriidae
Orgyia recens Eckfleck
Dicallomera fascelina Ginsterstreckfuß
Euproctis chrysorrhoea Goldafter
Euproctis similis Schwan
Leucoma salicis Pappelspinner
Arctornis l-nigrum Schwarzes V

Noctuidae
Noctua comes
Noctua fimbriata Gelbe Bandeule
Noctua janthina
Diarsia dahlii
Diarsia brunnea
Xestia c-nigrum Schwarzes C
Xestia ditrapezium
Xestia triangulum Triangeleule
Xestia ashworthii
Xestia xanthographa
Naenia typica Buchdruckereule
Anaplectoides prasina Grüne Heidelbeereule
Cerastis rubricosa
Polia nebulosa
Melanchra persicariae Flohkrauteule
Lacanobia contigua
Ceramica pisi Erbseneule
Orthosia cruda Kleine Kätzcheneule
Orthosia opima
Orthosia gracilis
Orthosia stabilis Gemeine Kätzcheneule
Orthosia incerta
Orthosia munda
Orthosia gothica
Brachionycha sphinx Sphinxeule
Blepharita adusta
Eupsilia transversa Satelliteule
Agrochola litura
Agrochola lychnidis
Xanthia icteritia Gemeine Gelbeule
Acronicta megacephala Aueneule
Acronicta leporina Pudel
Acronicta alni Erleneule
Acronicta tridens Dreizackeule
Acronicta menyanthidis
Acronicta euphorbiae
Acronicta rumicis Ampfereule
Amphipyra berbera
Mormo maura Schwarzes Ordensband
Euplexia lucipara Purpurglanzeule
Cosmia trapezina Mordraupeneule
Hyppa rectilinea Stricheule
Earias clorana Weidenkahneule
Catocala nupta Rotes Ordensband
Scoliopteryx libatrix Zackeneule

PAPPEL und ESPE *Populus* **Tafel 3**

Limacodidae
Heterogenea asella Kleine Schildmotte

Nymphalidae
Limenitis populi Großer Eisfalter
Apatura ilia Kleiner Schillerfalter
Nymphalis polychloros Großer Fuchs

Lasiocampidae
Poecilocampa populi Kleine Pappelglucke

Saturniidae
Saturnia pyri Wiener Nachtpfauenauge

Thyatiridae
Tethea ocularis
Tethea or Wollrückenspinner
Ochropacha duplaris

Geometridae
Archiearis notha Jungfernkind
Hydriomena furcata
Lobophora halterata Lappenspanner
Lomaspilis marginata
Epione repandaria
Colotois pennaria
Apocheima pilosaria Schneespanner

Sphingidae
Smerinthus ocellata Abendpfauenauge
Laothoe populi Pappelschwärmer

Notodontidae
Cerura vinula Großer Gabelschwanz
Furcula furcula
Furcula bifida Kleiner Gabelschwanz
Notodonta torva
Eligmodonta ziczac Zickzackspinner
Pheosia tremula Pappelzahnspinner
Ptilodon capucina Kamelspinner
Pterostoma palpinum Schnauzenspinner
Clostera curtula Erpelschwanz

Lymantriidae
Leucoma salicis Pappelspinner
Arctornis l-nigrum Schwarzes V
Lymantria dispar Schwammspinner

Noctuidae
Orthosia munda
Eupsilia transversa Satelliteule
Agrochola circellaris Ulmen-Herbsteule
Xanthia icteritia Gemeine Gelbeule
Xanthia ocellaris
Acronicta megacephala Aueneule
Acronicta leporina Pudel
Catocala nupta Rotes Ordensband
Scoliopteryx libatrix Zackeneule

BIRKE *Betula* **Tafel 4**

Cossidae
Cossus cossus Weidenbohrer

Lycaenidae
Thecla betulae Nierenfleck

Nymphalidae
Nymphalis polychloros Großer Fuchs
Nymphalis antiopa Trauermantel

Lasiocampidae
Poecilocampa populi Kleine Pappeleule
Trichiura crataegi Weißdornspinner
Eriogaster lanestris Wollafter

Saturniidae
Aglia tau Nagelfleck
Saturnia pavonia Kleines Nachtpfauenauge

Endromidae
Endromis versicolora Birkenspinner

Drepanidae
Falcaria lacertinaria Eidechsensichler
Drepana falcataria Sichelspinner

Thyatiridae
Ochropacha duplaris
Achlya flavicornis Wollbeinspinner

Geometridae
Geometra papilionaria Grünes Blatt
Hemithea aestivaria
Jodis lactearia
Cyclophora annulata
Cyclophora albipunctata
Chloroclysta citrata
Chloroclysta truncata
Epirrita dilutata
Operophtera brumata Kleiner Frostspanner
Operophtera fagata Buchenfrostspanner
Trichopteryx carpinata
Semiothisa notata
Semiothisa carbonaria
Plagodis dolabraria
Ennomos autumnaria Herbstlaubspanner
Ennomos quercinaria
Ennomos alniaria
Ennomos erosaria
Selenia dentaria
Selenia lunularia
Odontopera bidentata Doppelzahnspanner
Colotois pennaria
Angerona prunaria Schlehenspanner
Apocheima pilosaria Schneespanner
Biston strataria Pappelspanner
Biston betularia Birkenspanner
Agriopis aurantiaria
Agriopis marginaria
Erannis defoliaria Großer Frostspanner
Peribatodes rhomboidaria
Alcis repandata
Boarmia roboraria
Serraca punctinalis
Campaea margaritata

Sphingidae
Mimas tiliae Lindenschwärmer

Notodontidae
Furcula bicuspis Birkengabelschwanz
Furcula furcula
Furcula bifida Kleiner Gabelschwanz
Stauropus fagi Buchenspinner
Notodonta dromedarius Erlenzahnspinner
Notodonta torva
Eligmodonta ziczac Zickzackspinner
Harpyia milhauseri Pergamentspinner
Pheosia gnoma Birkenzahnspinner
Pheosia tremula Pappelzahnspinner
Ptilodon capucina Kamelspinner

Lymantriidae
Dicallomera fascelina Ginsterstreckfuß
Calliteara pudibunda Rotschwanz

Noctuidae
Noctua fimbriata Gelbe Bandeule
Diarsia mendica
Diarsia brunnea
Xestia triangulum Triangeleule
Polia nebulosa
Mamestra brassicae Kohleule

Lacanobia contigua
Panolis flammea Forleule
Orthosia opima
Eupsilia transversa Satelliteule
Conistra vaccinii Braune Heidelbeereule
Acronicta leporina Pudel
Acronicta alni Erleneule
Acronicta psi Pfeileule
Acronicta menyanthidis
Acronicta auricoma
Acronicta euphorbiae
Mormo maura Schwarzes Ordensband
Euplexia lucipara Purpurglanzeule
Phlogophora meticulosa
Cosmia trapezina Mordraupeneule
Pseudoips fagana Kleiner Kahnspinner
Colocasia coryli Haseleule

ERLE *Alnus* **Tafel 5**

Endromidae
Endromis versicolora Birkenspinner

Drepanidae
Drepana binaria
Drepana falcataria Sichelspinner

Thyatiridae
Ochropacha duplaris

Geometridae
Geometra papilionaria Grünes Blatt
Jodis lactearia
Trichopteryx carpinata
Semiothisa alternaria
Epione repandaria
Ennomos autumnaria Herbstlaubspanner
Ennomos alniaria
Selenia dentaria
Selenia tetralunaria Mondfleckspanner

Sphingidae
Mimas tiliae Lindenschwärmer

Notodontidae
Furcula bicuspis Birkengabelschwanz
Notodonta dromedarius Erlenzahnspinner

Noctuidae
Blepharita adusta
Acronicta leporina Pudel
Acronicta alni Erleneule
Acronicta psi Pfeileule

HASEL *Corylus* **Tafel 5**

Lasiocampidae
Trichiura crataegi Weißdornspinner

Thyatiridae
Ochropacha duplaris

Geometridae
Geometra papilionaria Grünes Blatt
Hydriomena furcata
Operophtera brumata Kleiner Frostspanner
Lomaspilis marginata
Erannis defoliaria Großer Frostspanner
Alcis repandata

Notodontidae
Phalera bucephala Mondfleck
Stauropus fagi Buchenspinner
Notodonta dromedarius Erlenzahnspinner
Ptilodon capucina Kamelspinner

Noctuidae
Noctua janthina
Xestia ditrapezium
Xestia triangulum Triangeleule
Lacanobia contigua
Orthosia cruda Kleine Kätzcheneule
Pseudoips fagana Kleiner Kahnspinner
Colocasia coryli Haseleule

EICHE *Quercus* **Tafel 6**

Cossidae
Zeuzera pyrina Blausieb

Limacodidae
Apoda limacodes Große Schildmotte
Heterogenea asella Kleine Schildmotte

Lycaenidae
Quercusia quercus Eichenzipfelfalter

Lasiocampidae
Poecilocampa populi Kleine Pappelglucke
Trichiura crataegi Weißdornspinner
Lasiocampa quercus Eichenspinner

Saturniidae
Aglia tau Nagelfleck

Drepanidae
Drepana binaria

Thyatiridae
Ochropacha duplaris
Polyploca ridens

Geometridae
Hemithea aestivaria
Jodis lactearia
Epirrita dilutata
Operophtera brumata Kleiner Frostspanner
Plagodis dolabraria
Ennomos quercinaria
Ennomos erosaria
Selenia lunaria
Selenia tetralunaria Mondfleckspanner
Odontopera bidentata Doppelzahnspanner
Crocallis elinguaria
Colotois pennaria
Apocheima pilosaria Schneespanner
Biston strataria Pappelspanner
Biston betularia Birkenspanner
Agriopis aurantiaria
Agriopis marginaria
Erannis defoliaria Großer Frostspanner
Boarmia roboraria
Serraca punctinalis
Campaea margaritata

Notodontidae
Phalera bucephala Mondfleck
Stauropus fagi Buchenspinner
Notodonta dromedarius Erlenzahnspinner
Eligmodonta ziczac Zickzackspinner
Harpyia milhauseri Pergamentspinner
Peridea anceps Eichenzahnspinner

Thaumetopoeidae
Thaumetopoea processionea Eichenprozessionsspinner

Lymantriidae
Orgyia recens Eckfleck
Calliteara pudibunda Rotschwanz
Euproctis similis Schwan
Lymantria monacha Nonne
Lymantria dispar Schwammspinner

Nolidae
Nola confusalis

Noctuidae
Mamestra brassicae Kohleule
Lacanobia contigua
Panolis flammea Forleule
Orthosia cruda Kleine Kätzcheneule
Orthosia miniosa
Orthosia stabilis Gemeine Kätzcheneule
Orthosia incerta
Orthosia munda
Orthosia gothica
Brachionycha sphinx Sphinxeule
Dichonia aprilina Grüne Eicheneule
Eupsilia transversa Satelliteule
Conistra vaccinii Braune Heidelbeereule
Conistra rubiginea
Agrochola litura
Acronicta aceris Ahorneule
Acronicta leporina Pudel
Acronicta alni Erleneule
Acronicta auricoma
Amphipyra pyramidea Pyramideneule
Phlogophora meticulosa
Cosmia trapezina Mordraupeneule
Pseudoips fagana Kleiner Kahnspinner
Nycteola revayana

BUCHE *Fagus* Tafel 7

Limacodidae
Apoda limacodes Große Schildmotte
Heterogenea asella Kleine Schildmotte

Lycaenidae
Thecla betulae Nierenfleck

Saturniidae
Aglia tau Nagelfleck

Drepanidae
Drepana binaria
Drepana cultraria

Geometridae
Geometra papilionaria Grünes Blatt
Operophtera fagata Buchenfrostspanner
Abraxas sylvata
Ennomos erosaria
Biston betularia Birkenspanner
Campaea margaritata

Notodontidae
Stauropus fagi Buchenspinner
Harpyia milhauseri Pergamentspinner

Nolidae
Nola confusalis

Noctuidae
Brachionycha sphinx Sphinxeule
Eupsilia transversa Satelliteule
Xanthia aurago
Pseudoips fagana Kleiner Kahnspinner
Colocasia coryli Haseleule

ULME *Ulmus* **Tafel 7**

Cossidae
Zeuzera pyrina Blausieb
Cossus cossus Weidenbohrer

Lycaenidae
Strymonidia w-album Weißes W

Nymphalidae
Nymphalis polychloros Großer Fuchs
Nymphalis antiopa Trauermantel
Polygonia c-album Weißes C

Geometridae
Epirrita dilutata
Abraxas sylvata
Ennomos alniaria
Apocheima pilosaria Schneespanner
Lycia hirtaria
Biston strataria Pappelspanner
Biston betularia Birkenspanner
Alcis repandata
Campaea margaritata

Sphingidae
Mimas tiliae Lindenschwärmer

Notodontidae
Phalera bucephala Mondfleck

Lymantriidae
Calliteara pudibunda Rotschwanz
Arctornis l-nigrum Schwarzes V

Noctuidae
Noctua janthina
Orthosia stabilis Gemeine Kätzcheneule
Orthosia munda
Eupsilia transversa Satelliteule
Conistra vaccinii Braune Heidelbeereule
Agrochola circellaris Ulmen-Herbsteule
Cosmia trapezina Mordraupeneule

LINDE *Tilia* **Tafel 8**

Lycaenidae
Strymonidia w-album Weißes W

Saturniidae
Aglia tau Nagelfleck

Drepanidae
Sabra harpagula

Geometridae
Ennomos quercinaria
Ennomos alniaria
Ennomos erosaria
Apocheima pilosaria Schneespanner
Lycia hirtaria
Biston betularia Birkenspanner

Sphingidae
Mimas tiliae Lindenschwärmer

Notodontidae
Phalera bucephala Mondfleck

Lymantriidae
Arctornis l-nigrum Schwarzes V

Noctuidae
Brachionycha sphinx Sphinxeule
Xanthia citrago
Acronicta psi Pfeileule
Amphipyra berbera

ESCHE *Fraxinus* **Tafel 8**

Cossidae
Zeuzera pyrina Blausieb
Cossus cossus Weidenbohrer

Brahmaeidae
Acanthobrahmaea europaea

Geometridae
Eupithecia fraxinata
Ennomos fuscantaria
Selenia lunularia
Colotois pennaria
Lycia hirtaria

Sphingidae
Sphinx ligustri Ligusterschwärmer

Noctuidae
Brachionycha sphinx Sphinxeule
Lithophane semibrunnea
Trigonophora flammea
Agrochola circellaris Ulmen-Herbsteule
Atethmia centrago
Amphipyra pyramidea Pyramideneule

BRENNESSEL *Urtica* **Tafel 9**

Nymphalidae
Vanessa atalanta Admiral
Cynthia cardui Distelfalter

Aglais urticae Kleiner Fuchs
Inachis io Tagpfauenauge
Polygonia c-album Weißes C
Arachnia levana Landkärtchen

Arctiidae
Arctia villica Schwarzer Bär
Callimorpha dominula Schönbär

Noctuidae
Melanchra persicariae Flohkrauteule
Lacanobia oleracea Gemüseeule
Phlogophora meticulosa
Caradrina morpheus
Diachrysia chrysitis Messingeule
Autographa gamma Gammaeule
Autographa jota Jota-Goldeule
Autographa bractea
Abrostola trigemina
Abrostola triplasia
Hypena proboscidalis Nesselschnabeleule

KNÖTERICH *Polygonum* Tafel 9

Geometridae
Timandra griseata
Scopula rubiginata
Idaea biselata
Idaea aversata
Rhodometra sacraria
Orthonama obstipata
Aspitates gilvaria

Noctuidae
Agrotis exclamationis Gemeine Graseule
Agrotis puta
Axylia putris
Diarsia mendica
Anaplectoides prasina Grüne Heidelbeereule
Discestra trifolii
Lacanobia contigua
Lacanobia w-latinum
Xylena vetusta Braunes Moderholz
Blepharita adusta
Dypterygia scabriuscula Trauereule
Trachea atriplicis Meldeneule
Caradrina morpheus

AMPFER *Rumex* Tafel 10

Zygaenidae
Adscita statices Gemeines Grünwidderchen

Sesiidae
Bembecia chrysidiformis

Lycaenidae
Lycaena phlaeas Kleiner Feuerfalter
Lycaena dispar Großer Feuerfalter

Geometridae
Hemithea aestivaria
Timandra griseata
Idaea aversata
Idaea straminata
Orthonama obstipata
Camptogramma bilineata

Arctiidae
Arctia caja Brauner Bär
Diacrisia sannio Rotrandbär
Diaphora mendica Graubär
Phragmatobia fuliginosa Zimtbär
Callimorpha dominula Schönbär

Noctuidae
Euxoa nigricans
Agrotis segetum Saateule
Agrotis exclamationis Gemeine Graseule
Agrotis puta
Axylia putris
Eugnorisma depuncta
Noctua pronuba Hausmutter
Noctua comes
Noctua fimbriata Gelbe Bandeule
Noctua janthina
Spaelotis ravida
Peridroma saucia
Diarsia mendica
Diarsia dahlii
Diarsia brunnea
Xestia c-nigrum Schwarzes C
Xestia ditrapezium
Xestia triangulum Triangeleule
Xestia ashworthii
Xestia sexstrigata
Xestia xanthographa
Naenia typica Buchdruckereule
Anaplectoides prasina Grüne Heidelbeereule
Cerastis rubricosa
Polia nebulosa
Lacanobia contigua
Lacanobia oleracea Gemüseeule
Orthosia gothica
Mythimna comma Komma-Eule
Aporophyla nigra
Agrochola litura
Agrochola lychnidis
Acronicta rumicis Ampfereule
Dypterygia scabriuscula Trauereule
Phlogophora meticulosa
Hydraecia micacea Markeule
Hoplodrina blanda

MIERE *Stellaria* **Tafel 11**

Geometridae
Timandra griseata
Idaea aversata
Idaea straminata
Xanthorhoe munitata
Camptogramma bilineata
Perizoma didymata

Arctiidae
Diaphora mendica

Noctuidae
Agrotis vestigialis
Agrotis exclamationis Gemeine Graseule
Noctua pronuba Hausmutter
Noctua comes
Noctua janthina
Xestia c-nigrum Schwarzes C
Xestia ditrapezium
Xestia triangulum Triangeleule
Xestia xanthographa
Cerastis rubricosa
Mythimna ferrago
Aporophyla nigra
Agrochola litura
Agrochola lychnidis
Phlogophora meticulosa
Hoplodrina blanda
Caradrina morpheus

ROSE *Rosa* **Tafel 14**

Geometridae
Alsophila aescularia Kreuzflügel
Hemithea aestivaria
Anticlea derivata
Anticlea badiata
Cidaria fulvata Rosenspanner
Selenia lunularia
Apocheima pilosaria Schneespanner
Lycia hirtaria
Biston strataria Pappelspanner
Biston betularia Birkenspanner
Erannis defoliaria Großer Frostspanner
Peribatodes rhomboidaria

Lymantriidae
Orgyia antiqua Bürstenspinner
Euproctis chrysorrhoea Goldafter

Arctiidae
Spilosoma luteum Gelbe Tigermotte
Euplagia quadripunctaria Spanische Flagge

Noctuidae
Orthosia cruda Kleine Kätzcheneule
Orthosia opima
Agrochola litura
Acronicta tridens Dreizackeule
Acronicta psi Pfeileule
Amphipyra pyramidea Pyramideneule
Phlogophora meticulosa

BROM- und HIMBEERE *Rubus* **Tafel 15**

Hesperiidae
Pyrgus malvae

Lycaenidae
Callophrys rubi Brombeerzipfelfalter

Nymphalidae
Clossiana dia

Lasiocampidae
Trichiura crataegi Weißdornspinner
Lasiocampa trifolii Kleespinner
Lasiocampa quercus Eichenspinner
Macrothylacia rubi Brombeerspinner

Saturniidae
Saturnia pavonia Kleines Nachtpfauenauge

Drepanidae
Cilix glaucata Silberspinner

Thyatiridae
Thyatira batis Roseneule
Habrosyne pyritoides Achateule

Geometridae
Idaea biselata
Idaea straminata
Mesoleuca albicillata
Eupithecia vulgata

Lymantriidae
Dicallomera fascelina Ginsterstreckfuß

Arctiidae
Callimorpha dominula Schönbär

Noctuidae
Noctua janthina
Diarsia mendica
Diarsia brunnea
Xestia ditrapezium
Xestia triangulum Triangeleule
Xestia sextrigata
Anaplectoides prasina Grüne Heidelbeereule

Polia nebulosa
Ceramica pisi Erbseneule
Orthosia miniosa
Agrochola litura
Acronicta auricoma
Acronicta euphorbiae
Acronicta rumicis Ampfereule
Phlogophora meticulosa
Hyppa rectilinea Stricheule
Elaphria venustula

APFEL *Malus* **Tafel 16**

Cossidae
Zeuzera pyrina Blausieb

Sesiidae
Synanthedon myopaeformis Apfelbaumglasflügler

Pieridae
Aporia crataegi Baumweißling

Lasiocampidae
Malacosoma neustria Ringelspinner
Gastropacha quercifolia Kupferglucke

Saturniidae
Saturnia pyri Wiener Nachtpfauenauge

Drepanidae
Cilix glaucata Silberspinner

Geometridae
Alsophila aescularia Kreuzflügel
Operophtera brumata Kleiner Frostspanner
Operophtera fagata Buchenfrostspanner
Chloroclystis rectangulata
Opisthograptis luteolata Heckenkriecher
Crocallis elinguaria
Lycia hirtaria
Biston betularia Birkenspanner

Sphingidae
Smerinthus ocellata Abendpfauenauge
Laothoe populi Pappelschwärmer

Dilobidae
Diloba caeruleocephala Blaukopf

Arctiidae
Hyphantria cunea

Nolidae
Nola cucullatella Kapuzenbärchen
Nola confussalis

Noctuidae
Naenia typica Buchdruckereule
Orthosia incerta
Conistra rubiginea
Acronicta tridens Dreizackeule
Acronicta psi Pfeileule

WEISSDORN *Crataegus* **Tafel 17**

Cossidae
Zeuzera pyrina Blausieb

Sesiidae
Synanthedon myopaeformis Apfelbaumglasflügler

Papilionidae
Iphiclides podalirius Segelfalter

Pieridae
Aporia crataegi Baumweißling

Lasiocampidae
Poecilocampa populi Kleine Pappelgucke
Trichiura crataegi Weißdornspinner
Eriogaster lanestris Wollafter
Malacosoma neustria Ringelspinner
Lasiocampa quercus Eichenspinner
Gastropacha quercifolia Kupferglucke

Saturniidae
Saturnia pavonia Kleines Nachtpfauenauge

Drepanidae
Cilix glaucata Silberspinner

Geometridae
Alsophila aescularia Kreuzflügel
Hemithea aestivaria
Jodis lactearia
Chloroclysta truncata
Epirrita dilutata
Operophtera brumata Kleiner Frostspanner
Operophtera fagata Buchenfrostspanner
Eupithecia vulgata
Gymnoscelis rufifasciata
Abraxas grossulariata Stachelbeerspanner
Opisthograptis luteolata Heckenkriecher
Ennomos autumnaria Herbstlaubspanner
Ennomos quercinaria
Selenia dentaria
Odontopera bidentata Doppelzahnspanner
Ourapteryx sambucaria Nachtschwalbenschwanz
Colotois pennaria
Angerona prunaria Schlehenspanner

Apocheima pilosaria Schneespanner
Agriopis aurantiaria
Agriopis marginaria
Erannis defoliaria Großer Frostspanner
Peribatodes rhomboidaria
Alcis repandata
Theria perimaria
Campaea margaritata

Dilobidae
Diloba caeruleocephala Blaukopf

Lymantriidae
Orgyia recens Eckfleck
Dicallomera fascelina Ginsterstreckfuß
Euproctis chrysorrhoea Goldafter
Euproctis similis Schwan

Nolidae
Nola cucullatella Kapuzenbärchen

Noctuidae
Noctua comes
Noctua fimbriata Gelbe Bandeule
Noctua janthina
Xestia triangulum Triangeleule
Xestia xanthographa
Naenia typica Buchdruckereule
Polia nebulosa
Orthosia cruda Kleine Kätzcheneule
Orthosia miniosa
Orthosia gothica
Brachionycha sphinx Sphinxeule
Aporophyla nigra
Allophyes oxyacanthae Weißdorneule
Blepharita adusta
Agrochola lychnidis
Acronicta alni Erleneule
Acronicta tridens Dreizackeule
Acronicta psi Pfeileule
Acronicta rumicis Ampfereule
Mormo maura Schwarzes Ordensband
Cosmia trapezina Mordraupeneule

SCHLEHE *Prunus spinosa* **Tafel 18**

Papilionidae
Iphiclides podalirius Segelfalter

Pieridae
Aporia crataegi Baumweißling

Lycaenidae
Thecla betulae Nierenfleck
Strymonidia pruni

Lasiocampidae
Trichiura crataegi Weißdornspinner
Eriogaster lanestris Wollafter
Malacosoma neustria Ringelspinner
Gastropacha quercifolia Kupferglucke

Saturniidae
Saturnia pavonia Kleines Nachtpfauenauge

Drepanidae
Cilix glaucata Silberspinner

Geometridae
Hemithea aestivaria
Jodis lactearia
Epirrita dilutata
Operophtera brumata KLeiner Frostspanner
Chloroclystis rectangulata
Abraxas grossulariata Stachelbeerspanner
Semiothisa alternaria
Opisthograptis luteolata Heckenkriecher
Ennomos autumnaria Herbstlaubspanner
Selenia dentaria
Selenia lunularia
Odontopera bidentata Doppelzahnspanner
Crocallis elinguaria
Ourapteryx sambucaria Nachtschwalbenschwanz
Colotois pennaria
Angerona prunaria Schlehenspanner
Apocheima pilosaria Schneespanner
Biston strataria Pappelspanner
Agriopis aurantiaria
Agriopis marginaria
Erannis defoliaria Großer Frostspanner
Lomographa temerata
Aleucis distinctata
Theria primaria
Campaea margaritata

Dilobidae
Diloba caeruleocephala Blaukopf

Lymantriidae
Euproctis chrysorrhoea Goldafter
Euproctis similis Schwan

Arctiidae
Hyphantria cunea
Callimorpha dominula Schönbär

Nolidae
Nola cucullatella Kapuzenbärchen
Nola confusalis

Noctuidae
Noctua fimbriata Gelbe Bandeule

Noctua janthina
Xestia triangulum Triangeleule
Naenia typica Buchdruckereule
Orthosia miniosa
Orthosia munda
Allophyes oxyacanthae Weißdorneule
Trigonophora flammea
Conistra rubiginea
Acronicta tridens Dreizackeule
Acronicta psi Pfeileule
Mormo maura Schwarzes Ordensband

GINSTER *Cytisus* Tafel 19

Heterogynidae
Heterogynis penella

Lycaenidae
Callophrys rubi Brombeerzipfelfalter
Plebejus argus

Lasiocampidae
Lasiocampa trifolii Kleespinner

Geometridae
Pseudoterpna pruinata
Geometra papilionaria Grünes Blatt
Scotopteryx mucronata
Gymnoscelis rufifasciata
Chesias legatella
Chesias rufata
Isturgia limbaria
Angerona prunaria Schlehenspanner
Gnophos obfuscatus

Lymantriidae
Gynaephora selenitica
Dicallomera fascelina Ginsterstreckfuß

Arctiidae
Rhyparia purpurata Purpurbär

Noctuidae
Noctua comes
Lacanobia w-latinum
Ceramica pisi Erbseneule
Trigonophora flammea
Elaphria venustula
Apopestes spectrum

KLEE *Trifolium* Tafel 21

Zygaenidae
Zygaena lonicerae

Pieridae
Colias croceus Postillon

Lycaenidae
Polyommatus icarus Hauhechelbläuling
Cyaniris semiargus

Geometridae
Scopula rubuginata
Scotopteryx bipunctaria
Scotopteryx chenopodiata
Semiothisa clathrata
Apocheima alpina

Noctuidae
Euxoa nigricans
Peridroma saucia
Orthosia gothica
Heliothis viriplaca Kardeneule
Autographa gamma Gammaeule
Callistege mi Schecken-Tageule
Euclidia glyphica Braune Tageule

HEIDEKRAUT *Calluna* und *Erica* Tafel 24

Lycaenidae
Plebejus argus

Lasiocampidae
Trichiura crataegi Weißdornspinner
Lasiocampa quercus Eichenspinner
Macrothylacia rubi Brombeerspinner

Saturniidae
Saturnia pavonia Kleines Nachtpfauenauge

Geometridae
Idaea contiguaria
Chloroclysta citrata
Chloroclysta truncata
Hydriomena furcata
Epirrita filigrammaria
Operophtera brumata Kleiner Frostspanner
Eupithecia goossensiata
Gymnoscelis rufifasciata
Abraxas grossulariata Stachelbeerspanner
Alcis repandata
Ematurga atomaria
Gnophos obfuscatus
Gnophos obscuratus

Lymantriidae
Dicallomera fascelina Ginsterstreckfuß

Arctiidae
Diacrisia sannio Rotrandbär

Noctuidae
Noctua comes
Eugraphe subrosea
Lycophotia porphyrea
Diarsia mendica
Xestia alpicola
Xestia agathina
Anarta myrtilli Heidekrauteulchen
Aporophyla nigra
Acronicta menyanthidis
Acronicta euphorbiae

HEIDELBEERE *Vaccinium* Tafel 25

Zygaenidae
Zygaena exulans

Pieridae
Colias palaeno Hochmoorgelbling

Lycaenidae
Callophrys rubi Brombeerzipfelfalter

Nymphalidae
Clossiana selene

Lasiocampidae
Trichiura crataegi Weißdornspinner
Lasiocampa quercus Eichenspinner
Macrothylacia rubi Brombeerspinner
Phyllodesma ilicifolia Blaubeerglucke

Saturniidae
Saturnia pavonia Kleines Nachtpfauenauge

Geometridae
Jodis lactearia
Idaea straminata
Eulithis populata
Chloroclysta citrata
Chloroclysta truncata
Hydriomena furcata
Epirrita filigrammaria
Perizoma didymata
Eupithecia vulgata
Chloroclystis debiliata
Alcis repandata
Theria primaria

Noctuidae
Eugraphe subrosea
Diarsia mendica
Diarsia brunnea
Xestia alpicola
Xestia c-nigrum Schwarzes C
Anaplectoides prasina Grüne Heidelbeereule
Anarta melanopa
Acronicta menyanthidis
Acronicta auricoma

LIGUSTER *Ligustrum* Tafel 26

Geometridae
Alsophila aescularia Kreuzflügel
Acasis viretata
Apeira syringaria Fliederspanner
Crocallis elinguaria
Ourapteryx sambucaria Nachtschwalbenschwanz
Angerona prunaria Schlehenspanner
Lycia hirtaria
Menophra abruptaria
Peribatodes rhomboidaria

Sphingidae
Sphinx ligustri Ligusterschwärmer

Noctuidae
Trigonophora flammea

WEGERICH *Plantago* Tafel 27

Hepialidae
Hepialus lupulinus Kleiner Hopfenspinner

Nymphalidae
Eurodryas aurinia Goldener Scheckenfalter
Melitaea diamina
Melitaea didyma Feuriger Scheckenfalter
Melitaea phoebe Flockenblumen-Scheckenfalter
Melitaea cinxia Wegerich-Scheckenfalter
Mellicta athalia Gemeiner Scheckenfalter

Geometridae
Scopula nigropunctata

Arctiidae
Parasemia plantaginis Wegerichbär
Diaphora mendica Graubär

Ctenuchidae
Syntomis phegea Weißfleck-Widderchen

Noctuidae
Euxoa nigricans
Agrotis exclamationis Gemeine Graseule
Axylia putris
Peridroma saucia

Diarsia dahlii
Xestia c-nigrum Schwarzes C
Xestia sexstrigata
Xestia xanthographa
Melanchra persicariae Flohkrauteule
Mythimna ferrago
Aporophyla nigra
Eumichtis lichenea
Acronicta euphorbiae
Acronicta rumicis Ampfereule
Euplexia lucipara Purpurglanzeule
Hydraecia micacea Markeule
Hoplodrina blanda

GEISSBLATT *Lonicera* Tafel 28

Nymphalidae
Ladoga camilla Kleiner Eisfalter

Geometridae
Anticlea derivata
Trichopteryx carpinata
Apeira syringaria Fliederspanner
Crocallis elinguaria
Angerona prunaria Schlehenspanner
Erannis defoliaria Großer Frostspanner
Alcis repandata

Sphingidae
Hemaris fuciformis Hummelschwärmer

Arctiidae
Spilosoma luteum Gelbe Tigermotte

Noctuidae
Orthosia munda
Xylocampa areola
Phlogophora meticulosa
Autographa jota Jota-Goldeule
Autographa bractea

LÖWENZAHN *Taraxacum* Tafel 29

Hepialidae
Hepialus humuli Hopfenmotte

Geometridae
Idaea biselata
Idaea aversata
Idaea straminata
Camptogramma bilineata
Gnophos glaucinarius

Arctiidae
Parasemia plantaginis Wegerichbär
Arctia caja Brauner Bär
Arctia villica Schwarzer Bär
Diacrisia sannio Rotrandbär
Spilosoma lubricipeda Weiße Tigermotte
Spilosoma luteum Gelbe Tigermotte
Diaphora mendica Graubär
Phragmatobia fuliginosa Zimtbär
Euplagia quadripunctaria Spanische Flagge

Ctenuchidae
Syntomis phegea Weißfleck-Widderchen

Noctuidae
Agrotis puta
Noctua pronuba Hausmutter
Spaelotis ravida
Xestia ditrapezium
Naenia typica Buchdruckereule
Cerastis rubricosa
Orthosia gothica
Mythimna ferrago
Agrochola lychnidis
Caradrina morpheus
Autographa bractea

GRÄSER Tafel 31 und 32

Hepialidae
Hepialus humuli Hopfenmotte
Hepialus lupulinus Kleiner Hopfenspinner

Hesperiidae
Carterocephalus palaemon
Thymelicus flavus
Thymelicus acteon
Hesperia comma Kommafalter
Ochlodes venata

Satyridae
Pararge aegeria Waldbrettspiel
Lasiommata megera Mauerfuchs
Erebia epiphron
Erebia aethiops Mohrenfalter
Melanargia galathea Schachbrett
Hipparchia semele Rostbinde
Hipparchia fagi Großer Waldportier
Pyronia tithonus Rostbraunes Ochsenauge
Maniola jurtina Ochsenauge
Coenonympha pamphilus Kleiner Heufalter
Coenonympha tullia Großer Heufalter
Aphantopus hyperantus Schornsteinfeger

Lasiocampidae
Lasiocampa trifolii Kleespinner
Philudoria potatoria Trinkerin

Geometridae
Scotopteryx chenopodiata
Camptogramma bilineata

Noctuidae
Standfussiana lucernea
Noctua pronuba Hausmutter
Noctua comes
Xestia xanthographa
Pachetra sagittigera
Cerapteryx graminis Dreizack-Graseule
Mythimna ferrago
Mythimna pallens Weißadereule
Mythimna comma Komma-Eule
Aporophyla nigra
Xylena vetusta Braunes Moderholz
Blepharita adusta
Agrochola lychnidis
Apamea monoglypha Wurzelfresser
Mesoligia furuncula
Mesapamea secalis Getreidewurzeleule
Luperina testacea
Celaena haworthii
Lithacodia pygarga

POLYPHAGE ARTEN AN LAUBBÄUMEN UND -STRÄUCHERN

Cossidae
Zeuzera pyrina Blausieb
Cossus cossus Weidenbohrer

Lasiocampidae
Poecilocampa populi Kleine Pappelglucke
Eriogaster lanestris Wollafter
Malacosoma neustria Ringelspinner

Geometridae
Alsophila aescularia Kreuzflügel
Hemithea aestivaria
Epirrita dilutata
Operophtera brumata Kleiner Frostspanner
Eupithecia vulgata
Gymnoscelis rufifasciata
Ennomos autumnaria Herbstlaubspanner
Ennomos quercinaria
Ennomos alniaria
Selenia dentaria
Selenia lunularia
Selenia tetralunaria Mondfleckspanner
Odontopera bidentata Doppelzahnspanner
Crocallis elinguaria
Ourapteryx sambucaria Nachtschwalbenschwanz
Colotois pennaria
Angerona prunaria Schlehenspanner
Apocheima pilosaria Schneespanner
Lycia hirtaria
Biston strataria Pappelspanner
Biston betularia Birkenspanner
Agriopis aurantiaria
Agriopis marginaria
Erannis defoliaria Großer Frostspanner
Peribatodes rhomboidaria
Alcis repandata
Serraca punctinalis
Lomographa temerata
Campaea margaritata

Notodontidae
Phalera bucephala Mondfleck

Lymantriidae
Orgyia antiqua Bürstenspinner
Calliteara pudibunda Rotschwanz
Lymantria monacha Nonne
Lymantria dispar Schwammspinner

Arctiidae
Arctia caja Brauner Bär
Hyphantria cunea
Spilosoma luteum Gelbe Tigermotte

Noctuidae
Ceramica pisi Erbseneule
Orthosia gothica
Brachionycha sphinx Sphinxeule
Eupsilia transversa Satelliteule
Acronicta alni Erleneule
Acronicta psi Pfeileule
Cosmia trapezina Mordraupeneule

POLYPHAGE ARTEN AN KRAUTIGEN PFLANZEN

Hepialidae
Hepialus humuli Hopfenmotte
Hepialus lupulinus Kleiner Hopfenspinner

Geometridae
Hemithea aestivaria
Idaea straminata
Orthonama obstipata
Camptogramma bilineata
Eupithecia centaureata
Eupithecia absinthiata
Eupithecia vulgata
Chloroclystis v-ata
Gymnoscelis rufifasciata

Arctiidae
Arctia caja Brauner Bär
Arctia villica Schwarzer Bär
Rhyparia purpurata Purpurbär
Spilosoma lubricipeda Weiße Tigermotte
Spilosoma luteum Gelbe Tigermotte
Diaphora mendica Graubär
Euplagia quadripunctaria Spanische Flagge

Noctuidae
Euxoa nigricans
Agrotis segetum Saateule
Agrotis exclamationis Gemeine Graseule
Axylia putris
Noctua pronuba Hausmutter
Noctua janthina
Peridroma saucia
Naenia typica Buchdruckereule
Mamestra brassicae Kohleule
Melanchra persicariae Flohkrauteule
Lacanobia oleracea Gemüseeule
Ceramica pisi Erbseneule
Orthosia gothica
Xylena vetusta Braunes Moderholz
Xylena exsoleta Gemeines Moderholz
Acronicta rumicis Ampfereule
Mormo maura Schwarzes Ordensband
Phlogophora meticulosa
Caradrina morpheus
Heliothis armigera
Autographa gamma Gammaeule

Allgemeiner Index

Die normal gedruckten Zahlen verweisen auf den Text, die fett gedruckten Zahlen auf die Farbtafeln.

Futterpflanzen-Index

Die normal gedruckten Zahlen verweisen auf den Text, die fett gedruckten Zahlen auf die Farbtafeln.

Notizen

Notizen

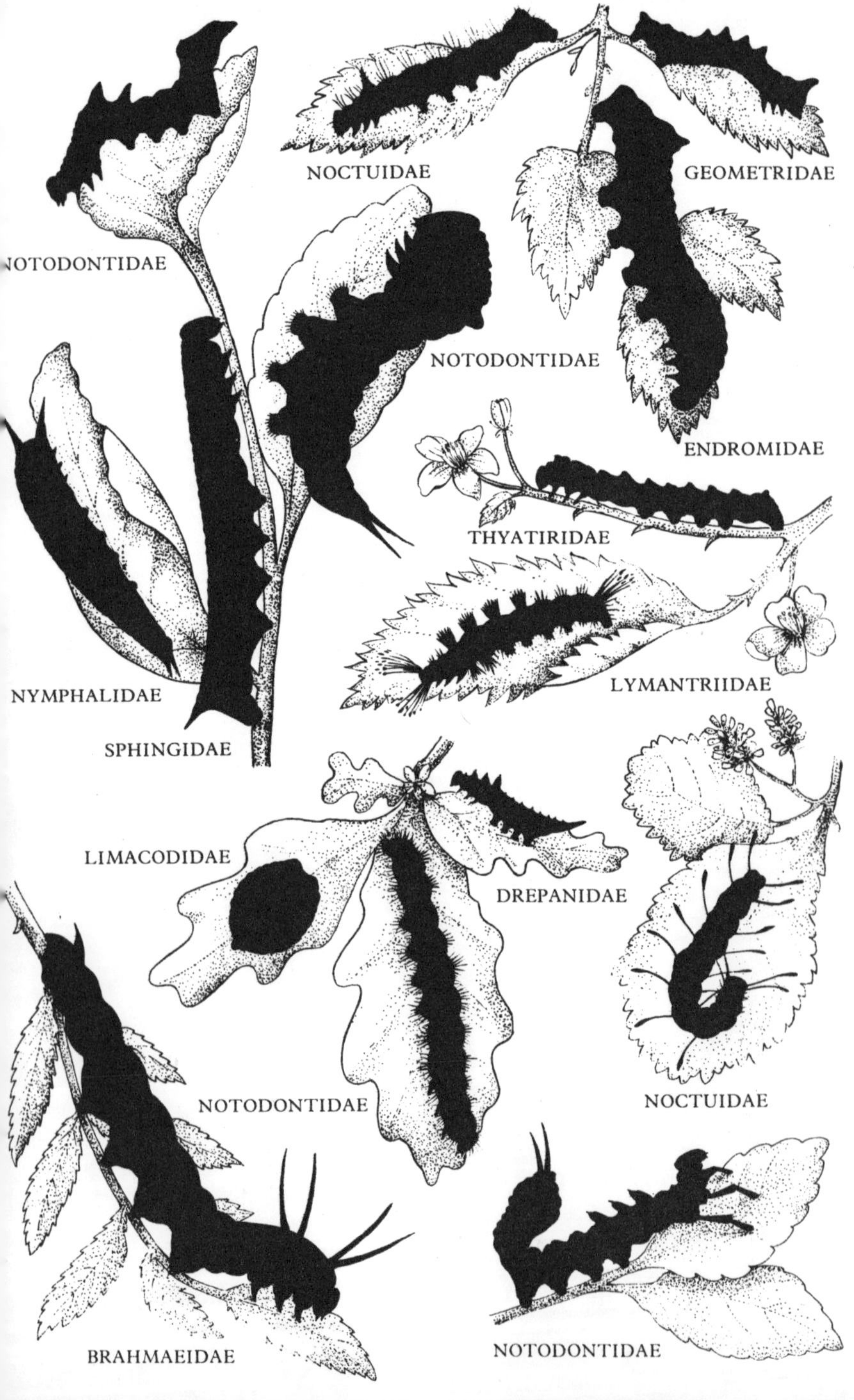
NOCTUIDAE
GEOMETRIDAE
NOTODONTIDAE
NOTODONTIDAE
ENDROMIDAE
THYATIRIDAE
LYMANTRIIDAE
NYMPHALIDAE
SPHINGIDAE
LIMACODIDAE
DREPANIDAE
NOTODONTIDAE
NOCTUIDAE
BRAHMAEIDAE
NOTODONTIDAE